中国合同库　法天使
fatianshi.cn

合同起草审查指南

常用合同卷　劳动用工卷

何　力　刘丹阳　等 / 著

法律出版社 | LAW PRESS

图书在版编目(CIP)数据

合同起草审查指南. 常用合同卷、劳动用工卷 / 何力等著. -- 北京 : 法律出版社, 2021
ISBN 978-7-5197-5631-4

Ⅰ. ①合… Ⅱ. ①何… Ⅲ. ①合同-研究-中国 Ⅳ. ①D923.64

中国版本图书馆CIP数据核字(2021)第095243号

合同起草审查指南:常用合同卷、劳动用工卷
HETONG QICAO SHENCHA ZHINAN: CHANGYONG HETONG JUAN、LAODONG YONGGONG JUAN

何　力 刘丹阳 等/著

策划编辑 朱海波
责任编辑 朱海波　李　军
装帧设计 鲁　娟

出版 法律出版社
总发行 中国法律图书有限公司
经销 新华书店
印刷 中煤(北京)印务有限公司
责任校对 邢艳萍
责任印制 吕亚莉

编辑统筹 法律应用出版分社
开本 710毫米×1000毫米 1/16
印张 36.25
字数 680千
版本 2021年6月第1版
印次 2021年6月第1次印刷

法律出版社/北京市丰台区莲花池西里7号(100073)
网址/www.lawpress.com.cn
投稿邮箱/info@lawpress.com.cn
举报维权邮箱/jbwq@lawpress.com.cn
销售热线/400-660-8393
咨询电话/010-63939796

中国法律图书有限公司/北京市丰台区莲花池西里7号(100073)
全国各地中法图分、子公司销售电话:
统一销售客服/400-660-8393/6393
第一法律书店/010-83938432/8433　西安分公司/029-85330678　重庆分公司/023-67453036
上海分公司/021-62071639/1636　深圳分公司/0755-83072995

书号:ISBN 978-7-5197-5631-4　定价:128.00元
(如有缺页或倒装,中国法律图书有限公司负责退换)

中国合同标准支持机构

发 起 单 位　法天使-中国合同库　法律出版社　中国标准化研究院

特别支持单位　北京仲裁委员会/北京国际仲裁中心　WeLegal法盟

联合发起单位　e签宝　幂律智能　中国互联网协会　杭州互联网公证处　360集团　李宁集团　好未来教育集团　海尔智家　小米　OPPO公司　君合律师事务所　海问律师事务所　汉坤律师事务所　万商天勤律师事务所　广东华商律师事务所　福建联合信实律师事务所

技术支持人员

潘　捷　张婷婷　苗亚杰　张　欣　张小强　王　鹤　刘双双　马　乐　赵　爽

张　源　张　洪　齐珊珊　于学龙　郭　佳　孙　衍　王　美　王　睿　王泽方

郭雯琦　钱一丹　刘诗意　候天赐

专家顾问

傅　鹏　付希业　雷　霆　陶光辉　云　闯

学术顾问

李建伟（中国政法大学教授）

联合出品

瀛和律师机构　新则　法蝉　法律先生　海蜂法务　智善　江苏品川律师事务所
东华合同软件　路漫法税通　中务集团

（按姓氏拼音排序）

陈　昱　蔡益根　陈　元　陈鑫范　党海峰　邓巍巍　董冬冬　董欢欢　杜　兵
范冰峰　高　山　胡淇凭　冀蓓红　金　鑫　景娟娟　雷　玲　李　超　李　慧
李彦龙　李振昊　林　燕　刘　丽　吕培涛　梅　娜　孟　军　彭长明　申　杰
宋冰心　孙国宁　孙兴洋　孙在辰　王　鑫　王以菲　唐　盼　涂勇妙　王　琦
吴　侃　夏　冉　杨丽儒　杨伟良　尹英杰　余　波　于婷婷　翟孝娅　张　昆
张　雯　张　桢　张江多　赵欣媛　郑盛平　周立国

联合出品人（按姓氏拼音排序）

白嘎利	卜令坤	蔡白阳	蔡江天	曹景博	曹雷康	曹志东	陈 晨	陈汉夫
陈继超	陈娟娟	陈 萌	陈鹏中	陈荣麒	陈 胜	陈 新	陈熠荣	陈育义
丛龙风	崔静静	戴启旺	邓 坚	邓 鹂	翟筱雪	董 锐	董香菊	杜明哲
杜晓梅	方孝安	伏 栋	付孝菊	甘伍叶	甘 赟	官中奇	郭 剑	郭培员
海鸿波	韩 超	韩梦园	何 飞	何燕铭	何玉媛	洪亦彬	侯晓龙	胡冠男
胡广强	黄 琢	贾 璐	贾 平	江中国	姜 昱	姜 运	蒋明岩	金 沁
金 莺	久什坤江·安尼瓦尔			阚浩然	阚 宁	康 娱	柯 慧	赖禹立
李德均	李鄂陵	李昊敏	李 娜	李 琼	李 伟	梁靖瑜	林东姝	林飞蝶
林 浩	林红福	林振华	刘芳丹	刘海桥	刘平伟	刘亭婷	刘 维	刘伊戈
刘智丹	罗 鸿	孟 丽	孟 勇	缪科杰	穆 睿	宁 衡	宁菊红	宁鹏泽
潘 正	钱 强	秦立峰	权 祎	冉德勇	饶婷婷	邵一鸣	石贵东	宋 雪
孙 超	孙大伟	孙 府	孙 晶	孙 鹏	谭 博	谭吉振	唐志恒	陶 冶
田建永	田江涛	涂克钢	汪 超	汪 洋	王川维思	王导导	王 芳	王鸿宇
王金菊	王锦莉	王军志	王 磊	王丽娟	王 平	王 强	王升亮	王世忠
王 熙	王祥鹏	王新峰	王艳梅	王战军	王 峥	韦成永	魏 来	魏永鑫
温盛蕾	邬洪明	吴 晖	吴 健	吴鹏翼	吴 韬	吴 阳	吴志庆	肖 堰
谢 晨	辛海瑛	邢 况	熊继杰	徐 戈	徐清香	徐学智	徐 筠	许陆妹
薛 飞	闫立勇	杨 虹	杨嘉华	杨柳萍	杨镃帆	姚胜忠	叶清萍	叶帅帅
尤 健	于 一	于 策	余道轩	於锴伦	袁守军	袁 旭	岳 峰	张 蓓
张鸿鹏	张康兄	张 灵	张 平	张世林	张田田	张文中	张 洋	张 瑶
张英俊	张 震	张智峰	张自强	章军旺	赵立飞	赵 强	赵铁霞	赵 伟
赵祖磊	周 珏	周 敏	周明江	周 琰	朱立新	朱梦童	朱岳峰	朱振杰

作 者 简 介

何 力

“法天使-中国合同库”
创始人、CEO
原钱伯斯、ALB
Legal500上榜律师
中国政法大学法律硕士

刘丹阳

“法天使-中国合同库”
合同研究员
郑州大学法律硕士
具备法律职业资格

石先广

上海劳达律师事务所高级合伙人律师
上海市律师协会劳动法律委员会委员
出版《劳动合同法深度释解与企业应对》
《劳动合同法下的员工关系管理》
《劳动法律问题与实务操作》
《新法下的人力资源管理应对实务》等近20本法律专著

程艳如

“法天使-中国合同库”
合同研究员
北京航空航天大学法学硕士
多年央企、金融机构法律工作经验

总序·让中国合同库成为标准

法治社会离不开合同。

英国历史学家梅因的《古代法》中有一句法律人耳熟能详的名言:“我们可以说,所有进步社会的运动,到此处为止,是一个‘从身份到契约’的运动。”确实,在现代社会中,方方面面都离不开契约与契约精神。除市场交易外,大到国家治理、国际条约,小到婚姻家庭、交通出行各个领域,无所不在契约或契约精神的笼罩之下。可以说,一个现代人,无时无刻能与合同脱离干系。

在具体生活层面,我们也不难发现合同与社会经济之间的密切关系。从普通人很少见到正式合同,到越来越多地签订书面合同,到合同越来越厚、条款越来越多,与之相应地,是经济交易越来越活跃、交易金额越来越大,经济越来越发达。如果作这么一个判断:“合同的质量与数量,与一个社会的经济水平成正比”,这应该是基本成立的。

希望“中国合同库”成为标准。

合同需要标准。国际贸易术语(Trade Terms of International Trade),就可以理解为是一套合同条款的标准术语。有了这套术语,交易各方在谈判以及拟定条款时,就可以大大节省时间,减少争议。

经济生活中的大量交易,完全可以使用比较标准的、完备的合同范本。这些合同范本符合一般交易惯例,条款相对完善、规范,能减少不必要的合同纠纷。

当然,交易往往都有自己的特殊性。即便如此,以标准合同为基础,合同各方在彼此关心的重点条款上谈判、修订,而对一般性问题采纳标准合同的条款,这也能大大节省合同各方的精力。

在运输领域，集装箱标准的推出，大大提升了运输效率、降低了物流成本，整个社会都为之受益。而如果在社会各行各业的交易、合作中，都能大力推行标准合同，无疑也将大大降低交易成本，促进交易的进行，减少争议。这其中的社会意义是巨大的。这也是工商等政府部门不断推出政府示范文本的目的。而现在，“中国合同库”这一项目，更是利用互联网技术，将合同示范文本这一工作往前推进了一大步。

标准之所以能成为标准，既需要社会各界的推动与接受，也需要标准本身能不断完善、符合需求。我在此希望“中国合同库”的主办方能持之以恒地推动合同库的建设、完善与推广，使之成为名副其实的“中国合同库”。

此为序。

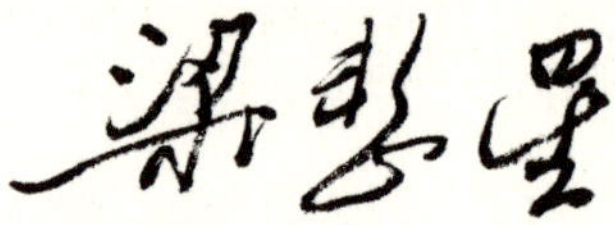

中国社会科学院学部委员、教授、博士生导师

中国合同标准
——合同起草审查的规范

“中国合同标准”是由“法天使—中国合同库”联合各专业机构、法律专家项目推出的，旨在为适用中国法律下的合同起草审查提供的一系列标准，包括标准的课程、标准的方法、标准的考试、标准的合同模板 / 条款等。

“中国合同标准”的构成

“中国合同标准”最重要的载体就是《合同起草审查指南》系列三本教材，包括《合同起草审查指南：三观四步法》《合同起草审查指南：常用合同卷、劳动用工卷》《合同起草审查指南：公司卷》，合计上百万文字。

“中国合同标准”及《合同起草审查指南》系列教材系由“中国合同库”数十

位专家和外部专家顾问，经过多年研究、不断优化而制定，具备相当程度的学术性、体系性，能够为合同起草审查提供指引，提升律师起草审查合同的效率与质量，进而提升中国社会合同水平。[1]

“律师合同水平考试”以《合同起草审查指南》为考试教材，旨在考核与提升律师、法务、法律工作者的合同起草审查水平，具体请见本书附录介绍。

[1]《合同起草审查指南》同时适用于律师、法务及其他法律工作者的合同起草审查工作，但为了表述方便，均以“律师”指代所有法律工作者，请谅解。

《合同起草审查指南》与《标准合同课》整体介绍

《合同起草审查指南》系列教材简介

《合同起草审查指南》并非只是一本书，而是下列三本书。

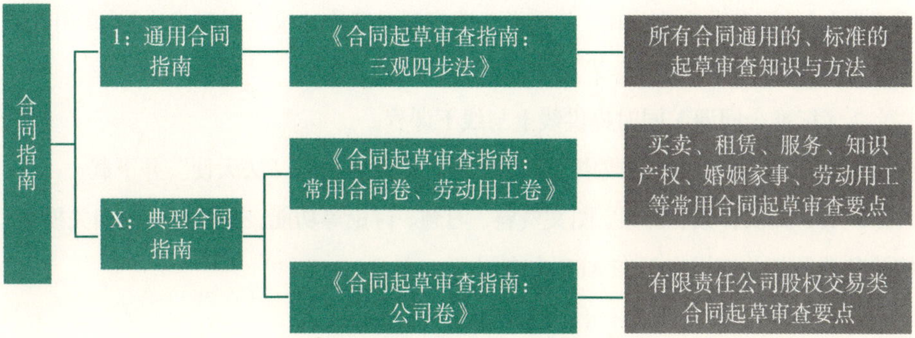

《合同起草审查指南》系列书籍

上述教材组成一个“通用合同指南＋典型合同指南”的结构（类似于《民法典》合同编中的“通则”与“典型合同”），也可称为“1+X”。上述三本教材合称《合同起草审查指南》（简称“《合同指南》”）。这三本书中的四个版块亦可简称为《三观四步法》《常用合同卷》《劳动用工卷》《公司卷》，《常用合同卷》《劳动用工卷》《公司卷》合称《典型合同指南》。

说明：

1. 这里的“典型合同”不是指《民法典》中的典型合同、有名合同，而是指合同起草审查实务工作中的常见的、典型的合同。

2.《合同起草审查指南》作为一整套知识体系，形成了一系列专门术语，其含义在《合同起草审查指南：三观四步法》中均有说明，也可参考本书附录"《合同起草审查指南》规范术语表"。

《合同起草审查指南》与《标准合同课》

为帮助律师和法律工作者掌握中国合同标准，"法天使—中国合同库"推出《标准合同课》系列课程。《标准合同课》就是帮助律师和法律工作者学习、掌握《合同起草审查指南》的课程，《合同起草审查指南》就是《标准合同课》的教材。

因此，《标准合同课》与《合同起草审查指南》其实是一而二、二而一的。在《合同起草审查指南》中也会使用"本课程"的说法，章节上也会采取类似一节一节课的设计。

1.《标准合同课》的课程体系。

《标准合同课》的课程体系与《合同起草审查指南》，共包括《合同起草审查指南：三观四步法》《合同起草审查指南：常用合同卷》《合同起草审查指南：劳动用工卷》《合同起草审查指南：公司卷》四门课（简称"《三观四步法》《常用合同卷》《劳动用工卷》《公司卷》"）。

2.《标准合同课》同时提供线上与线下课程。

• APP：苹果应用商店或华为、小米等应用商店搜索"法天使"并下载

• APP 提供音频、视频、图文资料、习题、讨论等功能，本教材中的相关模板、相关条款及相关知识点可在 APP 中查阅

• 小程序：微信小程序—合同实训营

• 官方网址：www.fatianshi.cn

用户可通过上述渠道进一步了解《标准合同课》线上及线下课程信息。

3.《标准合同课》与律师合同水平考试。

律师通过《标准合同课》的学习，掌握了"中国合同标准"的相关知识之后，即可参加律师合同水平考试，检验、提升自己的合同起草审查水平。

更多律师合同水平考试的介绍，请见本书附录"律师合同水平考试介绍"。

4.《标准合同课》的内容将不断更新。

《标准合同课》的内容会不断更新优化的，而纸质书一旦出版印刷，无法即时更新。因此，如果发现《合同指南》的内容与《标准合同课》课程内容有不一致，请以《标准合同课》为准。

《合同起草审查指南》知识体系说明

欢迎来到《合同起草审查指南》的知识体系。

《合同起草审查指南》的最终目的，是为法律人提供一整套标准化的合同起草审查知识体系，而不是零散的、缺乏结构的或者仅针对具体合同的审查经验汇编。

参加本课程的学员，需要先熟悉这套知识体系框架，在学习每一章节的具体知识时，知道该知识处在这个知识体系中的位置，随时回来温习一下这套体系。这样不仅能提高学习效果，而且只有这样才能达到本课程的目的——掌握一套合同起草审查的知识体系。

掌握一个知识体系，而不仅仅是一些知识点——是成为专家的必经之路。

因此在课程的开始，我们先讲解一下这个知识体系框架。

《合同起草审查指南》的系列书籍、上百万字内容，绝非零散的、孤立的关系，而是一个逻辑清晰、紧密结合的整体。这体现在：

《三观四步法》与《典型合同指南》的关系

《三观四步法》是基础，《典型合同指南》是《三观四步法》在具体合同类型中的进一步运用。如果将《合同起草审查指南》比作一栋建筑，则《三观四步法》是地基，《典型合同指南》修建在《三观四步法》之上。如下图所示：

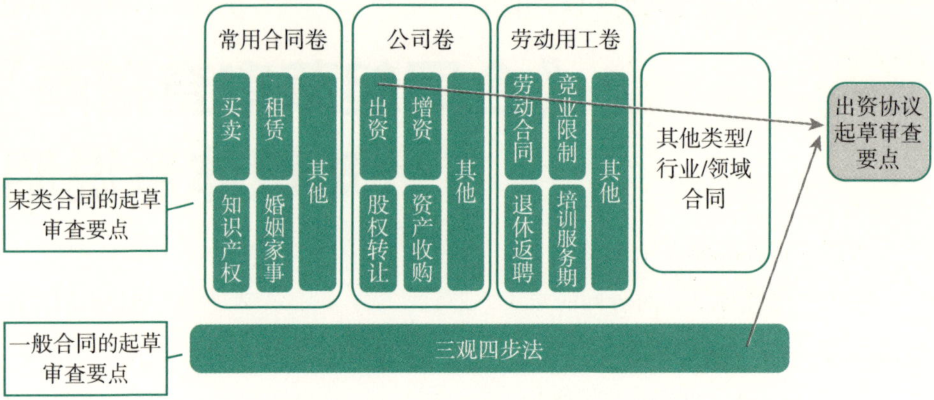

《三观四步法》与《典型合同指南》的关系

具体来说：

1.《三观四步法》讲述所有合同通用的、标准的起草审查知识与方法。

所有的合意类文件，包括行政协议、婚姻家事类合同、劳动合同，在法律上都可以适用《合同编》，只是需要优先适用行政法规、《民法典》婚姻家庭编、劳动法规等特别法规。《合同编》是所有合意类文件要适用的一般法，甚至公司章程这样的“准合意类文件”都可能适用《合同编》。

更重要的是，上面这些合同，从合同起草审查的角度都是相通的，都可以适用《三观四步法》来起草审查。

掌握《三观四步法》能够大大提升律师起草审查合同的水平。

2.《典型合同指南》是《三观四步法》中的“三观分析法”在具体合同类型中的运用。

《三观四步法》提出，所有合同都可以进行宏观、中观、微观三个层面的分析，这样就能对合同进行有条不紊的、全面的审查，这就是“三观分析法”。不仅如此，《三观四步法》还对宏观、中观、微观的通用知识进行了归纳、总结。

在此基础上，《典型合同指南》借助《三观四步法》已经归纳出的逻辑框架、专门术语，运用“三观分析法”对具体合同类型进行分析。对于《三观四步法》中已经说明的通用性知识（如宏观方面的共通性问题、实务中的各类合同形式、合同的典型条款及通用配套条款等），《典型合同指南》就可以适当省略。

这样，律师结合《三观四步法》的通用知识以及《典型合同指南》中某类具体合同的特殊起草审查要点，就能够对某类具体合同进行全面的、高效的起草审查。

这也意味着，从学习的角度，律师应该先学习《三观四步法》，再学习《典型合同指南》。

《三观四步法》的知识体系结构

所谓“三观四步法”，就是：

在理念的指导下，对合同的宏观、中观、微观三个层面进行全面分析的、标准的合同起草审查流程方法。

“三观四步法”的知识体系结构如下图所示：

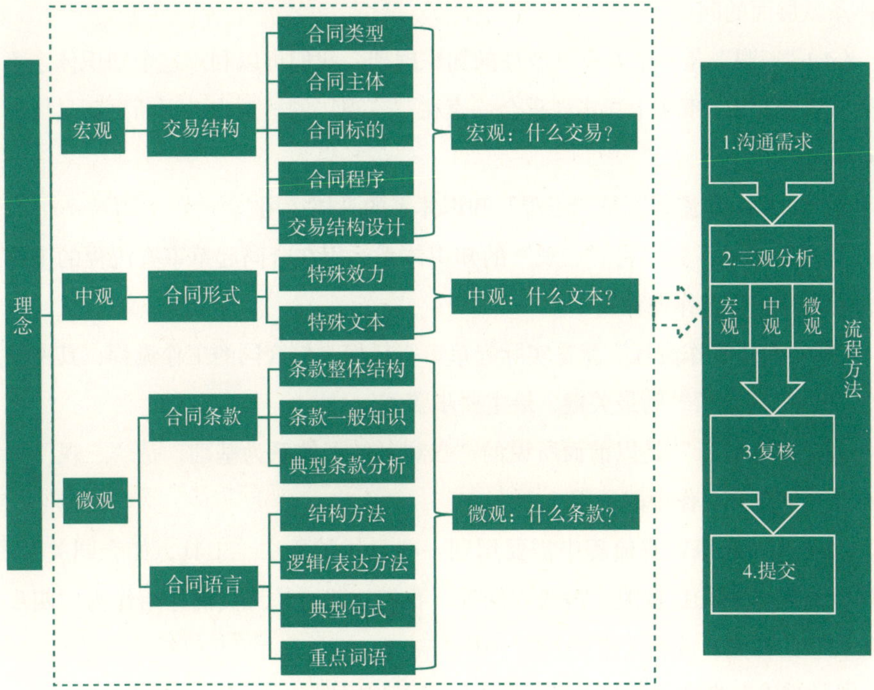

“三观四步法”知识体系

下面简要介绍一下这个知识体系：

1. “三观四步法”=“三观”知识体系+“四步”操作流程。

（1）“三观”是实体，是课程的主要知识体系，“四步”是程序，相对次要，内容也较少。

（2）“三观”的含义。

- 宏观—交易结构——什么交易？

宏观处理交易结构的问题，重点是回应：这个交易能不能做、风险大不大？采取什么交易结构做？

• 中观—合同形式——什么文本？

中观处理合同形式的问题，重点是回应：采取什么合同形式？

• 微观—合同条款 + 合同语言——什么条款？

微观处理合同条款和合同语言的问题，重点是回应：合同条款要怎么修订？

上图中，“三观”的三个层面知识系统整理为中间虚线框内的这一大块内容。

（3）我们认为：合同起草审查的知识，除了理念以外，都可以关联到三观的某一个层面，或者是交易结构层面的问题，或者是合同形式层面的问题，或者是具体条款层面的问题。

（4）“三观”是一个具有开放性的知识框架，我们可以利用这个知识体系不断吸纳、更新知识；事实上，本课程会一直在“三观”的框架内，不断更新具体的知识点。

2.“四步工作流程”是“三观”知识体系的具体运用。

如上图所示，我们将“三观”的知识体系运用在合同起草审查流程的工作之中，就是“四步工作流程”。

（1）“四步工作流程”就是实际起草审查任何一份合同的工作流程，其中又以“第二步：三观分析”为最关键、最主要步骤。

而“三观分析”是以前面所说的“三观”知识体系为基础，是“三观”知识体系在具体合同工作中的运用。

（2）合同起草审查流程中需要用到一些具体的方法、工具，如合同关系图、合同要点表、WORD 技能、沟通方法等，我们这些方法工具的介绍作为“四步工作流程”的补充，放在“流程方法”中。

3.“理念”贯穿“三观四步法”。

“理念”是对整个合同起草审查工作的指引，贯穿“宏观、中观、微观”三个层次，也贯穿在合同起草审查的流程方法中。而且，“理念”也贯穿在所有类型合同的起草审查工作之中。

4.《合同起草审查指南：三观四步法》的单元结构。

先讲理念（第一单元），然后是宏观—交易结构（第二单元）、中观—合同形式（第三单元）、微观—合同条款（第四单元）以及微观—合同语言（第五单元）。

在掌握上述知识的前提下，讲述合同起草审查的流程方法（第六单元），即“四步工作流程”的具体运用。

《典型合同指南》的知识体系结构

如前所述,《典型合同指南》就是运用“三观分析法”对具体合同类型进行分析。因此,《典型合同指南》的知识体系结构就是“三观分析法”的逻辑结构。如下图所示。

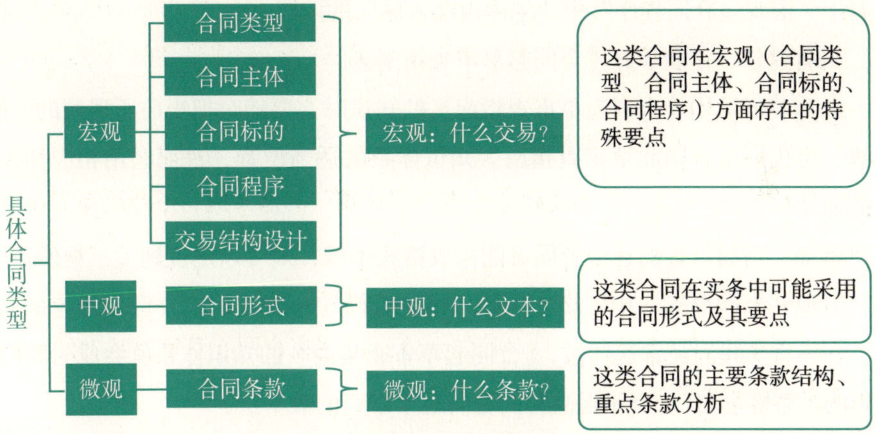

“三观分析法”逻辑结构

不难看出,上述逻辑结构与前面《三观四步法》中的“三观”知识体系是相通的。

如果涉及很多相关的合同类型,会在上述框架之上,适当的归纳、综述。例如,对劳动用工类合同的综述、有限责任公司股权交易类合同的综述。

对于《典型合同指南》没有分析的某类合同,律师也可以运用“三观分析法”进行分析、撰写分析文章;关于“三观分析法”的具体运用说明,请参考:《合同起草审查指南:三观四步法》“运用‘三观分析法’分析某类合同起草审查要点”。

学好知识体系,用好知识体系

从前面的介绍中不难看出,《合同起草审查指南》有着逻辑清晰的体系结构,掌握这个体系结构会大大有利于课程的学习和知识的运用。我们建议:

1. 掌握知识体系结构,随时了解自己所学课程、知识点属于上面这个体系中的什么位置。

希望你牢牢记住前面的知识体系结构示意图；你也可以随时回到本节内容，回顾这个知识体系。

当我们学习《三观四步法》时，要随时知道当前知识点在体系中的位置。例如，当前学习的“集团合同”这个特点，是属于“中观—合同形式”层面的一个问题。

当我们学习《典型合同指南》时，也要知道当前所讲的知识点，是属于这类合同“三观”的哪一个层面。例如，增资协议需要考虑“股东会决议”问题，这是属于“宏观—合同程序”中“主体内部程序”的问题。

只有这样，才能学好《合同起草审查指南》。

2. 当我们运用《合同起草审查指南》的知识时，要随时把当前所遇到的问题，拆解、定位到《合同起草审查指南》知识体系的适当位置，进而利用相应知识采取措施。

例如，当前审查的这个合同可能构成格式条款，则可以定位到《三观四步法》中“中观—合同形式”中“格式条款、格式合同”一节，相应分析、相应采取措施。——只要我们经常这样做，《合同起草审查指南》的知识体系就会成为我们脑海里的“解题套路”，真正提高我们合同起草审查的效率。

《论语·卫灵公》中有这么一段：

孔子对子贡说：“子贡啊，你以为我是学习得多了才一一记住的吗？”子贡答道：“是啊，难道不是这样吗？”孔子说：“不是的。我是用一个根本的东西把它们贯彻始终的。”

（子曰：“赐也，女以予为多学而识之者与？”对曰：“然，非与？”曰：“非也，予一以贯之。”）

从学习的角度，我们可以这样理解孔子的话：要用一个整体逻辑结构把所有知识点串起来，否则是难以掌握、难以运用的。

因此，在知识体系中学习，运用好这个知识体系，才能真正实现《合同起草审查指南》的目的，提升合同起草审查的质量和效率。

目·录

合同起草审查指南：常用合同卷

第一单元
买卖合同 01

第二单元

租赁合同

02

第三单元
服务类合同 03

第四单元
知识产权类合同 04

第五单元 担保类合同 05

第六单元
其他常用合同
06

第七单元
互联网协议 07

第八单元
婚姻家事类合同 08

合同起草审查指南：劳动用工卷

第一单元 特殊用工模式类合同 01

第二单元 劳动关系下的合同 02

合同起草审查指南
常用合同卷

01

第一单元

买卖合同

1.1 动产买卖合同

正如本书前言部分所讲，《典型合同指南》是“三观四步法”中的“三观分析法”在具体合同类型中的运用。因此，本书的各个单元，就是利用“三观分析法”对不同具体类型合同进行分析。《常用合同卷》与《公司卷》《劳动用工卷》有所不同，买卖合同、租赁合同、服务合同、知识产权类合同等各个单元之间缺少密切的关系，因此并不存在，也不需要对整个《常用合同卷》进行综述的内容。

首先从买卖合同——这个具有特殊地位的合同类型开始。

根据《民法典》第595条的规定，买卖合同是出卖人转移标的物的所有权于买受人，买受人支付价款的合同。之所以说买卖合同具有特殊地位，是因为：

1. 从法律的角度：《民法典》第646条规定，法律对其他有偿合同有规定的，依照其规定；没有规定的，参照适用买卖合同的有关规定。

2. 从合同起草审查实务的角度：买卖是实务中最常见、最基础的合同类型。《合同起草审查指南：三观四步法》虽然是针对一般合同的起草审查，但是由于买卖合同的特殊地位，《合同起草审查指南：三观四步法》中各个层面的知识大部分都可以运用于买卖合同的起草审查。因此在本书中，对《合同起草审查指南：三观四步法》中已经涉及的、可以运用于买卖合同的知识仅作简要说明或略过，重点针对《合同起草审查指南：三观四步法》未涉及的买卖合同的特殊类型及特殊注意事项进行说明。

本节主要针对动产买卖合同。

1.1.1 宏观—合同类型

一、买卖合同类型辨析

1. 买卖与承揽。

买卖与承揽属于“选择型”关系，具有一定的交叉。两者的关系可以参见图1–1：

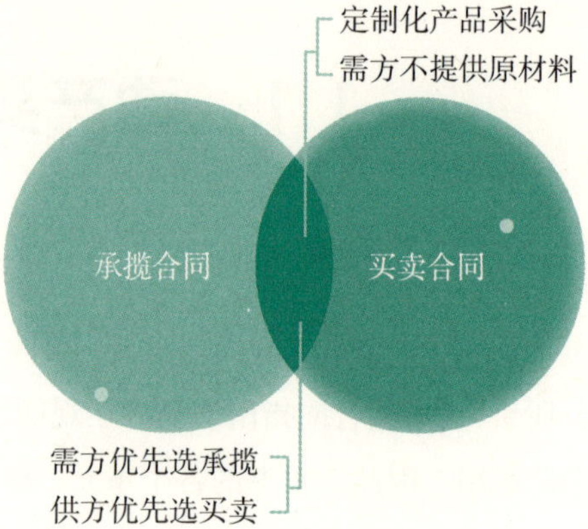

图 1–1　买卖与承揽的交叉关系

图 1–1 体现出买卖与承揽具有一定的交叉关系，也就是说，有一部分交易可以算是“买卖”也可以算是“承揽”。具体来说：

（1）如果是标准化的、种类物的采购，只能是买卖合同。如果是需方提供原料，按照需方的要求定制，则应当是承揽合同中的定作合同，不能定性为买卖合同。

（2）如果需方不提供原料，供方根据需方的要求定制，则难以分辨是买卖还是承揽，律师有选择空间，此类关系属于“选择型”关系。考虑到前面所讲的“承揽合同对定作方比较有利”，建议在类似情况下，如果是需方，可选择定性为承揽合同，合同标题也就应当叫作“定作合同”或“定作承揽合同”。反之，如果是供方，则考虑定性为“买卖合同”。

司法实务中有相当多的“究竟是买卖还是承揽”的合同争议，为避免这一类不必要的争议，律师应准确选择类型，并在合同标题、合同主体称呼、权利义务表述等方面与所选类型相匹配，甚至还可以考虑直接在合同中约定：双方确认本合同为买卖合同（或承揽合同）。

2. 买卖、代理经销与行纪代销。

日常所谓的“代理经销”就是一种买卖关系（参见后文“经销买卖合同”的介绍）。

行纪代销则不属于买卖关系，性质上与买卖大不相同，只是在特定的场景下，两者会成为“选择型”关系。例如，超市与供应商之间，可以选择按买卖经销关系处理（超市向供应商买入商品，再销售给用户），也可以选择按行纪代销关系处理（超市向用户销售，按销售额的一定比例向供应商结算货款，未销售出去的商品仍属于供应商所有）。

3. 国际货物买卖。

本小节的分析对象一般为国内货物买卖合同。国际货物买卖合同作为涉外民事合同，可以约定适用外国法律，也可以约定适用与合同没有实际联系的国家或地区的法律。[1]

我国作为《联合国国际货物销售合同公约》(The United Nations Convention on Contracts for the International Sale of Goods，CISG) 的缔约国，国内当事人对外订立的属于该公约适用范围内的国际货物买卖合同，将直接适用该公约。但是，当事人可根据该公约的规定，约定全部或部分的排除该公约的适用。如果不是涉外合同，则不能适用上述公约。

二、买卖合同涉及的特殊法律风险

1. 部分买卖涉及"恶意串通损害他人权益"。

债务人与第三人通过低价转让、付款方式不合理等方式转移财产而逃避债务，是实务中"恶意串通"的典型表现，应属于无效。

2. "一物二卖"在一般情况下有效。

假设：甲与乙签订了买卖合同，丙明知，又找到甲签订买卖合同，让甲把东西卖给自己。请问，甲丙之间的买卖合同是否属于"恶意串通损害他人合法权益"？

最高人民法院杜万华大法官认为，"应当认定这两份合同都有效。因为，只要不存在合同无效或者可撤销的法定情形，双方当事人经过平等协商而自愿签订的合同都是有效合同"。[2] 当然，"一物二卖"时卖方只能向其中一方履行合同，对另一方则只能主张违约。

在中农集团控股股份有限公司与中丝辽宁化工物流有限公司、辽宁丰禾农业生产资料连锁有限公司所有权确认纠纷申诉、申请民事裁定书[3]中，最高人民法院认为：中农集团提出，中丝公司在知晓丰禾公司已经将案涉尿素卖给中农集团的情况下仍要求以案涉尿素抵债并进行过户的行为，不构成善意，违背诚实信用原则，存在恶意串通损害中农集团利益的情形。本院认为，在商事领域，多重买卖或者一物数卖情形并不鲜见，《最高人民法院关于审理买卖合同纠纷案件适用法律问题的解释》第 6 条规定："出卖人就同一普通动产订立多重买卖合同，在买卖

[1]《最高人民法院关于适用〈中华人民共和国涉外民事法律关系法律适用法〉若干问题的解释（一）》第 7 条。
[2]《杜万华大法官：处理"一物二卖"问题时应坚持的几个原则》，载微信公众号"法信公众号"2016 年 11 月 7 日。
[3] 最高人民法院（2016）最高法民申 1514 号。

合同均有效的情况下，买受人均要求实际履行合同的，应当按照以下情形分别处理：（一）先行受领交付的买受人请求确认所有权已经转移的，人民法院应予支持；（二）均未受领交付，先行支付价款的买受人请求出卖人履行交付标的物等合同义务的，人民法院应予支持；（三）均未受领交付，也未支付价款，依法成立在先合同的买受人请求出卖人履行交付标的物等合同义务的，人民法院应予支持。”在一物多卖的问题上，遵循“已受领交付 > 已支付价款 > 先签订合同”的顺序，无论中丝公司是否知晓丰禾公司与中农公司之间存在买卖尿素的合同，中丝公司均有理由依据案涉尿素在营口港仍记载于丰禾公司名下而信赖丰禾公司仍对其享有所有权，从而向其购买。而丰禾公司能否向中农集团履行买卖合同项下的义务，则属于双方之间的合同纠纷，并不影响中丝公司通过合法有效的买卖合同取得案涉尿素的所有权。

若开发商存在“一房二卖”的情形，买卖合同可能因构成恶意串通而无效。《最高人民法院关于审理商品房买卖合同纠纷案件适用法律若干问题的解释》第 7 条规定：“买受人以出卖人与第三人恶意串通，另行订立商品房买卖合同并将房屋交付使用，导致其无法取得房屋为由，请求确认出卖人与第三人订立的商品房买卖合同无效的，应予支持。”但应当注意，这只是针对开发商“一房二卖”的情形，如果是二手房“一房二卖”则不适用上述规定。

3. 风险过大的买卖。

例如，缺少合理担保的、金额巨大的信用买卖（先交付后付款），对卖方来说风险很大；反之，先付全款再交货，对买方来说风险也很大。除非双方确实有良好的信任关系，否则对于大额的货物买卖来说，先付部分款项，交货后再付清货款是比较正常的做法，否则就要考虑配套担保措施了。

1.1.2 宏观—合同主体

一、无权处分不会导致合同无效，但会有风险

原《合同法》第 51 条关于“无处分权人处分他人财产为效力待定”的规定，在《民法典》合同编中已经删除，《民法典》合同编第 597 条第 1 款规定：因出卖人未取得处分权致使标的物所有权不能转移的，买受人可以解除合同并请求出卖人承担违约责任。如果买受人不知情，可依据《民法典》物权编第 311 条善意取得的规定取得所有权。

因此，如对方的所有权、处分权存在疑问，并非不能订立有效合同，只是需要考虑对方可能无法实际履行合同，此时应考虑：

1. 进一步核实其处分权，或要求补充授权手续，再进行交易；

2. 强化对方的违约责任，以保障己方利益；

3. 争取先交付、占有，后付款。

如对方确无处分权，我方仍可能适用善意取得，或至少占据有利地位。

二、特殊动产应与登记的权利人进行交易

《民法典》物权编第 225 条规定，船舶、航空器和机动车等的物权的设立、变更、转让和消灭，未经登记，不得对抗善意第三人。该法条的含义是，特殊动产的登记并非设立物权，登记的权利人可能会与实际权利人不一致，但是交易相对方只要是与登记的权利人进行交易，即使是无权处分，也能依据善意取得制度有效取得所有权。

反之，与实际权利人进行交易而未获得登记权利人同意，则仍存在风险，如登记权利人不配合则无法办理相应变更登记，受让方的权利始终会存在风险。

三、大额动产处分，需要考虑配偶同意

大额的、重要的动产，例如，车辆、船舶、珠宝等，如与之进行交易，交易相对方最好取得夫妻双方书面确认同意。这些动产很可能是夫妻共同财产，价值又较高，如果只取得夫妻一方同意，有可能因无权处分、另一方不配合等原因导致买受人无法取得财产（虽然法律上有可能构成善意取得）。

四、很多商品交易需要资质

一般来说，种子、烟、酒等商品如果缺少资质往往并不会导致合同无效。但是，如果是长期的无资质经营，则会导致罚款、没收违法所得、吊销执照等较严重的处罚后果，甚至可能构成非法经营罪等刑事责任。对公共利益影响较严重的，如无资质的医疗器械买卖，也有可能被认定为合同无效。

1.1.3 宏观—合同标的

一、被查封财产能买卖但不能实际处置

就被查封财产签订的买卖合同仍为有效，只是在查封期间资产无法过户（就不动产而言）、无法转移（就动产而言）。

另外注意，转移、处置被查封财产使该财产脱离司法机关控制，将可能构成

《刑法》规定的非法处置查封、扣押、冻结的财产罪。

二、限制交易或不能交易的商品

1. 文物。

文物不是完全不能交易，但必须来源合法，而且有一定的法律限制。

2. 非法野生动物。

根据《全国人民代表大会常务委员会关于全面禁止非法野生动物交易、革除滥食野生动物陋习、切实保障人民群众生命健康安全的决定》，严格禁止野生动物的猎捕、交易、运输、食用。

3. 毒品、武器弹药、人体器官、珍稀动植物等，均不能交易。

三、被抵押或质押财产

1. 被质押财产转让应征得质权人同意。

具体而言，《民法典》物权编第443条、第444条、第445条中规定了基金份额、股权、注册商标专用权、专利权、著作权、应收账款作为出质标的时，未经质权人同意，不得转让，但对于这几种出质标的以外的质押财产（包括一般动产）的转让，《民法典》与相关法规没有具体规定。

但对于一般动产来说，已被质押的财产就在质权人控制之下，不经过质权人同意，这个财产也没办法转移交付。因此，买卖合同虽然有效，但买方无法取得所有权。

而只签订质押合同未转移占有财产的，质权没有设立，不影响转让。只是受让方应考虑出让方的债务风险，以使对方尽快交付以取得所有权。

2. 被抵押财产转让的特殊性。

《民法典》物权编第404条规定，以动产抵押的，不得对抗正常经营活动中已经支付合理价款并取得抵押财产的买受人。这意味着，只要是正常的动产销售，买受人可以无须核实该动产是否有抵押登记。即使该动产上确有抵押权登记，买受人知道存在该抵押权登记，买受人仍可以合理价款购买，并通过交付取得物权，而无须担心抵押权的存在。

但这只适合“正常经营活动”中的销售，如果一个企业将一件本用于生产的设备折价转让，该设备上设有抵押权，就不适用这一点了，因为这并非正常经营活动。此时即使买受人取得了设备，抵押权人仍然可以行使担保物权要求拍卖变卖该设备。

随着《国务院关于实施动产和权利担保统一登记的决定》的实施，动产抵押将会越来越常见。这意味着，在进行较大额的动产买卖时（正常经营活动中的动产销售除外），买方应通过中国人民银行征信中心动产融资统一登记公示系统适当查询该动产是否被抵押。如果存在抵押，则应要求卖方先解除抵押或卖方、买方、抵押权人达成一致解决方案，避免买方风险。

已经抵押同时又不是“正常经营活动”中的动产买卖，可以参考后文“二手房（存量房）买卖合同”中关于已抵押房产买卖的说明。

1.1.4 宏观—合同程序

1. 国有资产的买卖涉及批准和进场交易程序。

2. 招投标程序。

如果按招投标程序进行采购，则必须遵守《招标投标法》。

3. 拍卖程序。

拍卖程序中会使用一些特殊的文本，例如，成交确认书。拍卖程序中“落槌”即买卖合同成立。

4. 权利登记。

船舶、航空器和机动车等特殊动产的所有权买卖应及时办理登记。根据《民法典》物权编第 225 条规定：船舶、航空器和机动车等的物权的设立、变更、转让和消灭，未经登记，不得对抗善意第三人。

1.1.5 宏观—交易结构设计

因买卖关系非常常见，在交易结构设计中，经常会见到买卖的“身影”。在《合同起草审查指南：三观四步法》中提到不少这方面的例子，这里仅作提示：

1.“名为买卖，实为担保”的让与担保模式。

让与担保模式就是将买卖与其他法律关系组合起来，变相以标的物的所有权作为偿债的担保。让与担保存在法律效力瑕疵，但实务中很常见，且能发挥一定作用。

相关课程：《合同起草审查指南：三观四步法》“交易结构设计（一）：担保措施”

2. “买卖 + 回购”。

让与担保模式中的“一般让与担保”（或“先让与担保”）就是“买卖 + 回购”。其他场合下，也可能采取“买卖 + 回购”，使买方在一定条件可以将标的物退还给卖方。

相关课程：《合同起草审查指南：三观四步法》“交易结构设计（七）：法律关系的组合、选择与拆分”

3. 有选择权的远期买卖。

因为种种原因，买卖不是现在进行，双方或其中一方希望在日后的一定期限、一定条件下进行，则可以签署有选择权的买卖合同，约定在符合条件时，买方有权以约定价格购买标的物。

4. 物权的按份买卖。

《民法典》物权编规定了物的共有制度，允许标的物按份共有及共同共有，允许一方只买卖或取得物权的部分份额。这种做法可能帮助当事人实现特殊目的，《合同起草审查指南：三观四步法》交易结构设计中曾经提到“购买房产份额的1%+ 回购”从而实际使用房产 30 年的例子。

相关课程：《合同起草审查指南：三观四步法》“交易结构设计（六）：权利的分割与组合”

5. 主动考虑担保措施。

实务中的买卖，几乎不存在“一手交钱、一手交货”的情形，必然要一方先交钱或一方先交货，如此则先履行的一方就会存在风险，律师需要为当事人考虑：

（1）调整付款方式，降低风险。

例如，对买方来说，先付部分款项，就比先付全款风险更小。

（2）考虑各类担保措施的运用。

包括法律规定的各项担保措施以及其他担保措施。

相关课程：《合同起草审查指南：三观四步法》“交易结构设计（一）：担保措施”

1.1.6 中观—合同形式

《合同起草审查指南：三观四步法》“中观—合同形式”中提到的很多合同形式都可能应用于买卖合同。这里仅作要点提示。

一、“合同＋订单”模式

实务中的大量采购都是“合同＋订单”模式。此时，律师既要起草或审查主交易合同，也要对订单及结算模式、文本进行审查。主要模式有：

1. 直接以货物签收作为结算依据。

此时不需要下订单，买方联系卖方送货即可。

律师需要审查签收单据内容。签收单据中可以只有数量没有价格（价格放在主交易合同中），也可以有数量也有价格。

从买方角度，主交易合同中要指定签收人。

2. 下达订单，订单生效后再发货。

此时要在主交易合同中约定订单生效的流程。可以由双方另外签字盖章（但比较麻烦），可以由双方代表签字，也可以由主交易合同确定的电子邮箱确认订单生效，还可以设置为卖方未提出异议即为订单生效。这需要结合便利性和风险控制两方面因素来选择适当方式。

相关课程：《合同起草审查指南：三观四步法》“合同＋订单”模式

二、格式条款、格式合同

实务中不少买卖合同，特别是面向消费者、最终用户的买卖合同构成或可能构成格式条款，应考虑：

1. 能避免成为格式条款的，应尽量避免。

2. 对重要条款进行专门的合理提示。例如，免责、责任限制、质量、合同解除与退费、违约责任等条款。

3. 面向消费者的格式条款应去除那些可能遭受处罚的条款，如过期不退、解释权归本店所有之类。

相关课程：《合同起草审查指南：三观四步法》“格式条款、格式合同”

三、互联网协议

随着电子商务如火如荼地开展，大量的商品是通过手机、电脑上网购买完成。在法律上，这仍然是买卖合同关系。从合同起草审查的角度，这类合同形式已经与一般的合同大不相同，有如下值得注意的要点：

1. 通过网页、订单等体现内容，通过用户点击确认、付款等方式成立合同。

注意商品详情网页经用户确认后应当属于双方订立买卖合同的内容。

2. 这类合同以格式条款为主。

这意味着，商家对于买卖中比较重要的条款（质量、免责或责任限制、解除与退费等），应以合理方式提示，例如，用专门的弹窗、特殊颜色字体提示。

3.《民法典》第 491 条规定，对方选择该商品或者服务并提交订单成功时合同成立，但当事人另有约定的除外。

因此，在理论上，电子商务平台可以设定为“付款 + 商家确认”后合同才成立，但这也必须明确提示买家。这种提示本身也是一种格式条款，因此必须以明显的、用户肯定能看到的方式显示出来。

相关课程：《合同起草审查指南：常用合同卷》“互联网协议概述”

四、合同形式的简单与复杂

动产买卖合同可能很简单也可能很复杂。

1. 标准工业品的一次性买卖，用订购单（简单的买卖合同）、简单的买卖合同即可。

2. 如果是大型设备买卖，因为需要对设备的详细信息、交易流程、安装、试运行、配套服务各方面进行详细约定，合同就会很复杂。

3. 我方是买方时，为防止卖方向我方人员进行商业贿赂，还可以配套签署反商业贿赂协议。

资　料　　　买卖合同与“三包”规定

部分买卖合同受“三包”规定约束，对“微观—合同条款”会有影响。简单来说就是合同约定的卖方义务不能低于“三包”规定。

一、“三包”说明

1.“三包”规定的法律渊源。

《消费者权益保护法》第 24 条规定：“经营者提供的商品或者服务不符合质量要求的，消费者可以依照国家规定、当事人约定退货，或者要求经营者履行更换、修理等义务。没有国家规定和当事人约定的，消费者可以自收到商品之日起七日内退货；七日后符合法定解除合同条件的，消费者可以及时退货，不符合法定解除合同条件的，可以要求经营者履行更换、修理等义务。”

该条规定中的“国家规定”指的是《部分商品修理更换退货责任规定》《家用视听商品修理更换退货责任规定》《微型计算机商品修理更换退货责任规定》等部门规章中对“三包”具体的规定。“三包”指销售者、修理者、生产者承担的修理、更换、退货这三项主要责任和义务。在“三包”有效期内，如果符合规定的修理、退货、换货条件等，消费者可以凭“三包”凭证、发票等要求商家修理。

这些国家规定中除明确“三包”的具体操作外，主要是说明纳入“三包”范围的商品（及部件）、“三包”有效期。

2. 地方也有“三包”规定出台。

例如，《北京市家具产品修理、更换、退货责任规定》《浙江省“三包”商品目录（修订）》等。这些地方规定适用于当地从事生产、销售的商家。

3. 纳入三包规定的商品不断增多。

例如，2012年《家用汽车产品修理、更换、退货责任规定》出台，小汽车也纳入三包范围。

二、“三包”规定的法律要点

1. “三包”规定是经营者对消费者承担义务的底线，不能低于该标准。

在经营者与消费者的买卖合同中，即使明文约定不按“三包”规定处理或低于“三包”规定的义务，都是无效的。而且，经营者还会受到市场监督管理部门处罚（《消费者权益保护法》第56条、《侵害消费者权益行为处罚办法》第12条等）。但是，双方约定比“三包”规定更高的对经营者的要求是可以的。

2. “三包”是经营者（卖方）对消费者（买方）的义务。

《部分商品修理更换退货责任规定》第3条规定：列入目录的产品实行谁经销谁负责三包的原则。销售者与生产者、销售者与供货者、销售者与修理者之间订立的合同，不得免除本规定的三包责任和义务。

3. 样品、赠品、特价品受三包规定约束，只有二手商品不受“三包”规定约束。

4. 企业购买、非生活消费购买，一般不受“三包”规定保护。

《消费者权益保护法》第2条规定：消费者为生活消费需要购买、使用商品或者接受服务，其权益受本法保护；本法未作规定的，受其他有关法律、法规保护。而“三包”规定正是基于《消费者权益保护法》作出的配套规定。

因此，同样是买车、买电脑，个人购买则为消费，企业购买则不是生活消费，后者不受《消费者权益保护法》以及“三包”规定约束。

当然，非生活消费的买卖合同中如果约定按“三包”规定处理，也是有效的。即使不受《消费者权益保护法》保护，仍然受到《产品质量法》《民法典》合同编等约束，并不是说非生活消费购买就可以不用保证产品质量。

三、国家规定的部分三包商品目录

1.《部分商品修理更换退货责任规定》——18种商品。

第一批实施“三包”的部分产品共18种：自行车、彩电、黑白电视、家用录像机、摄像机、收录机、电子琴、家用电冰箱、洗衣机、电风扇、微波炉、吸尘器、家用空调器、吸排油烟机、燃气热水器、缝纫机、钟表、摩托车。

2.《家用视听商品修理更换退货责任规定》——家用视听商品：家用视盘机（VCD、超级VCD、DVD等）、音频功率放大器和扬声器系统（音箱）。

3. 国家质量监督检验检疫总局公告2011年第20号——关于将平板电视机商品纳入《部分商品修理更换退货责任规定》调整范围的公告——平板电视机商品的整机和显示屏等主要部件。

4.《微型计算机商品修理更换退货责任规定》——微型计算机商品。

5.《家用汽车产品修理、更换、退货责任规定》——家用汽车产品。

6.《农业机械产品修理、更换、退货责任规定》——农业机械产品。

7.《移动电话商品修理更换退货责任规定》——手机、电池、充电器等。

8.《固定电话机商品修理更换退货责任规定》——固定电话机。

1.1.7 微观—合同条款：标的条款

一、标的条款一般要求

注意这里未包括保险、交货、运输等与标的相关的全部条款，且以国内一般货物买卖为典型。

1. 标的条款和价格条款是合同最重要的条款。

相对于其他条款，律师需要在标的条款和价格条款上花更多精力起草与审核，以尽可能使其完善且无争议。

2. 标的条款的目的。

明确货物情况，减少双方对货物本身、数量、质量及相关权利义务的争议。细分的话，可以认为标的条款是为了解决以下问题：

（1）明确货物基本情况。解决的问题是：究竟买卖的是什么？买卖的数量是多少？

（2）明确货物配套材料。解决的问题是：哪些材料是要配套货物一并提供的？

（3）明确配套的一些服务。解决的问题是：卖方除了交货，还应该做什么？

（4）明确货物质量。解决的问题是：货物要达到什么要求？符合什么条件？

3. 对“货物本身、配套材料、配套服务、质量标准”四部分的分别说明。

律师起草与审查货物标的条款，很大程度上是从这几个方面着手，再结合货物标的的具体情况，将重要的、与该货物的特点相关的要求予以明确。

（1）货物本身需要考虑并约定的内容。

a. 品牌、品名

b. 规格型号

c. 数量

- 固定数量
- 订单数量为准
- 以甲方实际验收数量为准
- 数量的浮动

因商品特点、运输原因、资源变化、加工条件限制等，实际交货数量与合同约定交货数量可能允许有一定幅度的调整。在国际贸易中这就是常见的“溢短装条款”。除约定可调整幅度的比例或大小外，还应当明确由哪一方行使调整选择权，对于与数量变化相关的计价计算和调整方式，也应当一并约定。

d. 包装

- 包装本身要求
- 包装物回收

（2）配套材料需要考虑并约定的内容。

a. 配套设备、材料（如原料、零部件、备用品）

b. 配套软件

c. 配套资料、说明文档、技术文档

d. 赠品

（3）配套服务需要考虑并约定的内容。

a. 安装

b. 试运行

c. 培训指导（人次、时间地点、差旅费用承担等）

d. 售后服务（质保）

（4）质量方面需要考虑并约定的内容。

a. 使用场景、目的

b. 生产厂商、产地

c. 原材料（如家具产品要说明木材原料类型）

d. 新旧程度

e. 质量标准

- 性能指标、主要参数
- 凭样品确定质量
- 适用的质量标准

f. 验收

- 验收流程
- 争议解决办法（鉴定机构）（质保列入配套服务中）

4. 实务中，复杂、大型设备的购买对标的条款要求最高，几乎涉及上述各个版块的所有方面。

二、“小型标准工业品”标的条款

1. 小型标准工业品以日常生活中购买的电脑、手机等为典型，作为合同标的是最简单的。

2. 小型标准工业品的标的条款需要考虑下列方面：

（1）品牌、品名。

（2）规格型号、主要参数。

（3）数量：

a. 固定数量；

b. 订单数量为准。

（4）生产厂商、产地。

（5）包装：一般无特殊要求。

（6）配套物品：可能有赠品，配套软件等，应列明。

（7）配套服务、售后。

有国家“三包”规定的，可无须专门约定；有特殊要求的，可列明。

（8）质量。

因为是“标准工业品”，基本上已经不需要对质量作特殊的约定（但规格型号、主要参数应约定清楚）。可明确约定为“全新货物”。

3. 此类条款由于比较简单，可与价格一并约定在一个表格中。

相关条款：2492 商品货物信息

三、"非标准农产品"标的条款

1. 非标准农产品包括粮食、蔬菜、水果之类的货物。如果是工业化包装好的商品，则已经属于"标准工业品"，不适用本条款。

2. 非标准农产品标的条款需要考虑下列方面：

（1）货物本身。

a. 数量：

- 固定数量；
- 订单数量为准。

一般应允许一定的浮动。

b. 包装。

如有特殊要求应列明。

（2）质量。

a. 生产厂商或产地应约定；

b. 尽量明确质量标准。

很多情况下可直接约定买方有权决定是否验收通过、是否收货。

（3）配套资料：一般没有。

（4）配套服务、售后：一般没有。

四、"矿产原材料"标的条款

1. 包括煤、油、矿石之类货物。

2. 矿产原材料标的条款需要考虑下列方面：

（1）货物本身：

a. 品名；

b. 数量。

一般应允许一定数量的浮动范围。

（2）质量：

a. 生产厂商、产地；

b. 尽量明确各项参数标准。可约定如有争议情况下的鉴定机构。

（3）配套材料：一般没有。

（4）配套服务、售后：应明确装卸由哪一方负责。

五、其他特殊标的条款

这里仅列举除一般标的条款应约定的事项以外还应特别注意的方面。

1. 二手物品。

列明系二手物品（并非新品），列明现有瑕疵。

应考虑卖方是否仍承担质保责任，如有质保责任，列明质保责任的范围（二手物品一般仅对重大质量问题承担质保责任，或不承担质保责任）。

2. 二手房屋。

应列明：

（1）一并转让的屋内设施情况；

（2）装修情况；

（3）现有租户情况；

（4）车位情况（是否有一并转让的车位）；

（5）抵押权、居住权情况；

（6）共有人情况；

（7）该地址上人员户口情况。

3. 垃圾、废物回收。

应列明：

（1）免责。一般出让方不承担任何质量责任。

（2）列明买方的使用场景，或买方不得违法使用，卖方不对买方的任何后续使用负责。

4. 文化藏品。

应列明：

（1）是否保证真品。如保证真品，还应考虑对真伪有争议时的鉴定方式。

（2）保证来源的合法性及相关凭证的真实性。

（3）注明已有的瑕疵。

（4）可用实物图片作为附件，作为验收依据。

1.1.8 微观—合同条款：付款方式相关条款

1. 当事人可以就付款方式灵活地约定。

这些付款方式只要约定清楚，一般都是有效的。包括：

（1）一次性付款。其中又可分为先付款、后付款两种模式。

（2）分次付款。

例如，先付 20%，收到货物之后付 70%，质保期满后付 10% 等。

（3）分期付款。

先收货，买方分成几期付款。

（4）分批付款。

分批交货、分批付款。

2. 付款方式的设置主要是商务问题。

这意味着，付款方式主要由当事人协商确定。

实务中，金额不大、对方信誉良好（大公司、大机构）的情况下，才能采取我方先付全款或我方先发货的方式。其他情况下，一般应当采取分次付款方式。

律师如果发现付款方式对己方风险过大或不符合惯例（例如，己方为买方，先付全款后收货），应提示当事人调整付款方式（如改为分次付款），考虑担保措施（如要求对方出具银行保函）。

3. 分期付款的特殊性。

（1）法律对分期付款的一些规定。

《民法典》第 634 条规定：分期付款的买受人未支付到期价款的数额达到全部价款的五分之一，经催告后在合理期限内仍未支付到期价款的，出卖人可以请求买受人支付全部价款或者解除合同。出卖人解除合同的，可以向买受人请求支付该标的物的使用费。

另外，《最高人民法院关于审理买卖合同纠纷案件适用法律问题的解释》第 27 条规定："民法典第六百三十四条第一款规定的'分期付款'，系指买受人将应付的总价款在一定期限内至少分三次向出卖人支付。分期付款买卖合同的约定违反民法典第六百三十四条第一款的规定，损害买受人利益，买受人主张该约定无效的，人民法院应予支持。"

从以上规定可以看出，如果是"按期限分三次以上付款"的分期付款，则法律对解除有一定限制。也就是说，只有买方未付款金额达到全部价款的 1/5 以上时，卖方才能要求买方支付全部价款或解除合同（收回商品）。

（2）这意味着，常见的所有权保留或者分期付款条款中，约定"只要没付清全部货款，即可解除合同、收回货物"并非完全有效。

但这并不会导致条款完全无效，只是说在未付款金额未达到全部价款 1/5 时，无法适用该条约定。只要买方未付款金额达到全部价款的 1/5 以上，仍可以解除合同、收回货物。

相关条款：3469 所有权保留　简单

在商家与经营者的格式条款形式的买卖合同中，最好严格按照上述法律要求拟订条款，约定买方未付款金额达到总价款 1/5 以上时，卖方可要求支付全部价款或解除合同。如果约定只要未付清全款卖方就有权解除合同、收回货物，这种约定不仅可能无效，而且可能导致市场监督管理部门的处罚。

1.2 二手房（存量房）买卖合同

二手房（存量房）买卖合同不同于一手商品房买卖合同。后者由开发商修订使用，可以认为是房地产开发这一专业领域的合同文本；二手房买卖合同则是普通人、律师日常都会接触的合同。因此有必要作为常用合同适当分析。

总体来说，二手房买卖合同在中观、微观层面并不复杂，而且常常使用政府示范文本，律师更重要的是在宏观—交易结构层面分析这个交易是否可行。

1.2.1 宏观—合同类型

二手房（存量房）买卖合同中需特殊注意"一房二卖"问题。大体分为以下几方面：

1."一房二卖"下的多份合同均为有效，除非构成"恶意串通损害他人合法权益"。

这里的"恶意串通损害他人合法权益"，是指买受人不仅明知这份买卖合同的存在，还存在损害他人在先权利的恶意。

2."一房二卖"下的履行顺序。

《最高人民法院第八次全国法院民事商事审判工作会议纪要（民事部分）》第15条对此作出规定：审理一房数卖纠纷案件时，如果数份合同均有效且买受人均要求履行合同的，一般应按照已经办理房屋所有权变更登记、合法占有房屋以及合同履行情况、买卖合同成立先后等顺序确定权利保护顺位。但恶意办理登记的买受人，其权利不能优先于已经合法占有该房屋的买受人。对买卖合同的成立时间，应综合主管机关备案时间、合同载明的签订时间以及其他证据确定。

3.从买受人的角度，为避免"一房二卖"，应尽快办理过户登记。如暂不办理过户登记，则应考虑网签备案、实际占有使用房屋，并将房产相关凭证、发票等保管在自己手中。

1.2.2 宏观—合同主体

一、涉及夫妻共同财产的，必须考虑配偶的签署手续

1. 夫妻共同财产的无权处分与“善意取得”。

举例：一套房产登记在甲名下，但实为甲乙夫妻共同财产，甲丙签订二手房买卖合同，未经乙的同意或追认，且已经过户登记。此时，乙能否追回该房产？

《民法典》物权编第 209 条规定，不动产物权以登记为准，但法律另有规定的除外。而根据《民法典》婚姻家庭编，这套房产确为夫妻共同财产，因此甲仍为无权处分。

无权处分下，买卖合同仍为有效，这没有问题，但是，买方能否有效取得物权，能否适用“善意取得”以及“善意取得”的认定尺度该如何把握。

从目前的司法实务来看，这个尺度不好把握：如果还没有过户登记，则一般支持乙要求返还房产的请求，因为未登记则不能“善意取得”；如果已经过户登记，仍有可能认定不构成“善意取得”，乙可以要求返还房产。

丙的“善意”需要到什么程度才符合“善意取得”的条件呢？是必须不知道甲已婚（要求甲出具单身证明还是声明未婚），还是由甲声明已经取得配偶同意？司法实务中不好把握。

无论如何，对于夫妻共同财产，只由夫妻一方签署合同，买受人会有很大风险。

2. 起草审查注意事项。

总体来讲，由于房产价值相对较高，风险也较大，在这一方面不能不慎重。审查的注意事项包括：

（1）只要出卖人已婚，无论房产是否夫妻共同财产，最好由夫妻共同签署（或配偶专门书面同意），这是最为稳妥的。

如果房产证上已登记为夫妻双方或者已知房产为夫妻共同财产的，则必须由夫妻共同签署。

（2）如果出卖人声称无配偶，应由其出具单身承诺，并考虑由当地居委会盖章予以证明——这在一定程度上能证明买方“善意”且已经履行了审查义务。

根据《民政部关于进一步规范（无）婚姻登记记录证明相关工作的通知》，“各地民政部门不再向任何部门和个人出具（无）婚姻登记记录证明”。

（3）应尽快办理过户登记手续，这是适用善意取得的前提。

在实务中，如果该房产还存在其他共同居住的成年家庭成员，最好也要求其书面确认同意该房产买卖，以避免其主张该房产是家庭共同财产。

二、购房资格、借名买房问题

这既是一个合同主体问题，也是一个特殊合同类型或者说特殊交易模式的问题。

1. 没有购房资格，房屋买卖合同肯定就没有办法实际履行。

目前在中国很多城市都有房屋限购政策，无论是本地户籍人员，还是外地户籍人员，都有可能没有购房资格。对于境外机构、个人、我国港澳台人士，则有全国层面的限制规定。这意味着，处理房产买卖合同时，必须考虑主体是否有购房资格问题。否则，即使合同本身没有任何问题，仍然无法实际履行，无法实现买房目的。

2. 借名买房肯定存在风险，但并非完全不可行，实务中也较常见。

甲乙签订合同，约定“甲出资，以乙的名义买房”，甲的风险主要有两方面：

第一个方面：涉嫌违反地方限购政策，也可作为损害社会公共利益处理。对此，有判例认定合同无效，更多判例仍认为有效。但可以肯定的是：即使认定无效，也不能否认双方确认的甲出资的事实，仍可以向乙主张返还钱款或相关收益；即使认定有效，没有购房资格也就无法要求过户登记。

第二个方面：房产虽然约定是甲的，但却在乙的名下。这种约定本身是有效的，只是存在以下可能：乙的债权人强制执行该房产，甲乙的约定不能对抗法院的强制执行；乙私自对外转让；乙的亲属、继承人不认可房产属于甲。这类风险其实就是资产代持类交易的普遍风险。[1]

《合同起草审查指南：三观四步法》中已经对“资产代持类交易”进行了专门分析，并提出了相关措施，可供参考，这些措施包括：

（1）提示当事人应选择可信任的人代持。

（2）尽量实际占有代持资产，对于代持资产相关的资料、发票、凭证等资料，应妥善保管在自己手中。

（3）为避免不能对抗第三人的风险，应考虑对代持资产进行质押、抵押等措

[1] 借名买房相关判例可参见《最高法：关于“借名买房”的裁判规则》，载微信公众号“两高权威解读”2021 年 4 月 1 日。

施，使得该财产难以被处分。

（4）适当注意监督代持人员的债务风险，如存在债务风险，则尽快停止代持，或更换代持人员。

（5）由相关利害关系人员签署确认。

另外，如果是住宅，应考虑为我方或我方指定人员设立一个长期的、有权转租的居住权并进行登记，这也是对我方有利的保障。因为居住权并非购房，与购房资格没有直接关系。

相关模板：6139 委托代持房产合同

三、优先购买权人

根据《民法典》合同编第 726 条的规定，房屋承租人对房产出售具有优先购买权；按份共有人也存在优先购买权。如发现存在以上情形，应由承租人、共有人书面确认放弃优先购买权或表示对此次房产出售无异议。

1.2.3　宏观—合同标的

一般合法的、有房产证的房产当然都可以买卖，我们只需要注意一些特殊情形。

一、经济适用房

经济适用房，是指政府提供政策优惠，限定套型面积和销售价格，按照合理标准建设，面向城市低收入住房困难家庭供应，具有保障性质的政策性住房。根据《经济适用住房管理办法》第 30 条的规定：经济适用住房购房人拥有有限产权。鉴于其保障性质，经济适用房的买卖受到以下限制：

1. 购买经济适用住房不满 5 年而转让。

总体来说，购买经济适用住房不满 5 年，不得直接上市交易；购房人因特殊原因确需转让经济适用住房的，由政府按照原价格并考虑折旧和物价水平等因素进行回购。

（1）购买经济适用住房 5 年内，住房买卖合同效力存在争议。

实践中，个别购房人购买不满 5 年即转让给他人，关于买卖合同效力的认定，存在两种不同观点。

认定合同有效的原因在于：《经济适用住房管理办法》第 30 条规定，购买经济适用房不满 5 年，不得直接上市交易。由于《经济适用住房管理办法》为部门规章，不属于法律或行政法规，不能依据上述规定认定关于经济适用房的房屋买卖合同为无效合同。[1]

认定合同无效的原因在于：经济适用房具有较强的公共利益属性，系由国家财政负担的带有社会福利性质的住房，其目的是保障城镇中低收入住房困难家庭的住房利益。允许经济适用房在5年内转让，将扰乱经济适用房管理秩序，进而损害社会公共利益，故应认定为无效。[2]

（2）行政责任。

根据《国务院办公厅关于保障性安居工程建设和管理的指导意见》第5条第3项的规定："……对违反规定将保障性住房出售、转借、出租（转租）、闲置、改变用途且拒不整改的，应当按照有关规定或者合同约定收回……"

（3）需要考虑无法办理过户登记的情形。

2. 购买经济适用住房满5年而转让。

《经济适用住房管理办法》第30条规定：购买经济适用住房满5年，购房人上市转让经济适用住房的，应按照届时同地段普通商品住房与经济适用住房差价的一定比例向政府交纳土地收益等相关价款，具体交纳比例由市、县人民政府确定，政府可优先回购；购房人也可以按照政府所定的标准向政府交纳土地收益等相关价款后，取得完全产权。

综上，如购买5年以内的经济适用房仍有一定风险，至少短期内不能过户，因此合同中需要考虑：

（1）约定合同无效或被政府收回房屋时的退款、善后措施等；

（2）约定向政府交纳的土地收益款的承担。

经济适用房的购买合同中应有对购房人的要求、违约责任等条款，二手房的买卖双方应查询相关内容。

二、农村房屋（宅基地房屋、小产权房）

农村房屋是指建造于集体所有土地上的房屋，系相对于在城镇区域开发的建造于国有土地上的房屋而言，主要包括宅基地房屋、小产权房两类。

1. 宅基地。

宅基地是农村村民用于建造住宅及其附属设施的集体建设用地，包括住房、

[1] 厦门市海沧区人民法院（2012）海民初字第2192号。
[2] 南京市中级人民法院（2015）宁民终字第6974号。

附属用房和庭院等用地。根据购买主体的不同，宅基地房屋买卖可以分为：本集体经济组织的成员购买宅基地房屋；非本集体经济组织的成员购买宅基地房屋，其中包括其他集体经济组织的成员、城镇居民购买宅基地房屋。

（1）本集体经济组织的成员购买宅基地房屋。

根据《土地管理法》第62条的规定，农村村民一户只能拥有一处宅基地，其宅基地的面积不得超过省、自治区、直辖市规定的标准。“一户一宅”指的是农村村民一户只能申请一处宅基地，如果将原有宅基地上住宅房屋出卖或者出租后，不能再行申请另处宅基地。此原则并未限制通过取得房屋所有权而另外获得宅基地，也就是说，宅基地的房屋买卖合同双方均是同一集体经济组织成员的，合同有效。[1]

（2）非本集体经济组织的成员购买宅基地房屋。

根据《民法典》第363条的规定：宅基地使用权的取得、行使和转让，适用土地管理的法律和国家有关规定。宅基地使用权是农村集体经济组织成员享有的权利，与享有者特定的身份相联系，非本集体经济组织成员无权取得或变相取得。因此，实践中，如宅基地房屋所有权人将房屋出售给非本集体经济组织成员，通常认定其违反《土地管理法》的强制性规定，合同认定为无效。[2]

同时，根据《自然资源部关于加快宅基地和集体建设用地使用权确权登记工作的通知》第3项的规定，对乱占耕地建房、违反生态保护红线管控要求建房、城镇居民非法购买宅基地、小产权房等，不得办理登记，不得通过登记将违法用地合法化。因此非法购买宅基地也无法办理登记。

2. 小产权房。

小产权房并非法律概念，一般是指未经法定征地和审批等程序，由村集体或镇政府独立或与房地产开发企业联合在集体所有的土地上开发建设的房屋。因未履行合法审批程序，违反土地管理法，建造者无法取得房屋所有权，此类房屋性质上属于违法建筑，无法办理权属登记。司法实务中小产权房的买卖合同仍按无效处理。

三、暂未取得产权证的房产

实务中购买一手房时，买房人拿到房产证的时间可能会很久，在此之前买房

[1] 北京市第一中级人民法院（2006）一中民终字第1329号。

[2] 邓州市人民法院（2019）豫1381民初455号。

人可能需要将房屋出售。一般认为，针对“尚未取得房产证的房屋”的买卖合同应该是有效的。虽然《城市房地产管理法》第38条第6项规定了“未依法登记领取权属证书的房地产”不得转让，但并未明示违反该条规定的任何法律责任，也未规定违反该条款将导致合同无效。[1]显然，没有房产证的房屋也就无从办理过户登记，必须等房产证下来之后，再像一般的房产买卖那样办理过户登记。

因此，暂未取得房产证的房屋仍可买卖，只是因较长时间不能办理过户登记而增加了买房人的风险。这种风险类似于房产代持的风险。对于买房人来说，应当考虑：尽快实际占有该房产（如果已经交付）；将该房产的商品房买卖合同、发票等凭证掌握在手中；对出卖人再次出售、擅自处分等约定较严重的违约责任。同时买房人应随时了解房产证的办理进度，一旦取得房产证，即迅速办理过户登记。

四、违法建筑

现行法律法规没有对“违法建筑”或者“违章建筑”有统一的定义。直到2005年，原建设部颁布的《城市房屋拆迁工作规程》第11条规定：《城市规划法》实施后，未取得规划许可证或违反规划许可证规定进行建设的，以及临时建筑使用期限届满未拆除的为违法建筑。在审判实践中，关于违法建筑的识别标准，多数意见认为，应当以是否取得规划许可证或违反规划许可证规定进行建设而加以判断。[2]

未取得规划许可证或违反规划许可证规定进行建设的，以及临时建筑使用期限届满未拆除的为违法建筑。实务中，关于违法建筑买卖合同的有效性存在争议。最高审判机关在个案审理中的观点认可违法建筑买卖合同的有效性。[3]但实践中，不乏认定违法建筑买卖合同无效的案件。[4]争议的焦点在于《城乡规划法》属于效力性强制性规定抑或管理性规定。主流观点认为：在认定违法建筑买卖合同的效力问题上，只要买卖合同是双方的真实意思表示，又无其他效力瑕疵，司法实践中应当认定为有效合同。

无论如何，无法办理正规产权证，购买违法建筑肯定是有风险的，而且该违法建筑日后也可能面临拆除的风险。实际上，可以认为这并非真正的“房产买卖”，买受人只是取得了该房产的使用权。因此，买受人需要权衡风险与收益来判断是

---

[1] 江西省高级人民法院（2015）赣民提字第9号。
[2] 杜涛、蔡关军：《附有违法建筑的房屋买卖合同有效》，载微信公众号“法盏”2019年5月28日。
[3] 最高人民法院（2013）民审字第50号；最高人民法院（2014）民提字第216号。
[4] 湖南省高级人民法院（2017）湘民申2970号；北京市高级人民法院（2014）高民申字第1636号等。

否仍进行该交易。

五、划拨土地上的房屋

根据《城市房地产管理法》第23条的规定：土地使用权划拨，是指县级以上人民政府依法批准，在土地使用者缴纳补偿、安置等费用后将该幅土地交付其使用，或者将土地使用权无偿交付给土地使用者使用的行为。鉴于划拨土地使用权的目的是基于国家利益或共公共利益的需要，国家对其转让作出了限制。

《城市房地产管理法》第40条第1款规定：以划拨方式取得土地使用权的，转让房地产时，应当按照国务院规定，报有批准权的人民政府审批。有批准权的人民政府准予转让的，应当由受让方办理土地使用权出让手续，并依照国家有关规定缴纳土地使用权出让金。

因此，基于房地一体原则，划拨土地上的房屋买卖，将导致该房屋占用范围内的土地使用权必须同时转让的法律后果。此时应注意：房屋转让时，划拨土地使用权未报请有批准权的人民政府审批时合同效力的问题。

实践中，最高人民法院判决尚不统一。在申诉人李佰雄与被申诉人刘光华房屋买卖合同纠纷案[1]和申诉人哈尔滨市不锈钢制品厂与被申诉人李岩房屋买卖合同纠纷案[2]两个案件中作出了截然相反的裁决。争议焦点在于:《城市房地产管理法》第38条和第40条为效力性强制性规定还是管理性强制性规定。

目前，主流观点认为：我国法律对划拨土地上房屋的转让有一些限制性规定，但并非绝对禁止转让。土地的划拨性质并不影响合同的履行，在办理过户登记之前将划拨土地转为出让土地，且合同当事人缴纳相应土地出让金后即可办理过户手续。一方当事人仅以土地性质为划拨地为由主张房屋买卖合同无效的，法院将不予支持。

因此，对划拨土地上的房屋的购买应考虑先办理审批程序，并在合同中对报批义务及相应土地出让金的补缴事宜作出约定，否则将引发争议。

六、已抵押的房产

实务中很多房产因按揭贷款或其他原因而设定了抵押。在《民法典》生效之前只能取得抵押权人的同意再转让,《民法典》生效后则发生了变化。

1.《民法典》的新规则。

《民法典》物权编第406条规定："抵押期间，抵押人可以转让抵押财产。当

[1] 最高人民法院（2017）最高法民再87号。
[2] 最高人民法院（2017）最高法民再70号。

事人另有约定的，按照其约定。抵押财产转让的，抵押权不受影响。抵押人转让抵押财产的，应当及时通知抵押权人。抵押权人能够证明抵押财产转让可能损害抵押权的，可以请求抵押人将转让所得的价款向抵押权人提前清偿债务或者提存。转让的价款超过债权数额的部分归抵押人所有，不足部分由债务人清偿。”同时，《最高人民法院关于适用〈中华人民共和国民法典〉有关担保制度的解释》（以下简称《民法典担保制度司法解释》）第43条对“禁止转让约定的登记问题”作出规定。这两条规定结合，可以得出已被抵押登记的财产转让的规则要点：

（转让合同即包括抵押房产买卖的二手房买卖合同）

（1）当事人未约定禁止转让：“转让合同有效＋能取得物权”。

（2）当事人约定禁止转让，但约定未登记：“转让合同有效＋能取得物权”；也就是说，当事人之间的约定不能对抗已经登记的受让方。

（3）当事人约定禁止转让，且约定有登记：“转让合同有效＋不能取得物权”。这种情况下，没有抵押权人的配合，也无法办理过户登记。

（4）上述情况下，都不影响抵押权人继续行使担保物权。

2.《自然资源部关于做好不动产抵押权登记工作的通知》中的规定。

2021年4月6日发布的《自然资源部关于做好不动产抵押权登记工作的通知》规定：“当事人申请办理不动产抵押权首次登记或抵押预告登记的，不动产登记机构应当根据申请在不动产登记簿‘是否存在禁止或限制转让抵押不动产的约定’栏记载转让抵押不动产的约定情况。有约定的填写‘是’，抵押期间依法转让的，应当由受让人、抵押人（转让人）和抵押权人共同申请转移登记；没有约定的填写‘否’，抵押期间依法转让的，应当由受让人、抵押人（转让人）共同申请转移登记。约定情况发生变化的，不动产登记机构应当根据申请办理变更登记。”

3.实务中对当事人已抵押房产的转让的处理建议。

假设：甲方有一套房，价格1000万元，为银行的700万元借款提供担保，并办理抵押登记，乙方同意购买。在《民法典》下，甲乙的这笔买卖有几种可能的做法。

第1种做法：甲乙签订买卖合同，乙方支付700万元（一般直接付给银行）把该笔贷款还清，甲方与银行配合注销抵押登记，然后甲方再把房产过户给乙方，乙方支付尾款300万元。也就是说，乙方需要支付1000万元房款。当然，乙方取得房产之后可以再另外申请抵押贷款。这是传统做法。如果存在禁止转让的约定登记，那么就只能参照这种传统做法了。

第 2 种做法：甲乙签订买卖合同，乙方先向甲方支付 300 万元，将房产过户。这是甲与银行之间的担保，没有禁止转让约定登记时的做法，理论上此时无须债权人同意而办理房产过户登记。

只要没有解除抵押权，作为买房人，就必须考虑买来的房产上始终有一个有效的抵押权，抵押权人届时仍有可能要求拍卖房子以偿债。这就是为什么上述第 2 种做法中，乙方先只支付 300 万元的原因。双方可以约定抵押权注销后再付尾款，也可以考虑由乙方直接代甲方偿还后续贷款。如果乙方先付清全款，之后房产又可能被银行拍卖，乙方就只能向债务缠身的甲方追偿了（假设是甲方欠银行钱的话）。

当然，以上所说金额只是为理解方便，实际上债务金额有更多不确定性，可能增多，也可能随着还款而逐渐减少。

4. 注意《民法典》施行前已经办理抵押登记的不动产的转让，在《民法典》施行后需要转让的，仍需抵押权人同意才能办理过户登记。

《自然资源部关于做好不动产抵押权登记工作的通知》（自然资发〔2021〕54 号）对此作出了明确规定。

七、设定居住权的房产

居住权是《民法典》新增的用益物权。设定居住权的住宅仍可以转让，法律上也没有规定居住权人的优先购买权，也无须居住权人同意，但是住宅的买卖不影响已经设立的居住权。因此，对于买方来说必须考虑这一点，根据居住权的期限考虑住宅价值所受的影响，或者与居住权人协商付出一定代价以注销居住权。

1.2.4　宏观—合同程序

1. 登记过户。

房屋买卖存在登记过户程序，只有登记过户之后，买受人才算是取得了物权。如果因为某种原因，长时间不能变更登记，则变更登记之前就一直存在类似“资产代持”的风险，应通过占有房产、妥善保管相关凭证、违约责任约定等方式来降低买受人的风险。

2. 网签备案。

二手房买卖合同存在网签备案程序，这有利于防止“一房二卖”。从买受人的角度，可以将网签备案作为一种风险防范措施。对于存量房（二手房）买卖，特别是经过较长时间再交房的二手房交易，买方应主动事先设置，并积极推动办理网签备案手续，一旦备案，卖方就难以再次出售，买方风险会小很多。

1.2.5 中观—合同形式

一、"阴阳合同"与避税

房屋买卖合同交易中，对内的"阴合同"约定了双方成交的真实价格，对外的"阳合同"主要有三个用途：一是办理网签，二是向税务机关报税，三是向银行办理贷款或资金监管。

关于"阴阳合同"的几个法律要点：

1. 房屋买卖"阳合同"中虚低的价格条款无效，但不影响其他条款的效力。

在厦门泰吉运动器材有限公司诉骏士（厦门）日用品有限公司房屋买卖合同纠纷一案中，[1]法院认为，"房屋买卖双方为逃避税收而签订'阴阳合同'，并以价格虚低的'阳合同'办理产权过户，损害了国家利益，相应价格条款应认定为无效……'阳合同'的其他条款如不违反法律规定的，继续有效；继续有效的条款与'阴合同'对应条款不同的，应认定为对'阴合同'相关内容的变更"。

2. 就合同双方的权利义务而言，一般应以"阴阳合同"中的"阴合同"为准，因为"阴合同"是双方的真实意思表示，而"阳合同"（或"阳合同"中的部分条款）是虚假的意思表示，即应该以真实意思表示为准——这是一般的做法。

3. 国家对"阴阳合同"的处理。

税收方面，纳税人应按照实际交易情况纳税。"阴阳合同"是逃税的手段，会受到行政处罚，严重的可能构成犯罪。对于二手房买卖，几乎已经不会接受按双方协议（阳合同）的价格来缴税，而直接按照国家机关确定的正常市场价值来核定税费。

从合同起草审查的角度，向当事人提示阴阳合同的风险，未必能达到当事人的目的，如希望避免价格争议，必须在协议中明确多份文件有冲突时（特别是价格方面）以哪份文件为准。

二、应当采用书面合同形式

《城市房地产管理法》第 41 条规定：房地产转让，应当签订书面转让合同，

[1] 福建省厦门市海沧区人民法院（2012）海民初字第 2192 号。

合同中应当载明土地使用权取得的方式。二手房买卖合同属于法律法规规定需要书面形式的合同。

同时，如果双方未以书面形式订立合同，而是以口头形式订立合同，一方出具房款收条的，如果后来双方对买卖的标的和数量存在争议，且不能有效证明“一方已经履行主要义务，对方接受的”，那么该合同尚未依法成立。买受人可以根据缔约过失责任请求赔偿机会利益损失，但不能要求对方赔偿房价上涨损失。[1]

1.2.6 微观—合同条款

一、标的条款

二手房房屋买卖合同中，应明确房屋的基本情况及附属设施设备、装饰装修、相关物品等。需重点注意的是二手房涉及院落、车位的情况。对于二手房买卖，附带车位使用权转让的情形，应注意以下要点：

1. 合同签订主体。

根据《民法典》第275条规定：建筑区划内，规划用于停放汽车的车位、车库的归属，由当事人通过出售、附赠或者出租等方式约定。因此，建筑区划内的车位、车库，通常认为开发商为所有权人。开发商通过出售、附赠或出租的方式将车位、车库的所有权或使用权转让给业主。在二手房买卖交易中，应注意出卖人是否为依法车位、车库的所有权人，或者是否具有转让的权利，或由权利人单独签署车位转让的协议或单独确认。

2. 车位情况。

结合标的物车位的特殊性，应当从以下角度考虑相关风险：

（1）车位是否属于违法建筑、产权不明建筑。

车位的种类多元，如根据空间位置可分为地面、半地下、地下车位；根据共有情况可分为建筑物区分所有的专有、共有部分等。如车位属于违法建筑或未取得相关规划许可，此时可能产生合同无效的后果，则应考虑停止交易。

（2）如车位为人防车位，注意相关特殊规定。

因目前法律中对人防车位的权属及使用的具体处理方式未有明确规定，故可参照有关地方司法文件的相关意见。《江苏省高级人民法院关于审理房地产合同纠

[1] 重庆市第二中级人民法院（2015）渝二中法民终字第1037号。

纷案件若干问题的解答》第52条规定：基于人防车库的公共功能属性，应认定属于国家所有，不宜认定属于开发商或者全体业主所有。开发商投资兴建人防车库的，可以依法享有对人防车库进行使用、管理与收益的权利。《江苏省物业管理条例》第66条第2款规定：物业管理区域内依法配建的人民防空工程平时用作停车位的，应当向全体业主开放，出租的租赁期限不得超过3年，不得将停车位出售、附赠。

二、支付价款

1. 支付方式。

现实中，根据出卖人和买受人的实际交易情形，可选择以下支付方式：一次性支付；分期支付；贷款方式支付。

（1）一次性支付。

如房产标的本身不存在瑕疵、抵押等情形，双方采取现金支付的，可采取一次性支付方式。

（2）分期支付。

双方可根据实际交易的具体节点分期支付，分期节点可以为买受人交付定金、房产涤除抵押、实际交房之日、办理登记时等。

（3）贷款方式支付。

贷款分为商业贷款、公积金贷款、消费贷款和组合贷款等。如选择贷款方式支付，双方应当对贷款机构审批通过的金额低于本合同约定的拟贷款金额、银行未批准贷款等情形作出约定，如果不能取得贷款，可按约定解除合同；如果没有特别约定，则买方在未取得贷款时应当自筹资金支付房款，不能直接要求解除合同或延期付款。

相关条款：5286 二手房贷款

2. 第三方监管方式。

为保证交易安全，可通过第三方监管方式保证自己的安全。实务中部分地区实施房款资金监管，双方可选择将部分资金或全部资金放入资金监管账户中。

相关条款：5287 二手房买卖第三方监管

三、办理过户登记

二手房买卖争议纠纷中，由于出卖人的原因导致不能顺利过户办理房产登记的原因包括：因房价升高，卖方欲提高房价而拒绝履行合同；故意拖延，不及时配合买方办理相关手续等。针对于此，买受人可以在合同中对以下事项进行约定：

1. 办理预告登记；

2. 采取网签方式；

3. 逾期登记的违约责任：限期履行办理房产登记的义务以及违约金等。

四、户籍迁出条款

部分二手房交易中，交易的目的在于落户需求或看中学区房等。此类交易中，应特殊注意户籍迁出条款。如双方在合同中未明确约定迁移户口，部分法院认定户口迁移属于行政机关的行政行为，不属于民事案件的受案范围，驳回起诉，法院只能判决出卖人承担违约责任。因此，合同中应明确约定户口的迁出时间、未及时迁出户口应承担的违约责任或将办理迁移户口作为支付购房款的条件之一。

相关条款：5288 户口迁出

五、违约责任及解除条款

实践中，二手房买卖合同中常见的合同解除情形包括：

1. 出卖人的原因。

（1）房屋被查封或抵押等限制转让的情形，导致买受人无法取得房屋所有权；

（2）擅自提高房屋交易价格；

（3）未及时办理抵押登记注销手续；

（4）“一物二卖”；

（5）先抵后卖或出卖给买受人后再抵押；

（6）房屋主体存在质量瑕疵；

（7）出卖人故意隐瞒质量瑕疵。

2. 买受人的原因。

（1）提供资料不真实，导致无法办理过户登记；

（2）买受人自身不满足相关购房政策、贷款要求等。

3. 客观原因。

购房政策改变，导致买受人在签订合同后不满足购房条件。

双方应针对以上情形，在合同中约定违约责任及解除条件等。

相关条款：5457 违约责任与解除条款

1.3 经销买卖合同

经销买卖在实务中常常会被称为“代理经销”，其实质也是买卖关系的一种，只不过买卖合同双方是供应商与经销商，买方购买的目的是转售而不是自用。

1.3.1 宏观—合同类型

我们日常所购买的大部分商品（不动产除外），几乎都经过从供应商（可能是生产商也可能是上一级的经销商）到经销商，再到消费者这一过程。供应商与经销商之间，存在经销买卖关系。因此经销买卖合同是常规的、普遍的。虽然经销买卖合同在条款结构、内容上比一般动产买卖合同要复杂一些，但在宏观层面并没有什么特殊风险。

经销买卖合同在宏观方面值得关注的主要是合同类型辨析。

一、经销买卖合同是一种混合型的买卖合同

经销买卖合同也是买卖合同的一种，这是没有争议的。

但是，经销买卖合同中确实也配套混合了一些买卖之外的因素，主要是经销权、经销商管理之类的问题。如果将关于经销权、经销商管理之类的约定称为经销商管理合同（这是一种无名合同），那么可以认为经销买卖合同就是一般买卖合同混合配套了经销商管理合同。

在《民事案件案由规定》中也没有专门针对经销买卖合同的案由，实务中一般按买卖合同纠纷处理。

二、经销买卖合同与委托代理

实务中很多经销买卖合同名为代理经销合同甚至代理合同、委托代理合同，实务中的经销商也常常被叫作“代理商”。但从法律角度来讲，这是错误的，经销买卖关系中基本上没有代理关系，也不是《民法典》合同编中的委托合同。相反从供应商的角度来看，需要明确双方无委托代理关系，经销商无权代表供应商对商品的买方作出表示。

三、经销买卖与行纪（代销）合同

行纪、代销、寄售其实都是《民法典》合同编中所说的行纪合同，是委托的一种（《民法典》合同编第960条规定行纪合同可参照适用委托合同有关规定），与买卖关系显然不同。行纪关系下，货物所有权仍属于委托人（货物供应商）所有，并未转移给行纪人。

行纪合同使用远没有经销买卖合同广泛，商品经销流通环节中，行纪模式是补充，而经销买卖模式是主流。在实务中，在超市与供应商之间有可能按行纪代销关系处理。

四、经销买卖与中介居间合同

经销买卖下，买方（经销商）以自己的名义（自己又作为卖方）销售给下级经销商或最终用户，并不是撮合供应商与最终用户，因此不是中介居间。买方（经销商）所赚取的并非中介费、佣金，而是一买一卖中的差价。

如果供应商想直接与最终用户建立买卖关系，需要借助第三方推广、营销，此时则可以与第三方签订中介居间合同。

五、经销买卖与特许经营、商标许可

经销买卖中如果需要经销商利用供应商的品牌进行销售，则可以约定商标许可事宜，或另外签订商标许可合同。

如果经销商从供应商处进货并利用某个店面进行销售商品，而且供应商要给予这个店铺特许经营权时，此时较接近特许经营关系。如果能够遵守《商业特许经营管理条例》（例如，符合特许人的“2年1店”条件），则合同类型选择特许经营合同亦无不可。但如果不能完全遵守《商业特许经营管理条例》，不符合该条例第7条规定的特许人的条件，那就应当选择经销买卖合同，回避商业特许经营关系，以避免遭受行政处罚。

1.3.2　中观—合同形式

一、“合同＋订单”模式

经销买卖合同一般只约定基本的交易条件，然后双方不断供货、结算。

因此，律师要同时设计“经销买卖合同”和“订单、结算流程”。“订单、结算流程”和主交易合同一样重要，直接决定了货款金额。

二、经销买卖合同的体系化

经销买卖合同的复杂程度取决于经销关系体系的复杂程度。大型厂商的复杂多级经销体系下，合同也会变得很复杂。这可以从以下几个方面来说明：

1. 经销商管理规则的体系构成。

需要注意，再大、再强势的厂家（供应商）也是普通民事主体，并不对下级经销商拥有什么行政权力或法定的管理权力，且供应商与经销商之间的关系与劳动关系也不同，劳动关系下，对员工的管理制度可以通过规章制度制定程序发布与修订，不需要每个员工的同意也能对员工生效，而经销体系中并不存在这一路径。

因此，复杂经销体系下的经销商管理规则可以像一本书那样厚，对经销商经营的各个方面进行严格细致的管理，使其符合整体运营策略。供应商若使这些经销商管理规则对经销商具有约束力，只能让这些管理规则变成双方在合同上的权利义务。具体的做法可见图 1–2：

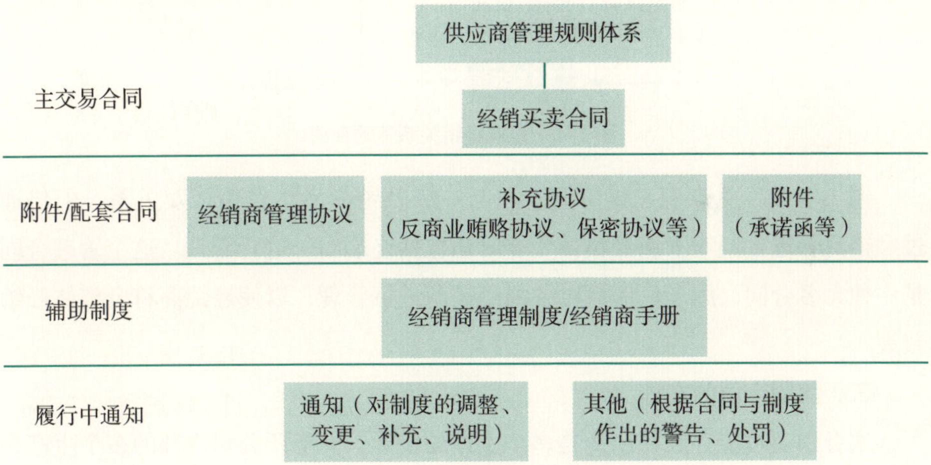

图 1–2　经销商管理规则体系

在图 1–2 中，位于顶层的主交易合同即经销买卖合同中，会约定一些主要规则，同时将经销商管理协议、经销商手册列为本合同的附件，具有同等法律效力。

同时，在经销买卖合同或经销商管理协议中，还会约定，供应商有权对管理制度作出适当补充、变更，并以通知方式下达，经销商应予遵守。

这样，供应商还可以在合同履行中更新、调整具体的管理制度，就像单位更新管理制度一样。

例如，在 2017 年，国酒茅台（贵州仁怀）营销有限公司就对数家经销商进行处理，包括扣除履约保证金、解除合同等。这些处理，都只能以双方签订的合同为依据。[1]

2. 多层级、多主体的合同安排。

如前文所述，经销买卖合同是相同主体之间的多份合同、附件安排，而这里指的是，供应商与多个主体之间涉及的多个合同关系安排，如图 1–3 所示：

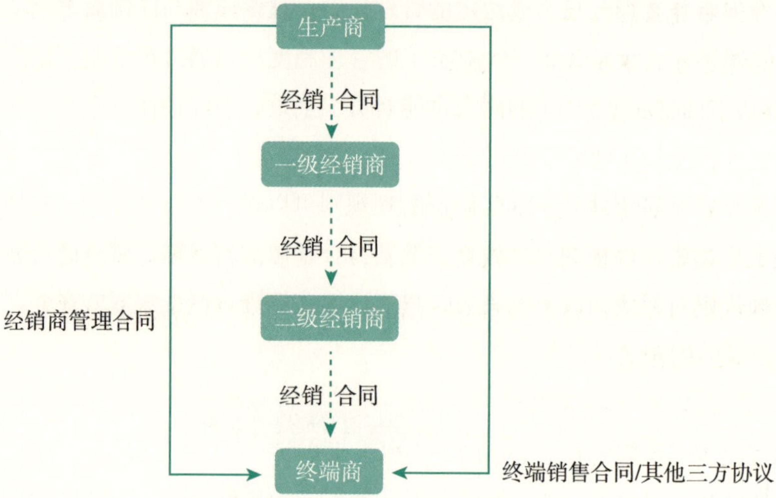

图 1–3　多层经销关系下的合同

图 1–3 中，生产商（供应商）只与一级经销商发生经销买卖关系，但仍通过经销商管理合同对下级经销商（有时还包括终端商）进行管理。这个管理合同是一种无名合同，用于供应商对各级经销商进行管理，以使经销商符合整体经销政策。

三、集团合同的安排

实务中还可能存在供应商是多个主体的情形，即集团公司内部的多个生产企业委托集团公司内部的一个法人主体（签约主体）统一对外签订经销合同、管理各下级经销商。此时需要使用集团合同的形式，由多个生产企业对签约主体适当授权。因为各下级经销商需要到多个生产企业去提货，也就是要与多个生产企业产生买卖关系。

[1] 小白：《54 家茅台经销商遭重罚 其中两家直接解除合同被踢出局！ 1299 政策有所松动？》，载微信公众号“酒海导航”2017 年 8 月 22 日。

1.3.3 微观—合同条款

一、经销商管理相关条款

经销买卖合同与一般买卖合同最大的区别，就是在一般买卖关系之外，双方还有一个经销商管理关系，供应商会对经销商提出一些要求，这些要求通过合同条款、附件等方式体现出来，包括如下方面：

（注意下面某些条款涉嫌违反《反垄断法》，请见后文介绍）

1. 独家代理与非独家代理。

如果没有明确约定，应视为非独家代理。

独家代理是一种权利，必然要附上义务，供应商必然要对经销商的业绩或是最低采购量提出要求。业绩要求可以逐年提高。如果经销商未满足业绩，则供应商有权解除经销合同。

2. 经销区域与“不得窜货”。

独家代理一般限定在一个区域（当然也有全国总代理甚至全球总代理），此时会要求经销商不得向区域外销售、供货，即“不得窜货”。同时对于供应商也会有要求，供应商不得再在该区域发展经销商、供货。

非独家代理的经销权也常常限定在一个区域，要求经销商“不得窜货”。但对于供应商就没有限制了。

3. 下级经销商管理。

包括是否可以发展下级经销商，对下级经销商管理的要求等。

4. 广告推广方面的要求。

包括对外推广方面的统一要求、推广活动的配合、推广费用的承担等。

5. 对外销售价格政策。

限定经销商对外销售的价格，这是经销合同中很常见的条款，也是经销关系中的常见做法。但其实这是违反《反垄断法》的，请见后文介绍。

6. 反商业贿赂。

禁止经销商向供应商人员行贿。

7. 履约保证金、违约责任等。

供应商往往要求经销商缴纳一笔保证金，级别越高的经销商缴纳的保证金越高。如经销商违反合同约定及各项管理规则，则供应商有权从保证金中扣除一定款项。这种扣款实际上就是一种违约金的约定。

上面所列的其实只是一般经销商管理中的几个要点。正如前文所述，大型厂商的经销商管理规则可以像本书那样厚，通过合同、附件、制度、通知等各类文件体现出来，合同条款只是经销商管理规则中的重点条款，而不是全部。

资 料　经销协议中的纵向垄断法律风险简析

经销买卖关系，发生在供应商与经销商之间，双方之间不是横向的竞争关系，而是纵向的交易合作，经销买卖合同属于纵向协议。这种协议主要受到《反垄断法》第 14 条以及第 15 条第 1 款第 3、4、5 项的限制。下表中分成纵向价格限制措施和纵向非价格限制措施进行了简要归纳。

对经销关系中违反《反垄断法》的行为简要归纳

类型	涉嫌违反《反垄断法》的行为表现	相关法律法规
纵向价格限制措施	1. 直接的纵向价格限制措施，即生产商与经销商就产品的转售价格约定固定的售价或最低的售价。具体形式包括： （1）指定产品价格表，发送给平台商和经销商执行，直接固定转售价格； （2）约定经销商的销售价应服从生产商的指导价，否则生产商有权减少其让利； （3）约定经销商统一按照各建议零售价进行报价，经销商不得擅自降低网络报价； （4）限定经销商最低投标价	1.《反垄断法》第 14 条规定："禁止经营者与交易相对人达成下列垄断协议： （一）固定向第三人转售商品的价格； （二）限定向第三人转售商品的最低价格； （三）国务院反垄断执法机构认定的其他垄断协议。" 2.《禁止垄断协议暂行规定》（国家市场监督管理总局令〔2019〕第 10 号）中对价格作出了更详细的规定，其第 12 条规定："禁止经营者与交易相对人就商品价格达成下列垄断协议： （一）固定向第三人转售商品的价格水平、价格变动幅度、利润水平或者折扣、手续费等其他费用； （二）限定向第三人转售商品的最低价格，或者通过限定价格变动幅度、利润水平或者折扣、手续费等其他费用限定向第三人转售商品的最低价格； （三）通过其他方式固定转售商品价格或者限定转售商品最低价格。"
	2. 间接的纵向价格限制措施，通常表现形式包括： （1）给经销商设定与价格相关的要素（如经销利润、毛利润、折扣、返利等交易条件）； （2）设定量价挂钩的特定交易条件（如供应商在给定产品供应量的同时要求经销商实现不少于一定金额的销售额）； （3）要求经销商锁定交易对手转售价格； （4）在经销商之间传递价格信息并促成价格同盟	

续表

<table>
<tr><th>类型</th><th>涉嫌违反《反垄断法》的行为表现</th><th>相关法律法规</th></tr>
<tr><td rowspan="5">纵向非价格限制措施[1]</td><td>1. 限制交易区域，通常表现为供应商在某一区域选择数量有限的经销商销售产品。选定的经销商不得主动或被动地跨区域销售产品</td><td rowspan="5">《反垄断法》第 17 条第 1 款规定：“禁止具有市场支配地位的经营者从事下列滥用市场支配地位的行为：
……
（三）没有正当理由，拒绝与交易相对人进行交易；
（四）没有正当理由，限定交易相对人只能与其进行交易或者只能与其指定的经营者进行交易；
（五）没有正当理由搭售商品，或者在交易时附加其他不合理的交易条件……”
因此，拒绝交易、指定交易、搭售或附加不合理条件等情形属于违法。实践中，纵向非价格垄断还包括经销中的地区或顾客限制、独家代理、独家交易、强制购买数量协议以及其他限制上游或下游企业经营自由的行为</td></tr>
<tr><td>2. 限制交易对象，通常表现为供应商授权特定经销商销售产品，经授权的经销商不得向非经授权的经销商销售产品</td></tr>
<tr><td>3. 限制交易渠道，如供应商要求特定的经销商只能进行线下销售，不得进行网络推广和销售，或供应商禁止从事批发业务的经销商直接向终端用户或零售商销售产品，以维持批发渠道和零售渠道的交易区隔</td></tr>
<tr><td>4. 排他性限制（或独家交易限制），通常表现为供应商同意在特定的区域内向特定的经销商独家销售产品，或经销商同意只从特定的供应商处购买全部或绝大部分用于转售的产品，而基本不经营其他供应商的同类产品，具体情况依供应商和经销商的交易地位确定</td></tr>
<tr><td>5. 附加特定交易条件，如供应商要求经销商转售产品时搭售其他与产品相关或不相关的产品、供应商要求经销商接受不合理的销售目标、库存品种、数量甚至宣传推广等条件</td></tr>
</table>

说明：

1. 违反《反垄断法》行为的补充说明：

（1）纵向价格限制措施与纵向非价格限制措施在是否违反《反垄断法》方面有一个重大区别，即区分主体是否为“具有市场支配地位的经营者”。如果不是具有市场支配地位的经营者，则采取独家代理等纵向非价格限制措施是合法的。而纵向价格限制措施是针对所有经营者的，因此所有经销协议中限制经销商对外销售价格的，都会违反《反垄断法》。因此，针对纵向非价格限制措施的行政执法案例较少见，针对纵向价格限制措施的行政执法案例较多见。

（2）《反垄断法》不直接针对合同而是针对垄断行为，这种行为可以通过合同，也可以通过其他形式表现。

例如，供应商的内部文件（营销管理规定、商务政策之类）、经销商管理过程中的通知等，都可能认定为垄断行为。

[1] 郭琰：《关于纵向限制措施的反垄断合规思考与若干合规建议》，微信公众号“万合企业合规研究院”2019 年 11 月 14 日。

（3）常见的“建议价”，如果执法机构认为其实质上等同于固定转售价或限定最低转售价时，可能认定为属于采取纵向价格措施。

（4）如果不是经销买卖关系，而是行纪（代销）关系，则不能适用上述分析。因为在行纪关系中，委托人肯定要限制对外销售的价格。

2. 经销协议违反《反垄断法》的后果：

（1）民事责任。

《反垄断法》及相关法律规定、司法解释均未规定违反《反垄断法》的协议是否有效的问题。《反垄断法（草案）》中曾有“本章禁止的垄断协议自始无效”的条款，但最终通过的《反垄断法》删除了该条款。

在实务中，确实存在认定协议无效的情况。在湖南湘百合药业有限公司与重庆青阳药业有限公司买卖合同纠纷一案[1]中，法院认为，……青阳公司具有别嘌醇原料药生产销售的市场支配地位，《原料经销协议》……该约定客观上构成对青阳公司前述市场支配地位的滥用，排除、限制竞争，一审法院认定双方当事人签订的《原料经销协议》内容违反了《反垄断法》第6条和第17条的相关规定，并无错误。由于别嘌醇原料药是治疗高尿酸血症（痛风）的原料药，具有不可替代性，鉴于在《原料经销协议》签订时青阳公司具有前述支配地位，如双方当事人按照《原料经销协议》前述约定等履行，会破坏市场竞争秩序，导致别嘌醇制剂行业产能损失，影响别嘌醇原料药、成品药在市场上正常的供求关系，导致别嘌醇原料药价格上涨，别嘌醇成品药紧俏，损害广大消费者利益，即损害社会公共利益。因此，根据原《合同法》第52条第4项的规定，双方当事人签订的《原料经销协议》无效。

即使不认定整个合同无效，法院也完全可能认定经销协议中“限定对外销售价格否则构成违约”的条款无效。

（2）行政责任。

根据《反垄断法》第46条的规定：经营者违反本法规定，达成并实施垄断协议的，由反垄断执法机构责令停止违法行为，没收违法所得，并处上一年度销售额1%以上10%以下的罚款；尚未实施所达成的垄断协议的，可以处50万元以下的罚款。

经营者主动向反垄断执法机构报告达成垄断协议的有关情况并提供重要证据的，反垄断执法机构可以酌情减轻或者免除对该经营者的处罚。

2021年4月15日，市场监督管理总局就对扬子江药业集团的纵向垄断行为，按2018年销售额254.67亿元的3%，罚款7.64亿元。[2]

[1] 重庆市第一中级人民法院（2016）渝01民终1156号。
[2] 国家市场监管总局国市监处（2021）29号行政处罚决定书。

（3）刑事责任。

根据《反垄断法》，企业实施的经销协议违反《反垄断法》的，企业或企业的相关责任人（如董事长或其他高级管理人员）并不需要承担任何刑事责任。

3. 经销买卖协议中，避免违反《反垄断法》的起草审查注意事项。

（1）《反垄断法》的执法力度在加强，而且大量的反垄断执法案例发生在经销关系中。例如，最近几年，汽车行业的经销体系就成为《反垄断法》的关注重点。

（2）对于纵向价格限制措施。

在经销协议及附件中直接限定对外销售价格、转售价格，是不可行的，应予删除。尽量采用非强制性的"建议零售价或者推荐转售价"，且该等建议或推荐最好不与拒绝交易和价格折扣联系。

供应商仍可能通过其他间接的、柔性的方式限制经销商的对外销售价格，此时应向供应商提示违反《反垄断法》的风险。

理论上《反垄断法》第 15 条对"纵向价格限制措施"也有一些例外允许，但需要符合法定条件，且存在风险。

（3）对于纵向非价格限制措施。

主要就是独家代理、"禁止窜货"之类的措施。

如果并非具有市场支配地位的供应商（大量消费品、一般工业品的生产经营者都够不上），仍可以采取部分非价格限制措施。

如果可能被认定具有市场支配地位的供应商，则不宜采取这些措施。不仅在经销合同中，在经销商管理中也应注意防范《反垄断法》中的风险。

二、订货、结算、返利相关条款

供应商与经销商之间的买卖是一种"合同 + 订单"模式的买卖。因此，在合同中应约定订货、结算、付款的流程。具体产品信息、价格可以放在合同附件中，并要考虑供货价格的调整办法。

与一般买卖合同不同，供应商与经销商之间往往有一个"返利、折扣、奖励"政策。无论名目是什么，其本质都是鼓励经销商多进货，进货越多，供应商就会给出一个更高的折扣或奖励。这种有梯度的折扣用表格形式体现更为清晰。这种折扣或奖励一般都不是现金奖励，而是以赠送商品（实物）或者价格优惠的方式，这需要在合同中写清楚。

02

第二单元

租赁合同

2.1 房产租赁合同

租赁合同是实务中最常见的合同类型之一。《民法典》合同编第 14 章对“租赁合同”有专门规定，第 703 条规定：租赁合同是出租人将租赁物交付承租人使用、收益，承租人支付租金的合同。租赁合同相关法律规定包括下列要点：

1. 租赁期限不得超过 20 年。

超过 20 年的，超过部分无效。

2. 承租人转租应经出租人同意。

3. 所有权变动不影响租赁，即“买卖不破租赁”。

4. 承租人对房屋出售享有优先购买权。

5. 出租人应负责租赁物的维修，对租赁物有瑕疵担保责任。

实务中的租赁合同，房产租赁最为常见，其次是设备租赁（以建筑设备租赁为典型）。接下来就对这两类典型租赁合同进行“三观分析”。

我国法律环境下，房产所有权与对应的土地使用权是两个物权。对房产进行租赁，实际上是房产所有权与土地使用权一并出租。如果只是单独的土地（上面没有房产）租赁合同，也可以参照本节内容。

本小节，我们先对房产租赁合同的“宏观—合同类型”进行分析。

2.1.1 宏观—合同类型

租赁合同与不少合同类型之间存在需要辨析的地方，有一定的选择空间。

一、租赁与用益物权类合同

1. 租赁与部分用益物权类合同是“选择型”关系。

一方面，租赁是取得对他人资产的使用、收益的权利，用益物权是“对他人所有的不动产或者动产占有使用和收益的权利”，可见有部分类似之处。

另一方面，租赁不取得物权，与用益物权性质大不相同。因此，租赁合同与某些用益物权类合同虽性质不同，但在部分具体场景下权利义务又很接近。

如果使用方有意取得用益物权，律师当然就应当选择用益物权类合同，但是这种情况下，律师应当首先判断是否可以在法律上实现。基于物权法定原则，物权的设立、转让模式都是有限的。

如果不能取得用益物权，就要考虑租赁合同，但此时需要考虑能否满足当事人的需求，特别是要考虑租赁是不能超过 20 年的。（见表 2-1）

表 2-1　常见用益物权类合同

物权类型	典型合同
农村土地承包经营权和土地经营权	农村土地承包经营权：10528 农村土地（耕地）承包合同（家庭联产承包）（农业部 2015 版）；16892 集体林地承包合同（林业局 2020 版） 土地经营权：16303 上海市农村土地经营权流转合同（上海市 2019 版）
建设用地使用权	出让：12177 国有建设用地使用权出让合同（工商总局 2008 版）； 转让：14801 集体建设用地使用权转让合同（广东省 2005 版）；11317 国有土地使用权转让合同
海域使用权	16072 海域使用权出让合同（河北省 2013 版）
居住权	16775 居住权设立合同
地役权	8060 通行地役权设定合同

2. 租赁合同与居住权合同的选择。

《民法典》新增一类用益物权——居住权。针对住宅的长期租赁，从承租人的角度，律师完全可以建议签订居住权合同。如此设立一个用益物权，比租赁合同的债权效力更强，而且可以超过 20 年的限制。

3. 租赁合同与地役权合同的选择。

这两者性质大不相同，一般也不会混淆。只有在两块不动产相邻或相近，一方需要利用另一方不动产时，才可能涉及地役权。

如果能够设立地役权，从需役地一方的角度，应该按地役权合同处理并登记最合适，地役权作为物权更有保障。如果对方不同意，则要考虑用租赁的方式。

4. 农村土地的利用对应几种合同类型。

假设一个非本村的人（集体经济组织成员以外的人），想要使用村里面的一块地，有下列三种模式，对应不同类型的合同：

（1）农村土地承包经营。

此时设立土地承包经营权（用益物权），期限根据《农村土地承包法》《土地管理法》等确定。（注意在部分文章甚至法规中，将这种非家庭承包产生的土地承包经营权叫作“土地经营权”，与第 2 种模式中的“土地经营权”混用了一个词，

但实际上是不一样的）

注意，这种交易只适合于非基本农用地等不适合采取家庭承包方式的农村土地。对于采取家庭承包的基本农用地，集体经济组织成员以外的人是不能取得土地承包经营权的。

（2）土地经营权的流转。

集体经济组织成员对耕地、林地、草地的土地承包经营权不变的情况下，土地经营权可以流转，包括转包、出租、入股、信托等方式。因这种情况下的土地经营权性质是否属于用益物权存在争议，当以出租、转包等流转方式获得土地经营权时，是否受“租赁期限不超过 20 年”的限制并不清楚。若双方想要突破 20 年最长租赁期限的限制，则不建议采取“土地经营权出租合同”这一名称，而建议采取类似于“土地经营权流转合同”或“土地经营权转包合同”等名称。

流转期限为 5 年以上的土地经营权可以进行登记，登记后可以对抗第三人。

（3）土地租赁合同。

法律没有禁止农村土地对外租赁，但不得擅自改变用途。

这种情况下不涉及用益物权的设立或流转，租赁期限也不得超过 20 年。

在实务中，上述第 2、3 种模式常常因合同类型表述不清而发生混乱，从承租人（受让方）的角度，最好准确定性为“土地经营权流转合同”并进行登记，从而使期限超过 20 年，且土地经营权相较于一般承租人的权利更有保障。

二、租赁与使用权转让类合同

这里的使用权不是物权。物权转让与使用权的转让不同，物权转让当然不受《民法典》合同编“租赁合同”一章的规定予以调整，物权期限也不受租赁期限不超过 20 年的限制。

房产、土地类买卖或转让中，常常出现“物权转让受到限制，改为所谓使用权转让合同”的做法。这类使用权转让合同存在一定争议：如果这类物权转让本身违法、无效，那么这一类“使用权转让合同”也可能被当作事实上的“物权转让合同”而被认定为违法、无效，另外，这类使用权转让合同也有可能被认定为租赁合同而不能超过 20 年。

实际上，租赁无非就是物权不转移、只提供给承租人使用的交易模式，所以不涉及物权流转的“使用权转让合同”实质上就是租赁。

但是，也不排除在具体案件中，法院确实可能没有认定为租赁，且认定这种“使用权转让类合同”合法有效，甚至有可能允许“使用权转让超过 20 年”。下文所说的产权式商铺交易模式可供参考。

资　料　　产权式商铺交易模式简析

产权式商铺是指商铺所有权及经营权相分离的房地产经营模式，即开发商将开放式卖场先分割出售后，自己或委托专业经营公司进行统一经营，投资者享有定期收取回报的权利。其特点是产权分散，统一管理、统一招商和统一租赁。[1]

一、产权式商铺中的“产权”

所谓产权式商铺的“产权”其实是个容易误导人的用语。因为在实务中，买方所购买的产权式商铺有下列情形：

1. 商铺能取得房产登记证书

此时的交易模式其实就是商品房买卖，只不过这个商品房是个商铺而已。

2. 商铺不能取得房产登记证书

此时买方所购买的商铺可能有两种情形：第一种为概念分割形态，“该种商铺不划分四至区域，只是进行面积概念上的虚拟分割”，第二种为物理分割形态，“此种商铺虽也是开放式空间，却以透明玻璃、模板等实体分隔物隔开或者虽没有间隔但采取点式地标来确定四至”。[2]但这两种都不能取得房产登记证书。

此时的“产权”并非法律意义上的不动产物权，因此又称为“虚拟性产权商铺”。

当然，对于整个不动产来说，开发商拥有法律上的土地使用权、房屋产权，只是不能就单个出售的商铺进行房产登记。

二、不能取得房产登记证书的商铺买卖模式简析

如果买方只是取得一个“虚拟性产权”，那么实际上就等于只是取得商铺的使用权或类似权益，因此实质上接近租赁。那么能否取得“超过20年的商铺使用权”呢？也就是，是否可以不受“租赁不得超过20年”的限制呢？

这一问题不好回答。实务中这种所谓的产权式商铺的交易模式往往是“销售＋包租/回租”的组合，这已经不是一个单一的合同关系，还涉及是否违反房地产行业有关法规、是否涉及非法融资等问题。

如果只看“虚拟性产权”的转让合同本身，只要不违反相关法规，本身应该是合法有

[1] 罗鹏：《分割产权式商铺买方权益保护论》，四川大学2006年硕士学位论文。
[2] 陈晓雷：《统一经营模式下的产权式商铺的法律问题》，载《黑龙江省政法管理干部学院学报》2007年第5期。

效的合同。至于其中涉及“超过20年的商铺使用权”的问题，法院有可能不适用“租赁合同不超过20年”的规定，也可能因“不能超过20年”而认定超过20年的那一段时间的使用权转让无效。

上述“虚拟性产权”商铺转让的交易模式告诉我们，对于标的物的“租赁”或“标的物使用权转让”，在具体场景中有时难以区分，赋予了律师一定的选择空间。

三、房产租赁与承包经营

1. 两者的主要区别。

这两者的区别主要在于标的不同。承包经营下的标的不只是房屋使用权，也就是说，发包方给承包方提供了其他资源，例如，营业执照、资质、生产经营配套设施等，或者说，发包方提供的并非仅有“硬件”。

如果一方仅仅提供房产、设备设施的使用权，另一方以自己的名义使用、经营，则应当是租赁合同。

2. 某些场景下称作“承包经营合同”或“租赁合同”影响不大。

这类场景下应该是承包方以自己的名义经营。例如，甲将所持有的一个停车场交由乙承包经营，乙自负盈亏并向甲缴纳保底承包费。承包期限约定为5年。

这种情形下，其实使用“停车场租赁合同”也是可以的。只要权利义务约定清楚，对双方来说没有实质区别。

3. 注意承包经营的合法性问题。

如果承包经营涉及资质、营业执照的转让、挂靠，则涉嫌违法。

相关课程：《合同起草审查指南：三观四步法》“合同类型（二）：常见合同类型说明”

4. “企业租赁经营”模式及表述已经极少使用。

根据《全民所有制小型工业企业租赁经营暂行条例》等几个较老的规定，还存在“企业租赁经营”这种模式，其实质类似于企业承包经营。但这种模式现在已经极少使用，且仅适用于全民所有制企业，几乎已经成为一个历史名词。这种“企业租赁经营合同”与《民法典》合同编规定的租赁合同也没有实质关系。

相关模板：10577 企业租赁经营合同

四、房产租赁与联营、合作经营、合伙

如果房东一方只提供房屋使用权，收取固定收益，则是典型租赁。

如果房东一方只提供房屋使用权，收益按照使用人收益的一定比例收取（例如，按使用人商铺月收入的20%收取），即收取浮动收益，此种方式实质仍然是租赁，只是租金的计算方式不同。但是，这种情况下，双方签订的合同有可能是“联营、合作经营、合伙”。

如果房东一方不只提供房屋使用权，还提供一些别的资源，例如，收银系统、品牌宣传等，按照使用人收益的一定比例收取回报。这种关系接近于合伙。（《民法典》生效后，联营、合作经营都应当归属于《民法典》新增的“合伙合同”，除非实际权利义务不符合民事合伙）

从租赁到联营、合作经营、合伙之间并无截然的分隔线，除非有特殊违法情形，否则租赁合法，联营、合作经营也合法，根据实际交易模式选择即可。如果以提供房屋使用权为主，则从房东的角度出发，选择租赁更为简单、风险更小；如果选择联营、合作，则需要明确约定各方投入、利益分配、风险负担。律师应注意，根据《民法典》合同编第973条的规定，合伙人对合伙债务应承担连带责任，第三人可能据此主张联营、合作各方应承担连带责任，因此，即使实质上是联营、合作模式，定性为租赁关系对提供房屋一方更为有利。

关于房产租赁与联营、合作经营、合伙的类型辨析，商场与供应商之间可作为典型。商场与供应商之间的典型模式，既有租赁，也有联营（合作经营）、代销等模式。

相关模板：3006 商铺联营合同

五、房产租赁（允许转租）与房产委托管理

房产租赁（甲出租给乙，且允许乙转租）与房产委托管理（甲将房产委托乙管理，乙向甲支付收益，乙自行出租取得收益），这两种模式对应的合同关系性质虽然大不相同（一个是租赁一个是委托），但达到的实际效果其实差不多。因此，当事人有灵活选择的空间。

在实务中，房产委托管理模式多为专业运营公司所采用，在商业运营、物业管理及房产维护上的经验都较为丰富，针对的标的物一般是公寓。

另外，如果委托管理的期限超过20年，则不能选择租赁而只能选择委托管理。

从房东的角度出发，这两种模式都可以接受，但是在房产委托管理模式中，必须明确“保底收益”，即合同中应有类似约定：无论受托方实际收益如何，是否收到租金等，均不影响向房东（委托方）支付收益；受托方与承租人及第三人的争议，由受托方自行承担责任。

相关模板：14380 公寓托管合同（保底租金＋分成）

2.1.2 宏观—合同主体

房产租赁合同一般由出租人与承租人签署。

出租人可以是房东（所有权人），也可以不是。如果不是所有权人，则承租人需要审查出租人是否有处分权（包括所有权人是否允许其转租或者委托其对外出租等）。承租人应查验相关合同条款，必要时可要求所有权人专门出具文件确认或在租赁合同上最后确认同意。

在办公楼、商铺以及厂房租赁中，承租人可能是设立中的公司。如为设立中的公司租赁房产，可将设立中的公司作为承租人，也可以由发起人作为承租人，并在合同中约定由设立中的公司实际使用，还可以约定设立中的公司成立后承继该租赁合同的权利义务。

相关课程：《合同起草审查指南：三观四步法》“微观—合同条款篇”之“合同主体”

2.1.3 宏观—合同标的

律师需要关注下列具有特殊性的房产或标的：

1. 违法建筑。

（1）违法建筑是一个宽泛的、并无法律专门定义的概念。一般而言，建筑物的建设同时涉及土地使用和城市规划两大方面的问题。就合法建筑而言，其必须依次申领建设用地规划许可证、建设用地批准书、建设工程规划许可证和建筑工程施工许可证，任何一个环节上有瑕疵都可能导致该建筑被认定为违法建筑。[1]

但是，与租赁合同效力有关的，主要是建设工程规划许可证。

（2）《最高人民法院关于审理城镇房屋租赁合同纠纷案件具体应用法律若干问题的解释》关于未取得建设工程规划许可证的租赁有明文规定：

第2条：

出租人就未取得建设工程规划许可证或者未按照建设工程规划许可证的规定建设的房屋，与承租人订立的租赁合同无效。但在一审法庭辩论终结前取得建设

[1] 杜万华主编，最高人民法院民事审判第一庭编：《民事审判指导与参考》（2017年第1辑总第69辑），人民法院出版社2017年版，第111页。

工程规划许可证或者经主管部门批准建设的，人民法院应当认定有效。

第4条：

房屋租赁合同无效，当事人请求参照合同约定的租金标准支付房屋占有使用费的，人民法院一般应予支持。

当事人请求赔偿因合同无效受到的损失，人民法院依照民法典第一百五十七条和本解释第七条、第十一条、第十二条的规定处理。

根据上述规定，租赁合同无效的情况下，仍然会支持按租金支付房屋占有使用费，因此基本能实现出租人的目的。

（3）应对措施。

律师如发现租赁合同标的为违法建筑，可进一步了解原因。在权衡风险与收益的情况下，仍可以考虑继续租赁。

对于出租人而言，要考虑行政处罚的风险；对于承租人而言，则要考虑该合同很有可能中途无法履行（被禁止、被拆除等都有可能）。

双方都应考虑，这个租赁合同即使签署，任何一方也是可以随时解除的，因为这个租赁本来就是违法的、可能无效的。因此，双方应在合同中对租赁提前解除终止的租金退还、善后补偿等事宜作出约定。

2. 临时建筑。

根据《最高人民法院关于审理城镇房屋租赁合同纠纷案件具体应用法律若干问题的解释》第3条、第4条的规定，取得批准的临时建筑可以正常租赁，但不得超过临时建筑的使用期限。未取得批准的临时建筑以及超过批准期限的临时建筑其实就是上文提及的违法建筑，其租赁合同可能无效。

如发现超出临时建筑的使用期限，处理应对措施可参考上述违法建筑的应对措施。

3. 与租赁用途需求不符的房屋。

此时会导致无法达到承租人租赁房屋的目的，例如，无法办理工商登记、无法完成消防验收、无法正常开展经营等。一般而言应建议承租人停止租赁。

关于居住房屋变更为经营性用房，《民法典》第279条规定："业主不得违反法律、法规以及管理规约，将住宅改变为经营性用房。业主将住宅改变为经营性用房的，除遵守法律、法规以及管理规约外，应当经有利害关系的业主一致同意。"故在租赁居住房屋变更为经营性用房时，承租人在签订租赁合同之前就应事先征得相关业主的同意，或者在合同中约定，如果无法办理相关手续，则有权解除合同且不承担违约责任。

另外，关于经营性用房，实务中如果公司租赁办公房屋，还需要考虑该房屋能否用于工商注册，这是因为实践中出现很多办公房屋不允许工商注册，或者因为已经被注册而无法再注册新公司。

4. 尚未取得完全产权的经济适用房出租存在争议。

2007 年原建设部等七部门发布的《经济适用住房管理办法》第 33 条规定：个人购买的经济适用住房在取得完全产权以前不得用于出租经营。因此，在实务中有对尚未取得完全产权的经济适用房租赁合同按无效处理的判例，但严格来讲，该规定并非法律、行政法规，不足以作为认定合同无效的依据。《北京市高级人民法院关于审理房屋租赁合同纠纷案件若干疑难问题的解答》中提道，“2. 当事人就经济适用住房等政策性保障住房订立租赁合同的效力如何认定？当事人一方以租赁房屋为经济适用住房或限价商品住房为由，要求确认房屋租赁合同无效的，不予支持。裁判文书中应当写明法院对租赁合同效力的认定不影响行政主管机关对违反行政管理规定的违法行为予以处理”。但在实务中，认定有效或无效的判决均有。[1]

如果认定无效，则双方都不能要求继续履行，是否能要求支付房屋占用费不太明确。但如果是预付租金，则对出租方而言风险也不大。

因此，总体来说，尚未取得完全产权的经济适用房出租基本可行，不过要考虑租赁提前结束的风险，可在合同中作出相应约定；出租方应采取预收租金方式更合适。

5. 军队房地产租赁。

涉及军队房地产的房产租赁，应注意有关批准程序以及租赁期限的特殊要求。

（1）《军队房地产经营管理规定》第 8 条规定：“军队房地产的出租，按以下规定履行报批手续：（一）直管房地产的出租，房屋建筑面积（以下简称房屋面积）3000 平方米（含）、土地 20 亩（含）、租期 3 年（含）以下的，由房地产管理处（分局）审批；超过上述三项限额之一的，报各军区、各军兵种、国防科工委、军委各总部（下称各大单位）房地产管理部门审批；超过房屋面积 5000 平方米、土地 30 亩、租期 5 年三项限额者，报全军房地产管理局审批。（二）自管房地产的出租，房屋面积 3000 平方米（含）、土地 20 亩（含）、租期三年（含）以下的，由军级单位后勤部门审批；超过上述三项限额之一的，报各大单位后勤部门审批；超过房屋

[1] 王蒙：《经适房违规出租的合同效力与法律效果——兼论比例原则在合同效力认定中的运用》，载微信公众号“华东政法大学学报”2020 年 1 月 9 日。

面积5000平方米、土地30亩、租期5年三项限额者，报总后勤部审批。（三）房地产出租给港、澳、台以及外商，房屋面积3000平方米（含）、土地20亩（含）、租期3年（含）以下的，由各大单位后勤部门审批，并报全军房地产管理局备案。超过上述限额之一的，报总后勤部审批。驻有军事机关或部队的营区内的营房、场地，不准出租给港、澳、台及外商。房地产出租，租期最长不得超过10年，期满后可续租。”

（2）《军队房地产经营管理规定》第10条规定：“军队出租的房地产，承租人由于某种需要，对所租用的房屋、设施进行改建、扩建，应经出租人同意并连同双方签订的协议书一并报上一级产权管理部门批准后方可实施，租赁合同终了时，由出租单位一并无偿收回。”

6. 在建工程。

这类租赁标的物的特点是签订合同之时，房产尚未建好，交付使用尚须时日，因此有一些特别要点：

（1）在建工程如果已经取得建设工程规划许可证，则租赁合同有效。

因为尚不能交付，租赁合同可能要做一些特殊安排，包括下列处理方式：

第一种方式：先签订预约合同，交纳定金或保证金，条件成熟时再签订正式租赁合同。

第二种方式：签订正式租赁合同，应考虑约定：起租时间要与实际交付时间挂钩；交付时间逾期一定时间可解除租赁合同等。可以约定承租人提前支付押金和部分租金。

（2）在建工程尚未取得建设工程规划许可证，预租或租赁合同可能认定为无效。

最高人民法院在（2017）最高法民终171号民事判决书中认为：因现行法律、行政法规、司法解释对房屋预租合同无特别规定，在此情形下，其相关问题的认定可参照有关房屋租赁的规定。若合同约定的租赁物没有取得建设工程规划许可证，则预租合同应认定为无效。[1]

但在实务中，需要结合风险与收益去判断，此种情形下，并非完全不能签订租赁合同或预约合同，只是双方都要考虑到，如果未取得规划许可证，则该合同最终无法履行，应事先约定此种情形下的退款、责任等。如果合同无效，这种

[1] 浙江银泰投资有限公司、包头市中冶置业有限责任公司房屋租赁合同纠纷案，最高人民法院（2017）最高法民终171号。

善后约定也可能被认定无效，但也有可能被法院参照适用，有约定应该比没有约定好。

7. 城镇国有土地租赁。

可简单分为两种：

（1）国家对外出租土地。

此时由承租人与县级以上人民政府土地行政主管部门签订一定年限的土地租赁合同，并支付租金，可能要采用招标、拍卖程序。

这种情况下的出租，其实可以理解为一种特殊的国有建设用地使用权出让，类似于一种用益物权，期限可能超过 20 年。相关法律规定可参考《城镇国有土地使用权出让和转让暂行条例》、《规范国有土地租赁若干意见》（国土资发〔1999〕222 号）。

（2）建设用地使用权出租。

建设用地使用权人从国家取得建设用地使用权（用益物权）之后，将土地出租给他人。

这种情况下，土地上可能有附着物、建筑物，也可能没有。

注意根据《城镇国有土地使用权出让和转让暂行条例》第 28 条第 2 款的规定，未按土地使用权出让合同规定的期限和条件投资开发、利用土地的，土地使用权不得出租。如果违法出租，可能导致租赁合同的效力存在争议。部分地区法院认为，该规定为管理性规定，并不会因此导致合同无效；而部分地区则以违反法律、行政法规的禁止性规定为由，将合同认定为无效。基于相关法院层级并不高，参考性不强，故该规定对合同效力的影响存在争议。[1]

同时，应注意根据上述条例第 44 条、第 45 条第 1 款的规定，划拨土地使用权的出租，需符合一定条件，并经市、县人民政府土地管理部门和房产管理部门

[1] 其一，认为有效的参考案例：赤水市四维轿车维修有限责任公司、贵州电网有限责任公司遵义赤水供电局租赁合同纠纷案，遵义市中级人民法院（2020）黔 03 民终 1256 号。关于争议焦点一，虽然《城镇国有土地使用权出让和转让暂行条例》第 28 条对土地使用权出租进行了规定，但该规定属于管理性规定，并不是效力性规定，该条亦未明确未按照土地使用权出让合同规定的条件投资、开发利用的土地所签的租赁合同无效。而本案中关于涉案场地的租赁合同系双方当事人的真实意思表示，内容并不违反法律、行政法规的强制性规定，对双方均有法律约束力，均应按照合同约定全面履行各自的权利义务。被上诉人按约向上诉人交付了租赁场地，上诉人亦持续使用涉案场地进行经营，因此，一审认定涉案租赁合同合法有效，并无不当。其二，认为无效的参考案例：王经新、晋江市财林纺织化工贸易有限公司土地租赁合同纠纷案，泉州市中级人民法院（2017）闽 05 民终 2831 号。一审法院认为，《城镇国有土地使用权出让和转让暂行条例》第 28 条第 2 款规定："未按土地使用权出让合同规定的期限和条件投资开发、利用土地的，土地使用权不得出租。"财林公司将其受让的国有土地使用权，未经开发即仍为一片空地的土地出租给王经新，两人据此签订的租赁合同违反上述行政法规的禁止性规定，应认定无效。二审认可一审的意见，并维持原判。

批准后方可出租。如未经批准手续出租，划拨土地使用权租赁合同可能无效。[1]

8. 农村集体土地租赁。

请参考前述“农村土地的利用对应的几种合同类型”。

2.1.4 宏观—合同程序

1. 租赁合同的备案不影响效力。

根据《民法典》第706条的规定：当事人未依照法律、行政法规规定办理租赁合同登记备案手续的，不影响合同的效力。

2. 国有资产出租要考虑评估、公开交易（招拍挂）、上级单位或主管机关批准等程序。

这一问题比较复杂，既涉及国家有关规定，还涉及部门规章、地方法规，考虑国有资产标的额大小、资产类型、单位性质等因素综合判断。这里不再进一步分析。

总之，对于国有资产的出租，肯定不是简单地双方签个合同即可，还需要研究当地政策，考虑批准、评估、招标等程序，否则会产生法律风险，对出租人来说也会承担行政或管理上的责任。

3. 租赁合同可以办理公证债权文书。

出租人可以对租赁合同办理公证债权文书，这样在承租人未支付租金时，可直接向法院申请强制执行。

根据《最高人民法院、司法部关于公证机关赋予强制执行效力的债权文书执行有关问题的联合通知》第2条的规定，无财产担保的租赁合同属于公证机关赋予强制执行效力的债权文书的范围。但关于如何理解“无财产担保”这一内容，实践中仍存在一定争议。一般而言，担保方式包括保证、抵押、质押、留置等。在租赁合同中，以上这些担保方式都不常见。但关于租赁合同中的押金或保证金条款，其性质可能会被认定为特殊的动产质押（金钱质押），从而有可能使租赁

[1] 参见中国石油天然气股份有限公司大连销售分公司与大连铸造厂清算组土地租赁纠纷上诉案，辽宁省高级人民法院（2005）辽民一终字第109号。依据《城镇国有土地使用权出让和转让暂行条例》第44条、第45条第1款之规定，国有划拨土地使用权出租须经政府批准办理出让及批准手续。国有划拨土地未经政府批准不得出让和转让。被上诉人大连铸造厂与上诉人中石油大连分公司签订的《合作协议书》中由大连铸造厂向中石油大连分公司出租国有划拨土地，并未依法办理土地出让及批准手续，违反了国家法律强制性和禁止性规定。原审判决认定大连铸造厂与中石油大连分公司签订的《合作协议书》无效正确。

合同无法办理强制执行公证。[1]

2.1.5 宏观—交易结构设计

交易结构设计中的模式往往比较复杂，不是一个简单的合同类型辨析选择的问题，而是进行了一些组合、设计。

1. 买卖与租赁或委托管理的组合。

例如，房地产行业的售后包租，各方既签订商品房买卖合同，同时又签署租赁合同或委托管理合同，买受人将商品房交给开发商或开发商的关联企业继续使用、经营，并取得收益。也就是说，买受人买房后马上就可以享受收益。这种模式下，可能变相降低了买受人支付的首付。

这实际上是两种合同关系的组合。

相关课程：《合同起草审查指南：三观四步法》“交易结构设计（二）：法律关系的组合、选择与拆分”

相关模板：15913 商铺返租合同（商铺包租合同）

2. 租赁与买卖的组合与转化。

双方本意是所有权转让，即买卖，但因产权存在瑕疵、限购等原因无法过户，于是双方采取“以租代售”的方式，合同标题可能为“租赁协议”或“使用权转让协议”，并且会约定“一旦能过户时应按约定条件过户”，即符合条件时转为买卖。

也就是说，双方同时建立了一个马上就履行的租赁关系，又建立了一个有条件履行的买卖关系，这就是两种合同关系的转化。

相关课程：《合同起草审查指南：三观四步法》“交易结构设计（二）：法律关系的组合、选择与拆分”

3. 定向建设租赁模式。

厂房尚未建设好，承租人出资参与建设厂房，建好之后承租人有权按约定的租金标准租用。也就是说，将来要租赁的厂房就是按照承租人的要求进行建造的，一般会约定承租人预付的钱抵付交付使用后的租金。

可见定向建设租赁相当于“现在的委托建设 + 未来的租赁”两者的组合。

[1] 康晓红、樊桥：《关于租赁合同赋予强制执行效力公证的法律思考》，载《中国公证》2015 年第 1 期。

这个模式本身并不违法。但如果厂房建设本身缺乏批准、许可，就可能导致合同违法、无效，或使厂房实际上无法正常使用。

4. 租赁期限不超过20年的限制及应对。

实务中，很多涉及租赁的交易结构设计是为了应对“租赁不能超过20年”的法律限制。为突破这一限制，有下列一些做法（假设希望达到租期30年）：

（1）合同签订20年，同时约定到期自动顺延10年。

（2）签订两份合同，一份约定前20年的租赁期限，另一份约定后面10年的租赁期限。

上述这两种模式因明显违反《民法典》合同编第705条的规定而无效。

（3）签订两份合同，一份约定前20年的租赁期限，另一份约定后10年的租赁期限。与上述模式不同的是，这两份合同是不同的承租人签订的，每一个承租人都未超过20年。同时，这两个承租人之间有一定的关系或通过协议安排，以确保实际上可连续使用该房屋30年。

（4）转化为物权的转让，改为对公司的出资、买卖等。物权当然不受20年的限制，但是此种模式改变了交易的性质，房东的风险负担大不相同，这取决于房东是否同意。

（5）转化为委托管理合同。此时应考虑被认定为“名为委托管理、实为租赁”的风险。

（6）部分的物权转让，例如，使用方购买房产的1%份额，并约定使用方以共有人的身份使用房产30年，30年后房东将1%的份额回购。这种模式可能有效。

相关课程：《合同起草审查指南：三观四步法》“交易结构设计（二）：权利的分割与组合”

需要说明的是，这里仅列举实务中可能使用的上述做法，这些做法并非必然有效，也并非本书提倡的做法。

2.1.6 中观—合同形式

本小节讨论“中观—合同形式”方面的一些要点，即房产租赁合同在实务中可能采取哪些合同形式及相关特点。

一、实务中的租赁合同可能很简单，也可能很复杂

按照从简单到复杂的顺序，列举一些实务中可能使用的租赁合同类型：

1. 租金收据。

此为简单的租赁，由出租人向承租人出具一个收据，表明承租人知晓租金、租赁期限、房屋信息，对于承租人来说，这就是一个有效的租赁合同。此时应注意，如果只有出租人签署，则不能约束承租人，承租人仍可以主张这是不定期租赁。

小额的、短期的租赁，标的不大的用于居住的房屋租赁，可以采取这种模式。

相关模板：8131 房屋租金押金定金收据（四种格式）

2. 简单租赁合同。

由双方签署，约定了租赁房屋信息、租金、租赁期限、费用负担、解除终止条款等。

适合标的不大的房屋租赁，承租人基本不需要装修；任何一方提前解除合同，都谈不上损失多大。

相关模板：16680 住房租赁合同（湖南省 2020 版）

3. 详细租赁合同。

相对于简单租赁合同，详细租赁合同还约定了装修、租赁期间的权利义务，细化了提前解除终止的违约责任。

一般办公室租赁大致要使用这种详略程度的合同。

相关模板：6607 写字楼租赁合同

4. 复杂商铺租赁合同。

类似于大型商业体中的商铺租赁。这种合同之所以比较复杂，是因为（以下以承租人与商场代表双方）：

（1）租赁期限较长，租金标准高，涉及利益较大。

（2）承租人投入较多资金装修，这使风险变大，双方应对装修事宜作出约定。

（3）承租人要在一定程度上服从商场的管理。

一般的房产租赁，只要不违反房屋用途，承租人自行决定使用即可。但在复杂商铺租赁中，承租人在品牌、营业时间、装修，甚至是工作人员着装方面都要服从商场管理。这些应写在租赁合同或附件中。

（4）商场也要配合承租人的经营。

如果商场发生重大变化，对承租人可能产生重大影响，需要提前约定。

承租人可能要求商场不得允许其他竞争性的商家入驻，例如，不允许商场再开第二家影院。

（5）租金可能采取浮动方式。

例如，提成式的租金，就比固定的租金条款更为复杂。

律师需要根据交易的需要和当事人的需要选择详略得当的租赁合同。简单的租赁，合同过于复杂是没有必要的；大型的租赁，合同太简单当然也不行。

这种情况下，往往会采取："租赁合同＋附件＋配套合同"的组合。

二、合同模板的使用

较大型物业的业主、出租人，如果是经常性的、众多房产的出租，则需要为其拟订合同模板。此时应注意：

1. 可以采取"通用合同＋专门附件"的设置。

通用合同一般不允许改动，需要将特别约定、补充约定的事项放在专门附件中。这样就可以使合同更具有通用性，且便于签署使用。

相关模板：9053 商场商铺租赁合同

2. 格式条款方面的风险。

可以在合同中专门增加提示，说明"本合同非格式条款"。

相关条款：3763 非格式条款

即使如此，因为确实存在被认定为格式条款的风险，仍可以考虑对合同中比较重要的条款，例如，提前解除、违约责任等，专门加粗加黑提示，或在签署处专门提示承租人注意。

三、意向书、租赁预约合同与预租

这三种都是特殊形式，在特定场景中使用。以下分别说明这三种特殊形式的使用场景：

1. 意向书一般在租赁中不使用。

意向书是指不具备法律效力的意向性文件，在投融资、收购并购中常有使用，但对于租赁来说一般不使用。如果当事人要签订意向书，律师应注意，当事人实际上可能想签的是预约合同。

2. 租赁预约合同在"预订租赁"的场景下可以使用。

预约合同常常以预订书、意向合同，甚至是意向书的名义出现，其核心是"双方约定一定期限内签订正式租赁合同"，同时一般由承租人交纳一笔定金、意向金。

相关模板：4321 商家入驻预约协议　16214 租赁预约合同

预约合同只用于"房产暂时还不能交付，承租人想先交一笔钱预订"的场景。

注意，在建工程、尚不能交付的房屋并非不能建立租赁合同关系，因此，如果有意“锁定租赁关系”，即使尚不能马上交付房屋，也不应该签订预约合同，而应该签订正式的租赁合同，约定解除合同的违约责任。只有双方都想“预订”且不想被“完全锁定”的情况下，才需要采用预约合同这种形式。

如果确定采取预约合同形式，则应注意：

（1）预约合同的内容一般比较简单。

（2）预约合同一般约定定金，少数约定违约金，以起到预订的作用。如果没有这种违约责任，那么预约合同基本上发挥不了什么作用。

（3）预约合同中应限定违约责任仅限于约定的定金或违约金，不能要求继续履行，否则会使预约合同的风险不可控，不符合预约合同的目的。

（4）预约合同可称为租赁预约合同，不建议使用“意向书”作为名称。

相关课程：《合同起草审查指南：三观四步法》“预约合同”

3. 预租。

预租仅在一些地方法规如《上海市房屋租赁条例》中出现，实际上也是对尚未建成的房产的租赁。

从合同起草审查的角度，没有必要使用预租合同这个标题或类型。针对尚未建成的房产的租赁，律师应该选择预约合同或普通租赁合同的形式。只不过因为存在“尚未建成、不能马上交付”的特殊性，律师需要针对这一点在租赁合同上特别约定，例如，约定“交付时间逾期一定时间可解除租赁合同”等。

四、租赁合同、物业服务合同的配套

很多情况下，承租人支付租金，享受房产本身相关的物业服务，则不再需要支付物业费用。但有些情况下，各方会约定由承租人除支付租金外，还需要支付物业服务费，即相当于同时要成立租赁合同关系与物业服务合同关系。此时的做法如下：

1. 将租赁合同与物业服务合同混合到一份合同中。

出租人与物业公司可以都作为合同主体。

2. 分别签署两份合同，分别交费。

3. 分别签署两份合同，由出租人代理物业公司办理相关手续。

此时出租人与物业公司一般为关联企业，相关手续由出租人代理物业公司办理即可。签订租赁合同时，也可以将物业服务合同相关签署手续一并签好。

2.1.7 微观—合同条款

本小节讨论房产租赁合同的“微观—合同条款”。租赁合同的条款体系、多数条款不难理解，这里仅重点说明其中的部分特色条款。

一、租赁房屋信息条款

1. 租赁房屋的范围。

除一般的地址、面积等信息外，要考虑：

（1）正说 / 反说 + 概括 / 列举的套路。

既从正面说明，也从反面排除不属于承租人有权使用的对象（如顶层、外立面、停车区等）；对于重点的，可专门列出来。例如，明确列明承租人可以使用的广告展示位。

（2）可以配合平面示意图。

示意图可作为合同附件。

2. 注意面积测算与补差的问题。

实务中大量的租赁虽然是基于面积，但双方已经确定了一个总租金标准，无意再按实测面积调整，那么在合同中如果提到“面积”或“租金单价标准”（例如，每平方米每天 10 元），其实又是以总租金为最终标准，此时应加上一句：双方确认以现有租赁房屋为准，租金不再因实测面积误差而调整。

3. 租赁房屋瑕疵披露。

例如，房屋哪一部分存在问题，哪一部分不能正常使用，不能用于工商注册等。从出租人的角度出发，这些瑕疵最好在合同中披露。

二、租金与税费条款

1. 租金的几种模式。

实务中租金的模式大概可分为：固定，“部分固定 + 部分浮动”，“浮动 + 保底”。完全浮动的租金比较少见。

相关条款：5366 固定租金　5367 部分固定 + 按年上调　5368 固定租金 + 营业收入提成　5369 提成租金（有保底）

2. 税费负担。

目前的房屋租赁，大量租赁合同并不正常开具发票，各方没有也无意缴纳税费，律师在起草审查租赁合同时，必须考虑到这一点，并在合同中予以应对，否则就是租赁合同起草审查的一个疏漏。

（1）根据法律规定，如果合同中未明确约定，则出租人有义务开具发票并承担税费，即约定的租金视为含税。

当事人约定不开发票、不缴纳税费严格来说是无效的，但是当事人约定“如果开发票，由哪一方承担税费”是有效的。

（2）实务中的一般做法。

承租人为个人时，从出租人的角度出发，多数情况应当约定“如需要开发票，由承租人另外承担税费”；多数情况下承租人一般是可以接受的，如不接受则需修改。

承租人为公司时，一般需要开具发票，税费承担事宜应由出租人和承租人双方协商。此时需要询问当事人，并在合同中明确“由承租人另外承担税费”还是“出租人应开具发票并承担税费”。多数情况下应该约定：出租人应开具发票并自行承担税费。

相关条款：2837 租金

三、转租、分租条款

如果需要转租或分租，则必须在合同中列明承租人有权转租，否则根据《民法典》合同编第 716 条的规定，承租人未经出租人同意转租的，出租人可以解除合同。

有些情况下会约定“有限制的转租”，对转租的对象加以限制。

相关条款：5370 有限制转租

四、优先购买权条款

根据《民法典》合同编第 726 条的规定，房屋承租人有优先购买权。从出租人的角度，有必要对优先购买权进行适当限制，以免将来发生不必要的纠纷。这些纠纷多为承租人并非真心想买，而是利用出租人的疏忽来主张赔偿。

出租人一方大致的做法是：

1. 约定提前放弃优先购买权。

该条款是否有效存在争议。有观点认为，承租人只能在租赁房屋出卖之时作出放弃优先购买权的行为，而不能预先或提前放弃。但在司法实务中，也有不少案例对提前放弃优先购买权的约定持肯定意见。例如，在肖荣华诉江苏瑞南实达房地产开发有限公司承租人优先购买权案中，法院认为，订立合同时，原告知道或者应当知道其在租赁期内依法享有优先购买权，但因双方在合同中已作出特别约定：被告有权在租赁期内将该套商业用房出售给他人，原告不得干涉。该约定表明，租赁合同履行期间，原告同意抛弃优先购买权，任由被告将租赁房屋出卖给他人。也就是说，被告在租赁期内将该套商业用房出售给他人时，可不必通知原告。租赁合同系双方真实意思表示，前述特别约定条款也不违背法律、行政法规的强制性规定，应属有效，对原被告双方都具有法律约束力。原告抛弃优先购买权，系依法处分自己的民事权利，未尝不可。因此，原告抛弃优先购买权后又主张优先购买权受到侵害而要求赔偿，于法无据。[1]

从出租人角度考虑，合同中约定放弃优先购买权没有坏处。原因是：

（1）即使该条款无效，也不会导致出租人对外出售房产的合同无效，只会产生赔偿责任，因此风险不大。

（2）法院可能认定该条款有效或依此减轻侵犯优先购买权的赔偿责任。

（3）如有必要，在房产实际出售时，出租人仍可以正常向承租人通知其行使优先购买权。

相关条款：2851 优先购买权（多种选项）

2. 约定优先购买权的行使方式。

这样约定之后，出租人出售房屋时，应按约定通知承租人。同时合同中应确定承租人的联系方式。

相关条款：5054 优先购买权（有担保条件）

3. 不作约定。

此时承租人依法享有优先购买权，出租人出售房屋时应通知承租人，否则会产生赔偿责任。

4. 直接约定提前解除合同的条件与责任限制。

此时如果出租人有意出售，直接按合同约定提前解除合同、承担有限责任即可。解除之后，自然就不存在优先购买权，也不存在“买卖不破租赁”的问题。

五、合同提前解除条款

这里的解除不是违约解除。违约解除会约定在“违约责任条款”中，一般为逾期付款、逾期交付、房屋不能正常使用等情况下有权解除，使用一般条款模板即可。

［1］ 肖荣华诉江苏瑞南实达房地产开发有限公司承租人优先购买权案，江苏省无锡市中级人民法院（2009）锡民终字第0710号。

1. 提前解除租赁的几种模式。

租赁合同作为继续性合同，尤其是长期的租赁合同，肯定一方或双方都可能有提前解除的需要，此时大致有下列几种做法，需要根据具体场景灵活运用。（见表 2–2）

表 2–2　提前解除租赁的常见模式

提前解除模式	适应情形	要点
有权提前解除，不支付违约金，或限定违约金	普通居住房屋租赁； 不需要装修的办公房屋	违约金一般约定为 1 个月、2 个月租金
有权提前解除，支付一定违约金，违约金与装修投入或前期投入及剩余期限挂钩	承租人需要装修等前期投入较大的房屋租赁	解除时间越早，违约金越高
不能提前解除，提前解除有违约金且应赔偿损失	如果一方无意解除，也不想给予对方提前解除的权利，可以采取这种模式。例如，承租人投入较大，拟长期租赁经营时	这种解除仍是违约，且未限定违约责任，因此对方可以要求赔偿全部损失，也可以要求继续履行
未作特别约定，或仅约定提前解除应赔偿损失	不建议使用	这种做法不太规范，对哪一方都谈不上有利； 理论上此时提前解除仍为违约，守约方也可要求继续履行，但有可能会陷入僵局，通过诉讼能索赔的损失金额也存在不确定性

相关条款：5371 有权解除＋限定违约金　5372 有权解除＋限定违约金　5373 无权解除＋违约金

2. 实务中常见不规范的提前解除条款。

实务中的租赁合同中常常有这种条款：

合同期限内，任何一方提前解除的，应提前 2 个月通知对方，并向对方支付 2 个月租金作为补偿。

注意，这是一种不规范的做法，因为承担 2 个月租金之后，是否还要赔偿其他损失尚不明确。这属于“权利义务范围界定不清”的情形。

3. 一般来说，解除条件是公平的，对双方都适用。但根据双方的地位、投入的不同，也完全可能约定不一样的解除条件，或者一方有权提前解除，另一方不能提前解除。

从承租人的角度，出租人的解除条件与承租人的前期投入有直接关联。前期投入越大，则越不能允许出租人随意解除，违约金约定的也越高。

从情理上讲，如果承租人前期装修等投入较大，则需要在提前解除时挽回承租人的损失，因此就出租人一方的提前解除，约定专门的违约赔偿责任是合理的。

4. 从出租人角度，必须约定未退房的房屋占用费。例如：

相关条款：5374 房屋占用费

2.2 建筑设备租赁合同

除房产租赁外，实务较常见的就是物资设备的租赁，又以建筑行业的建筑设备租赁为典型，且最为复杂。本节即对此类建筑设备租赁合同进行分析，其他设备、物资的租赁亦可适当参考。

2.2.1 宏观—合同类型

这里需要对比提示的是：配备操作人员的建筑设备租赁与单纯的建筑设备租赁。

配备操作人员的设备租赁，是指出租方除了提供设备，还配套提供操作人员。这种情况相当于“租赁＋劳务服务”的混合，在实务中一般仍按租赁合同处理。主要提示以下两点：

（1）如果出租方是个人，需要考虑劳务及雇主责任风险。

建筑设备操作使用中出现事故的概率不低。既然混合了劳务服务，就要考虑劳务及雇主责任风险。受伤人员可能要求承租人与出租方个人一起承担连带赔偿责任。不过，承租人仍可以根据合同约定向出租方追偿。[1]

（2）两种类型适用税率不同。

注意，单纯的建筑设备租赁与配备操作人员的建筑设备租赁适用的税率不一样，前者属于“有形动产租赁”，后者可归为“建筑服务”，“建筑服务”税率更低。从法理上来说，合同名称不影响税率，只要发票正确即可。但实务中也存在为了适用更低的税率，而将合同称为“建设服务合同、劳务服务合同”的做法。

[1] 民法典施行且《最高人民法院关于审理人身损害赔偿案件适用法律若干问题的解释》修改后，受伤人员索赔的法律依据尚不清晰。具体请参见《合同起草审查指南：劳动用工卷》中关于雇主责任的分析。

2.2.2 宏观—合同主体

一、施工企业的项目部作为主体签订合同

建筑行业中，施工企业的项目部常常作为一个特殊主体对外签订合同，包括作为承租人签订租赁合同。严格而言，未经工商备案的项目部仅是施工企业的临时性内部机构或内设机构，是施工企业组织机构的一部分，不具有民事主体身份，也不能成为民事诉讼中的当事人。但在实务中项目部却常常对外签订合同。一般观点主张，除相对人明知或有重大过错外，则项目部的意思表示及所签订合同，原则上应视为企业法人的意思表示，该合同对企业法人具有约束力。

因此，在实务中，只要是正常的建设项目所需的设备租赁，如对方要求以项目部的名义签署，出租人一般是可以接受的。反之，如果不是正常的建设施工所需，或者施工企业已经明示项目部无权对外签订合同（如有的项目部印章上直接注明“对外签订合同无效”），则不应直接与项目部签订合同，而应与施工企业（包括有营业执照的分公司）签订合同。

二、挂靠一般不影响租赁合同效力

无论是出租人还是承租人一方存在挂靠行为，租赁合同都可以正常成立生效；在租赁合同上签字盖章的主体应对合同承担责任。

2.2.3 宏观—合同标的

1. 起重机械等特种设备的特别许可、检验要求。

（1）起重机械属于特种设备。

特种设备的范围实行目录管理，具体类目可参考国家质量监督检验检疫总局公告（2014 年第 114 号）的《特种设备目录》，建筑设备中常见的起重机械就属于特种设备。

（2）出租特种设备有具体限制。

根据《特种设备安全法》第 28 条的规定：特种设备出租单位不得出租未取得许可生产的特种设备或者国家明令淘汰和已经报废的特种设备，以及未按照安全技术规范的要求进行维护保养和未经检验或者检验不合格的特种设备。

（3）出租不符合规定时的后果。

在出租不符合该条规定要求的设备的情形下，合同效力存在争议。认为合同无效的判例可参见襄阳鼎晟建筑机械有限公司与老河口市鼎巍建筑设备租赁有限公司租赁合同纠纷上诉案［（2016）鄂06民终245号］。认为合同有效的判例可参见中铁十二局集团有限公司与师永峰合同纠纷二审民事判决书［（2018）晋08民终1519号］。

另外，出租单位还需要承担相应的行政处罚责任，如被责令停止经营，缴纳罚款等。具体规定可参见《特种设备安全法》第82条第1款的规定："违反本法规定，特种设备经营单位有下列行为之一的，责令停止经营，没收违法经营的特种设备，处三万元以上三十万元以下罚款；有违法所得的，没收违法所得：（一）销售、出租未取得许可生产，未经检验或者检验不合格的特种设备的；（二）销售、出租国家明令淘汰、已经报废的特种设备，或者未按照安全技术规范的要求进行维护保养的特种设备的。"

2. 起重机械的出租使用存在备案义务。

（1）相关规定。

例如，《建筑起重机械安全监督管理规定》第5条规定出租人首次安装前的备案义务，第17条及《特种设备安全法》第33条规定的承租人在安装起重机械后的登记义务等。

《建筑起重机械安全监督管理规定》第5条规定：出租单位在建筑起重机械首次出租前，自购建筑起重机械的使用单位在建筑起重机械首次安装前，应当持建筑起重机械特种设备制造许可证、产品合格证和制造监督检验证明到本单位工商注册所在地县级以上地方人民政府建设主管部门办理备案。

《建筑起重机械安全监督管理规定》第17条规定：使用单位应当自建筑起重机械安装验收合格之日起30日内，将建筑起重机械安装验收资料、建筑起重机械安全管理制度、特种作业人员名单等，向工程所在地县级以上地方人民政府建设主管部门办理建筑起重机械使用登记。登记标志置于或者附着于该设备的显著位置。

《特种设备安全法》第33条规定：特种设备使用单位应当在特种设备投入使用前或者投入使用后30日内，向负责特种设备安全监督管理的部门办理使用登记，取得使用登记证书。登记标志应当置于该特种设备的显著位置。

（2）未备案的后果。

按照《合同起草审查指南：三观四步法》的观点，这种作为行政管理措施的要求，既非对合同的批准，也非对权利的登记，其实都属于一种备案要求。如未按该规定进行备案及登记，司法观点中多认为《建筑起重机械安全监督管理规定》为管理性规范，不影响合同效力。[1]

但未按规定进行备案及登记的，会产生行政处罚责任。

（3）应对措施。

因为存在上述规定，在合同中可以由出租人保证：出租的特种设备系检验合格、符合法律要求可出租的设备；配合承租人办理使用登记。同时可将相关检验合格证书作为合同附件。

2.2.4 中观—合同形式

1. 合同是否要求书面形式。

与房产租赁等其他租赁一样，根据《民法典》合同编第 707 条的规定，如无书面形式视为不定期租赁。

2. 合同的复杂程度。

设备租赁合同的复杂程度主要取决于标的物价值、租赁期限等因素。可能很简单，也可能比较复杂。

简单的合同，例如，针对钢管、扣件等部件的租赁合同，只需要包含租赁物、租赁期限及租金即可，可以简单到一张纸、一个表格即可。

相关模板：4948 上海市建筑模板租赁合同（上海市 2010 版）

复杂的合同，例如，针对施工机械类的租赁合同，则可能涉及租赁设备的参数及适用范围、安全管理责任以及维修保养要求等内容。

相关模板：4815 北京市建筑施工设备服务合同（塔式起重机和施工升降机版 / 北京市 2015 版）

3. 合同模版的使用场景。

专门的建筑设备租赁公司（出租人）可能涉及制作合同模板的需求，可以

[1] 参见相关案例：河南金城建设工程有限公司、杜喜明建筑设备租赁合同纠纷案，河南省高级人民法院（2017）豫民再 228 号；李亚楼与盐城市鸿润机械租赁有限公司、朱永生建筑设备租赁合同纠纷案，江苏省盐城市中级人民法院（2018）苏 09 民终 5343 号。

采取“通用合同 + 专门附件”的设置，以使合同更具有通用性，且便于签署使用。

4. 附件、配套协议的使用场景。

需要通过附件、配套协议对安全生产管理进行约定。

这既是《安全生产法》等法规的要求，也是当事人明确各自权利义务的需要，特别是在出租人配套提供操作人员负责操作时。

相关模板：7235 外来施工人员安全协议书　5387 安全文明施工准则（挖掘机）部分条款　5388 安全责任

2.2.5 微观—合同条款

以下说明几类重点条款。

一、租赁费用相关条款

在合同条款方面，建筑设备租赁合同较特殊、复杂的就是租赁费用相关条款，主要是因为计费规则比一般的仅按租赁期限计租要复杂。为此，在条款方面应考虑：

1. 实务中存在普通计租、台班计租、工作量计租三种模式。

普通计租按月、天等计费，比较简单，但也需要考虑：设备存在的维修、停工、检验等特殊期间如何计费；虽然是按月租，但未必能一天 24 小时使用，需要对设备、人员的工作时间作出约定。

工作量计租需要考虑可行性，使用较少，例如，可用于挖掘机租赁以土方计价。

台班计租主要用于“设备 + 操作人员”的租赁方式，“设备一台 + 人员一个班”即为一个“台班”，合同中约定“台班”单价，同时要对“台班”时长进行定义（一般是 8 小时，但仍取决于双方约定）。

2. 建筑设备“台班”制租赁中可能涉及的费用。如下所示。

- 正常租赁费用
    - 设备费用
        - 基本费用
        - 入场、安装费用
        - 额外增加费用：如单节超高节服务费、单台设备预埋件服务费

    - ○人工费用
        - ▪基本费用
        - ▪加班 / 延时工作费用
    - ○台班定义
- •非正常情况处理
    - ○正常保养维修期间及费用
    - ○出租人原因（如检验、维修）不能正常使用时的计费
    - ○承租人原因不能正常使用、停工时的计费
    - ○提前解除的费用处理
- •设备相关成本负担
    - ○设备相关
        - ▪燃油
        - ▪过路过桥费用
        - ▪停车费、保管费
        - ▪其他费用：一般由出租人自行承担
    - ○操作人员相关
        - ▪食宿

3. 条款起草修订时把握“金字塔式写作 + 正反两面”的写作原则。

金字塔式写作，就是按照各种费用分门别类来写。

正反两面，就是既要写明正常情况下的计费标准，也要说明非正常情况下（延时、停工、维修等）的计费标准。

以下关于停置费的条款，就是从正反两面非正常情况下说明费用。

相关条款：5389 停置费

二、租赁期限条款

1. 设备租赁主要有以下几种约定期限的模式：

（1）固定期限，起算日固定。

即最普通的约定方式，包含固定的租赁期限起止日期即可。

（2）固定期限，起算日不固定。

相关条款：5390 设备租赁期限（起算日不固定）

（3）约定最低租赁期限，起算日不固定。

相关条款：5391 设备租赁期限（最低租赁期限）

2. 特种设备的租赁期限可能受相关检验报告有效期的影响。

值得注意的是，即使在合同中约定了租赁期限及起算日，从相关案例来看，特种设备的租赁期限仍可能受相关检验报告有效期的影响。[1]

[1] 韶关市宝铁建设工程设备租赁有限公司、广东电白建设集团有限公司建筑设备租赁合同纠纷案，广东省韶关市中级人民法院（2019）粤02民终1569号。

03

第三单元

服务类合同

3.1 服务类合同的整体把握

服务类合同在经济生活中极为常见，随着经济升级、服务产业的发展，服务类合同越来越多、标的额越来越大，在经济生活中的地位也越来越重要。

法律对服务合同或者说服务类合同并没有专门定义。《合同起草审查指南》中的“服务类合同”，既包括多种有名合同，如承揽、委托、行纪、中介、保管仓储、物业服务合同，也包括医疗、培训等诸多无名合同（下面我们将这些具体类型合同称为服务类合同的“子类合同”）。简单来说，只要是一方出钱，另一方提供各种类型的服务的，都可以称为服务类合同。

既然服务类合同范围很广，包括众多子类合同，我们需要先从宏观上进行适当辨析、整体把握。这一节，可以理解为所有服务类合同在“宏观—合同类型”方面的一个归纳。

3.1.1 问题：一项服务对应什么合同类型？

我们不妨以这个问题为引子：找一个自然人开发一个 APP，这是什么合同？

这是委托吗？能不能算承揽呢？为什么不是技术开发呢？算不算是常说的“劳务雇佣合同”呢？似乎都说得过去，又都有些拿不准。

委托、承揽、技术、中介、行纪、保管仓储、物业服务等合同类型，都是《民法典》合同编“典型合同”中分别以专章形式规定的有名合同。这无疑给人一种感觉，即这些合同类型是相互独立的、各不相同的类型，就好像买卖、租赁、借款这些有名合同之间的关系一样。很多合同起草审查的书籍也就相应地对委托、承揽、中介这些合同分别予以说明。但是，这些合同类型之间真的是相互独立的吗？实际上并非如此。

如果将经济生活中的各种服务与对应的有名合同类型连起来，可以得到图3–1：

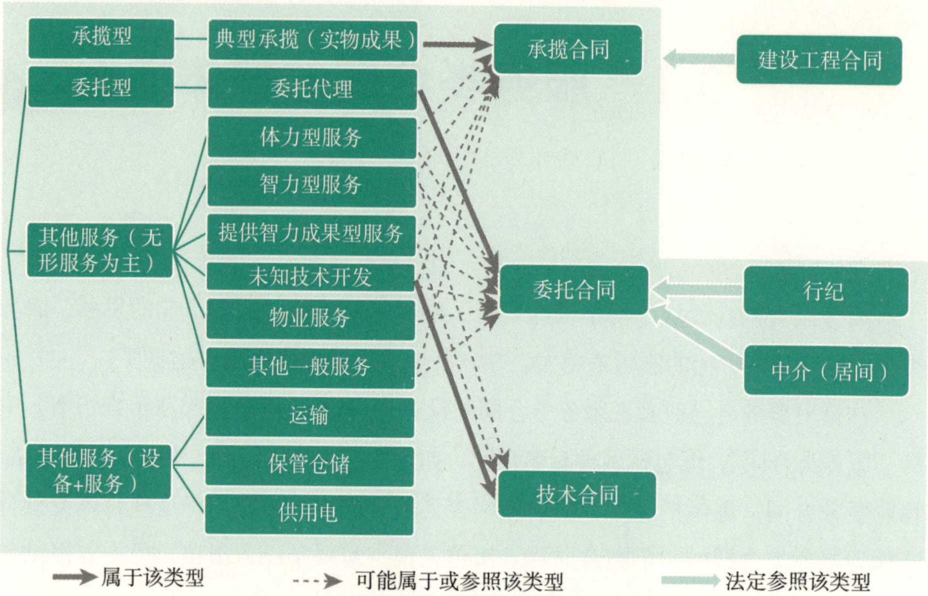

图 3-1 主要服务类型与对应的合同类型

图 3-1 中，实线箭头，表示确定属于该合同类型，即这种服务是该合同类型的典型标的；虚线箭头，则表示可能属于或参照该合同类型。

图 3-1 中，很多服务类型由多个箭头指向多种合同类型，这说明这种服务类型并非明确地属于某一类合同，或者说明，该服务类型同时指向的若干合同类型之间存在参照关系，界限并不清晰。

我们是如何得出这个结论的呢？下面进一步分析。

3.1.2 几类服务类合同的含义和法律要点

一、委托合同：无所不包？

1. 委托合同的含义不明。

《民法典》合同编第 919 条规定：委托合同是委托人和受托人约定，由受托人处理委托人事务的合同。显然从这个规定中无法看出委托合同的范围。

有观点认为，委托合同中委托处理的事务范围仅限于法律行为，[1]但更主流的观点还是认为，“委托合同”中委托事务的范围，既包括“法律行为”，也包括“事

[1] 黄建中：《合同法分则重点疑点难点问题判解研究》，人民法院出版社 2006 年版，第 603 页。

实行为”。[1]

崔建远教授进一步认为：“《合同法》就委托仅规定为‘处理事务’，相对于其他类型的劳务合同，可谓是最一般、抽象和概括的规定，委托的概述因而具有相当的开放性和包容性，所有的为他人处理事务的合同，都可视为委托合同，所以，委托合同为处理事务类型的劳务合同的一般类型。因此，无名的劳务合同，如旅游、雇用、培训、诉讼代理等合同，可适用《合同法》关于委托合同的规定。不仅如此，《合同法》对行纪、居间、保管、仓储等合同的某些事项未设规定的，明确规定适用委托合同的相关规定，如第423条规定，行纪一章没有规定的，适用委托合同的有关规定。所谓事务，是指一切与我们的生活相关的事项，与无因管理制度中的事务含义相同。无论它为事实行为还是法律行为，为财产上的行为抑或非财产上的行为，委托人自己的事务还是第三人的事务……委托人都可以委托他人处理。”[2] 按这种观点，“委托合同”包括提供任何服务的合同。

2. 委托合同的三个层次。

综合法规、专家观点，特别是考察司法实务中的“委托合同”纠纷案例，我们可以分三个层次来理解“委托合同”的范围。

典型委托合同：委托受托方从事法律行为，含有代理关系。律师提供诉讼代理服务的合同就是其中一种。对于这类合同，司法机关肯定会按“委托合同”的相关规定来处理。

一般委托合同：委托受托方提供各种无形服务。例如，委托提供咨询服务的合同。只要司法机关认为有必要，完全可以参照委托合同相关法律规定处理。

广义委托合同：等于“服务类合同”，包括多种有名合同，例如，行纪、中介 、保管仓储，也包括医疗、培训等无名服务合同。对于这类合同，按照崔建远教授的观点，都可以参照委托合同的相关规定。

3. 委托合同法律规定要点。

从合同起草审查的角度，《民法典》合同编第23章“委托合同”一章中特别值得关注的是：任意解除权的规定（第933条）、委托人与受托人之间的代理风险与第三人追责风险的规定（第925条、第926条）。也就是说，一旦被认定属于委托合同，即产生任意解除权，而且委托人与受托人之间还可能会产生代理关系，

[1] 王利明：《合同法研究》（第3卷），中国人民大学出版社2015年版，第684页；隋彭生：《律师民法业务思维2》，中国政法大学出版社2016年版，第48页。

[2] 崔建远：《合同法》（第6版），法律出版社2016年版，第436页。

第三人可能就受托人的行为要求委托人承担责任。

隋彭生在《律师民法业务思维 1》中提到这样一个案例："甲公司委托乙公司拆除自己在 A 楼上的巨型广告牌，双方签订了委托合同。乙的工人在使用电焊枪切割广告钢板支架时，迸发的火花引起了火灾。A 楼的业主起诉了甲、乙，一审、二审法院均认为委托人与受托人应构成连带责任。"隋彭生的意见是："当事人不过是写错了合同名称，将承揽合同写成了委托合同，因而不应当判决甲承担连带责任……委托合同是完成委托事务的合同，受托人完成委托事务包括实施法律行为和实施事实行为两种情况。实施法律行为当然可能构成连带责任，如代理人与被代理人的责任。在受托人通过完成事实行为完成委托事务时，他是独立责任，委托人不构成连带责任，但委托人有过错的除外。……大家对委托合同责任的认识有较多空白，因而选好合同名称，就会避免不必要的争议。"[1]

因此，凡是可能被认定为是委托合同的服务类合同，都要考虑：

（1）是否要排除任意解除权，明确约定提前解除时的违约责任？

这往往是从受托方的角度考虑。应对任意解除权的具体措施请见相关课程说明。

相关课程：《合同起草审查指南：常用合同卷》"延伸讨论：《民法典》下的任意解除权"

（2）要考虑明确否定代理，或就代理权限、后果等作出明确约定。

（3）如第三人追责，应由哪一方承担责任，可向受托方追偿等。

后面两点主要是从委托方的角度考虑。

二、承揽合同：以提供实物成果为典型

1. 承揽合同的范围。

《民法典》合同编第 770 条规定："承揽合同是承揽人按照定作人的要求完成工作，交付工作成果，定作人给付报酬的合同。承揽包括加工、定作、修理、复制、测试、检验等工作。"

承揽的工作成果是否必须是有形物，法规未明确规定，理论上观点也不一致。有的认为可以是无形的，如测试仪器的运行。[2] 但也有部分观点认为，承揽合同中的工作成果仅限于有形物。[3]

---

[1] 隋彭生：《律师民法业务思维 1》，中国政法大学出版社 2015 年版，第 5 页。

[2] 胡康生主编，全国人民代表大会常务委员会法制工作委员编：《中华人民共和国合同法释义》，法律出版社 1999 年版，第 369 页。

[3] 江必新主编：《合同风险及其防范控制全书》，中国法制出版社 2019 年版，第 577 页。

可以这样认为：

（1）“提供有形实物成果为主”的承揽，是最典型的承揽。

包括对实物的定制、加工、复制，对实物进行修理、检验。

这类承揽是承揽的“基本盘”，是最没有争议的承揽。可以说《民法典》合同编第 17 章“承揽合同”里面的规定，都是为这类承揽“量身定制”的。

（2）提供“其他服务（无形服务为主）”也有可能被当作承揽。

要求对方定制一个“实物”（如定作家具），与要求对方定制一个“智力成果”（如 LOGO 设计、APP 开发），显然有一定的相通性。法律规定的承揽包括修理、复制、测试、检验，这几项服务，很难说与其他体力型服务（如保洁服务）、智力型服务（如咨询）、智力成果型服务（如 APP 开发）等，有什么实质区别。因此，这些无形服务如果被定义为承揽活动，也具有一定的合理性。

司法实务中，也确实有相当多的案例将提供无形服务的服务类合同作为承揽合同处理。

注意，这些服务合同也有可能被当作是委托合同、技术合同或是无名的服务合同。

2. 承揽合同的法律要点。

（1）承揽合同中的定作人有权中途变更承揽工作的要求（《民法典》合同编第 777 条），且定作人可以在承揽人完成工作前随时解除承揽合同（《民法典》合同编第 787 条）。

后面课程中有对“任意解除权”的进一步探讨。

（2）根据《民法典》第 1193 条的规定，承揽人在完成工作过程中造成第三人损害或者自己损害的，定作人不承担侵权责任。但是，定作人对定作、指示或者选任有过错的，应当承担相应的责任。

而劳务合同则存在雇主责任风险。

（3）承揽人对工作成果享有留置权（《民法典》合同编第 783 条）。

从上述第 1、2 点来看，承揽合同对定作方是比较有利的，而且这两点都比较重要；同时《民法典》合同编对承揽合同有专章规定，法律适用较为清楚。因此在一般情况下，对于定作方而言，将合同定性为承揽合同较为有利。

反之，如果是承揽方，则应该意识到上述不利之处，并有所应对。

三、技术合同：以“技术”为对象

1. 技术合同：以技术为标的的合同。

根据《民法典》合同编第 843 条的规定，技术合同包括技术开发、转让、许可、咨询或者服务合同。

如果说承揽、委托、行纪、中介主要是从“交易模式”角度界定的话，那么技术合同更像是从“对象”角度界定，即“以技术为标的”的合同。也就是说，只要是涉及“技术”的知识产权归属、开发利用、开发失败风险，就可能适用技术合同的相关规定。换言之，涉及技术的合同，可能从“交易模式”的角度是属于委托、承揽合同，但从“以技术为标的”的角度，也属于技术合同。

这里的所谓“技术”，显然是有较高技术含量、能产生较大经济价值的技术，一般来说也应该是“未知技术、非公开技术”，否则就谈不上多大的经济价值，也谈不上“开发失败”这类风险了。

2. 技术合同法律要点。

（1）技术成果归属于受托方，除非有特别约定。——《民法典》合同编第859条、第885条。

（2）开发失败的风险由当事人合理分担，除非有特别约定。——《民法典》合同编第858条。

上面这两点需要委托方特别注意。

四、劳务雇佣合同：个人提供服务的特别风险

1. 劳务雇佣缺乏法定含义，实务中使用混乱。

无论是原来的《合同法》还是现在的《民法典》合同编都没有劳务合同、雇佣合同的规定。这是导致“劳务合同、雇佣合同”这个概念没有准确定义的主要原因。

在全国人大法工委委托学者起草的《合同法建议草案》中，曾专设雇佣合同一章，但是在最后通过的合同法中却删掉了这一章。对此，梁慧星先生认为：“建议草案在广泛参考各国保护劳动者的立法经验基础上精心设计和拟定的雇佣合同一章被删掉，是最令人惋惜的。”[1]

律师应该知道，在实务中，如果看到或说到“劳务合同、雇佣合同”，它可能实际上对应多种性质完全不同的关系：劳动关系中的标准劳动关系和非全日制劳动关系；非劳动关系中的承揽、委托等服务类合同关系；个人提供体力型劳务形成的劳务合同或单位组织提供体力型劳务形成的劳务外包合同。

2.《合同起草审查指南》对“劳务雇佣”的定义。

为避免混乱、便于讨论，《合同起草审查指南》将“劳务雇佣”进行如下定义：

[1] 江必新主编：《合同风险及其防范控制全书》，中国法制出版社2019年版，第579页。

劳务（劳务关系、劳务合同）：指个人提供服务，同时不构成劳动关系、非全日制用工关系、承揽关系。如果是单位提供服务，无论是什么服务，包括体力型劳务，都不应该叫作劳务合同。

雇佣：属于劳务的一种，是指以类似员工的方式提供服务，双方构成管理与被管理的关系，但又不构成劳动关系。典型的包括退休返聘、学生实习、家庭雇佣保姆。

按上述定义，个人提供服务建立中介、委托合同关系时，也同时建立劳务合同关系。

3.“劳务雇佣”的重点是劳动关系风险和雇主责任风险。

（1）定义“劳务雇佣”就是因为劳动关系风险和雇主责任风险。

可以说，如果不存在构成劳动关系的风险和雇主责任风险，那么就根本没有必要定义和讨论“劳务雇佣”了，只需要按照服务类合同进行处理即可。

单位提供服务，不存在上述风险，因此“劳务雇佣”没有必要包括单位提供服务；反之，只要是个人提供服务，律师就应该考虑“是否构成劳动关系、是否有雇主责任风险”。

可以这么说，实务中所有判例中，但凡要讨论“是不是劳务关系？”，就是为了讨论是不是要承担雇主责任。

（2）“雇佣”下，雇主的责任更重、风险更大。

一方面，既然双方已经形成管理与被管理关系，那么就必须严格审查“双方是否构成劳动关系”，实际上，只有特殊的几种情形才会构成雇佣关系，而不构成劳动关系。另一方面，虽然不是劳动关系，双方已经形成一个管理与被管理的关系，提供服务方成为接受服务方的工作人员，雇主责任更重。

（3）注意：《最高人民法院关于审理人身损害赔偿案件适用法律若干问题的解释》（以下简称《人身损害赔偿司法解释》）第9条、第11条在2021年后被删除，这导致雇主责任的法律规定出现空缺，有待司法实务、司法解释进一步明确。

劳务雇佣合同在“宏观—合同类型”层面的问题，对于企业来说，本质就是一个“用工模式选择”的问题，结合其他用工模式相关的合同类型进行讨论更为合适。因此，对劳务雇佣合同、雇主责任的更具体分析请参见《合同起草审查指南：劳动用工卷》“特殊用工模式类合同”的相关内容。

相关课程：《合同起草审查指南：劳动用工卷》“《民法典》下的雇主责任与应对”

相关课程：《合同起草审查指南：劳动用工卷》“非劳动关系（一）：个人劳务（雇佣）类合同”

4. 劳务合同与除承揽之外的其他服务类合同的参照关系。

前面我们说，承揽、委托、行纪、中介主要是从“交易模式”角度界定，技术合同更像是从“对象”角度界定，那么劳务合同就是从“主体”的角度界定。这意味着：从交易模式角度看是中介、委托的，不排除从“主体”的角度仍可以认为是劳务合同。

例 1：某案件当事人委托律师事务所代理其案件，双方之间应为委托合同。如果当事人委托个人代理其案件（某些情况下可能合法），则双方仍应属于委托合同（因为服务内容、代理关系都没有变化）。试问，如果该代理人（个人）在提供服务的过程中造成他人人身损害，委托人是否要承担雇主责任？

例 2：A 公司委托 B（个人）就订立某项合同提供撮合服务，A 与 B 签订《中介合同》，B 在专程去沟通该事宜的路途中受伤，此时，A 是否应对 B 的受伤承担雇主责任？

上述两个案例的答案都是：可能要承担雇主责任。委托个人提供案件代理服务或中介服务，也可以归属于原《人身损害赔偿司法解释》第 9 条第 2 款规定的“从事雇主授权或者指示范围内的其他劳务活动”。那么，示例 1 的合同究竟是委托合同还是劳务合同呢？示例 2 中的合同究竟是中介合同还是劳务合同呢？

本课程的观点是：例 1 中的合同是委托合同，适用《民法典》合同编第 23 章委托合同的规定，例 2 中的合同是中介合同，适用《民法典》合同编第 26 章中介合同的规定。但是这两个案件争议中，涉及雇主责任的判定，可以“参照”劳务合同相关规定（关于提供劳务、雇佣类服务下的侵权责任的相关规定）来处理。也就是说，“是 A 合同，但某方面权利义务参照 B 合同处理”，因此属于“参照型”。

注意：上面的分析是基于 2021 年前原《人身损害赔偿司法解释》未删除第 9 条、第 11 条之前，而在 2021 年之后，这一问题如何处理，还有待司法实务进一步明确。

总之，除承揽外，无论是哪一种服务合同，无论是否是有名合同，只要是由个人提供服务，都需要考虑雇主责任的风险。

5. 劳务合同与承揽合同界限不明。

（1）只有承揽合同依法不用承担雇主责任。

之所以承揽合同需要单独拎出来与劳务合同辨析，是因为服务类合同中，只有承揽合同依据《民法典》合同编第 1193 条是明确不承担雇主责任，而其他服务类合同都没有类似规定。换言之，如果你说服法官认可个人与公司之间构成委托关系，并不足以否认雇主责任，但如果你说服法官认可双方构成承揽关系，则法官就不能再认定雇主责任（最多只能追究定作人定作、指示、选任的过错责任）。

实务案例中，但凡要辨析"这是承揽，还是劳务"，几乎都是为了解决"接受服务方是不是要承担雇主责任"的问题。所以说到底，这与其说是一个合同类型辨析的问题，还不如说是一个"雇主责任风险的应对"问题。

相关课程：《合同起草审查指南：劳动用工卷》"《民法典》下的雇主责任与应对"

（2）劳务合同与承揽合同界限不明。

承揽、劳务、雇佣三者的关系可参见图 3-2。

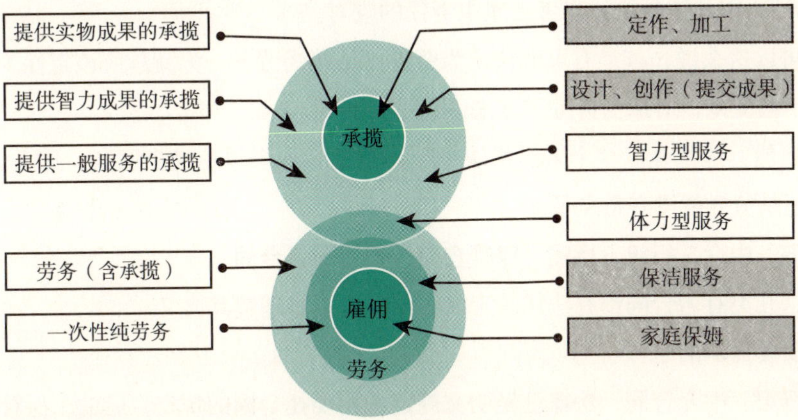

图 3-2　承揽合同与劳务、雇佣合同

图 3-2 反映出承揽与劳务的交叉关系。具体来说：

- 承揽的"基本盘"与劳务的"基本盘"之间一般不会混淆。

承揽的"基本盘"是提供实物成果的承揽，包括加工、定作、修理等，同时也不是"像员工一样工作"，也可称为"典型的承揽合同"。严格来说，这类合同就算命名为"劳务合同"，法官也应该按承揽合同处理，当然从合同起草审查的角度不应该出现这种错误。

劳务的"基本盘"则是雇佣，即类似请工人保姆为自己做事、每月支付工资的雇工性质劳务，肯定不构成承揽，就算把雇佣类合同命名为承揽合同，法官也应该按雇佣关系处理。

- 承揽的"非基本盘"与劳务的"非基本盘"之间有一定交叉，难以分辨。

例如，甲方家中房屋需要装修，请乙方（个人）对房屋进行粉刷，按每平方米 20 元计价。这一类服务很难简单判断是承揽还是劳务，两者均有可能。

实务中很多讨论承揽与劳务区别的文章、判例，列举了两者之间的一些区别标准，例如，当事人之间的从属关系、劳务活动所需的技术含量、劳务报酬的支付方式等。[1] 但实际上，这些标准都不是绝对的，具体案例中也无法做到“五项标准”或“七个方面”都符合或都不符合，往往是从这个标准看像是劳务，从那个标准看又像是承揽。

（3）从合同起草审查的角度，接受劳务方应一律选择承揽，回避劳务雇佣。

承揽与劳务的界限是不可能完全界定清晰的。从合同起草与审查的角度，只需要认识到：对接受劳务一方来说，承揽合同肯定比劳务合同有利，因此应尽量选择承揽，同时要意识到“非典型的承揽合同”仍可能被法官认定“名为承揽，实为劳务”，因此还是要适当考虑雇主责任的应对。

可以这么说，越是有可能认定为劳务，从接受劳务一方就越应该定性为承揽，即便不被支持，对接受劳务一方来说也没有坏处。

当然，这都是以“个人提供服务”为前提，如果单位提供服务，那么讨论是承揽还是劳务就没有意义了。

五、中介、行纪、运输、保管仓储、物业服务合同

这几类有名合同都有法律的定义，同时也不难理解其含义。

需要提示的是：

行纪、中介合同，法律已经明文规定适用委托合同的规定。运输、保管仓储、物业服务这些有名合同，根据学者观点和司法判例，司法机关可以根据争议焦点，适用委托合同的相关法律规定。当然，对于这些有名合同，应该首先适用相应有名合同的规定处理，如果没有相关规定，才可以适用委托合同的相关规定。

3.1.3 回答：服务类合同应同时参照、考虑多类合同的法律规定

经过上面的分析，我们现在可以回答前面的这个问题了：找一个自然人开发一个 APP，这是什么合同？

答案是：这是一种服务类合同，可能同时参照委托、承揽、技术合同的规定，

---

[1] “五项标准”参见唐正旭：《区分承揽关系与劳务关系的模型构造》，载中国法院网 2019 年 7 月 12 日，https://www.chinacourt.org/article/detail/2018/03/id/3250081.shtml。“七个方面”参见韩蛟：《承揽合同与雇佣合同的实务区分》，载高杉峻主编：《民商法实务精要 4》，中国法制出版社 2017 年版，第 86~100 页。

还有雇主责任的风险甚至是构成劳动关系的风险，或者说，这既可能是技术开发合同，也可能是委托合同、承揽合同、劳务合同甚至是劳动合同。（见图 3–3）

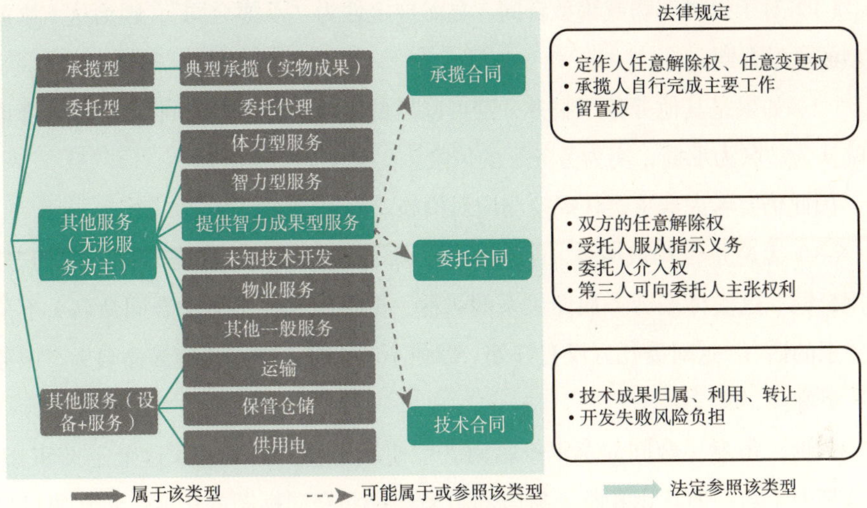

图 3–3　一种服务对应多种合同类型

非要下结论说“这就是委托合同或这就是技术开发合同”，是没有意义的。实务中这几种定性的判例都有。就算被认定为是技术开发合同，在涉及解除问题时，法院也完全可以“参照”承揽或委托合同的规定给予一方任意解除权。

几乎对于所有的服务类合同，我们都需要同时参考承揽、委托、技术合同的相关规定考虑其起草审查，如果是中介、行纪、运输、保管仓储、物业服务，则还要同时遵循《民法典》合同编对这些有名合同的具体规定。我们不要以为把这个合同定性为“承揽”合同就跟委托、技术合同的规定没什么关系了。这才是符合实务也符合法律规定的正确认识。

3.1.4　延伸：服务类合同的标题选择

我们已经知道，服务类合同其实可能对应多种合同类型。但在起草审查合同时，毕竟还是要给合同起一个标题，那么这个标题怎么叫合适呢？

这个标题的选择应该考虑：首先是为当事人选择最有利的合同类型，使适用的法律法规对其有利；其次是适当规范、减少争议，便于法律工作者沟通讨论。当然，第一个出发点是最重要的。

《合同起草审查指南》的建议是：

1. 从委托人的角度：尽量选择“承揽合同”，避免“劳务雇佣合同”，少用“委托合同”。

（1）对于提供实物成果型合同，显然应定性为“承揽合同”，因为这本来就是典型的承揽合同。

（2）如果是其他劳务型服务，则可以尽量定性为“承揽合同”，但仍应考虑被法院认为“名为承揽，实为劳务”的风险。

因此仍要考虑雇主责任风险与应对措施。

（3）无论是否构成劳务、雇佣关系，都应避免使用“劳务合同、雇佣合同、聘用合同”这类体现劳务雇佣关系的名称，更不能直接以劳动合同命名（不是劳动关系的话），这对委托方没有好处。即使不叫承揽合同，也应该命名为“服务合同”更好。

因此，虽然《合同起草审查指南》中使用了“劳务雇佣”这个定义和分类，但这是为了与一般认识相符。从合同类型选择和合同标题的角度，其实要尽量回避使用“劳务、雇佣”作为合同标题。

（4）除典型委托合同外，一般不使用“委托合同”的标题和名称。

典型委托合同是委托从事法律行为，包含代理关系，这类合同叫作“委托合同”是合适的，但叫“服务合同”也未尝不可。

如果委托受托人完成的是“事实行为”，那么，如果构成承揽、行纪、中介、运输、保管仓储等有名合同，则都应该使用各自的准确名称，不宜用“委托合同”的标题；其他服务的委托，则建议名为“服务合同”或“××服务合同”，如“法律顾问服务合同”“咨询服务合同”，也不宜名为“××委托合同”。

这样命名与归类的目的，是因为“代理性质的委托”最适合《民法典》合同编“委托合同”这一章的规定，而其他服务类合同并不完全适合。前面的分析已经看出，对“委托合同”的认识存在争议（请注意前面提到的甲公司“委托”乙公司拆除广告牌的案例），委托合同下的任意解除权、委托人与受托人之间代理风险与第三人追责风险都将给合同带来不确定性，因此应当谨慎使用。

即使如此，如前所述，其他服务类合同还是有可能在具体案例中被认定属于委托合同，应注意前面所说的风险防范。

（5）如果按前述原则还不好处理的其他情况，一律命名为“××服务合同”即可。

所有“一方出钱、一方办事”的合同，都可以叫作“服务合同”或“××服务合同”（例如，设计服务合同、咨询服务合同）。这样既符合一般叫法，对各方利益也没有损害。

3.1.5 结语：服务类合同需要整体把握

1. 服务类合同需要整体认识。

从前面的分析中我们已经看出：委托、承揽、技术、中介、行纪、保管仓储、物业服务等多种合同虽然都是《民法典》合同编分别以专章规定的有名合同，但彼此之间存在紧密关联。我们甚至可以说，《民法典》合同编这几类有名合同的规定，与其说是针对不同类型合同的规定，不如说是针对“服务类合同”这一大类合同的不同方面所做的规定，其中的“委托合同”的规定又可以理解为服务类合同的一般规定。

而从合同内容的角度，我们也不难理解：所有的服务类合同，无非都是一方出钱、另一方提供服务，也都会从服务内容、报酬与费用、服务时间、服务质量等方面进行描述。因此服务类合同肯定会有相通之处，正如买卖家具、买卖水果、买卖房屋都是买卖、都会有相通之处一样。

因此，将这些合同类型归于“服务类合同”这一大类，理解其中这些子类合同的区别与联系，在整体把握服务类合同的基础上，进一步了解各子类合同的起草审查特点，才能更好的掌握服务类合同的起草审查。

2.“整体把握 + 一般服务合同 + 特殊子类合同”相结合。

在对服务类合同进行整体把握之后，本单元会先讲述一般服务合同的起草审查，这相当于是所有服务类合同的通用审查要点，是一般，再讲述特殊，即其他子类合同如承揽、广告服务、中介等合同的起草审查。

因此，对于具体服务类合同，要结合“整体把握 + 一般服务合同 + 特殊子类合同”的知识来起草审查。当然，如果是一般服务合同，则结合“整体把握 + 一般服务合同”来起草审查即可。

3.2 延伸讨论：《民法典》下的任意解除权

本节讨论任意解除权问题。任意解除权在大量合同类型中都存在，又与委托合同、承揽合同等服务类合同关系最为密切。因此，有必要在对具体服务类合同进行分析之前，先延伸讨论一下任意解除权的几个问题：

1. 哪些合同有任意解除权？

2. 行使任意解除权的赔偿责任？

3. 如何应对任意解除权？

3.2.1 哪些合同有任意解除权？

对于任意解除权，《民法典》相对于原《合同法》进行了适当限制。对于承揽合同，只允许定作人“在承揽人完成工作前”随时解除合同；对于委托合同，委托人或受托人仍然可以随时解除，但规定解除有偿委托合同应赔偿可得利益。这种转变应该是一种进步，可以认为，《民法典》更多地强调了契约遵守原则，更多地具有“商法”的色彩。

基于《民法典》，以下对合同中广泛存在的任意解除权简要分析。

一、《民法典》合同编中规定任意解除权的合同类型及对应法规

（1）承揽合同：定作人在承揽人完成工作前可以随时解除合同——《民法典》合同编第 787 条。

注意《民法典》合同编限定在“承揽人完成工作前”，这也意味着，承揽人如果只完成大部分工作，定作人也是可以解除的，对承揽人来说仍然影响很大。

（2）委托合同：委托人和受托人均有任意解除权——《民法典》合同编第 933 条。

另外，《民法典》合同编第 25 章“行纪合同”第 960 条、第 26 章“中介合同”

第 966 条都规定：本章没有规定的，参照适用委托合同的有关规定。“中介合同参照委托合同”的规定是《民法典》合同编新增的。可见，行纪合同、中介（居间）合同也可能适用委托合同的规定而享有任意解除权。

（3）物业服务合同：业主依照法定程序共同决定解聘物业服务人的，可以解除物业服务合同——《民法典》合同编第 946 条。

物业服务合同是《民法典》合同编新增的合同类型，规定了业主一方的任意解除权。

（4）不定期的“继续性合同”：

《民法典》合同编第 563 条第 2 款新增规定：“以持续履行的债务为内容的不定期合同，当事人可以随时解除合同，但是应当在合理期限之前通知对方。”同时《民法典》合同编第 730 条、第 976 条等对不定期租赁、不定期合伙合同等也有任意解除的规定。

（5）货运合同：托运人有任意解除权，《民法典》合同编第 829 条规定：在承运人将货物交付收货人之前，托运人可以要求承运人中止运输、返还货物、变更到达地或者将货物交给其他收货人，但是应当赔偿承运人因此受到的损失。

（6）标的已由他人公开，致使合同履行没有意义的技术开发合同：《民法典》合同编第 857 条规定双方均可解除。

还有一类特殊合同：《民法典》合同编第 18 章规定的建设工程合同（根据《民法典》合同编第 788 条的规定，建设工程合同包括工程勘察、设计、施工合同）。《民法典》合同编第 18 章并无任意解除权的规定，但其中第 808 条规定，“本章没有规定的，适用承揽合同的有关规定”，而承揽合同有任意解除权。但在实务中对建设工程合同中发包人是否享有任意解除权有很大争议。目前并无司法解释予以明确。但最高人民法院在（2016）最高法民再 53 号侵权责任纠纷审判监督民事判决书[1]中也曾依据原《合同法》第 268 条的规定，认为发包方（总承包方）可根据该规定随时解除土建工程分包合同。为了避免争议，对于建设工程合同也可参考本节内容予以应对。

另外还要注意，对于含有一定人身性质、不宜强制履行的服务合同，例如，家政服务、教育培训服务，法院也有可能以“服务性质不宜继续履行”“限制解除

[1] 参见沙伯基础创新塑料（中国）有限公司与福建省土木建设实业有限公司深圳分公司、福建省土木建设实业有限公司侵权责任纠纷案。

的格式条款无效”为由支持一方的无理由解除。

二、合同起草与审查实务中，律师需要特别注意的主要是承揽合同与委托合同

这是因为：

1. 承揽、委托合同的范围非常广。

前文已经说过：承揽合同有典型的承揽和非典型承揽，委托合同有狭义委托合同、一般委托合同、广义委托合同。

广义的承揽合同和委托合同的范围都非常广，可以说，只要是一方为另一方提供服务的合同，都有可能是承揽或委托合同，就连中介、保管、仓储等有名合同都有可能参照委托合同而产生任意解除权。[1]

2. 大量的承揽合同与委托合同在实务中未必名为“承揽”或“委托”，这导致律师容易忽视这些合同关系中隐含的任意解除权。

例如，OEM 合同、印刷服务合同、货运代理合同等。

3. 虽然法律上对承揽合同与委托合同规定了任意解除权，但在具体交易中并不一定完全符合当事人的本意，因此必须在合同条款中予以特别应对，否则有可能给一方带来很大损失。其他不定期租赁合同、货运合同、标的已公开的技术开发合同中的任意解除权则是符合这类交易的一般当事人需求的，因此一般情况下并不需要在合同中专门处理。

所以律师应特别注意，律师面对承揽合同、委托合同以及可能是承揽合同或委托合同的合同关系时，必须考虑任意解除权并适当应对。

（如果没有特别说明，以下关于任意解除权的讨论均以承揽合同或委托合同关系为背景）

案例　商品房代理销售合同是否有任意解除权？

主要案情：

中宇行公司与天长公司签订商品房《独家代理销售合同》，约定由中宇行公司代理销售天长公司开发的房地产项目，中宇行公司可依据合同取得销售佣金、溢价分成等。后天长公司要求解除合同。

[1] 参见崔建远：《合同法》（第 6 版），法律出版社 2016 年版，第 436 页。

中宇行公司提起诉讼，要求天长公司赔偿可得利益2600余万元。中宇行公司认为，合同签订后，中宇行公司进行了项目策划、宣传推广、销售等工作，并收到了明显成效。天长公司撕毁合同显然是为了侵吞中宇行公司的工作成果，独享房价大幅上涨所带来的利益。

最高人民法院经审理认为：本案《代理销售合同》为商品房包销合同，天长公司并不享有任意解除权……应当承担相应的违约责任……因此，二审法院综合本案具体案情，依法行使裁量权，判令天长公司在向中宇行公司赔偿实际损失的基础上再赔偿可得利益损失140万元，并未导致双方利益严重失衡，亦不存在对本案基本事实认定缺乏证据证明的情形。

——案情内容参见最高人民法院（2013）民申字第1413-1号再审民事裁定书

案例评析：

实务中关于商品房代理销售的法律性质，商品房代理销售能否适用任意解除权，司法实践分歧较大。

下面再列举几个典型案例。

1. 不支持任意解除权的案例。

在上海豪胜行经济发展有限公司与上海博锦房地产开发中心有限公司商品房委托代理销售合同纠纷上诉案[1]中，上海市高级人民法院裁判认为，“豪胜行公司与博锦公司就系争项目所签第一、二期代理销售合同是包销合同还是委托合同系本案争议焦点之一。本院认为，即使在没有包销风险的情况下，包销商仍然是以包销价格得到包销房屋的销售权，仍然可以自主决定对外销售的价格，以最大限度赚取包销基价与销售价格之间的差额，应认定为包销合同。根据查明的事实，系争第一、二期代理销售合同均约定，超过代理销售价格（指豪胜行公司在房屋销售后应支付给博锦公司的价格）的全部作为豪胜行公司的代理佣金，实际市场销售价格由豪胜行公司决定，销售溢价全额由豪胜行公司享有。上述约定符合包销合同的法律特征。因此，豪胜行公司与博锦公司就系争项目所签第一、二期代理销售合同应认定为包销合同，原审法院认定为委托合同，本院予以纠正”。

2. 支持任意解除权的案例。

在苏州新柏利置业顾问有限公司与江苏嘉恒房地产开发有限公司商品房委托

[1] 上海市高级人民法院（2008）沪高民一（民）终字第101号。

代理销售合同纠纷申请案[1]中，最高人民法院援引二审法院的观点认为，“因双方当事人通过合同形成的是委托合同关系，委托合同关系是建立在当事人信任的基础之上的，根据合同法第四百一十条‘委托人或者受托人可以随时解除委托合同。因解除合同给对方造成损失的，除不可归责于该当事人的事由外，应当赔偿损失’之规定，华晨公司作为委托人有单方解除委托合同的权利。其行使任意解除权虽亦应承担相应的民事责任，但这种责任的性质、程度和后果不能等同于当事人一般解除情形下应承担的违约责任，对损失范围应当限于直接损失，而不包括预期利益损失”。

广西壮族自治区高级人民法院审理的广西钦州市钦州湾房地产有限责任公司与广西方瑞地产顾问有限公司商品房委托代理销售合同纠纷上诉案[2]也持委托合同观点，支持了委托人的任意解除权。

3.2.2 行使任意解除权的赔偿责任与应对

一、行使任意解除权时赔偿损失的范围

既然《民法典》合同编规定了任意解除权，则一方在行使法定的任意解除权时，对方即不得再要求继续履行合同，这一点没什么争议。争议主要在于赔偿损失的范围。

《民法典》合同编第933条修改了原《合同法》第410条的规定，对委托合同的任意解除权作出如下规定：因解除合同造成对方损失的，除不可归责于该当事人的事由外，无偿委托合同的解除方应当赔偿因解除时间不当造成的直接损失，有偿委托合同的解除方应当赔偿对方的直接损失和可以获得的利益。这意味着，解除有偿委托合同，应该赔偿可得利益。但即使如此，实务中“可得利益”究竟如何计算？仍然存在争议，因此有必要在合同中予以约定。

另外，既然法律上已经明确规定可得利益赔偿，那么在有偿委托合同中约定具体的赔偿计算方法，就应该得到法院支持。而在此之前，这种条款有可能被认为与任意解除权相矛盾从而认定无效。

解除承揽合同时，是否可以要求赔偿可得利益？《民法典》合同编未予明确。

---

[1] 最高人民法院（2013）民申字第1891号。

[2] 广西壮族自治区高级人民法院（2010）桂民一终字第68号。

但是既然《民法典》合同编强调解除有偿委托合同应赔偿可得利益，而且强调承揽合同只能在“承揽人完成工作”以前才能解除，那么是否意味着解除承揽合同只能支持索赔直接损失，关于此问题的答案不太确定，但至少不太可能支持全部可得利益，因为工作还没有完成。

二、合同起草与审查中对任意解除权的应对

1. 律师首先应对承揽合同、委托合同具有任意解除权有清醒认识，并应认识到很多标题上看并非承揽合同、委托合同的合同，其实也具有承揽、委托合同的性质，需要考虑任意解除权的应对。

即使某些合同是否属于委托合同存在争议，法院未必会支持任意解除权（如前面案例中的商品房代理销售合同），但从合同起草审查的角度，应努力避免出现存在争议的合同及条款。可以说，越是有争议的内容，越是合同起草与审查需要认真对待的部分。

这其中，又必须特别认识到：收费方式采取“风险代理、后付费、佣金提成”等方式的委托合同、承揽合同，特别需要重点考虑任意解除权的应对。

例如，律师事务所与客户约定“打赢官司再收费”的委托代理合同；商品房销售出去才收佣金的商品房代理销售合同；委托融资成功才收费的融资服务合同（这一类合同很有可能不被认定为委托合同，但同样可能有争议）。

显然，这一类合同中，都有可能出现“前期服务方已经投入大量人力物力，但在即将完成服务拿到报酬、佣金时，委托方通知解除合同，拒绝再按合同约定支付报酬”的局面，因此要在合同条款中予以特别考虑。

其他情况下的承揽合同、委托合同，虽然任意解除权的影响没有那么大，但也要考虑“如果对方提前解除合同，费用如何支付？或如何退费？”。

特别是我方是收款方时，需要认真对待上述问题。

2. 从服务方（受托方、承揽方）的角度，或者不希望对方行使任意解除权的角度，针对任意解除权，主要考虑的是“限制解除权 + 明确提前解除的费用支付标准”这两个措施。

（1）合同中可考虑约定“不得提前解除合同”。

关于任意解除权是否可以约定排除，法律上未明确规定，但在最高人民法院的几个案例中有肯定的观点。在最高人民法院审理的湖南康帅房地产开发有限公司与深圳天骜投资策划有限公司委托合同纠纷申请再审民事裁定书中明确表明，“就案涉有偿合同而言，该条所规定的任意解除权可以基于合同当事人的合意予以排除。当事人通过合同就任意解除权不得行使的约定具有法律约束力，当事人均应按照约定履行自己的义务”。[1] 此外，最高人民法院审理的成都和信致远地产顾问有限责任公司与四川省南部县金利房地产开发有限公司委托合同纠纷民事判决书中也进一步确认，“合同中预先对合同任意解除权进行了限制，即均不得中途单方面解除合同。该约定内容为合同的组成部分，未违反法律的相关规定，其中限制任意解除权的条款亦应有效，对双方当事人具有法律约束力”。[2]

但是任意解除权的限制排除肯定不是必然有效的，在以信任为基础的委托合同中（如客户与律师事务所的委托代理合同），如果已经失去信任，一方理应有权解除委托，合同中约定不得解除的条款也可能被法院认定为无效。[3]

（2）合同中明确约定“一方提前解除时的费用支付标准”。

大体上有两种做法。一种是“即使提前解除，也要按合同正常履行一样支付费用”；另一种是“如果提前解除，按一定方式支付部分费用或赔偿违约金”。

相关条款：4492 不得任意解除

上述条款来自律师事务所与客户的委托代理合同（胜诉才收费的“风险代理”模式），约定客户即使提前解除合同、撤销委托，也应按合同全部履行一样支付费用。

一般来说，“限制解除权 + 明确提前解除的费用支付标准”这两种措施会一并使用，既不允许提前解除，也约定如果提前解除时如何支付费用或违约金。如果只约定不允许提前解除，司法机关仍有可能在具体案件中认为已经不适合继续履行。

3. 从委托方（定作方）的角度，或者从希望行使任意解除权的角度，则可以适当利用合同中隐含的任意解除权。

（1）考虑将合同标题明确界定为“委托合同”或“承揽合同”，这样就等于赋予了己方任意解除权，即使合同中并未约定己方有权解除。

也有一种做法是：在合同条款中直接约定，“本合同为委托合同，适用《民法

[1] 最高人民法院（2015）民申字第 990 号。

[2] 最高人民法院（2015）民一终字第 226 号。

[3] 参见重庆康索律师事务所与重庆化医紫鹰资产经营管理有限公司委托合同纠纷申请再审民事裁定书，重庆市高级人民法院（2017）渝民申 1267 号；上诉人江苏法契律师事务所与被上诉人南京双飞铁路车辆配件有限公司诉讼代理合同纠纷案民事判决书，江苏省南京市中级人民法院（2015）宁商终字第 1846 号；乌鲁木齐县亚心法律服务所与暴某记，阿勒泰建业建筑工程有限公司诉讼、仲裁、人民调解代理合同纠纷二审民事裁定书，新疆维吾尔自治区乌鲁木齐市中级人民法院（2016）新 01 民终 176 号。

典》关于委托合同的有关规定”。

当然，这同时赋予了受托方任意解除权（仅限于委托合同，承揽合同仅有定作人有任意解除权）；如果受托方提前解除会对我方产生很大影响，则也应当参照第 2 点对任意解除权予以排除或特别应对。

（2）虽然有任意解除权，如果合同中有排除任意解除权，或约定了提前解除的赔偿责任（或违约金责任）的条款，则需要考虑修改或删除。

三、任意解除权对定金的影响与应对

案例：甲公司（定作方）与乙公司（承揽方）签订承揽合同，约定：乙公司为其加工生产某机器 2000 台用于某工程，每台 20,000 元。合同中还约定并实际交付了定金 800 万元。

乙公司加工到一半的时候，甲公司通知乙公司解除合同，并要求返还定金。乙公司则不同意返还定金，要求适用定金罚则。

问题：定作方行使任意解除权时，定作方是否应承担定金责任，即是否还能要求承揽人返还定金？

上述问题的答案存在争议，在没有特殊约定的情况下，多数判例认为定作方行使任意解除权不属于违约，不应承担定金责任。上述案例的发展结果很有可能是：甲公司起诉要求返还定金，乙公司反诉要求赔偿损失，法院判决甲公司应赔偿乙公司能证明的直接损失，从定金中扣除该部分赔偿，剩余部分应返还给甲公司。[1]

这一点估计出人意料。相当多的承揽、委托类合同中约定了定金，就是担心定作方、委托方提前解除合同，但上面的案例却告诉我们，这个定金很可能起不到定金的作用。只要定作方是在“乙公司未完成工作前”通知解除，则仍可以依据《民法典》合同编第 933 条行使任意解除权。

因此，承揽方或受托方律师需要在合同条款中予以应对，处理方式大致可分为下列两种：

1. 明确将定金界定为解约定金，约定任何一方均有权以承担定金责任为前提解除合同。

这种方式对双方都公平。

[1] 参见江西海峰农业开发有限公司与邹后生承揽合同纠纷案，（2016）赣 1128 民初 236 号；东莞市南展实业有限公司与台山市荣华房地产开发有限公司承揽合同纠纷案，（2017）粤 07 民终 1327 号。

2. 明确排除任意解除权，约定任何一方提前解除视为违约，应承担定金责任及其他违约责任。

这种方式下，如果损失大于定金，承揽方或受托方可以要求对方赔偿全部损失。

3.3 一般服务合同：宏观、中观

前面说过，本单元采取“整体把握 - 一般服务合同 + 特殊子类合同”的结构。

本节要讲的就是“一般服务合同”。这种“一般服务”最为普通、典型且常见，相当于是所有服务类合同都要适当考虑的、通用的服务类合同起草审查知识。

特别是下列服务类型，应该以本小节的起草审查知识为主：

1. 代理、代办性质的服务，如诉讼代理、各类委托代办（工商注册、财税、项目申报等）。

2. 无形服务，如各类咨询、顾问、研究。

服务方可能提供一些智力成果作为服务成果。

3. 以提供一般智力成果为主的服务，例如，广告设计、LOGO 设计等。虽然涉及知识产权，但是涉及的知识产权不像剧本委托创作、影视发行之类合同一样重要。

也就是说，典型委托合同、一般委托合同以及一般的服务类合同都可以参照本节知识来起草审查。

3.3.1 宏观—合同类型

1. 服务类合同中的委托经营与承包经营类合同。

一个公司可以委托另一方提供经营管理方面的咨询、顾问服务，这毋庸置疑。进一步来讲，服务方还可以派人进驻委托方，参与委托方的管理，服务方的收费可以与委托方公司的收益挂钩，这就走向了“委托经营、委托管理”模式（以下统称“委托经营”模式）。

委托经营常常发生在特许经营、酒店等行业，一般来说并不违法。从合同起草审查的角度，这也是服务类合同的一种，重点是明确服务方的职责，尽量明确服务方要达到的指标及核算，将指标与收费挂钩。

委托经营与承包经营这两类合同其实很像，只是“承包经营”模式下，承包方的自主性更大，典型的承包经营其实就是“承包方打着委托方的牌子自负盈亏”。那么，承包方为什么要打着委托方的牌子去经营，而不是自己直接注册一个公司经营呢？往往是因为委托方具有某项资质而承包方没有。因此承包经营往往涉及资质证照的违法出租、转让问题，如果不涉及此问题，则一般的委托经营、承包经营都是合法的。应当注意的是，普通的工商执照，也是一种资质，也不能违法出租、转让，只不过因为注册公司很容易，这样做没有必要，也就很少发生。

如果委托方仍然参与管理，受托方只是受聘参与、协助管理，仍然是以委托方名义经营、收款（如酒店委托经营），那么即使该业务涉及特殊资质，也没有违法出租、转让资质，这种模式仍然是有效的。如果委托方已经成了“甩手掌柜”，甚至是收取固定收益（承包费），那就已经接近承包经营，需要考虑是否已经构成违法出租、转让资质的违法行为。

相关课程：《合同起草审查指南：三观四步法》“合同类型（二）：常见合同类型说明”

2. 服务类合同、业务外包合同、劳务派遣合同的选择。

劳务外包合同、业务外包合同，都是指企业将自己的某方面业务交由外面的公司承包，其实质就是一种服务合同，可以适用本节的一般服务合同的起草审查要点。

这类合同一般是长期服务、定期结算费用，需要明确约定提前解除时的费用结算和违约责任。

如果业务外包采取“服务方将自己的员工固定的、较长期的派驻在委托方”的服务模式，就需要考虑业务外包与劳务派遣的选择，考虑“名为业务外包，实为劳务派遣”的风险。

相关课程：《合同起草审查指南：三观四步法》“非劳动关系（四）—业务外包（派遣型）合同”

3. 服务合同与其他合同类型配套形成的混合型合同。

例如，提供吊车和操作人员的吊车租赁，实际上是“设备租赁＋服务”的组合。这一类合同要结合租赁合同和服务合同两方面特点来起草审查，同时应注意增值税的问题。

买卖合同、知识产权类合同（如委托创作合同）都有可能混合一些配套服务、售后服务。这些服务可能专门签订一个合同，或作为主交易合同内容的一部分，都可以参照服务类合同的起草审查要点。

相关课程：《合同起草审查指南：常用合同卷》“建设工程设备租赁合同”

3.3.2 宏观—合同主体

1. 服务方的资质问题。

（1）相当一部分服务需要资质，例如，建设领域的监理、设计等服务，人力资源、劳务派遣、保安方面的服务。

（2）缺乏资质而签订服务合同的后果。

这其实就是违法合同的分析应对问题。缺乏资质而签订的合同可能有效，也可能无效，律师应适当查询判例。更重要的是律师应该权衡该违法合同的“外部后果”与“内部后果”，进而决定是否签订、履行该合同。

对于服务方来说，则要考虑行政处罚的风险，如果处罚责任较重，例如，没收违法所得等，则不宜从事此业务，也不宜签订此类服务合同。另外，即使签订此类合同，因为其违法，事实上委托方还是可能以此为由随时提出解除合同的。

对于委托方来说，此类服务方的服务能力及履行合同的能力值得怀疑。另外，在容易发生人身损害事故的劳务型服务中（例如，装饰装修、加工定作、劳务），如果对方的人员在服务过程中受伤，委托方可能依据原《人身损害赔偿司法解释》第 11 条第 2 款的规定而认定受伤人员承担连带责任，该条规定在《民法典》生效后已经被删除，但是委托方仍然可能被法院认定为对事故具有选任过失而承担责任。因此，对于容易发生人身损害事故的劳务型服务，应选择比较正规的、有相应资质的公司。

（3）实务中常见的培训类服务，是否需要资质许可，是个有争议的问题，大致结论是：

- 学历教育一定需要资质。（《教育法》第 14 条、第 28 条；《民办教育促进法》第 8 条、第 11 条、第 53 条、第 54 条）
- 部分专门教育需要资质，例如，机动车驾驶员培训。（《机动车驾驶员培训管理规定》第 6 条）
- 非学历的培训服务，如果作为主营业务，则最好取得民办教育办学资质，否则会面临很大风险。《民办教育促进法》第 12 条是否属于效力性强制性规定，教育培训行业是否适用《民办教育促进法》等问题均存在较大争议。
- 短期的、临时的收费培训，一般不需要资质，也没有什么风险。

实践中，鉴于多数法院认定机构不具备资质时教育培训合同有效，通常学员无权以此为理由行使法定解除权要求解除合同，并要求退费。不过，对于服务方来讲，如果将教育培训作为主营业务要考虑经营风险；对于接受服务方来说，如果是收费较高的培训而对方无资质，则要考虑对方的履约能力，包括中途停止经营的可能。

相关课程：《合同起草审查指南：三观四步法》“宏观—交易结构篇”之“合同程序”

2. 个人提供服务时要注意雇主责任风险与劳动用工风险。

如果是个人长期地为一个单位提供服务，则有建立事实劳动关系的风险，此时需要适当调整权利义务，明确不建立劳动关系；如果不能回避，则应改为劳动关系模式。

即使不建立劳动关系，个人提供服务时如出现人身或财产损害，接受服务一方仍有雇主责任风险，此时可以明确约定为承揽关系，明确接受服务一方对此不承担责任。

相关课程：《合同起草审查指南：三观四步法》“延伸讨论：《民法典》下的雇主责任”

3.3.3 宏观—合同标的

对于民法来说，“法无禁止即为自由”。因此，理论上一方可以为另一方提供任何服务，除非这些服务违反法律规定。如果涉及下列服务，则存在风险，应进一步分析或停止交易：

1. 侵犯他人权益的服务。

委托他人提供侵权的服务，显然违法。合同很可能无效，且双方都应该向受害方承担侵权责任。

2. 涉及婚姻家庭、两性关系、人身关系方面的服务，可能违反公序良俗，合同可能无效，并可能导致处罚。

色情服务肯定是违法的；租赁女友之类的服务也难以得到法律保障。

目前在我国代孕服务也是违法、无效的。

3.3.4 宏观—合同程序

一般来说，服务合同没有特别的交易程序。目前能检索到的部分特殊情形是：

1.《公司法》第 169 条规定，聘用、解聘承办公司审计业务的会计师事务所应由股东会、股东大会或者董事会决定。

但是缺少股东会或董事会批准程序不会导致聘用会计师事务所的合同无效；对于服务方（会计师事务所）来说，起草审查该合同时一般并不需要考虑公司内部的批准问题。

2. 部分服务类合同涉及备案。

目前检索到的见表 3–1。

表 3–1 需备案的服务类合同

合同名称	备案部门	主要法律规定	“应当”或“可以”备案
境外就业中介服务协议、境外就业劳动合同	省级劳动保障行政部门	《境外就业中介管理规定》第 12 条	“应当”备案
对外劳务合作企业与劳务人员的服务合同或劳动合同、与国外雇主签订的劳务合作合同	负责审批的商务主管部门	《对外劳务合作管理条例》第 26 条	“应当”备案

备案不影响合同效力，但未依法备案可能导致行政处罚。

3. 如为关联交易，应经股东（大）会同意。

《公司法》第 148 条规定了八项董事、高管的禁止行为，包括“违反公司章程的规定或者未经股东会、股东大会同意与本公司订立合同或者进行交易”，第 21 条规定，公司的控股股东、实际控制人、董事、监事、高管不得利用其关联关系损害公司利益，否则应承担赔偿责任。

也就是说，如果公司与董事、高管或其控制的主体签订服务合同，就会构成关联交易，有利益输送、利用职权为自己谋取利益之嫌。

一般来说，前述规定属于管理性规定，违反不会导致合同无效，但董事、高管、股东应对公司承担赔偿责任。

这种情况下，应根据《公司法》、公司章程等，由公司股东（大）会、董事会履行相应决议手续，由非利益相关方的股东、董事进行表决，从而避免董事、高管的上述责任和风险。

4. 使用招投标订立合同应遵守《招标投标法》等规定。

除建设工程相关的服务项目外，一般服务项目均不属于必须进行招标的项目。但如果选择招标，则必须遵守《招标投标法》及相关规定。

3.3.5 宏观—交易结构设计

典型的服务类合同，就是一方出钱，另一方提供服务。服务内容的不同、报酬（价款）计算方式的不同（例如，按结果付费、浮动计费）应该都只是微观条款的问题，谈不上交易结构设计。

交易结构设计当然要根据具体需求灵活处理，不可一概而论。这里仅根据实务中存在的一些做法作一些提示：

1. 服务作为出资的问题。

《合伙企业法》允许以劳务出资，因此合伙人对合伙企业的服务，可以作为出资取得相应合伙份额。

《公司法》不允许以劳务、服务作为出资，因此如果想以服务作为对价取得公司股权，则必须采取变通模式：一方面约定股东为公司提供服务，另一方面约定由其他股东代其出资或向其转让部分股权。此时需要在出资协议中作出特别约定，且必须考虑到服务的标准、服务未完成时股权的处理。

2. 服务类合同与税务筹划。

按目前的税收法规政策，一般货物销售、有形动产租赁服务适用基本税率13%，而不少服务适用 9%、6% 的低税率。这意味着，适当结合使用服务类合同（例如，将原有的设备买卖合同改为“设备买卖合同 + 服务合同”），增加低税率的服务项目的收费，能适当降低税率。当然，这应该以存在真实交易、不违反法规为前提。

3.3.6 中观—合同形式

服务类合同是最常见的一大类合同，可能以多种合同形式出现，因此《标准合同课：三观四步法》“合同形式篇”的很多合同形式，在服务类合同中都会有所使用。这里就结合服务类合同的特点，简要讲述其中一些合同形式的运用。对于这些合同形式的具体讲解分析，请参见《合同起草审查指南：三观四步法》的相应章节。

一、格式合同、格式条款

以格式条款、格式合同形式体现的合同，服务类合同肯定是最常见的一类，而且随着服务业比重提高，服务类合同会越来越多。如果律师发现服务类合同以格式条款、格式合同的形式出现，则应依据《合同起草审查指南：三观四步法》中关于“格式条款、格式合同”的审查要点进行审查，包括：

1. 重点条款用加粗加大、特殊颜色、专门签署确认等方式合理提示对方。

2. 张贴告示应张贴在明显位置，并且能够证明这是事先已经存在的。

3. 对于经营者与消费者之间的格式条款，应去除可能遭到处罚的条款。

例如，本卡售出、概不退换，该章程的最终解释权归我公司所有等。《合同起草审查指南：三观四步法》“格式条款、格式合同”一节中有不少会遭到工商部门处罚的服务类合同条款可供参考。

4. 格式管辖条款可能无效，但仍可采取对己方有利的管辖约定。

因为管辖条款即使被认定无效，也没有什么不利后果。

相关课程：《合同起草审查指南：三观四步法》“中观—合同形式篇”之“格式条款、格式合同”

二、“合同 + 订单”模式

服务合同中并不能明确合同总金额，需要根据实际需要下达订单（服务需求单、结算单）等。这就是“合同 + 订单”模式。这种情况下，律师不仅要起草审查服务合同，还要考虑订单相关流程。

大体上，“合同 + 订单”模式在服务类合同中的体现形式可以有：

1. 无主交易合同，直接签订单次服务合同。

此时单次的服务合同虽然比较简单，但需要每次都签署。

2. “主交易合同 + 每次服务订单”。

律师既要主动设计订单的形式、生效流程，同时要在服务合同中对订单的生效、结算等作出约定。

从安全性、便捷性两方面综合考虑，通过指定电子邮箱的方式，就服务过程中的需求、订单、结算事宜进行沟通、确认是比较合适的。

3. “主交易合同 + 每次服务结算”。

这里的结算是发生在服务之后或服务之中的。此时如果委托方不认可服务方的服务，则服务方难以向委托方要求付款。这对服务方来说虽然有损失，但对于每次服务金额都不大的服务来说是可以的。

4. “主交易合同 + 计时”。

律师事务所为客户提供服务很多是计时的。此时不再有订单，但需要定期结算。结算后才能确定应付金额。

结算时当然可能发生争议，此时：

（1）如果双方关系较好，金额也不大，则服务方可以不作特别防范。

结算周期设定得越短，争议金额就越小，风险也就越小。

（2）如金额较大，担心委托方不认账，则可以考虑更换为其他付费方式，例如，固定费或预收费用。

相关模板：5348 法律顾问服务合同（计时收费）

相关课程：《合同起草审查指南：三观四步法》“合同 + 订单”模式

三、合同模板

以某项服务为正常业务的服务方，显然有必要将该类服务合同制作为合同模板。此时应该注意：

1. 避免成为格式条款，同时又要参考格式条款的要点适当提示。

2. 可以采取“专用条款 + 通用条款”的设置或“通用合同 + 专用附件”的形式。

例如，合同中只说明服务项目名称、价格等主要信息，将价格明细、服务明细放在附件中。这样就可以在服务合同基本不作调整的情况下，利用不同附件和附件的更新来适应各种服务的需求。

相关课程：合同模板

四、服务合同的繁简程度与配套文本

实务中的服务合同重要性和金额可大可小，合同亦可繁可简。小额的服务合同，尤其是先付款的合同，采取表格式或一页纸的合同亦无不可。金额较大、服务较长期的合同，则需要比较详细、规范的合同。

服务合同中，具体的服务内容、项目可以放在附件中。例如，一个保洁服务中，保洁的具体要求（地点、保洁频次、时间安排、效果要求等）放在附件中是更合适的。

除此之外，服务合同常常配套有：

1. 保密协议、保密函。

这主要是委托方要求服务方保密，常常由委托方提供。同时还可能要求服务方参与项目的人员签署保密函。

不太重要的服务，也可能只体现为服务合同中的保密约定，不再需要单独签署保密协议、保密函。

相关模板：301 保密协议　4554 保密承诺书（项目参与人员签署）

2. 反商业贿赂方面的协议。

实务中也常常称为诚信合作协议，主要是防止商业贿赂，防止服务方向委托方人员行贿。此协议常常是由委托方提供。

相关模板：10479 反商业贿赂协议（不得贿赂甲方）

相关课程：《合同起草审查指南：三观四步法》“中观—合同形式篇”之“合同模板”

五、集团合同

集团合同是指至少有合同的一方涉及多个关联主体，因多用于企业集团，故名为“集团合同”。

1. 如果一个主体签约、付款，多个关联主体接受服务，则合同可由一个主体正常签约、付款，在合同中列明接受服务方包括多个主体即可。

可适当考虑明确各个主体接受服务的方式流程以及确认手续，以避免合同双方对是否履行了该服务存在争议。

相关主体较多时，可通过附件的方式列明。

2. 可以采取“伞形合同”的做法。

总部（总公司）与服务供应商签订一份总的服务协议（“母合同”），规定一般事宜，如结算付款、发票、保密、反商业贿赂等，各个子公司、分公司与服务供应商签订的具体服务合同（“子合同”）主要对具体价款、服务内容作出约定，其他则援引“母合同”。

例如，子合同中可约定：

本合同未作约定的服务方与委托方权利义务，适用 ×× 公司与 ×× 公司签订的“×× 协议”中约定的委托方与服务方的权利义务；本合同与“×× 协议”约定不一致的，以本合同约定为准。

3.4 一般服务合同：微观—合同条款

接下来，我们对一般服务合同的“微观—合同条款”进行分析。

3.4.1 服务类合同条款的“不完美”

因为服务的无形化、非标准化，服务合同条款就需要更多介绍，服务内容、服务质量、服务流程方面都会更复杂，不像“一千部 iphone11 手机”这样几个字就可以准确界定标的。另外，我们要结合“促进交易”等理念，不能一味地将服务合同条款拟定得过于复杂。

在实务中，各方常常有下列合同内外的考虑因素：

（1）服务方自己提供的合同如果过于详细，反而会更多约束自己；

（2）委托方与服务方的地位常常不平等；

（3）如果双方有意长期合作，或服务方想更长期为委托方服务，则当前这一次的服务合同怎么约定并不那么重要；

（4）服务合同比其他合同更强调双方的信任关系，不宜过于严苛；

（5）很多服务不像商品买卖一样能够达到理想结果，而且难以归为哪一方的过错。

这些因素都会使服务合同条款未必能够达到律师追求的“完美”。律师进行服务类合同的起草审查时，应特别强调“抓大放小，使合同能被各方所接受”这一原则。如果服务合同履行有争议，当事人与客户也要理解，很多是因为服务本身容易发生争议，并不一定是合同本身的问题。

上面说的是在服务类合同的“微观—合同条款”层面。至于在“宏观、中观”层面，律师应该能够清楚把握和判断交易结构是否可行、合同形式是否合适。

在下面关于合同条款问题的分析与应对中，都要适当考虑上面这个原则。

3.4.2 服务类合同条款的三个重要问题

这三个问题对于服务类合同来说非常重要。可以说，服务类合同条款的起草审查，大部分的精力都在于解决这三个问题。换言之，服务类合同只要这三个重要问题解决得当，起草审查工作基本到位。这三个问题之间具有一定的关联，均涉及多个条款，但也不宜归于宏观或中观层面，因此在微观环节先作归纳说明。

一、服务未完成时如何付钱？

1. 说明。

（1）服务未完成，可能是指服务只完成了某个方面，也可能是指多个阶段的服务只完成了部分阶段。

（2）这里的付钱，可能是以报酬的名义，也可能是以赔偿或违约金的名义。

（3）委托方和服务方双方都关心这个问题，通常服务方更加关心。

2. 为什么要重点考虑这个问题？

与买卖进行对比就能理解：服务不同于买卖，缺少完全客观的标准，很可能委托方不满意，中途可能就会停止服务；服务又不能像商品一样原样退还，但服务却很可能只做一部分。因此，服务合同未完成的可能性比买卖合同高，未完成部分的对应价款不明。

3. 部分服务类合同容易解决这个问题。

（1）继续性服务合同："提前解除合同条件 + 正常结算费用 + 额外赔偿"。

例如，持续提供保洁、保安服务。

相关条款：5268 提前解除

（2）"成功才付酬"的项目。

以客观结果为依据，完成则支付全部，否则全部不支付。

这种做法简单无争议，但只适用于某些项目申报、中介类项目，特别是服务方拿提成、佣金的项目。大多数服务并不适用。

但是这一类合同的服务方必须考虑"委托方提前解除但项目却达到了客观结果"的风险。其实就是前面分析的"任意解除权"的风险。

（3）"合同 + 订单"模式一般问题不大。

这种模式下，双方定期结算，单个订单金额一般不太大。如果有争议，只会对最近未结算的单项存在争议，之前已经结算的不会有争议，因此问题不大。

但如果其中单个订单金额较大，同样要考虑“服务未完成如何付钱”这个问题，可参照下面的做法，在订单或补充协议中进一步明确约定。

除上述情形外，金额较大的服务类合同，都要考虑“服务未完成如何付钱”这一问题。

4. 解决“服务未完成如何付钱”这一问题的措施。

因为服务多种多样，金额可大可小，因此解除措施难以一概而论，要根据交易的具体情况、双方地位灵活运用下列措施：

（1）明确约定：“提前解除的条件 + 提前解除的报酬支付标准”。

这可以适用于各类服务合同。

（2）间接约定：报酬明细。

合同不仅列明总价，而且列明服务中各个小项目或各个阶段的报酬明细。这样在服务未完成时，可参照明细就已完成部分支付费用。

（3）间接约束：通过付款阶段安排约束。

实务中常见合同中这样安排：约定按阶段付款、分期付款、先付款等方式，但并没有说明“如果服务未完成、合同提前解除，如何结算支付报酬、是否要退费”。

举例说明：合同约定共有五个服务阶段，总价 100 万元，并约定第三阶段开始时委托方要付款达到总额的 60%（60 万元）。双方照此履行，但在第三阶段发生争议，合同提前解除，委托方提起诉讼要求退费，现在法院要评估“受托方已经提供的三个阶段服务，应该收取多少报酬”，此时法院有可能酌情判决退费（如果法院认为这三个阶段不值 60 万元的报酬），也可能判决无须退费（如果法院认为这三个阶段值 60 万元的报酬）。也就是说，合同中只约定分阶段付款，不代表每个服务阶段对应的报酬标准，这个合同的约定在这方面是不太清楚的。

但正如前文所述，服务合同条款未必能够达到律师追求的“完美”。这种不明确的约定是服务方可以接受的。服务方应考虑：如果进一步约定对己方更有利的条件（例如，不退费），委托方未必同意，明确约定退费就更无好处。只要这种付款安排下，服务方总是能保证先拿到足够报酬，再开展服务（例如，先拿到第三阶段的钱，再开始第三阶段的服务），那么就已经是对服务方的有力保障，服务方已经处在主动地位。即使服务未完成、合同提前解除，委托方想要从服务方手中要回钱，显然会有难度。

从委托方的角度，就必须考虑如果服务未完成，是否要求服务方退费（全部或部分）。如果要退费，就必须在合同中写明，否则服务方很难配合，诉讼中法院也未必会支持。

无论如何，双方都必须意识到，在没有明确约定各个阶段、各个子项目报酬标准的情况下，付款阶段安排比较重要，最好与各个阶段的服务报酬基本对应。否则一旦发生争议、提前解除，委托方想要退费，受托方想要再找委托方要钱，都会比较困难。

二、成本能否控制?

这个问题是服务方比较关心的。

对服务方来说，第一个问题在于“收”，第二个问题在于“支”。合同即交易，交易即为赚钱，赚钱无非是“增收+减支”。同样与买卖对比，一件商品的成本对卖方来说是清楚的、基本固定的，但是服务对于服务方来说，成本可大可小。可能A客户一遍就通过了，而为B客户改了10遍还不满意。如果成本控制不好，即使收到钱，服务方也可能亏本。

控制成本也只能抓大放小，例如，电话费、一般文印费用很少会在合同中特别约定，只有对成本有较重要影响的项目才需要在合同中专门限制，例如：

1. 服务内容条款。

控制现场服务次数，例如，现场培训、驻场服务次数等。这类成本都比较高。

2. 任务修改次数、调整范围。

如果超出该范围，则应另外增加费用。

3. 服务方需要向第三方采购的服务或物品。

因为服务方需要向第三方付费采购，如果不适当控制，就会导致成本增加。

4. 实物成果的提供。

例如，成本较高的样品、精装的印刷成品等，需要控制数量。

5. 违约责任的限制。

包括：服务方提前解除合同的权利与违约责任；服务方质量问题的违约责任。

对于成本不好估计、服务周期又长的合同，服务方要考虑允许提前解除或双方提前解除，并限制违约责任，以免服务方无法止损。

服务有可能导致较大损失的，应约定服务方承担违约责任的上限，例如，不超过合同金额的200%。

三、如何明确服务内容与质量？

服务往往是无形的，不像有形商品那样可以列明品名与数量，需要在合同条款中对服务内容、质量予以专门应对。

1. 能与客观结果挂钩的服务合同较好处理。

如前面提到的申报、中介类服务，可直接将报酬与客观结果挂钩。这样的合同无须过多考虑服务质量的问题，因为不达到结果对方就拿不到钱。委托方只需要适当审核对方是否具备提供这方面服务的资历。

2. 解决“如何明确服务内容与质量”这一问题的措施。

下面这些措施主要是从委托方的角度。在具体交易中需要灵活运用，服务方要考虑是否能接受。

（1）尽可能逐项明确列举具体的服务项目，尽可能适当量化。可分为多个方面分别列明，或通过表格进行详细列举。

下列指标可适当量化或明确化：

- 驻场人员的数量、时间。
- 反馈回复的时间。
- 当面咨询的时间、次数。
- 培训的时间、次数。
- 需要提交的工作文档明细及工作文档的主要内容、版块。
- 能够实现的可检测结果。如销售额提升 20%、转化率上升到 30%、取得批准证书等。

（2）明确服务人员。

服务质量很大程度上取决于服务的人员，因此从委托方角度应考虑：

- 考虑指定服务人员，或指定服务人员必须具备的资质。
- 要求更换人员必须委托方同意。
- 服务人员驻场的安排。
- 委托方有权要求更换服务人员。

尽量要求无条件地更换；经双方平衡，也有可能约定“无条件更换，但不超过 N 次”。

（3）尽量分阶段或分节点付款，或定期付款，而不是一次性全部付款。

在未收到全部费用之前，通常来说，服务质量相对更能得到保障。

（4）约定解除权。

从委托方角度，应考虑对解除权的约定，尤其是长期的服务合同。这样对服务方是一个较强的约束，对委托方也是一个有力的保障。

实务中，解除条件大致模式有：

• 如果是分阶段验收或分阶段提交工作成果的，则可在每个阶段未通过验收且经修改后仍无法通过验收时，委托方有权解除。

• 继续性服务合同约定有权提前解除。

上述这两种模式最好明确提前解除时报酬的结算办法，并应该约定"除此之外，委托方不再承担其他提前解除的责任"。

•"合同+订单"模式下，委托方有权不再向对方下达订单。

（5）某些服务还可以设置一个"满意度评分"的机制，如类似食堂承包之类的合同，如果服务质量评分不高，则可以降低费用甚至解除合同。

但这需要考虑服务方是否接受，双方平衡的结果可能是"可以有评分机制，但是费用下调比例不能超过10%，评分很高时适当奖励"。

相关条款：4978 满意度评分

（6）部分服务中，从委托方角度，可以约定"最终以委托方是否验收通过为准"，只要委托方不满意，则属于未验收，受托方需要修改。

这对受托方来讲是较苛刻的，但在部分交易中可以这样约定。

3. 注意服务目标的性质。

有些服务和合同中会列出一些目标、宗旨，例如，目标为"为帮助甲方提升销售额、促进甲方管理水平提升"时，如果双方合作不顺利则对于"没有完全实现目标，是否仍要正常支付费用"会产生争议。

实务中大致有如下处理方式：

（1）明确仍需要支付。但措辞可以委婉一些。

相关条款：4979 目标不作为依据

（2）明确可量化的目标，并与服务费用的全部或部分挂钩。

只要明确具体内容，符合双方意愿，这种做法也是可以的。前面也提到，项目申报、中介类服务，一般就是"成功才付费"。

（3）未明确具体内容，需要适当修改目标，或者适当"模糊"。例如，尽量提升销售额，协助甲方提高管理水平。

这并非一种欺骗，事实上在此类服务合同中，服务方往往是提供培训、咨询等辅助服务，服务的结果取决于客观环境、委托方执行情况等多种因素。

在了解、掌握服务类合同条款的三个重要问题（服务未完成如何付钱、成本能否控制、如何明确服务内容与质量）后，本节主要讲解一般服务合同中的典型条款。

3.4.3 服务报酬与费用负担条款

这里说的报酬，是指服务对价，正常是应该开发票的；费用则是指一方自行负担或找对方报销的费用。这两类性质完全不同，律师应该对此有清晰的认识。在合同条款中，报酬也常常叫作“设计费用、服务费用”，只要能与报销的费用区别开，问题也不大。

一、报酬标准与支付方式

表 3-2 报酬、付款方式及适用情形汇总

报酬标准模式	相应付款方式	适用情形	要点
固定总价	1. 一次性付费：先付费、后付费； 2. 分期支付； 3. 按阶段、按进度支付	大量事先已经确定服务内容的项目	合同起草审查的难度最大。需要认真考虑：只提供部分服务或只完成部分阶段时，如何支付报酬？
固定单价 + 订单结算	1. 定期结算、定期付款； 2. 预付部分款项，定期结算	建立长期服务关系，但具体服务内容取决于随时发生的需求	1. 明确订单生效流程； 2. 明确结算周期、付款周期。对服务方来说，结算、付款周期不宜太长，否则会产生风险； 3. 适当控制我方对接人员权限，防止商业贿赂损害我方利益
不固定总价 / 单价 + 订单结算	1. 定期结算、定期付款； 2. 预付部分款项，定期结算	单价总价都不确定，先签订合同确立服务关系和一般权利义务	不固定单价的情况下，订单生效流程应该更严格一些。其他与“固定单价 + 订单结算”类似
按月 / 周期计价 + 定期支付	定期支付，可能预付也可能后付	继续性服务合同，如长期的保洁服务、保安服务、劳务外包服务等	如果提前解约对服务方损失较大，则必须明确提前解约的额外赔偿

二、费用负担

这里的费用，是指在合同履行过程中，正常报酬之外的、一般向第三方支付的费用。因为是向第三方支付的费用，那么费用的负担方式无非就是：一方负责向

第三方支付；一方垫付对方报销。

《民法典》合同编第 921 条提供了一条默认规则，“受托人为处理委托事务垫付的必要费用，委托人应当偿还该费用并支付利息”。但在合同中，当事人往往采取不一样的、更加明确的约定。服务类费用负担算是一个比较重要的条款，合同中不作约定是不合适的。

总体来说，服务类合同中的费用负担一般原则是：明确哪些项目由委托方承担，其他则由服务方自行承担。这与《民法典》合同编第 921 条的默认规则不一致，但却符合常理。因为服务方自己可以控制成本，“由能够控制的一方兜底”，这是合理的。

正常的合同沟通中，委托方应当询问、服务方应当介绍，服务过程中除约定的报酬外，还会涉及哪些费用。有经验的律师应该能够估计这类服务涉及哪些费用，如果不清楚就应该询问当事人。律师在合同中明确约定这些费用由哪一方负担，同时约定兜底条款（例如，“除本合同明确约定的以外，乙方在服务过程中发生的其他费用由乙方自行承担”）。

具体而言，大致有如下做法：

1. 关于差旅费用。

第一种模式：服务方自行承担。

这是很常见的。此时一般会在服务报酬条款中增加约定：

相关条款：5269 全部价款条款

第二种模式：明确部分项目由委托方承担，其他由服务方承担。

例如，远程的差旅费用需要委托方另外报销。

相关条款：5271 另行报销费用

第三种模式：主要由委托方承担，但往往需要约定一定标准，或者事先经委托方同意。

相关条款：5272 报销费用标准

2. 向国家机关、相关中介服务机构支付的费用。

一般是由委托方承担或报销。

如果委托方支付的价款中已经包含了这一部分费用，则必须在合同中约定。

相关条款：5278 费用承担

3. 兜底条款

除能明确的项目外，再约定一个补充兜底的条款。

从服务方的角度，可以没有兜底条款。但从委托方的角度，应该加上兜底条款，约定由服务方自行承担。

相关条款：5270 办案费用

3.4.4 服务流程条款安排

如果整个服务合同是一个较大型的服务项目，而不是零散的订单式服务，也不是继续性合同（例如，长期保洁服务、顾问服务、保安服务），则一般需要在合同中体现出主要的交易流程。比较典型的是大型设计服务。

这类服务的大致阶段是：

沟通服务方案—确认签约—【第一阶段】—【第二阶段】—【第三阶段】—【第N阶段】—【后期配合】—合同履行完成。

具体说明：

1. 在前期，双方通常会形成一个服务方案，说明具体服务内容、需求。

签订服务合同的同时，会把双方确认的服务方案作为一个附件，构成合同内容的一部分。

2. 签约开始服务后，一个典型的服务阶段流程是这样的：

- 委托方支付下一阶段（预付）或上一阶段（后付）款项
- 委托方先提供资料、先发出需求、先确认上一阶段工作
- 服务方开始这一阶段服务
- 服务方提交初稿
- 委托方提出修改意见
- 服务方提交二稿
- ……
- 委托方确认验收
- 进入下一阶段

3. 服务流程条款一般在交易条款的服务内容、价款条款之后，按照交易流程顺序设置相应条款。

4. 注意事项。

（1）服务方的工作应有期限要求，委托方的工作可能没有期限要求。

委托方有可能会一直延期甚至中止项目，这是常见的。但如果这样会使服务

方损失很大（人员、设备闲置等），因此必须有所限制，可约定超过一定时间，服务方可以解除合同。

（2）如要委托方提供资料，常常会要求服务方先出具资料清单。

合同中可能有这种表述："乙方自收到甲方全部资料之日起 20 个工作日内提交工作成果 ××× 报告"。此时如果遇有乙方对甲方提交资料无限制要求，则无法起算工期，造成拖延。因此可考虑限定资料内容。

相关条款：5277 提供资料

（3）从服务方的角度，必须要对委托方的验收时间作出约定。

同时约定，委托方未如期验收的，视为验收通过。

3.4.5 代理条款

1. 委托服务类合同有可能产生代理风险。

这种代理风险表现在：

（1）服务方有可能以委托方名义进行法律行为，即显名代理。

（2）服务方有可能以自己的名义进行法律行为，但对委托人发生效力，即隐名代理。《民法典》第 926 条有相关规定。

2. 应对措施。

（1）大量的服务类合同，可直接约定排除代理。

大部分的服务合同并不存在真正的代理关系。即使是为一方提供居间中介，因为中介人并不代理委托方签约，因此仍无须中介人作为代理人，只需要沟通、磋商（属于事实行为而非法律行为）。

相关条款：2598 非代理非雇佣

上面是一般性的条款，如果希望更加明确、严肃一些，可以使用下列条款：

相关条款：5273 非代理

对于不存在代理关系的服务，建议合同标题应为"×× 服务合同"，主体身份标为"委托方、服务方"，没有必要称作"委托合同"，同时要注意合同各处避免有代理关系的表述。

（2）对于存在代理关系的服务合同，应控制代理权限。

除律师代理外，这类服务在实务中主要是代表委托方向国家机关办理资质证照、申报项目、财税申报等委托代办服务。

明确代理事项范围，一般会采取“仅限于×××”的表述，同时可以考虑特别约定，某些事项必须由委托方专门同意后，方可实施。

相关条款：5274 代理权限

当然，以上是从正面约束，还应当从反面附上违约责任。

3.4.6 涉及第三人责任条款

一、涉及第三人责任的情形

在履行委托服务类合同过程中，服务方或委托方有可能造成第三方损害，而第三方有可能向服务方或委托方主张侵权责任。

人身或财产方面的侵权风险：体力型服务、针对实物的修理加工等服务可能出现。

知识产权方面的侵权风险：智力型服务、提供智力成果型服务等可能出现。

二、应对措施

1. 人身或财产方面的侵权风险。

委托方可考虑如下措施：

（1）免责条款。

虽然未必有效，但合同中仍可以考虑添加，在责任不清时，也能发挥一些作用。

（2）选择适当的交易模式与合同类型。

• 承揽合同与劳务合同

例如，承揽与劳务存在一定交叉，应通过合同的标题、权利义务安排，使合同能归类于承揽性质。如果合同属于承揽，就能依据法律法规对承揽的相关规定实现免责（一般情况下）。

选择合同类型并不是简单的通过改变合同标题实现的，而是要在合同权利义务安排上符合该类合同特征。

• 承揽、服务与委托合同

委托合同中应特别注意代理风险：委托人与受托人之间代理风险与第三人追责风险的规定可参考《民法典》第925条、第926条。委托人与受托人之间产生代理关系的，第三人可能就受托人的行为要求委托人承担责任。

因此要尽量避免成立代理关系，谨慎使用“委托合同”。

（3）明确“涉及第三人的义务”由哪一方负责。

负责该义务这一方，理应对处理过程中导致第三人的损害承担责任。

（4）明确第三人索赔时，有权向服务方追偿。

例如，约定：乙方及乙方人员在履行合同过程中造成任何第三方人身或财产损害，导致甲方向甲方员工或任何第三方承担责任的，甲方有权向乙方追偿。

上述两项是同时采取的，如果该义务并非由对方负责，显然也不能向对方追偿相应责任。

（5）避免选任过失。

《民法典》第1193条规定：承揽人在完成工作过程中造成第三人损害或者自己损害的，定作人不承担侵权责任。但是，定作人对定作、指示或者选任有过错的，应当承担相应的责任。这是对承揽合同的规定，但也有可能参照用于服务类合同的争议处理中。

如果我方是委托人一方，为避免“选任”过失，一方面要尽量选择有一定规模的公司，如涉及资质则应选择有相应资质的公司来提供服务；另一方面在合同中也可以强调受托方承诺具有相应资质。

（6）避免“指示”责任。

相关条款：5049 保证安全生产

（7）合同外的措施，如通过购买保险等来转移风险。

上述这几种措施是可以同时采取的。

上述的分析主要从委托方的角度，如果是服务方，则可以考虑：

- 明确哪些方面并非由服务方负责，服务方不承担责任
- 明确服务方已经提前告知的风险应由委托方负责

下面是一个《物业服务合同》物业服务方的免责条款：

相关条款：5279 免责条款

2. 知识产权方面的侵权风险。

一般来讲，谁提供的就应该由谁负责。因此：对委托方来讲，重点是要求服务方保证所提供的工作成果无知识产权瑕疵与侵权，否则应承担责任。对服务方来讲，如果涉及到委托方提供基础资料，应在合同中明确说明该部分资料系由委托方提供，并由委托方自行承担知识产权方面责任。

3.4.7 知识产权相关条款

如果以知识产权为主要标的物的委托创作、开发类合同，知识产权条款肯定是重中之重，对此可参照本书“知识产权类合同”的相关内容。

这里仅针对一般合同（特别是咨询类、设计类、评估类、广告制作类等合同）可能涉及的知识产权归属条款进行一定程度的梳理，其对象并非重要的专利、商标权利，而往往是合同履行过程中可能产生的并非特别重要的著作权、一般技术信息，还涉及部分肖像权授权。

对一般服务合同中可能涉及知识产权归属条款，本节分为如下三种模式。

第一种：各自归属、互不授权

相关条款：5171 知识产权各自所有

说明：

1. 适用于一般合作，合作中一般不会产生新的知识产权。

2. 因为并不涉及知识产权归属及授权的特别约定，因此该条款本身并不重要，没有该条款也影响很小。

第二种：知识产权归一方所有

根据《著作权法》第17条的规定，受委托创作的作品，著作权的归属由委托人和受托人通过合同约定。合同未作明确约定或者没有订立合同的，著作权属于受托人。

最典型的场景是：客户交费委托影楼拍婚纱照，如无特别约定，该婚纱照片的著作权属于影楼所有。

很多承揽、委托、服务的过程中，会产生一些作品、信息、文档，涉及知识产权和一定的人身权利（如肖像权）。关于这些知识产权和文档的使用，合同条款大概可从“著作权归属”“作品使用范围”两个维度形成下列几种模式。（见表3-3）

表3-3 知识产权归属与使用范围

归属	委托方使用范围	受托方使用范围
受托方所有	委托方有权在一定范围内使用	受托方在一定范围内使用，或无使用限制
委托方所有	委托方使用范围一般无限制	受托方在一定范围内使用

注：表3-3中“委托方、受托方”分别指承揽、委托、服务、劳务等各类合同关系中的委托一方与受托服务一方。

从条款的角度，可以理解为由“受托方所有”和“委托方所有”这两种约定模式，但在每一种模式下，都需要从委托方、受托方两个方面考虑对使用范围作出特别约定。

1. 受托方所有的模式。

（1）“委托方有权在一定范围内使用”。

• 此时合同中一般可以不作约定。因为即使没有约定，著作权也归受托方所有，委托方自然也可以根据合同约定使用受托方提交的工作成果。

• 如果知识产权很重要，或者委托方需要复制使用，则应该考虑调整为“委托方所有”的模式。

（2）“受托方在一定范围内使用”。

•“受托方所有”可以不在合同中注明，因为即使没有约定，著作权也归受托方所有。但从受托方的角度，明确约定知识产权归受托方所有可减少争议。

• 如果在对外推广中需要使用委托方的肖像，则应该在合同中专门增加授权说明。

例如，在某托儿所与家长所签协议中约定：

甲方拍摄、制作的幼儿或陪同家长在校区经营或活动场所的图片、视频等相关作品，所有权归甲方，甲方有权直接使用，包括其中涉及的幼儿与家长的肖像权，甲方可用于甲方的宣传推广与经营活动。家长与幼儿不得以侵犯幼儿及家长的肖像权、隐私权为理由向甲方主张任何使用费、补偿和赔偿。

• 受托方如果需要使用委托方的项目名称、公司名称、LOGO 等进行宣传，最好也在合同中约定。不过一般而言，如果不涉及商业秘密，受托方在对外宣传中将委托方列为自己的客户进行说明，并不构成侵权。

例如，某服务合同中约定：

乙方有权将甲方名称、LOGO、甲方项目名称等用于乙方宣传推广，但不得损害甲方形象，不得泄露甲方商业秘密。

2. 委托方所有的模式。

（1）“委托方使用范围一般无限制”。

• 承揽、委托、服务中，如果是服务成果涉及下面这些项目，一般情况下需要特别考虑知识产权的归属：

• 摄影摄像、视频制作。

• 网站、APP 设计 / 开发。

• 咨询报告、研究报告。

• LOGO、企业形象设计。

• 包装设计。

如果受托方提供实物成果，但包括上面这些无形智力成果在内的，同样要明确知识产权的归属。

• 根据《著作权法》第 17 条的规定，此时必须明确约定知识产权归委托方所有，否则依法将归受托方所有。

在约定归委托方所有的情况下，对委托方的使用范围一般无须另作约定。

• 如果受托方提供这些涉及知识产权的服务，合同中可同时约定受托方提供的成果不得侵犯第三人的知识产权，但由委托方提供资料导致的除外。

（2）“受托方在一定范围内使用”。

即应约定受托方有权使用的范围。

第三种：知识产权归各方共有

在一般合同（不含知识产权类合同）中，如果双方对知识产权归属协商不成，且各方均需要进一步利用、开发该知识产权，则可以采取类似下面这种约定：

相关条款：5156 知识产权共有

如前所述，这主要是针对知识产权并不那么重要的交易，因此上述约定比较简单。如果是专门的技术合作开发，则一般会采取更加复杂的约定（如各自使用范围、收益分配方式）。

3.4.8 转包、转委托相关条款

《民法典》“承揽合同”一章第 772 条规定，承揽人应当以自己的设备、技术和劳力，完成主要工作，但是当事人另有约定的除外；“委托合同”一章第 923 条规定，受托人应当亲自处理委托事务。但对于并非典型承揽和委托代理性质的一般服务，并没有进一步的法律规定。

实务中，大致有如下做法：

1. 不作明确约定。

如果合同金额不大，或者这一点不重要，可不作约定。但此时，也不意味着服务方可随意转由第三方提供服务，只是约定不明。

2. 约定提供服务方必须亲自完成服务。

对于很多服务来说是合理的，特别是依赖服务方有经验的人员提供服务时，应当限定服务方必须亲自完成服务。

同时在违约责任条款中，还可以将服务方的违法转包作为严重违约行为。

3. 有限制的允许分包。

约定提供服务一方有权适当将自己的工作分包。此时一般应具体约定可分包的工作范围，并约定“即使有分包，服务方仍应对合同的履行承担全部责任”。接受服务方可以加上“除明确约定的以外，× 方必须自行完成服务”或类似表述。

相关条款：5276 转包 / 转委托

3.4.9　联系方式、提交工作成果方式条款

服务类合同常常需要双方沟通，因此明确双方联系人、联系方式是非常有必要的。

如果服务方要提交工作成果，则必须明确提交工作成果的方式，以避免委托方主张“未收到工作成果”。提交工作成果的方式（邮箱、收件人）可能与联系方式中的邮箱、收件人是一致的，但仍然需要专门说明“双方确认按 ×× 方式提交工作成果”。

3.4.10　提前解除相关条款

总体来说，服务类合同要比其他合同更多考虑到提前解除的问题。

1. 对于继续性服务合同，约定有权提前解除是合理的。

约定双方或委托方有权提前一定时间通知解除，除正常结算费用外，不再承担违约责任或承担有限制的违约责任。这是常见的、合理的。

如果不采取这种模式，那么要考虑到合同中仍隐含任意解除权，需要考虑如对方提前解除，我方是否会损失巨大。如果损失巨大则应该在合同中明确禁止提前解除或者明确提前解除的违约责任。

2. 对于一次性服务的合同，要考虑提前解除问题。

如果约定提前解除，就要进一步约定提前解除时的报酬支付办法。

这很有可能是一个不好协商的问题，双方有可能选择在合同中不作约定。但

即使如此，服务方也要考虑到委托方可能行使任意解除权，应注意在委托方提前解除的情况下服务方能否有所保障。

3. 对于“成功才付费”的合同，必须“限制任意解除 + 约定赔偿金额”。

以律师的风险代理合同为典型。如果未考虑到限制任意解除权和约定赔偿金额，会导致律师存在很大风险。

3.4.11 违约责任条款

1. 对于服务方来说：

（1）重点是“逾期付款责任”，其他违约责任均应从轻。因为其他违约责任主要是针对服务方的。

（2）如果项目延期会造成服务方较大损失，则应约定：委托方原因造成项目延期超过 ×× 天时，服务方有权解除合同。

（3）常常要限制己方违约责任。

这是因为：服务难以达到完全理想的程度，委托方如何使用服务方的成果不可控，有可能造成很大损失。

因此服务方常常要在违约责任中明确限制违约责任。例如，约定：乙方因服务质量问题承担的违约责任，包括但不限于赔偿、违约金等任何项目，最多不超过合同金额的 300%。

2. 对于委托方来说：

（1）重点是“质量不合要求的违约责任”，但是这更多的是依靠对服务内容、服务质量本身的约定是否清晰，即将“服务质量条款 + 违约责任条款”结合起来约定。

（2）明确服务方逾期的责任。“逾期违约金 + 逾期超过一定天数可解除 + 解除违约金”是常见的组合。

（3）根据具体交易判断，考虑将“违反保密义务、未经同意转包分包”作为服务方重大违约行为。

（4）对于服务方的违约责任限制。

需要根据具体情况考虑是否接受，可以增加例外条款（如服务方故意或重大过失造成的除外、违反保密义务除外），可以提高上限。

3.5 承揽（提供实物成果）合同

前文已经提及,《民法典》合同编规定的承揽合同范围并不清晰，包括“提供有形实物成果为主”的承揽，也包括提供“其他服务（无形服务为主）”的承揽。前者是承揽的“基本盘”。

本小节要分析的，就是“提供有形实物成果为主”的承揽。在实务中，主要是对实物的加工、定作类的承揽。

同时应注意，这一类承揽也属于服务类合同，合同整体上仍接近“一般服务合同”，本身也可能包含一些无形服务，仍可参照“一般服务合同”的起草审查要点。因此本小节中会重点说明此类承揽的特别之处，对于未说明的内容，仍可以参照“一般服务合同”进行处理。

从合同起草审查的角度，承揽合同相关法律规定中值得关注的是：

1. 承揽合同中的定作人有权中途变更承揽工作的要求（《民法典》合同编第777条），且定作人可以在承揽人完成工作前随时解除承揽合同（《民法典》合同编第787条）。

2. 根据《民法典》第1193条的规定，承揽人在完成工作过程中造成第三人损害或者自己损害的，定作人不承担侵权责任。但是，定作人对定作、指示或者选任有过错的，应当承担相应的责任。

3. 承揽人应当以自己的设备、技术和劳务完成主要工作，当事人另有约定的除外（《民法典》合同编第772条）。

3.5.1 宏观—合同类型

1. 承揽与买卖合同在特定交易下的选择型关系。

承揽合同与买卖合同在特定交易下属于选择型关系，有一定的选择空间。

相关课程：《合同起草审查指南：常用合同卷》“动产买卖合同”

2. 一般承揽与建设工程合同大不相同。

简单来说，受《建筑法》调整的建设工程承揽施工类合同与一般承揽合同大不相同，不受《建筑法》调整的简易施工则可参照一般承揽合同处理。

（1）受《建筑法》调整的建设工程合同本质上属于承揽合同，但起草审查方面与一般承揽合同大不相同。

《民法典》合同编第808条规定：本章没有规定的，适用承揽合同的有关规定。因此在司法实务中也有观点认为，建设工程合同也适用承揽合同的规定，从而享有任意解除权。另一方面，建设工程合同有大量的特别法规定，与一般承揽合同大不相同。

相关课程：《合同起草审查指南：常用合同卷》“延伸讨论：《民法典》下的任意解除权”

总体来说，建设工程合同受到《建筑法》等诸多法律法规的限制，合同主体的资质、建筑施工过程等各方面均有很多专门的要求。如果确实是以建设工程为标的合同，则应适用相关法规。即使合同各方在标题、内容上想规避《建筑法》等法律，也是无效的。

建设工程合同也属于广义上的承揽，但由于其适用法律、风险各方面均有很大不同，专业性较强。建设工程合同的起草审查基本无须参照本节内容。

（2）部分类似建筑工程的项目承包属于一般承揽合同。

例如，一般居民私人房屋装饰装修、农村低层建筑施工、农业大棚施工。

这些应按照一般承揽合同对待，而不能按照建设工程施工法律关系处理。

这一类合同的标题建议称作“××项目承揽合同”，合同中的引言及其他内容中不应使用“根据《建筑法》”之类的表述。与此同时，合同内容、权利义务安排等可参照一般承揽合同，一般无须参照建设工程施工合同类范本。

3. 涉外承揽型合同。

我国企业为国外企业加工定作，或是我国企业委托国外企业加工定作的涉外承揽型合同很常见。一般来说，涉外承揽型合同的合同文本会更详细一些。同时，涉外承揽型合同文本要考虑下列因素：

（1）法律适用。涉外承揽型合同可以依法约定适用外国法律。非涉外承揽型合同则是发生在我国的主体之间的承揽，合同没有涉外因素，必须适用中国法律，不能约定境外法院和仲裁机构管辖。

（2）管辖。涉外承揽型合同可以约定境外仲裁机构或约定外国法院管辖。

（3）货物出入境报关、关税、运输等问题。

（4）银行保函或其他适当的担保方式的考虑。

（5）合同语言问题，可能是英文或双语版本。

注意，本书中所讲的承揽合同针对的是非涉外的承揽，且以适用中国法律为前提。

4. 定牌加工、OEM 类合同。

司法实践中，多数案例认为，定牌加工交易模式中，从加工物的技术标准、规格、性能等方面来看均具有特定性，承揽人按照定作人的需求进行加工，符合承揽合同的性质。另外也有少数判例参考双方约定、交易模式等多种因素判定为买卖合同关系。[1]

与此同时，定牌加工合同中含有商标许可、技术开发许可的因素和条款，可理解为是一种以承揽合同为主的混合型合同。除参照承揽合同进行起草审查外，还要结合商标许可合同、技术开发和许可合同的起草审查知识进行处理。

本节建议将此类合同采用“OEM 加工合同”“OEM 委托生产合同”的标题，同时承揽方应在条款中对承揽合同的任意解除权等有所应对。

相关模板：773 OEM 加工合同

3.5.2 宏观—合同主体

1. 承揽人应该具备法律要求的资质。

没有资质则构成违法，如果严重影响公共利益，合同可能无效。定作人可能据此解除合同（以重大违约为由）或撤销合同（以欺诈为由），承揽人也会遭受行政处罚。造成严重后果时甚至可能构成犯罪。

部分情况下，定作人也会遭受处罚。例如，《工业产品生产许可证管理条例实施办法》第 54 条规定：“违反本办法第四十七条规定，企业委托未取得与委托加工产品相应的生产许可的企业生产列入目录产品的，责令改正，处 3 万元以下罚款。”

另外，承揽人缺乏资质且造成自身或第三方人身、财产损害时，定作人也可

[1] 多数法院认定定牌加工合同合同性质为承揽合同，参见南京市中级人民法院（2018）苏 01 民终 8766 号、北京市第二中级人民法院（2019）京 02 民终 3097 号。少数法院将定牌加工合同定性为买卖合同，参见广州市南沙区人民法院（2018）粤 0115 民初 6291 号、北京市第一中级人民法院（2019）京 01 民终 6293 号、广州市中级人民法院（2019）粤 01 民终 8654 号，其中主要说理为双方签订定牌加工合同框架，并通过订单形式订购，因此被定性为买卖合同。

能承担连带责任，因为可视为定作人有选任过失。法律依据是《民法典》第1193条：定作人对定作、指示或者选任有过错的，应当承担相应的责任。

2. 如果该承揽并不涉及特殊资质，只是超越承揽人的经营范围，并不会影响合同效力。

法律依据是《民法典》合同编第505条的规定：当事人超越经营范围订立的合同的效力，应当依照本法第一编第六章第三节和本编的有关规定确定，不得仅以超越经营范围确认合同无效。

不过在超越经营范围的情况下，承揽人可能会遭受市场监督管理部门的处罚；对于定作人来说，超越经营范围的承揽人的履约能力也值得怀疑。

3.5.3 宏观—合同程序

合同程序方面，部分承揽合同涉及备案。

如根据《医疗器械生产监督管理办法》第26条、第30条的规定，医疗器械委托生产有备案程序。

3.5.4 中观—合同形式

一、"合同 + 订单"模式合同和"一次交易合同"

1. "一次交易合同"，合同对应一次交易，标的（货物数量等）、总价是确定的。

"合同 + 订单"模式，双方在签订合同时并不能直接确认最终的采购量（或服务量）和合同总金额，需要根据实际需要下达订单（变更单、送货单等），然后定期结算价款费用（一般是定期结算，也可能是合同终止时一次性结算）。这类合同一般会约定一个期限（服务期限、合同期限）。

"合同 + 订单"模式下起草合同时，律师不仅要起草一份合同，还要设计相应的"订单"模式。

2. 各种标的的承揽既有可能采取"一次交易"模式，也可能采取"合同 + 订单"模式。

相关模板："一次交易合同"：12139 承揽合同

相关模板："合同 + 订单"模式：15813 加工承揽合同

二、不同承揽交易的合同复杂程度不同

承揽合同可能很简单，也可能很复杂，需要根据实际交易情况设计。大致可分为：

1. 订单式、表格式承揽合同。

适合一次性的、金额不大的承揽。约定标的、价款、交货期限、主要质量要求即可。

相关模板：13206 北京市家居定作合同

2. 一般承揽合同。

原材料、质量、违约责任等方面约定得更为详细，适合一般的承揽。

3. “合同＋附件”。

特别是具体定作要求内容较多时，可以作为合同附件。

4. “复杂合同＋合同附件＋配套协议”（“保密协议＋HSE 类协议＋反商业贿赂协议＋质量保证协议”）。

适合金额较大的、有复杂配套要求的、长期的承揽，定牌加工类合同往往也比较复杂。

相关模板：812 质量保证合同（OEM） 802 OEM 贴牌生产授权委托书（灯具） 10479 反商业贿赂协议（不得贿赂甲方）

3.5.5 微观—合同条款

一、转包分包类条款

承揽合同具有人身性，强调定作人对承揽人技术、设备、劳力的依附性。因此，除非法律另有规定，承揽人应以自己的设备、技术和劳力，独立地完成主要工作；承揽人可以将辅助工作交由第三人完成，即如无另行约定，承揽人不得将主要工作转包给第三人，可以将辅助工作转包给第三人。

实务中，双方可以在合同中约定主要工作、辅助工作的范围及承揽人是否可以转包主要工作和辅助工作以规避风险。

相关条款：5283 允许转包 5284 不允许转包

二、“合同＋订单”中的最低采购量条款

如果是一次交易合同，合同中都会约定此次加工定作的数量，这毋庸置疑。但在“合同＋订单”模式中，在签订主交易合同时，并不能确定总的承揽数量。

一般情况下这没有问题，但在下列情况下，承揽人往往要求约定最低采购量：

（1）承揽人为定作人进行产品设计、开发或大量定制加工，投入高额成本。如采购量过低，则可能导致承揽人亏损。

（2）合同中已为定作人提供优惠价格、合作条件，以最低采购量作为磋商对价。

与此同时，还要考虑定作人违约（未达到最低采购量）时的违约责任。总之，最低采购量是为了保证承揽人的前期投入能得到适当回报。如果并无此担心，则无须此约定。

实务中，大致有如下做法：

1. 取消最低采购量条款。

这对定作人最有利，如果实际采购量不足也无须承担违约责任。实务中，定作人可能还会通过口头沟通向对方表示自己的采购量不会低。定作人律师和承揽人律师都需要注意这些沟通是否构成承诺，或是产生缔约过失责任。

2. 约定最低采购量，但仅作为不具有法律效力的意向。

这对委托方也很有利，相当于明确否定了最低采购量。

相关条款：5282 预期采购量

如果是在意向书、会议纪要、电子邮件这些非正式合同文件中沟通最低采购量问题的，律师应注意这些表示是否构成有效的要约承诺。

对于承揽人律师而言，最好还是在合同中明确约定有效的最低采购量承诺。

3. 约定最低采购量，但不明确约定违约责任。

此时，委托方违约应承担违约责任，赔偿承揽人的损失，包括可得利益。但是因未明确约定违约责任，事后双方容易就赔偿金额发生争议。

4. 约定最低采购量，且约定违约责任。

相关条款：5280 最低采购量

三、解除相关条款

相关课程：《合同起草审查指南：常用合同卷》“延伸讨论：《民法典》下的任意解除权”

承揽合同是最典型的具有任意解除权的合同之一。《民法典》合同编第 787 条规定，定作人在承揽人完成工作前可以随时解除合同。虽然相对于原《合同法》，《民法典》合同编限定在“承揽人完成工作前”才能解除，这也意味着，承揽人如果只完成大部分工作，定作人也是可以解除的，对承揽人来说仍然影响很大。在解除的情况下，虽然定作人仍然要求赔偿损失，但是是否包括可得利益、可得利益如何计算都是问题，因此对于承揽人来说，必须在合同条款予以应对。

实务中大致有如下方式：

1. 采取定金模式的，应明确提前解除应承担定金责任。

具体有两种方式：

第一种：明确将定金界定为解约定金，约定任何一方均有权以承担定金责任为前提解除合同，但不再承担其他责任。承揽人需要保证定金能够补偿己方损失。

第二种：明确排除任意解除权，约定任何一方提前解除视为违约，应承担定金责任及其他违约责任。

这种方式下，如果损失大于定金，承揽人或受托方可以要求对方赔偿全部损失。

注意，如果没有明确约定，仅约定定金，并不一定真能发挥定金作用。

2. 采取违约金模式，明确约定提前解除时的违约金金额或损害赔偿计算方法（其实也属于违约金）。

可以区分阶段。解除阶段越早，违约金越低（承揽人损失也越小）；到一定阶段后，即不允许解除，可约定应支付全部货款。

四、其他承揽合同特色条款

1. 承揽质量相关条款。

定制加工的东西并非标准品（否则就是买卖了），因此，定作人必须通过合同条款来保证承揽质量，一般可从如下角度进行约定：

（1）设计图纸预先确定，再加工。

（2）先做出样品，验收确定再批量加工。

（3）原材料材质要求。

（4）性能、功能、质量的具体要求。

（5）使用场景说明。

（6）生产加工场地、人员方面的要求。

2. 留置权条款。

留置权是承揽人依法享有的，无须约定。合同中需要考虑是否排除留置权。多数情况下，承揽合同无须对此专门约定；在定作人提供原材料、检验修理（定作人的财产放到承揽人处），而这些财产价值较高、用途较大时，定作人应约定排除留置权。

不过，即使约定排除留置权，在实际发生争议时，承揽人也未必那么“顺从”

地归还定作人的财物。所以这种约定的作用其实有限。

3. 知识产权条款。

主要考虑：与定制加工相关的知识产权（如设计图纸著作权），哪一方还需要重复利用？一般来说，知识产权应归“需要重复利用该知识产权”的一方所有。

3.6 中介合同

中介服务的典型情形有两种：乙方为甲方提供交易信息，甲方与第三方签订合同，甲方向乙方支付报酬，这叫作报告居间；乙方撮合甲方和丙方签订合同，乙向甲丙双方或其中一方收取报酬，这叫作媒介居间。

为便于讨论，表3-4先对中介合同有关术语加以说明（注意仅用于“中介合同”这一节）：

表 3-4　中介合同有关术语含义说明

术语	含义说明
居间、中介	同义词，《民法典》合同编将“居间”改为了“中介”
职业中介、经纪	作为同义词，指在特定的行业，专门从事某类中介、经纪业务，一般有相关的法律规范予以约束
报酬、佣金	同义词；委托人应该向中介人支付的报酬，实务中常常叫作佣金
费用	指中介活动中中介人支出的费用，是中介人的成本、支出，不是报酬；这个费用根据约定可能由中介人承担也可能由委托人承担

3.6.1　宏观—合同类型

一、居间中介合同是服务合同及广义委托合同的一种

1. 居间中介提供的也是一种服务，属于服务合同是没有问题的。

从合同起草审查的角度，中介合同在合同条款层面当然有其特殊性，但是一般委托服务类合同的审查注意事项，往往也适用于中介合同。

2. 实务中提到的“中介、中介机构、中介服务、介绍服务”等，很多并非《民法典》合同编所说的“中介”。例如，留学中介、婚姻介绍这种类似于“撮合”的服务，因为其“撮合”的并非“合同”（尤其婚姻肯定不是“合同”），因此不属于“中介”。公司上市过程中聘请的律师事务所、保荐机构等也被叫作中介机构，但很显然其提供的并不是居间服务。

“职业中介”也较为特殊。虽然“职业中介”也是撮合劳动者一方与用人单位一方建立劳动合同关系，而劳动合同关系也可理解为是一种合同关系，看似职业中介也在进行居间服务，但是在我国，根据《人力资源市场暂行条例》第18条的规定，从事职业中介活动需要获得专门许可，并应遵循专门法规。因此“职业中介”类合同几乎不存在适用《民法典》合同编第26章中介合同的空间。

这些并非“撮合合同成立”的“中介服务类、介绍服务类”合同，属于无名服务合同，参照一般服务类合同的起草审查规律，并结合该类具体服务的法规、交易特点进行起草审查即可。

3. 中介属于“广义的委托合同”，但不存在代理，区别于“典型委托合同”。

《民法典》合同编“中介合同”一章第966条规定：本章没有规定的，参照适用委托合同的有关规定。同时根据《合同起草审查指南：三观四步法》的观点，广义的委托合同就等于“广义的服务合同”，包括多种有名合同，例如，行纪、中介、保管仓储，也包括医疗、培训等无名服务合同，典型委托合同则以对法律行为的委托为核心，其中包含代理。

中介服务方只是撮合交易，并不代理交易任何一方，因此并非典型的委托。

4. 中介合同在模式上的最主要特点是：撮合交易成功才获得报酬。

当然，这是在一般情况下。理论上也可能存在“只要提供交易信息或媒介服务即可获得报酬”的中介服务。但这种中介服务对应的合同其实按一般服务合同起草审查即可。

本小节所讲的中介合同条款，是围绕着“撮合交易成功才获得报酬”来设计的。

二、中介合同与劳务合同、劳动合同

如果是单位提供中介服务，当然不可能建立劳务或劳动关系。

如果是个人提供中介服务，那么有下面这些可能：

1. 雇佣一个人为本单位提供长期的中介服务，实际上就是我们所说的销售、业务员，如果符合劳动关系特征，则建立劳动合同关系，应签订劳动合同。

2. 长期的中介服务也可能是委托合同、中介合同关系，不建立劳动关系，但个人应该是自主安排工作时间的。

在保险、证券经纪行业中，这类人员与单位之间就有一定的选择空间，可以选择建立劳动关系，此时单位应缴纳社会保险，只有符合《劳动合同法》的法定情形下才能解除劳动关系。单位也可以选择建立委托合同关系或中介合同关系，约定双方不属于劳动关系，单位按约定向经纪方（个人）支付佣金即可，此时双方可按约定随时提前解除。

也就是说，这种情况下，中介合同与劳动合同构成选择型关系。这其实是个用工模式选择的问题，可参考《合同起草审查指南：劳动用工卷》“非劳动关系（一）：个人劳务（雇佣）类合同”。

3. 委托个人提供临时的中介服务，此时可能参照劳务关系，委托人可能承担雇主责任。

具体可参考《合同起草审查指南：常用合同卷》“服务类合同整体把握”以及《合同起草审查指南：劳动用工卷》“延伸讨论：《民法典》下的雇主责任与应对”。

三、中介合同与互联网平台的最终用户协议

某些互联网平台提供类似撮合交易的服务。以滴滴为典型，一方是司机，一方是乘客，滴滴为双方撮合交易，其实质与居间颇有相通之处。这种情况下，互联网平台要考虑平台与提供服务的个人（如司机）的关系定位。

从互联网平台的角度，肯定要避免劳务、雇佣这类关系，定性为委托关系也需注意代理风险或连带责任风险。因此，互联网平台所使用的协议往往会明确为挂靠合作关系、技术服务关系，也有少数定性为中介关系，同时会明确声明不属于劳务关系或劳动关系。

四、中介与委托、行纪

中介并非代理，委托人有权自行决定是否与中介人推荐的交易对象达成交易。如果中介人想要自行与交易对象达成交易，则需要改为委托代理关系或行纪关系（行纪也是委托的一种）。

当然权利与责任是相对应的；这种情况下，委托方也会对受托方要求更多。例如，如果将房产中介改为房产委托管理，委托方（房东）就会要求受托方直接承担支付租金（或叫房产收益）的义务。

五、中介与经纪

《房地产经纪管理办法》《保险经纪人监管规定》《演出经纪人员管理办法》等法规中对经纪人、经纪行为有所规定。从理论和实务来看，经纪合同主要出现在房地产行业、证券期货保险行业以及体育演艺行业。

实务中的房地产经纪，其经纪服务的范围不止中介（例如，房地产经纪人常常提供代办代款、过户等服务），但仍然以撮合双方交易的中介服务为主。证券期货保险行业的经纪服务则主要是撮合交易的中介服务。这类经纪服务合同仍可以参考一般中介合同的审查要点，并结合该领域的具体法律规定予以审查。该领域如有政府示范文本，可以参考。

演艺行业的经纪较特殊，不同于中介。艺人所在的经纪公司一般直接与对方公司建立演出邀请合同、产品代言合同关系，而不是“撮合艺人与对方公司签订合同”，这种模式下，艺人与经纪公司签订的合同（经纪公司对艺人进行包装、推广，艺人需通过经纪公司对外签约、取得收益，双方约定利益分配机制）不是中介合同，而是一种特殊的无名合同，可归于一种特殊的合作关系。某些情况下，艺人与经纪公司甚至可能是劳动关系。

相关模板：12542 艺人独家经纪合同

六、实务中涉嫌违法的中介模式

（一）违反招投标强制性规定的中介合同可能无效

1. 法律、法规的限制。

在我国，工程项目建设的施工、采购等环节主要通过招投标方式完成，在这个领域，居间人一般是为投标人服务，当事人订立的合同名称可能名为“居间合同”“项目咨询合同”“工程项目代理服务合同”，核心内容是帮助投标人中标，以此取得居间报酬。而由于招投标项目一般所涉金额巨大且多关乎公共利益，因此招标投标活动受到法律的严格约束，如《招标投标法》第 3 条规定必须招投标的工程项目的范围，第 32 条规定禁止串标，第 43 条规定不得在中标前进行实质性谈判，第 46 条规定有关“黑白合同”和“阴阳合同”的处理，第 48 条规定不得非法转包和违法分包等。根据《民法典》的规定，违反法律、法规的强制性规定，合同无效，而中介合同一旦触及此等禁止性规定，便有可能违法、无效。[1]

2. 裁判尺度的考量。

招投标领域的居间合同纠纷大多以合同效力和报酬合理性为争议焦点。以裁判文书网刊载的案例为基础，截至 2019 年 10 月，全国各级法院的判决书中涉及招投标居间合同效力的案件共计 137 例，其中判定合同无效的仅 19 例，占全部案件数的 14%。

法院的裁判观点大致梳理如下：

（1）居间合同有效。

大部分居间合同最终被法院认定为有效合同，司法裁判观点一般认为，我国

[1] 参见林立：《工程合同：法律、规则与实践》，北京大学出版社 2016 年版，第 100 页。

法律并未禁止招投标活动中的居间行为，即使招投标事务为公开事项，但公开并不意味着众所周知，因此应当允许向他人报告招投标信息和订立合同的情形存在。如在青岛静安装饰公司与山东精诚消防工程公司居间合同纠纷案中，[1]法院认为，“我国法律法规并没有禁止建设工程施工合同签订过程中居间行为的存在。招标公告虽然为公开事项，但并非公开的事项就众所周知”。

（2）居间合同无效。

在居间合同被认定无效的案件中，法院的裁判思路也较为集中，当居间行为、居间合同的内容明显违反相关法律、法规的强制性规定时，才认定合同无效。如在姜伟与浙江海天公司居间合同纠纷案中，[2]法院判决：“案涉建设工程依法属于必须招投标确定承建方的项目，居间合同的内容实质上违反了《招标投标法》的强制性规定，扰乱了建筑市场秩序，居间合同履行行为属于串通投标的违法活动，因此合同无效。”再如，在胜利、高伟与钧泰国际投资公司等居间合同纠纷案中，[3]法院认为，“除了胜利、高伟不具备居间营业资格之外，案涉居间合同还约定了确保其中标，违反了《招标投标法》的三公原则，合同无效”。

3. 小结。

总体来讲，这方面的裁判尺度仍存在争议，法院一般认为，原《合同法》与《招标投标法》均未禁止招投标活动中的居间行为，即使招投标事务多为公开事项，但并非公开的事项就众所周知，因此，应当允许存在向他人报告招投标信息和订立合同的情形。但这一领域的居间合同的确存在违法、无效的风险，特别是当事人的居间行为、合同明显违反《招标投标法》规定时（例如，保证中标、泄露标底），合同被认定无效的风险更大。若居间合同被认定无效，居间报酬自然得不到支持，已经支付的应予返还（但在有证据支持的情况下可以扣除相应的居间费用）。

（二）违法分包、转包、挂靠相关中介合同可能无效

1. 法律、法规的限制。

随着工程项目的复杂化和专业化程度的提升，工程分包变得必要和常见，而我国的法律法规对工程分包有诸多限制，违反相关法律、法规的规定可能面临行政处罚，甚至刑事处罚。

[1] 山东省高级人民法院（2013）鲁民提字第 31 号。

[2] 最高人民法院（2016）最高法民审 427 号。

[3] 新疆维吾尔自治区高级人民法院（2014）新民一终字第 91 号。

根据我国《建筑法》《招标投标法》等规定，常见的违法分包、转包形式有：

（1）分包未经发包方批准；

（2）分包方不具备相应资质；

（3）已分包工程再分包；

（4）主体工程进行分包；

（5）转包；

（6）以分包形式肢解工程间接转包。

另外，《建筑法》等主要法律对挂靠、出让资质行为作出了禁止性规定，即没有资质的单位或个人借用资质、资质等级低的借用资质等级高的、有资质的建筑施工企业名义上联营、合作等方式变相借出资质进行承揽等情形，属于挂靠，是法律禁止的行为。[1]

2. 裁判尺度的考量。

（1）居间合同无效。

当居间行为促成的合同属于违法转包、分包、无资质承包（挂靠）等情形时，多数判决认为居间合同无效。[2]

另外，实践中也存在名为居间，实为“挂靠＋居间”的交易模式，即挂靠人与被挂靠人以签订居间合同的方式，通过被挂靠人自身的社会资源，帮助挂靠人拿到待建工程的施工权，获取相应的报酬。[3]无论相关主体在所谓的居间合同中处于什么角色，其最终目的都是实施违法的挂靠行为，此种情况下，居间合同乃以合法形式掩盖非法目的，当属无效。

（2）居间合同有效。

少数判例认定此类情形下的居间合同仍有效，委托人仍需向居间方支付报酬，可能是考虑到下列原因：[4]

• 虽然涉及违法承包、分包、挂靠经营等，但该工程确实已经由委托人承建并取得承包费用。如果不支持居间方请求，实际上将会导致有过错的委托人反而得到好处。

• 该违法承包、分包的工程没有严重不良影响。

---

[1]《建筑法》第3章；《招标投标法》第48条。

[2] 郑旭阳诉林鑫居间合同纠纷案，日照市中级人民法院（2017）鲁08民再73号；张昶庆与江苏南建建设集团有限公司、黄加良居间合同纠纷案，江苏省高级人民法院（2015）苏民终字第00607号。

[3] 王林清、杨心忠、柳适思、赵蕾：《建设工程合同纠纷裁判思路》，法律出版社2014年版，第23页。

[4] 宿迁市中级人民法院（2017）苏13民终1122号。

• 居间合同中可能明确约定了委托人不得以此为由拒付报酬。

3. 小结。

中介行为或中介合同的内容涉及违法分包、转包、挂靠内容的，中介合同很有可能被认定为违法无效，中介报酬也得不到支持，但这并非绝对。

（三）以“中介”为名行贿受贿，涉嫌违法无效

实务中存在不少以“居间、中介服务”为名向“中介人”支付“好处费”，实为行贿、介绍行贿的情形。这种情形下，“中介合同”可能因属于“虚假意思表示”而无效，也可能因“违反法律法规强制性规定”而无效。较常见的情形包括中介人介绍行贿、帮助行贿甚至教唆行贿，各方虚构居间合同掩盖行贿受贿事实等。

比如，在张明受贿罪二审刑事裁定书[1]中载明，“被告人等虚构居间服务合同，与正力公司商定，支付被告人等‘居间服务费’100万元”，案涉居间合同无效，结合案件其他相关事实，最终被告人等以受贿罪论处。在李福源贪污、受贿、非国家工作人员受贿二审刑事裁定书[2]中，证人证实，“李福源与曹某在办公室聊天，称土地按照6000万元转让，柴某在中间帮着联系促成这件事，要400万元居间费，该费用已谈好由城发集团出，不方便走账，所以跟6000万元土地转让款一起转至曹某账户，之后从曹某账户转给柴某。曹某表示同意。关于走账的事情，曹与柴某签订了居间协议。签署的居间协议并非真正居间协议，而是柴某为了顺利拿到400万元钱。后柴某得到该400万元”，最终判决案涉居间合同无效，相关当事人最终也以受贿罪论处。

这些情况下，因居间合同当事人之间串通完成的并不是合法的交易，很少会出现“居间人”打官司索要居间报酬的情况，如果“居间人”真要提起诉讼，则合同很可能被认定无效。即使双方不发生诉讼，如果行贿受贿事发，也可能导致违法甚至犯罪。

（四）存在违法风险的中介合同的起草审查

对于可能存在违法、无效风险的中介合同，建议律师以如下思路应对：

1. 对于风险极大的合同，应建议当事人停止该交易。

例如，存在刑事犯罪风险的涉嫌贿赂的中介合同；严重违反《招标投标法》、涉及金额巨大的违法“中介”行为。

---

[1] 宜宾市中级人民法院（2018）川15刑终238号。

[2] 青岛市中级人民法院（2019）鲁02刑终450号。

2. 对于招投标领域的中介合同，应注意：

（1）合同条款中不应出现违反《招标投标法》的内容，比如，“保证中标”“泄露标底”“中标之前即取得资格进场施工”等。

不过，仅约定“中标后中介人拿到报酬”本身并不违法，因为事后拿钱是中介合同的正常模式。

（2）在合同中增加特殊约定。

比如，站在委托人的角度，考虑约定“如果被认定中标无效，已经支付的居间报酬应该返还”；站在居间人的角度，考虑约定“若因委托人原因导致中标无效，依然应当支付居间报酬，若中标后实际施工合同无法履行，居间报酬不予返还”。

（3）提示当事人存在风险。

即使采取了上述措施，从前文判例可看出，中介合同仍可能存在无效风险，应适当提示客户。

（4）调整服务模式。

从中介人的角度，可考虑将中介合同调整为先收费模式（同时可约定如果未中标则退还全部或部分费用，这其实仍属于中介合同），以避免委托人主张合同无效而拒绝支付费用。

3. 对于促成违法分包、转包、无资质承包的中介合同，应注意：

（1）从中介人的角度，合同中可以考虑增加“委托人不得以 ×× 合同无效为由拒绝支付中介服务费用”的约定，该约定不能确保有效，但可以起到一定作用。

（2）提示当事人存在合同无效、不支持中介费用的风险。

（3）可考虑改为“先收费、未达成要求再退费”的收费模式，以降低风险。

3.6.2 宏观—合同主体

一、个人、公司均可以从事非职业中介取得报酬

在居间合同纠纷中，有少数判例中提及居间资质问题，但由于《经纪人管理办法》已于2016年被废止，现行司法实践中，提供一般居间服务不存在资质问题，更不能以缺乏资质为由认定居间合同无效。

因此在经济生活中，个人、公司临时的、偶发的为其他主体提供介绍交易机会、介绍项目、推介融资、推荐购房租房，并收取报酬，这类交易都是被允许的、

合法的。

当然，中介人未必能开出中介服务费的发票，往往只能开服务费、劳务费、信息费之类发票。

二、部分职业中介、经纪业务需要依法取得资质，否则会导致处罚

1. 部分领域缺乏资质，可能会导致处罚。

比如，下列领域：

房地产中介：《房地产经纪管理办法》第 8 条、第 9 条规定，“设立房地产经纪机构和分支机构，应当具有足够数量的房地产经纪人员，国家对房地产经纪人员实行职业资格制度”。

保险经纪：《保险经纪人监管规定》第 14 条规定，“中国保监会及其派出机构依法作出批准保险经纪公司经营保险经纪业务的决定的，应当向申请人颁发许可证。申请人取得许可证后，方可开展保险经纪业务，并应当及时在中国保监会规定的监管信息系统中登记相关信息”。

期货经纪：《期货公司监督管理办法》第 15 条规定，“按照本办法设立的期货公司，可以依法从事商品期货经纪业务；从事金融期货经纪、境外期货经纪、期货投资咨询的，应当取得相应业务资格。从事资产管理业务的，应当依法登记备案”。第 16 条规定了期货公司申请金融期货经纪业务资格的条件和要求。

2. 中介资质非必须，缺乏资质不会影响合同效力和报酬。

实务中关于居间报酬的纠纷，还有一类常见情形，即委托人以居间人不具备居间资质或营业资质、居间方的具体操作人员缺乏从业资质为由，主张居间合同无效，拒绝支付居间报酬。由于《经纪人管理办法》等规章的失效，所谓的“居间资质”不再是进行居间行为的必备条件，而对于专业从事居间服务的机构，在营业资质和具体操作人员从业资质方面的瑕疵，根据已有的裁判观点，也不会对居间合同的效力有影响。在居间合同合法有效的基础上，只要居间合同约定的居间服务完成，委托人就应当支付报酬。[1]

3. 对于缺乏资质的中介居间类合同的起草审查措施。

（1）若仅为偶发性的中介居间服务，性质上不属于以此为常业的经纪业务，中介合同的效力一般不因资质问题而失效。此时仍可以正常起草审查中介合同。

[1] 哈尔滨市中级人民法院（2014）哈民三商终字第 158 号；上海市闵行区人民法院（2010）闵民三（民）初字第 111 号。

（2）若中介人长期以居间为经营业务，而提供中介服务又无法律要求的相应资质，则构成无资质经营，可能面临没收违法所得等行政处罚。但对于具体的中介合同而言，并不一定导致无效。

此时，律师应向当事人提示风险，建议停止此类业务。

三、中介人可向任何一方提供服务收取报酬

中介人可以与交易双方的任何一方建立中介合同关系，也可以同时与双方建立中介合同关系并约定向双方中的一方或双方收取报酬。

3.6.3 中观—合同形式

一、中介合同常常使用单方文件的形式

也就是由委托人向中介人出具承诺，一般承诺“中介成功则向中介人支付指定报酬”。对于中介人来说，这种承诺已经具有法律效力了。

对于委托人来说，因中介人无须签署，也就无法要求中介人承担义务。但因中介人不努力促成交易的话就得不到报酬，因此也不用担心中介人不提供服务。不过，采取单方文件的，要考虑中介人在居间未成功时，可能要求委托人支付从事中介活动中支出的费用。

如果委托人还想进一步约定保密义务或对中介人的特别要求，就应该与中介人签署协议。

相关模板：16880 中介佣金支付承诺函

二、中介合同可能与主交易合同签署在一起

中介合同可能单独由委托人和中介人签署，也可以与主交易合同（如租赁合同）约定在一起。

中介合同与主交易合同混合时，合同中有可能约定中介人承担一些担保性质的义务，例如，保证某一方身份、标的的真实性。这些约定是有法律效力的。

相关模板：13862 江苏省房屋租赁居间合同（江苏省 2017 版）

三、中介合同的配套文件

1. 起草审查中介合同时，从中介人的角度，律师往往要配套证明中介人履行了中介义务的文件。

这类文件往往有两种形式：

第一种：证明交易对象、交易标的由中介人提供，由委托人签署确认。

以房产中介为例，客户看房确认单、带看书之类的文件，就是为了确认这个房产是中介人提供的信息。

相关模板：10688 客户看房确认单

第二种：证明中介完成了服务。

例如，房产中介服务佣金确认书则直接确认了中介服务完成和佣金金额。

相关模板：13267 房产中介服务佣金确认书

在中介服务过程中，及时与客户签署上述文件，尤其是第一种文件是非常重要的，否则难以证明中介人提供了服务。

有时也会直接在意向书或预约合同类文件中直接将主交易合同的意向、预约与中介服务一并写明。

相关模板：7799 客户承租意向书

2. 从委托人的角度，要考虑专门约定保密义务，或另外签署保密协议，或由中介人提供保密承诺。

相关模板：4714 保密协议（服务方承担保密义务 / 通用版） 14399 保密承诺函（适用于单方承担保密义务）

3. 如从事中介业务有必要，可由委托人向中介人另外出具一个委托书，以便中介人向潜在交易对象展示。

因为中介人只是撮合交易，从委托人的角度，最好在委托书中说明，只是委托中介人寻找交易对象，无权代表委托方签署合同及相关文件。

相关模板：136 项目居间合同

四、职业中介的合同可能构成格式合同

像房产中介行业的合同，很可能被认定为格式合同。因此对于中介合同中的重要条款（主要是关于佣金支付、佣金退还的约定、违约责任等）有必要适当加粗、加大字体，采取合理方式向委托人予以提示。

3.6.4 微观—合同条款

一、“防跳单”相关条款

《民法典》合同编第 965 条规定，“委托人在接受中介人的服务后，利用中介人提供的交易机会或者媒介服务，绕开中介人直接订立合同的，应当向中介人支付报酬”。这里的“绕开中介人直接订立合同”就是所谓的“跳单”。中介合同以“居间成功才收费”的模式为典型，中介人如何保证自己能收到报酬，是中介人对中介合同最需要关注和审查的。

（一）中介人一方如何防止“跳单”？

从中介人一方来看，对如何防止“跳单”或者“如何足额拿到报酬”问题有下列措施。这些措施都是想事先把“委托人用来拒绝支付报酬的理由”提前想到，并在合同中明确否定。

1. 明确“跳单”仍需要支付报酬。

这是起码的做法。即使没有此约定，根据《民法典》合同编第965条的规定，应当支持中介人一方拿到报酬。

2. 明确“居间成功”的定义，防止委托人否认“居间成功”。

（1）明确以签约为标准，或以签约收款为标准。

（2）明确通过关联公司签约时，仍属于“居间成功”。

委托人和交易对方都有可能通过关联公司来签约，合同中应明确，这都属于“居间成功”。

（3）将委托人与交易对方的交易类型适当放宽。

例如，融资居间，要考虑到融资的方式有多种，借款、股权融资等方式均有可能。合同中应约定：委托人与中介人推介对象达成融资（包括但不限于借款、股权融资等各类融资方式），均视为“居间成功”。

（4）考虑独家委托。

独家委托一般会附上期限。这种情况下，该期限内委托人就不能绕开中介人进行交易。

（5）考虑明确委托人与交易对方签约后发生争议、解除等不退费。

委托人与交易对方签约甚至付费后，仍有可能解除、退费，可以明确此种情况下仍应支付居间报酬、不退报酬。但是这种条款委托人可能难以接受，因此综合考虑，可能未必适合在合同中明确。

少数情况下经双方当事人协商，也可能达成类似约定：委托人与对方解除合同且实际退费的，中介人应按委托人实际收费金额的相应比例收取中介报酬，多收部分应退还给委托人。

3. 应事先考虑对居间服务的证明。

包括：

（1）合同中明确委托人联系人、联系方式，最好明确电子邮箱。

向委托人提供中介信息时，通过合同指定的方式（如电子邮箱）提供，作为该信息（如交易对方信息）由中介人提供证明。

（2）合同履行中及时确认。

例如，前文提到的由客户签署的“看房确认单”。

通过电子邮箱等方式，由对方在合同中指定的联系人确认，效果也是类似的。

（二）委托人一方的考虑

应当说，实务中大部分中介人拟订的条款是可以接受的，虽然这些条款主要是保护中介人利益的。只要核心内容是“居间成功才付费”，那么对于委托人来说一般可以接受。不过下列情形可以特别注意：

1. 最好以“收款或交易成功”为付费标准。

例如，融资居间，一般以实际收到融资为付费标准。

项目居间，也可以收到首笔款作为居间成功的标准。

2. 确实可能发生争议、可能退费的项目，考虑退费时应相应退还居间报酬。

3. 如存在“虽然签约但并非由中介人促成”的情形，应在合同中列明。

例如，对于中介人提供的交易对象名单，委托人认为事先已经在委托人接触范围的，可以在5日内明确排除；如委托人与此类预先排除的对象达成交易的，不视为居间成功。

有时会直接在合同中列明哪些项目、哪些交易对象不属于中介人居间服务的范围。

二、经常性居间服务的特殊条款

实务中常见到“甲方委托乙方推广甲方的产品、服务，并向乙方支付佣金”的合作模式，其实这也是中介，只是一种经常性的、类似于“合同＋订单”模式的中介服务。

对于此类合同，除参照一般的委托服务类合同、中介合同的起草审查要点外，还应特别注意：

1. 结算确认流程。

除正常的结算、付款周期外，还要关注一个问题：双方如何确认“哪些业务是中介人促成的”。

这需要在合同中设计适当流程，这个流程能够留存相应证据，简便易行。例如，约定以中介人通过电子邮箱提供的客户名单为准；如果委托方对名单有异议（可能是委托方的现有客户），则应在2日内提出异议。

2. 适当的管理性条款。

委托人会应对中介人有一定的管理，包括指定宣传渠道、指定宣传方式；定期考核；提前解除等。

3. 明确定性双方的关系。

包括：

（1）排除代理关系、合伙关系，不产生连带责任或补充责任。无论中介人是个人还是公司，都有必要约定。

（2）如果中介人是个人，应明确双方不是劳务关系、雇佣关系。

（3）如果中介人是公司，还可明确排除劳务派遣关系。

3.7 面向消费者的服务类合同

面向消费者的服务类合同，宏观层面没有特别的风险点，可参考其他服务类合同的起草审查要点。中观、微观层面则有一些特殊要点。

3.7.1 中观—合同形式

1. 合同形式应以促进交易、方便快捷为目的，因此律师为客户提供的合同应当适当简单、易用。

例如，这些合同常常要控制在一页或两页纸之内，有时可采取表格式，便于用户填写、签约。

2. 小额的一次性消费服务，往往不需要合同，当场结算付款，服务即完成。

很多充值式的服务（如餐饮、足疗按摩之类的服务），如果充值金额不算很大（如几千元左右），常常也不会提供书面合同，风险也不大。

3. 此类合同几乎都是商家提供的格式条款，因此需要按照格式条款、格式合同的要求去提示消费者，并且要避免可能导致处罚的违法格式条款。

相关课程：《合同起草审查指南：三观四步法》“格式条款、格式合同”

3.7.2 微观—合同条款

一、解除退费相关条款

1. 消费服务类合同中，消费者提前解除合同往往会得到支持。

目前司法实践判例中，支持的原因有多种：

（1）认定为承揽合同、委托合同，因而定作人、委托人有任意解除权。

（2）考虑到双方的彼此信任基础已不复存在等原因，认定不宜继续履行，允许解除合同。

带有人身性质的服务合同都可能这样处理。例如，在某一家政服务合同纠纷中，法院认为，原、被告签订的家政服务合同，具有服务对象自愿接受服务，提供服务方亲自履行合同的人身性质。从现状来看，原、被告签订的家政服务合同继续履行的彼此信任基础已不复存在，原告提出解除合同，于法有据，依法应予准许。[1]

（3）消费服务类合同如为格式条款，对于消费者解除、退费、违约责任的约定很有可能被法院认定无效。

因此，对于消费服务类合同，必须考虑到，无论合同中是否明确禁止提前解除，消费者、付款方往往在事实上都享有解除权。

某些地区的政府示范文本直接包括解除退费条款。例如，上海市市场监督管理局等四个部门发布的《上海市体育健身行业会员服务合同示范文本》中规定了“健身卡7天冷静期”条款，约定“消费者在签署合同次日起的7日内，在未开卡使用会员服务的情况下，都可以单方面解除合同并获得全额退款”。当然政府示范文本并非强制使用，使用时也可以修订。

2. 预付费类服务合同容易产生退费解除争议。

当然，对于单次、金额不大的服务合同，双方往往没有什么争议，实务中此类解除退费争议集中在预付费类消费服务（健身、美容、培训等）合同中。

这类合同在实务中很常见，消费者常因一时冲动或者经商家推销而消费、交钱充值，事后却因种种原因要求解除、退费。这里的解除与退费显然是直接相关的，如果消费者同意解除不退费，商家当然不会有什么意见。争议在于消费者要求解除且要求退费，因此这里将“解除退费”放在一起讨论。

3. 消费服务类合同应对“解除退费”的措施。

消费类合同都是由商家提供，消费者主要是接受不接受的问题。因此我们主要从商家的角度介绍这类“解除退费”争议的应对。

（1）“概不退费”“一律不予退费”的“粗暴”约定不建议采取，建议采取“合理设计退费方案”的做法。

面向消费者的消费服务类合同一般是格式条款，“概不退费”“一律不予退费”“不得提前解除”的约定很有可能被工商行政管理部门认定为违反《合同违法行为监督处理办法》《侵害消费者权益行为处罚办法》而受到行政处罚。

少数法院确实也有认定“概不退费”条款有效的案例（在合理提示的基础上），

[1] 上海市静安区人民法院（2011）静民三（民）初字第395号。

但是考虑到工商部门的处罚风险，还是不宜采用，至少不宜采取“一律不得解除”的简单粗暴做法。

（2）合理设计“退费方案”。

正如前文所述，完全否定消费者的解除权是不太现实的，应该把重点放在“如果消费者解除，尽量减少商家损失”这一方面，包括下列措施：

• 合理设置“费用明细”。

法院的判案逻辑是：如果消费者解除时，费用已经发生，自然应该从服务费中扣减。因此应在合同中明确约定费用的具体方式及相关手续费等。同时说明这些费用在合同履行后即已发生，无法退回。

例如，评估费、教材费等。

• 适当设置“违约金”。

可以考虑根据消费者退费的时间设置不同的违约金额度。如学员在合同履行一段时间之后才提出退费，则违约金额度较高。

从目前实务来看，较高的违约金额度不会得到支持，从判例来看，可按“剩余费用的 10%”左右来约定违约金。

上述两个方面应结合使用。

• 退费手续、退还发票（以及不能提供发票时的税点损失等）也应列明。

• 通过消费信贷提供服务时需要考虑成本，合同中也可以对此明确列明。

因为通过银行提供信贷支付服务费用时，如果中途解除，银行会收取部分手续费。这一部分损失需要明确约定由消费者承担。

（3）“解除退费”相关条款的特别提示。

如果是格式条款，当然应当依法合理提示；即使不一定是格式条款，由于“解除退费”条款比较重要，参考格式条款的做法对委托方适当提示也是有必要的。

例如，下列做法：

• 涉及“解除退费”的条款应特别加粗提示。

• 合同签署处或另行单独对消费者进行重点提示。

如图 3–4 所示，在合同签署处进行下列提示：

请消费者仔细阅读本合同并抄写如下语句，谢谢！

“甲方已向乙方详细说明本合同内容，乙方已经详细阅读并理解、同意本合同内容，特别是合同解除和退费条款”。

____

____

乙方签署：

图 3-4　特别提示示意

（4）可以约定对商家更有利的管辖条款。

包括约定由商家所在地的法院或商事仲裁机构管辖。

这种约定可能得到法院的支持，也有因其同样是格式条款、排除了消费者权利而认定无效的案例。即使被认定无效，对商家来说也没有额外不利之处。

有的商家特意约定由商事仲裁机构管辖，由于商事仲裁机构仲裁费用起点高，相当于为消费者索赔增加了成本。

需要说明的是，上述做法只是实务中商家可能采取的做法，未必均有效，也并非本书所提倡。

二、免责条款及其他

1. 免责条款。

（1）对于消费者可能遭受的人身损害。

根据《民法典》合同编第 506 条第 1 款的规定，造成对方人身损害的免责条款无效，因此合同中直接约定免责是无效的。在实务中，仍可能继续在合同中保留该条款，以起到一定的心理作用。

降低商家责任的措施主要在于：一方面加强防护，尽量避免人身损害事故的发生；另一方面要强化对消费者的警示，对于存在人身危险性的设施应专门提示。这些提示如果是长期的，也可以写在与消费者的合同中，或由消费者专门确认知悉。

（2）对于消费者可能遭受的财产损害。

合同类型上，应明确回避保管及相关权利义务，如果提供保管设施，可调整为租赁或免费借用。

其他降低商家责任的措施主要在于：一方面加强防护、监控，尽量避免财产损失。如果有财产损失，事后也可以通过监控调取证据。另一方面要强化对消费者的警示，在消费者存放物品的地方可专门提示（例如，贵重物品请随身携带，请勿放置此处；本店不承担保管责任）。这些提示如果是长期的，也可以写在与消费者的合同中，或由消费者专门确认知悉。

注意上述条款涉及免责条款时，不宜使用绝对化的表述（概不负责、一律不承担责任之类的表述），可使用“如因您个人原因导致人身或财产损害的，本店不承担赔偿责任”的表述。

2. 从实务经验来看，商家有必要强调，“只能通过指定收款方式付款，不能向业务人员个人付款”。

这是为了避免业务人员私自收款并挪用，导致商家和消费者受损害；在实务中，业务人员私自收款直至卷款而逃的现象是存在的。有的商家合同会直接盖着大红色提示文字：“请勿向业务人员个人付款！”

同样地，这样的重要条款都要加粗提示。

3.8 广告服务类合同

广告相关的服务是实务中常见的一大类服务，本小节主要说明其相对于一般服务类合同的特殊要点。

3.8.1 广告相关合同综述

一、广告相关合同主体

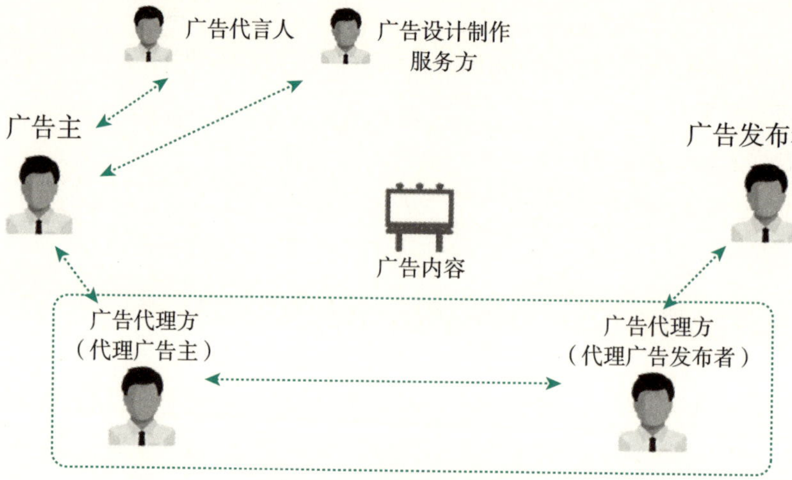

图 3–5 广告相关合同主体

图 3–5 中的虚线表示双方建立合同关系，但并非实务中的全部合同关系。在实务中，合同可能由委托方、服务方的代理方作为主体，也可能直接由委托方、服务方作为主体。

常见广告相关合同主体见图 3–5：

1. 广告主：根据《广告法》第 2 条的规定，是指为推销商品或者服务，自行或者委托他人设计、制作、发布广告的自然人、法人或者其他组织。可见在广告相关合同中，往往是出钱购买其他主体提供服务的甲方。

2. 广告发布者：根据《广告法》第 2 条的规定，是指为广告主或者广告主委托的广告经营者发布广告的自然人、法人或者其他组织。

3. 广告代理方：是指《广告法》第 2 条规定的广告经营者的一种，又可分为代理广告主和代理广告发布者这两类角色。

4. 广告设计制作服务方：这个比较好理解。是指受广告主或者其他主体委托，提供广告设计制作服务的主体，也是《广告法》第 2 条规定的广告经营者的一种。

5. 广告代言人：根据《广告法》第 2 条的规定，是指广告主以外的，在广告中以自己的名义或者形象对商品、服务作推荐、证明的自然人、法人或其他组织。但是在广告代言合同中，广告代言人不一定是合同主体，常常是明星所在的经纪公司作为合同主体签约、收费。

二、广告相关合同类型

前面这些广告相关合同主体，围绕着广告的制作、发布、代理等事宜，主要形成下列合同类型：

1. 广告发布合同。

即一方出钱，委托另一方发布广告的合同。下文会详细分析这一类合同。

广告发布服务可能与相关设计制作、咨询、策划服务结合在一起，形成整体性的广告“全案”式服务合同。

相关模板：13925 广播电台广告发布业务合同　16133 电梯轿厢广告牌制作发布合同

2. 广告设计制作服务类合同：广告设计制作服务方为广告主或其他主体提供服务。

这类合同其实就是一般服务合同。如果服务方需要提供实物成果，则比较接近典型的承揽合同；如果受托创作的作品知识产权很重要，也可以认为是著作权委托创作合同。

除一般服务合同的审查要点外，合同中要注意：知识产权的归属；保密责任；基础材料的提供；知识产权侵权责任（除委托方提供的内容外，一般由服务方承担责任）；广告合法性承诺（一般是委托方向服务方承诺）。

相关模板：959 广告设计服务合同（平面设计）

3. 广告代言服务类合同：广告代言人为广告主提供代言。

如前所述，实务中的广告代言合同，往往是广告代言人所在经纪公司作为合同主体签订的。

这可以理解为一类特殊的服务，广告代言人一方提供肖像权许可、配合活动宣传、配合拍摄等服务，并收取费用。

广告代言合同一般应约定期限，并约定期限届满时不得再使用、原广告的处理以及相关违约责任等。

根据《广告法》第56条的规定，广告代言人对违法的广告承担一定责任。因此从广告代言人的角度，合同中应明确约定委托方承诺广告合法，如造成广告代言人承担责任，有权向委托方追偿。

考虑到广告代言人要承担的法律责任，有不少广告代言合同"改头换面"改成类似于"劳动合同"，明星摇身一变成了企业的"首席体验官"之类的角色。因为如果企业员工为本企业推广，就不属于《广告法》规定的广告代言人，不承担广告代言人的责任。[1]

另外，广告代言人的定义存在一定争议。如果不是代言人以自己的名义或者形象对产品进行推荐、证明，例如，仅仅要求明星出席活动时穿着指定品牌衣服，不一定算是广告代言。此时合同中应回避使用"广告代言"的说法，以避免"广告代言人"的责任。[2]

除此之外，《广告法》第38条对广告代言人的行为、主体资格作出规定，包括不满10周岁的未成年人不得代言、不得为自己没用过的商品和服务代言等。[3]

广告代言合同要考虑就"艺人形象维护"作出约定，例如，约定明星代言出现了诸如吸毒、嫖娼、不当言论等恶劣情形，影响社会形象时，广告主有权立刻行使解除权，并要求代言人全额返还已支付的报酬，还要赔偿因此遭受的损失。

相关模板：14475 广告代言合同

4. 广告代理合同：广告发布者委托代理方。

这种合同属于典型的委托合同的一种，在实务中有多种合作模式：

（1）承包类模式。

代理方将广告发布者一定范围内的广告发布资源（频道、栏目、时段、位置等）独家承包，一般要向广告发布者支付承包费用。承包费用往往是固定的，或采取"保底+提成"的模式。

[1]《明星入企当"官"，是真上班还是变相代言？》，载微信公众号"全国总工会"2020年6月7日。

[2] 程远：《广告法理论与实务》，法律出版社2018年版，第181~186页。

[3]《广告法》第38条规定："广告代言人在广告中对商品、服务作推荐、证明，应当依据事实，符合本法和有关法律、行政法规规定，并不得为其未使用过的商品或者未接受过的服务作推荐、证明。不得利用不满十周岁的未成年人作为广告代言人。对在虚假广告中作推荐、证明受到行政处罚未满三年的自然人、法人或者其他组织，不得利用其作为广告代言人。"

实务中这类合同可能叫作“广告独家代理合同、栏目承包经营合同”等。

这类合同需要明确承包的期限、范围，承包方享有的权益。

一般承包方要对广告内容承担全部责任。

相关模板：12548 天气预报电视栏目承包经营合同

（2）一般代理模式。

即非承包类模式，一般是约定给代理方的广告价位（代理方赚取差价）。

例如，杂志社给代理方的结算价格为封底广告 10 万元一期，而代理方向广告主的“销售价格”为 15 万元一期，代理方一期广告就能赚 5 万元。

相关模板：14471 媒体广告代理合同（非独家）

（3）中介模式。

此时即为居间中介合同，需要约定中介费用标准。是由广告发布者直接与需要发布广告的主体签约收费，中介方不能直接与需要发布广告的主体签约收费。

如果是由代理方直接与需要发布广告的主体签约收费，则应该是前面两种模式。

三、广告相关合同需要考虑广告合法性问题

《广告法》的主要目的在于管制广告内容，保护消费者权益。如果广告内容违法，则会导致行政责任（罚款、吊销营业执照等）、民事责任（消费者有权索赔），情节严重的可能构成犯罪（《刑法》第 222 条）。承担上述责任的主体，首先是广告主，广告经营者、广告发布者负有审核义务，一般也要承担责任，广告代言人在一定条件下承担责任。

如果起草审查合同时已经发现是违法的广告，则应提示风险、建议停止交易。

为了避免合同履行中的违法广告责任，广告相关合同中往往要同时考虑下列几方面的约定：

1. 我方有审核、拒绝不合法广告的权利。

包括拒绝发布、制作，解除合同等安排。

2. 由广告提供方、制作方保证广告内容的合法性。

3. 如果导致我方受损害，则我方有权向对方追偿。

另外，既然广告受到法律特别规制，那么对于并非法律明确界定的广告，则应回避“广告类”的表述。这包括影视剧品牌植入服务合同，目前并无法律明确规定这属于广告服务，因此在合同中应避免使用“根据《广告法》、广告服务”的表述。类似的还有软文、信息类服务等。

这种情形下应适当提示当事人，仍有被当作“广告”处理的风险。例如，999皮炎平植入《吐槽大会》节目，因为当事人不能提交广告审查机关对广告进行审查的文件，且广告中未标明禁忌、不良反应，也未标明“请按药品说明书或者在药师指导下购买和使用”字样，涉嫌违反《广告法》第16条第1款第4项和第2款、第46条的规定，被判处罚款90万元。[1]

3.8.2 广告发布合同的“三观分析法”

这一类合同本质上就是一方出钱，委托另一方在一定渠道上发布广告，包括但不限于电视、杂志、户外等合同。

这一类合同出钱的一方，可能是广告主，也可能是广告主的代理方，服务一方可能是广告发布者，也可能是广告发布者的代理方。服务方是代理方时，合同名称可能为“广告发布代理合同”。但是从合同起草审查的角度，合同主要内容没有什么实质区别，都可以参照本节内容进行起草审查。这就好像购买同一件商品，跟生产厂家签约和跟经销商签约的买卖合同没什么实质区别一样。

相对于一般服务合同，广告发布合同的特殊性并不强，内容也不算多。这里仅简要说明其在“宏观—交易结构”方面的几个要点，其他方面仍请参照一般服务合同的起草审查。

1.“宏观—合同类型”方面：广告发布合同与租赁合同在特定情形下会成为选择型关系。

以户外广告发布为内容的合同，实务中合同性质的认定存在一定的争议。例如，在山东世华广告有限公司等广告合同纠纷案中，[2]双方当事人对于广告发布合同性质为租赁合同或委托合同产生争议。该案中，甲乙方签订了《广告发布合同》，甲方负责广告画面的喷绘和安装，甲方向乙方支付广告发布费。甲方主张《广告发布合同》性质上属于委托合同，有任意解除权；乙方主张是租赁合同，无任意解除权。后法院认为这是租赁合同。

从乙方（也就是提供广告位的一方）来说，将合同定性为租赁合同更为有利，承担的责任更轻。当然，这只适用于“仅提供广告位，不提供广告制作、发布、

[1]《国家市场监督管理总局公布2019年第四批虚假违法广告典型案件》，载国家市场监督管理总局官网2020年12月23日，http://www.samr.gov.cn/xw/zj/201912/t20191217_309264.html。

[2] 济南市中级人民法院（2017）鲁01民终2200号。

维护服务”的模式。如果提供广告位一方确实还负责广告制作、发布、维护等服务，则应该属于户外广告发布合同。

2.“宏观—合同主体”方面：

广告发布目前已无专门资质许可，仅有针对具体广告的禁止性、限制性规定。

也就是说，任何人、任何公司都可以发布广告。法律上的禁止和限制，是针对具体的广告内容、广告时间、广告位置的，不是主体资质的要求。

3.“宏观—合同标的”方面：重点是广告内容。

如前所述，应考虑：在合同中约定有权审核、拒绝发布违法广告；由对方保证内容的合法性；有权向对方追偿等。

4.“宏观—合同程序”方面：部分广告有事先审查程序。

《广告法》第46条规定，“发布医疗、药品、医疗器械、农药、兽药和保健食品广告，以及法律、行政法规规定应当进行审查的其他广告，应当在发布前由有关部门（以下称广告审查机关）对广告内容进行审查；未经审查，不得发布”。除此之外，没有针对广告内容的事先审查程序，只有对违法广告的事后处罚规定。

5.“微观—合同条款”方面：

除价款、广告发布安排、各自责任等常规条款外，广告发布合同中还可能涉及“竞品排他”条款，即要求广告发布方在特定范围内不再安排相同品类广告的发布，并约定违约责任。在广告代言、影视剧品牌植入等合同中，这类条款更为常见。

只要明确约定，这类条款是有效的。

3.8.3 互联网广告类合同的特殊要点

根据《互联网广告暂行管理办法》第3条的规定，“本办法所称互联网广告，是指通过网站、网页、互联网应用程序等互联网媒介，以文字、图片、音频、视频或者其他形式，直接或者间接地推销商品或者服务的商业广告。前款所称互联网广告包括：（一）推销商品或者服务的含有链接的文字、图片或者视频等形式的广告；（二）推销商品或者服务的电子邮件广告；（三）推销商品或者服务的付费搜索广告；（四）推销商品或者服务的商业性展示中的广告，法律、法规和规章规定经营者应当向消费者提供的信息的展示依照其规定；（五）其他通过互联网媒介推销商品或者服务的商业广告”。关于互联网广告类合同，应注意以下三方面要点：

1.“宏观—交易结构”方面：注意刑事风险，不能从事违法的服务。

《最高人民法院、最高人民检察院关于办理利用信息网络实施诽谤等刑事案件适用法律若干问题的解释》第7条规定：“违反国家规定，以营利为目的，通过信息网络有偿提供删除信息服务，或者明知是虚假信息，通过信息网络有偿提供发布信息等服务，扰乱市场秩序，具有下列情形之一的，属于非法经营行为‘情节严重’，依照《刑法》第二百二十五条第（四）项的规定，以非法经营罪定罪处罚：（一）个人非法经营数额在5万元以上，或者违法所得数额在2万元以上的；（二）单位非法经营数额在15万元以上，或者违法所得数额在5万元以上的。”

互联网广告类合同中，容易涉嫌上述刑事风险的服务为提供搜索引擎优化服务（Search Engine Optimization，SEO）。实务中签订的合同名称为网站搜索引擎优化（SEO）服务合同。

2.“中观—合同形式”方面：电子合同的运用。

对于以广告业务为主的互联网平台来说，一般都采取电子合同，或者采取“纸质合同+电子合同”的形式。对于《互联网广告暂行管理办法》第13条规定的“程序化购买广告”的交易模式来说，更为如此。

相关课程：《合同起草审查指南：三观四步法》“电子合同与电子签名”

3.“微观—合同条款”方面。

互联网广告发布合同有几种典型的计费方式应予了解，双方可根据实际交易选择计费方式。其中CPT、CPM属于固定的计费模式；其他的计费模式属于按效果计费，标准包括下载量、点击量、实际销售等。具体如下：

• CPT（Cost Per Time）：按展示时长计费。例如，网页上方的广告位等。

• CPM（Cost Per Mille）：按千次展现计费。例如，信息流广告、视频平台等。

• CPD（Cost Per Download）：按下载量收费。例如，APP下载平台，百度手机助手、安卓市场等。

• CPC（Cost Per Click）：按点击收费。例如，搜索类广告。

• CPA（Cost Per Action）：按用户行为计费，例如，激活/注册计费。与CPD计费方式类似。

• CPL（Cost Per Leads）：是指以搜集潜在客户名单多少来收费。例如，通过广告联盟投放的形式，包括成果网，领克特、黑马等联盟等。

• CPS（Cost Per Sales）：按实际销售计费，成交后支付广告费用。例如，微信公众号中的信息流广告；微信返佣商品 CPS 广告等；网络游戏分成。

• OCPA（Optimized Cost Per Action），OCPM（Optimized Cost Per Mille），OCPC（Optimized Cost Per Click）：指针对效果广告的智能自动出价策略。广告主可选择特定优化目标，并提供期望的平均转化成本。系统根据广告主上报的转化数据，通过机器学习预估每一次展示的转化价值，自动出价，按点击扣费。例如，百度的竞价排名方式。

3.9 行纪合同

行纪合同虽然是《民法典》合同编明文规定的有名合同之一，但在经济生活中使用并不多。实务中一般在下列场景中使用：

（1）进出口代理，即所谓的外贸代理。

（2）农村粮油代理经销。

（3）物品寄售、寄租。如车辆代为出租。

（4）超市、商场的代销。

以上这些场景中，都是委托对方代为从事某业务（以买卖为主），而且受托方直接以自己的名义与买方（或卖方、承租人）进行交易。

实务中这些合同并不一定称作“行纪合同”，而可能名为“代销合同”“寄售合同”“进出口代理合同”等。

下面简要说明一下行纪合同在“三观分析法”上的要点：

1.“宏观—合同类型”方面：行纪合同与委托代理、中介、买卖等合同的选择型关系。

行纪合同在权利义务上有两个重要特征，以此区别其他合同，并影响合同类型选择。

第一个特点：行纪人自行承担权利义务。

行纪人依据行纪合同对委托人享有权利、承担义务，并依据行纪人与第三人签订的合同对第三人享有权利、承担义务。

在赵宏武与三门峡市平安福汽车租赁有限公司行纪合同纠纷再审案中，[1]法院认为：“赵某将车交由平安福租赁公司出租，该车被王某租走后未予归还，法院判定赵某某与平安福租赁公司成立行纪合同关系，根据《合同法》规定，行纪人与第三人签订的合同，由行纪人直接承担权利、义务，第三人给委托人造成损失的，行纪人应承担赔偿责任，因此平安福租赁公司应对赵某某损失的车辆承担赔

［1］ 三门峡市中级人民法院（2013）三民再字第00034号。

偿责任。”

这为我们起草审查行纪合同一个提示：如果行纪人并不希望因第三人的违约向委托人承担责任，则必须在行纪合同中加上特殊免责条款，或者就要改变合同类型。

例如，可以改为第三人直接与委托人签约，此时行纪人可转为中介人（与委托人、第三人建立中介关系，收取报酬），如有必要还可作为代理委托人，以委托人名义签约（此时加上了委托代理关系）。

第二个特点：如果是代销，则行纪人不承担销售不出去的风险。

这一点与买卖对比最为明显。以商场与供应商为例，两者之间如果是买卖，则商场应及时结算货款，不能随便退货；如果是代销，则商场卖出去了才向供应商结算货款，卖不出去可以退货。可见对于商场，代销合同更有利。当然，也可以选择买卖合同，但约定更有利的退货条件。

2. “微观—合同条款”方面：

（1）注意“因第三人原因违约”的免责。

如前所述，如果因第三人原因导致行纪人对委托人违约（例如，货款收不回来、货物质量有问题），行纪人需要对委托人承担责任。为此，行纪人要考虑特别增加免责条款，或者改变交易模式。

（2）明确行纪费用和报酬。

费用是行纪活动中的各项成本支出，报酬是委托方应支付的对价。两者性质不同，应分别说明。

3.10 保管、仓储合同

从合同起草审查的角度，保管合同算是简单的仓储合同，审查要点基本相通。这里主要是从仓储合同的角度，保管合同的审查则可以适当简化。

1. “宏观—合同类型”方面。

实务中，保管仓储与租赁之间有不少争议。例如，车位租赁还是车辆保管？保管箱租赁还是保管服务？仓库租赁还是仓储？

其实这两类关系在实质上不难区分，如果不承担妥善储存、保管的义务，只是提供库房或设备设施，则应定性为租赁合同。

从出租方的角度，绝不应该将本来属于租赁的合同误写为“仓储合同”，合同标题应明确为“××租赁合同”，并在合同中明确说明出租方只是提供仓库及设施，不承担妥善储存和保管的义务。

2. “中观—合同形式”方面。

（1）简单的保管和仓储，直接使用保管单或仓储单即可。

保管单或仓储单经双方签名盖章或其他方式确认后，就是一个简单的保管合同、仓储合同。

（2）使用保管合同、仓储合同时，必须有保管单、仓单来证明收到了货物。

一般来说，合同中不宜列明保管货物的具体信息，需要通过保管单、仓单来详细列明货物情况、数量、瑕疵情况。

3. “微观—合同条款”方面。

（1）应明确列明保管措施要求。

（2）对保管方、仓储方来说，必须在入库时明确列明保管物的瑕疵。

（3）从寄存人、存货人的角度，应考虑排除留置权。

否则依据《民法典》合同编第903条的规定，保管人享有留置权。

3.11 运输合同

运输合同也可以理解为一种特殊的的服务合同。作为19种有名合同之一，运输合同在《民法典》合同编第18章有专章规定。根据《民法典》合同编第809条的规定，运输合同是承运人将旅客或者货物从起运地点运输到约定地点，旅客、托运人或者收货人支付票款或者运输费用的合同。

运输合同包括客运合同和货运合同。但考虑到客运一般由乘客直接购票，虽然同样建立客运合同关系，车票、机票这些也算是合同的一种特殊形式，但涉及合同起草审查的内容较少，因此这里不再详细分析，只对货运合同进行分析。

3.11.1 宏观—合同类型

一、运输合同与货运代理合同

货运代理合同，指委托人和受托人约定由受托人为委托人处理货物运输及相关业务的合同。货运代理合同本质上是委托合同的一种，适用《民法典》合同编"委托合同"一章的规定。

货运代理中，受托人（货运代理方）不直接承担运输义务，除从事国际货物运输代理、国内航空货运代理等外，也没有特别资质要求，且对于货物在运输过程中出现的经济损失一般不负赔偿责任（过错责任原则）。

从运输需求方的角度，如果对方直接承担运输义务（包括部分运输义务），则应当是运输合同，不应当是货运代理合同。如果对方不直接承担运输义务，则可以是货运代理合同，此时对方承担的责任会变轻，除非特别约定对方要对运输过程中的损害承担责任。

从受托方的角度，如果没有运输资质，则只能是货运代理合同，再委托给实际承运人运输，而不能签订运输合同，否则将课以处罚。

二、网络货运平台相关模式

随着"互联网+"的发展，运输行业也发生了模式变化，大致梳理如下：

1. 网络货运平台模式。

适用《网络平台道路货物运输经营管理暂行办法》。这种模式下，网络货运平台虽然将货物交由实际承运人运输，但仍作为承运人对托运人承担货物毁损灭失的责任。网络货运平台也需要道路运输经营许可证，经营范围为网络货运。

例如，货拉拉、快狗这样的平台。

这种模式下，网络货运平台与托运人之间也是运输合同关系，只不过双方的合同会采取电子合同的方式。

相关课程：《合同起草审查指南：三观四步法》“电子合同与电子签名”

2. 一般的信息中介平台。

《网络平台道路货物运输经营管理暂行办法》中的网络货运经营不包括仅为托运人和实际承运人提供信息中介和交易撮合等服务的行为。中介平台中，服务方不能直接向托运人收取运费、开具运费发票，仅提供一个信息中介服务，此时双方为中介合同或服务合同关系。

三、运输合同与劳务派遣合同

如果由运输方长期提供车辆、司机提供服务（客运或货运），则这种服务接近于劳务派遣服务。因为运输合同的法律规定明确，对委托人更为有利，因此从委托方的角度，应该从标题、条款上尽量明确定性为运输合同，适当回避“对司机的管理要求”之类可能导致构成劳务派遣的表述。

3.11.2 宏观—合同主体

根据《道路运输条例》等的规定，从事货物运输需要取得道路运输经营许可证。《道路运输条例》第63条规定：违反本条例的规定，未取得道路运输经营许可，擅自从事道路运输经营的，由县级以上道路运输管理机构责令停止经营；有违法所得的，没收违法所得，处违法所得2倍以上10倍以下的罚款；没有违法所得或者违法所得不足2万元的，处3万元以上10万元以下的罚款；构成犯罪的，依法追究刑事责任。特殊货物运输还需要专门的资质，可参见《放射性物品道路运输管理规定》（交通运输部令2016年第71号）等。

缺乏资质可能导致运输合同违法无效。在北京瀛正日尚装饰装璜有限公司与赵某运输合同纠纷案中，[1]法院认为："本案中，鉴于赵某系个人，其本身不具有从事公路货物运输的经营资质，故其与瀛正日尚公司签订的道路运输合同因违反法律法规的强制性规定而应当确认为无效。"运输合同无效的情况下，有过错一方索赔损失、索赔运费都不一定能得到支持或者只能得到部分支持。

相关课程：《合同起草审查指南：三观四步法》"违法合同分析与应对"

因此，对于承运人来说，无资质从事货物运输责任较大，不宜进行；对于托运人来说，则没有必要委托无资质的承运人运输，可以事先审核对方的经营许可证。

3.11.3 中观—合同形式

实务中的货运合同有如下特点：

1. 一般都是格式合同。

因此从承运人的角度，需要对托运人合理提示，需要提示的条款主要是指免除及限制赔偿责任的条款。提示方式包括加粗加大字体、专门确认、显示在合同或单据正面等。

否则，根据《民法典》合同编第 496 条的规定，托运人可以主张该条款不是合同的内容。

相关课程：《合同起草审查指南：三观四步法》"格式条款、格式合同"

2. 经常采取托运单、快递单等单据形式。

合同形式与一般书面合同存在很大区别，常常是表格形式。只要双方签署，同样也是有效的书面合同。

相关模板：532 顺丰快递运单契约条款

3.11.4 微观—合同条款：免除或限制货物赔偿责任条款

《民法典》合同编第 832 条规定：承运人对运输过程中货物的毁损、灭失承担赔偿责任。但是，承运人证明货物的毁损、灭失是因不可抗力、货物本身的自然性质或者合理损耗以及托运人、收货人的过错造成的，不承担赔偿责任。这里的

[1] 北京市第一中级人民法院（2013）一中民终字第 14449 号。

“免除或限制货物赔偿责任条款”是指“对承运人本来应该承担的赔偿责任进行免责或限制责任”的条款。在货物运输合同的起草审查中，这类条款是最能引起争议、最值得关注的。

一、有关该条款的法律要点

根据目前的法规与司法实务，大致要点是：

1. 对于法律、行政法规等特别规定赔偿责任限额的，依照其规定。

《海商法》《国内航空运输承运人赔偿责任限额规定》《邮政法实施细则》等法律法规对海运、空运以及邮政运输等方式下的赔偿责任限额有专门规定。例如，《国内航空运输承运人赔偿责任限额规定》第3条第3项规定，对旅客托运的行李和对运输的货物的赔偿责任限额，为每公斤人民币100元。

实务中这些运输方式下的承运人也不会再约定更低的标准。如果是特殊托运人，双方有可能约定额外的、更高的赔偿责任，这是有效的。

2. 对于没有法规特别规定赔偿责任限额的一般货物运输、快递运输，法律要点是：

（1）大量案例不认可“直接免除或限制赔偿责任条款”的效力。

在北京嘉驰天成科技发展有限公司与北京圆通快递有限公司邮寄服务合同案中，[1]北京市第二中级人民法院认为，根据本案所涉快递运单背面印制的快递须知第6条的规定，非保价快件如发生遗失，按寄件人实际支付寄递费用的2倍赔偿。由于该快递须知是圆通公司为重复使用而预先拟定，在订立合同时也未就该条款与嘉驰天成公司进行协商，故该条款应属原《合同法》第39条第2款规定的格式条款。因该条款存在加重嘉驰天成公司责任、排除嘉驰天成公司主要权利的内容，圆通公司未举证证明其已采取了合理方式提请嘉驰天成公司注意该限制其责任的条款，并已就该条款向嘉驰天成公司进行了说明，故一审法院据此认定该条款无效，符合有关法律规定，二审法院予以支持。

供不特定的托运人重复使用的运输合同或托运单、快递单的条款性质上属于格式条款。目前法院可能根据《民法典》合同编第496条、第497条的规定，以“未合理方式提示”或“不合理的免除或减轻其责任”为由不认可免责或限制赔偿责任的条款。

相关课程：《合同起草审查指南：三观四步法》“格式条款、格式合同”

[1] 北京市第二中级人民法院（2009）二中民终字第08259号。

（2）采取“合理提示 + 允许保价”模式，一般认定有效。

《快递市场管理办法》第 16 条规定：“经营快递业务的企业应当按照快递服务标准，规范快递业务经营活动，保障服务质量，维护用户合法权益，并应当符合下列要求：（一）填写快递运单前，企业应当提醒寄件人阅读快递运单的服务合同条款，并建议寄件人对贵重物品购买保价或者保险服务……”

在 EMS 国内特快专递邮件服务协议中，保价条款以黑体加粗斜体的方式，如图 3–6 所示：

5. 寄件人单件交寄物价值不超过5万元人民币，请对交寄物保价以保全物品价值。贵重物品或超过2000元人民币的交寄物应事先声明并请选择保价服务。承运人无审核交寄物价值的能力和义务，寄件人按交寄物声明价值保价，声明价值在300元（含）以内的，保价费按1元收取；声明价值超过300元的部分，保价费率为0.5%。寄件人应如实申报交寄物实际价值，诚信保价，理赔时提供相关价值证明，超额保价部分无法获得赔偿，承运人退还超额保价的费用。

6. 因承运人原因发生邮件丢失、内件短少、损毁，或邮件传递时限超出承运人承诺时限标准的，承运人将承担赔偿责任，但以下情况除外：

（1）不可抗力（保价邮件除外）。

图 3–6　保价条款的表示方式

从判例来看，这类做法一般被认定为有效。如果用户未选择保价，则只能按约定的赔偿限额得到赔偿；如果选择了保价，则应该按约定的保价金额进行赔偿。

如果承运人确实对“免除或限制赔偿责任条款”有合理提示，但没有提供保价的方案，此时“免除或限制赔偿责任条款”是否有效呢？

会有争议。

一则，何为“合理提示”本来就有争议；

二则，法院仍可以依据《民法典》合同编第 497 条以“不合理的免除或减轻其责任”为由直接认定该条款无效。

（3）物流企业之间运输合同中，责任限制条款更有可能得到支持。

原因是此种情况下未必是格式条款，托运人一方本身作为物流企业更理解运输的风险。

（4）存在长期业务的双方，法院可能基于惯例推定托运人对保价条款知情。

在曹亚军诉顺丰速运集团（上海）速运有限公司公路货物运输合同纠纷案[1]中，法院认为：“曹亚军作为经营者，与顺丰公司在纠纷之前曾有长期合作关系且多次邮寄类似陶瓷易碎品。2018 年之前，顺丰公司于提供的运单背面明确规定

[1] 上海市第三中级人民法院（2018）沪 03 民终 67 号。

了保价条款和赔偿计算方式，上述条款以加粗字体加以注明，曹亚军也认可看到过该内容。2018年之后，顺丰公司采用无纸化下单，但保价条款、赔偿计算方式基本延续之前的约定。故本案中，曹亚军虽选择电话下单，但对于顺丰公司持续采用此类格式条款、保价与否的法律后果是清楚的。尤其是2018年4月，双方就保价与理赔问题发生争议，反复磋商的过程中，曹亚军不可能不知道顺丰公司对于保价条款、限额赔偿方式的约定，顺丰公司提供的保价及限赔格式条款成立并生效。"

（5）即使有责任限制条款，承运人仍要对因故意或重大过失造成的货物损毁、灭失承担责任。

在宁波黄金物流有限公司诉宁波金杯物流有限公司公路货物运输合同纠纷案中，[1]宁波市江北区人民法院认为："原告将货物交付给被告后，但被告未将货物送交给指定收货人，也无法说明货物的去向，应承担相应民事法律责任。虽然被告抗辩称即便赔偿也仅应负担三倍至五倍运费金额，但合同中保价条款仅约定针对货损、货差情形进行限责赔偿，而本案货物涉及未送达或丢失问题，不适用该条约定，故依法判决支持原告的诉讼请求。"

二、免除或限制货物赔偿责任条款的处理

注意这里针对的是没有法规特别规定赔偿责任限额的一般货物运输、快递运输。

根据以上分析，本书建议参照一般做法，采取"合理提示+允许保价"的模式，"只作合理提示、不提供保价方案"或者"提供保价方案、不作合理提示"都可能导致条款效力不被认可。

"合理提示"包括字体加粗加大、特殊颜色显示、托运人专门确认等方式。

"保价方案"可参见下列条款。

相关条款：5291 保价条款 简单　5292 保价条款（收费+赔付规则）

[1] 宁波市江北区人民法院（2013）甬北商初字第728号。

04

第四单元

知识产权类合同

4.1 注册商标转让合同

注册商标转让合同，即注册商标的所有权人将其所持有的注册商标专用权转让给受让人，受让人支付对价。

4.1.1 宏观—合同类型

注册商标转让与注册商标许可使用是两种不同的商业选择，对于期望使用他人商标的一方来说，应根据使用方式和场景，恰当选择许可或转让。

一、商标许可与商标转让

这两者在法律上当然是性质不同的两类交易，两者的选择主要是商业问题。需要注意，商标与动产、不动产和其他知识产权在商业价值上存在一个较为独特的区别，即使用行为对商业价值的影响不同。商标的商业价值受使用行为的影响很大，而其他所有财产往往不会因为一般的使用行为而影响价值。例如，众所周知的“王老吉”商标纠纷中，1997 年广药集团在将“王老吉”许可给加多宝集团时，“王老吉”商标知名度在全国并不算高，但随着被许可人加多宝集团多年的运作和投入，到双方发生争议时，“王老吉”商标已经在全国范围内具有极高的知名度，商业价值据估算已经上千亿。一般认为，商标的商誉不能脱离商标本身，也就是说，无论是谁导致了商标商业价值的增加，商业价值只能由商标注册人享有。

可见，对于期望使用他人商标的一方来说，应根据使用方式和场景，选择许可或转让。考虑要点包括：

1. 如需要将他人的商标单独作为己方商品或服务的商标，并计划在附有该商标的商品上投入较大的财力物力用于宣传或研发，例如，将“王老吉”商标作为己方生产的某种凉茶的商标，应首先考虑将商标转让至己方。

2. 如果因价格等原因暂时无法直接签署商标转让合同，可以采取“商标许可 + 商标转让选择权”的设计。

一旦商标商业价值确实有很大提升，我方经营情况有需要，则可以用约定的价格受让商标。这种做法是有效的，在合同中可以明确约定转让价格、转让的时间、转让条件、违约责任等。

3. 如已方商品或服务上附有已方的商标，但因已方商品或服务中使用了其他方的某零部件或原材料而使用其他方商标，期望通过使用其他方的商标来突出已方商品或服务的特色或质量，例如，在已方生产销售的电脑上使用 Intel 商标以突出处理器来源，可考虑以许可的方式使用。

4. 特许经营中一般以许可的方式使用其他方商标。

二、商标权出资

商标权出资可以理解为一种特殊的商标权转让，将注册商标转让给目标公司，并取得目标公司的一定股权作为对价。此时应注意：

1. 商标权的受让方应为目标公司。

2. 此时出资人所获得的对价为股权，属于非货币形式的收入。根据《企业所得税法》第 13 条的规定，企业以非货币形式取得的收入，应当按照公允价值，即按照市场价格确定的价值确定收入额。因此这有可能给出资人带来较重的税务负担。

从合同的角度，商标权出资既应参考《合同起草审查指南：公司卷》中“出资协议”的起草审查要点，也应同时参考注册商标转让合同的起草审查要点。

4.1.2 宏观—合同主体

1. 转让人应当是注册商标权利人，这可以从商标局网站查询到。

对于国际性的商标转让，必须认识到由于商标权的地域性，必须与各个国家的商标注册人（注册商标的权利人）分别签署协议。如果不是直接与商标注册人签署协议，则必须保证签约主体有代表注册商标权利人签约的权利。

资　料　　苹果公司 ipad 商标纠纷案

苹果公司尚未推出 iPad 平板电脑前，唯冠集团的子公司之一中国台湾地区唯冠在多个国家与地区注册了“iPad”商标，另一子公司唯冠科技（深圳）有限公司（以下简称深圳唯冠）在中国第 9 类商品上也注册了申请号为 1590557 和 1682310 的“iPad”商标（2001

年）。2009 年，中国台湾地区唯冠将“iPad”商标的全部权益以 3.5 万英镑的价格转让给英国 IP 公司，后英国 IP 公司又将“iPad”商标所有权转让给了苹果公司。2010 年 4 月 19 日，苹果公司、英国 IP 公司以深圳唯冠为被告，向广东省深圳市中级人民法院提起诉讼，请求根据中国台湾地区唯冠与英国 IP 公司签订的商标转让协议，判令深圳唯冠在中国拥有的涉案两“iPad”商标归其所有。在这场“iPad”商标纠纷战役中，苹果公司认为自己应该具有“iPad”商标专用权，原因是它认为已经购买了“iPad”商标在全球的专有使用权。但深圳唯冠却认为自己从未作为签约主体也未授权他人出售“iPad”商标。法院经审理后认为，“iPad”商标转让合同系原告 IP 公司与中国台湾地区唯冠签订，被告深圳唯冠没有参与谈判，也没有授权他人处分其商标及订立商标转让合同，且商标转让合同签订人与被告之间的表见代理亦不成立，涉案的商标转让合同对被告无约束力，由此法院判决驳回了 IP 公司和苹果公司的诉讼请求。后来苹果公司支付了 6000 万美元达成和解。

2. 如为共有商标，应由全体共有人共同作为转让人签署合同，否则商标局将对转让申请不予核准。

实务中存在权利人未在商标局登记为共有人的情况，这种未经登记的共有不能对抗善意第三人，包括受让人。

也就是说，受让人只要和商标局登记的权利人进行交易，一般是有保障的。但如果受让人已经知道共有人的存在（此时受让人已经不是善意第三人），即使其未登记，也应该由其确认同意转让。

3. 若受让人为境内自然人，则应符合《自然人办理商标注册申请注意事项》中对申请人的特殊要求，否则将导致商标不能转让，合同目的不能实现。

虽然《商标法》第 4 条规定，自然人对其商品或者服务需要取得商标专用权的，应当向商标局申请商标注册，但是此处所指称的自然人，一般是指个体工商户或农村承包经营户。根据《自然人办理商标注册申请注意事项》的规定，从事生产、制造、加工、拣选、经销商品或者提供服务的自然人，需要取得商标专用权的，应当向商标局申请商标注册，并注意以下事项：

（1）个体工商户可以以个体工商户营业执照登记的字号作为申请人提出商标注册申请，也可以用执照上登记的负责人名义提出商标注册申请；

（2）农村承包经营户可以以其承包合同签约人的名义提出商标注册申请；

（3）其他依法获准从事经营活动的自然人，可以以其在有关行政主管机关颁发的登记文件中登载的经营者名义提出商标注册申请；

（4）自然人提出商标注册申请的商品和服务范围，应以其在营业执照或有关登记文件核准的经营范围为限，或者以其自营的农副产品为限；

（5）办理转让商标申请，受让人为自然人的，应参照上述事项办理。

由此可知，如果受让人为个体工商户、农村承包经营户之外的自然人，则商标转让申请将不能被核准，在此情况下，虽然不影响《注册商标转让合同》的效力，但是合同目的不能实现，转让人有权通过合同约定，要求受让人承担违约责任。对于转让人而言，即使受让人承担了违约责任，由于商标转让申请的核准周期较长，而且一旦发生争议，争议解决的周期也较为漫长，将对转让人向其他方转让商标造成巨大的阻力，且处于争议中的商标在转让时的价值有可能发生一定程度的减损。因此，这对转让人、受让人双方都存在较大风险。

4. 若受让人是在中国没有经常居所或者营业所的外国人或者外国企业，则应当委托依法设立的商标代理机构办理商标相关的事宜，否则将导致商标局对转让申请不予受理。一般而言，《转让注册商标申请书》应作为《商标转让合同》的附件，申请书中有委托商标代理机构的具体条款，此时必须委托在中国依法成立的商标代理机构。

5. 若拟转让商标为集体商标、证明商标，则受让人应符合法律法规对集体商标和证明商标的资格要求。

6. 对于人用药品、烟草制品等商标，受让人应具备相关主管机关出具的生产证明。

否则商标转让申请也不能被核准，使交易不能正常进行。

4.1.3 宏观—合同标的

这一方面，主要是核实注册商标的权利状况，确保转让的注册商标没有权利瑕疵，受让后能正常使用。这就需要对注册商标进行适当“尽职调查”。从注册商标转让的角度，需要核实注册商标的下列方面：

1. 注册商标的基本情况是否真实。

这是最基本的，就像买卖一套房产要核实该房产是否真实存在、房东是否属实一样。

2. 拟转让商标是否处于撤销申请、无效宣告等不稳定状态等。

通过商标局网站查询，拟转让商标是否处于撤销申请、无效宣告等不稳定状态，如商标被撤销或无效宣告，则转让人将失去该商标专用权，《注册商标转让合同》的合同目的不能实现。在此情况下，受让人可以考虑取消交易或暂停交易，待不稳定状态消除之后再行签约。如果基于其商业目的考虑仍决定签署《注册商标转让合同》，则应考虑：

（1）约定转让人有义务维持商标稳定，并约定相关律师费用、代理费用由转让人承担。

（2）将不稳定状态的消除作为受让人支付转让费用的先决条件。

但一般来说，合同中会约定，如果商标最终仍被宣告无效或被撤销，转让人无须承担赔偿责任，受让人无须支付费用及解除合同。

（3）应当注意，即使转让合同中约定受让人有权使用，受让人在商标不稳定期间使用拟转让商标也会存在风险。

3. 注册商标是否被质押。

如果商标已被质押，则需要质权人同意才能转让。《民法典》第 444 条规定，知识产权中的财产权（包括注册商标专用权）出质后，出质人不得转让或者许可他人使用，但是出质人与质权人协商同意的除外。出质人转让或者许可他人使用出质的知识产权中的财产权所得的价款，应当向质权人提前清偿债务或者提存。

此时，处理措施包括：

（1）暂停转让，待出质人与质权人协商一致，或解除质押之后再转让。

（2）双方仍签订转让合同，同时将质权人的同意作为后续履行的先决条件。

（3）双方与质权人共同签订合同，就注册商标转让事宜及质权的处理问题达成一致解决方案。

4. 拟转让商标注册是否满 3 年，在 3 年内是否实际使用。

（1）若拟转让商标注册已满 3 年但是在连续 3 年内未使用，任何单位或个人均有权利向商标局申请撤销该注册商标，商标权的稳定性将存在较大的风险。

受让人可通过公开渠道查证拟转让商标在过去 3 年内是否曾用于商品、商品包装或者容器以及商品交易文书上，或者将商标用于广告宣传、展览以及其他商业活动中，以确认拟转让商标在连续 3 年内曾实际使用。受让人也可以要求转让人提供相应证据。

（2）如仍不能确认转让人在过去连续 3 年中是否曾实际使用该商标，则在合同中应对商标被撤销的后果作出约定。

如约定此种情形下，受让人有权要求转让人退回全部或部分费用。

（3）如拟转让商标在申请核准期间届满3年，且转让人未曾使用或不能确定是否使用，则受让人应在签约后尽快使用该商标。

5. 分析商标是否有成为通用名称的可能性。

根据《商标法》第49条第2款的规定，注册商标成为其核定使用的商品的通用名称的，任何单位或者个人可以向商标局申请撤销该注册商标。因此，即使拟转让商标在签署《注册商标转让合同》时并未处于不稳定状态，但是如果该商标已成为通用名称，或存在成为通用名称的可能性，则在商标受让后存在较大被撤销的可能性。在此情况下，如受让人仍签署《注册商标转让合同》受让该注册商标，除在受让商标后采取措施防止“商标通用名称化”外，建议在合同中由转让人作出保证，并对商标因成为通用名称而撤销后的处置方式和责任承担作出具体约定。

6. 核实拟转让商标外观与注册商标是否一致。

在实践中，存在擅自修改注册商标的情形，即商标注册人实际使用的商标与其注册商标不一致。首先，根据《商标法》第49条的规定，商标注册人在使用注册商标的过程中，自行改变注册商标的，由地方工商行政管理部门责令限期改正，期满不改正的，由商标局撤销其注册商标。其次，如实际使用的商标与注册商标之间的差别导致显著性变化，则实际使用的商标将不受商标法的保护，除此之外，如与其他方的注册商标相同或近似，则有可能侵犯其他方的注册商标专用权，故如受让人拟使用的商标与转让人的注册商标具有显著性变化，其受让获得的是转让人注册商标的专用权，而其实际使用的商标并非注册商标，不享有专用权，既不能受到《商标法》等法律法规的保护，又存在侵犯其他人权利的可能性。因此，建议将受让人拟使用的商标图文与合同（或附件）中拟转让商标的图文以及商标局网站上披露的转让人的商标图文进行对比，确认是否一致。

7. 查询是否存在前一轮转让。

通过商标局网站查询在本次商标转让之前，拟转让注册商标是否存在前一轮的商标转让。如拟转让商标是由转让人从其他地方受让获得的，则应核实前一轮转让是否已经完成，即是否已核准公告。如前一轮转让未核准公告，则对于本轮转让，商标局将不予受理。

此时，商标专用权尚未转移至本轮的转让人，其并非商标注册人，如本轮的受让人基于商业考虑仍需与本轮转让人签署《注册商标转让合同》，则应对拟转让商标在签署合同时正处于转让中的状态予以明示，将完成前一轮商标转让约定为转让人的义务，并将此作为受让人分期支付转让费用的时间节点之一。如前一轮转让被商标局不予核准，虽然本轮转让人并非商标注册人，但是其与受让人签署的《注册商标转让合同》在不违反法律、行政法规强制性规定的情况下依旧有效，转让人应向受让人承担违约责任。

需要特别注意的是，在前述情形下，本轮转让的受让人应谨慎考虑在签署《注册商标转让合同》后至商标专用权转让至己方名下期间，对于拟转让商标的使用问题。此时，商标注册人仍为上一轮转让的转让人，本轮受让人应仔细审阅本轮转让人在此期间内是否有权使用拟转让商标，是否有权转许可，并可考虑将本轮转让人与前一轮转让人之间签署的《注册商标转让合同》作为附件，建议在本轮转让合同中由转让人保证，受让人使用拟转让商标不侵犯任何第三方的权利，如侵犯第三方权利而造成的全部损失，应由转让人独立承担，包括但不限于受让人为争议解决付出的律师费、差旅费等全部合理费用。稳妥起见，建议约定由转让人向受让人提交商标注册人授权转让人使用的《许可使用授权书》，并按照《注册商标转让合同》的约定，写明授权方式、期限和范围等要素。

8. 确认合同签订日是否临近注册商标专用权期限。

通过商标局网站查询拟转让商标的商标专用权期限是否临近合同签订日（距离商标专用期限届满 1 年以内），如临近合同签订日，则应对商标的续展义务作出明确约定，包括续展的时间、费用承担等，建议将此约定为转让人在就本次转让向商标局提交转让申请前需要履行的义务。

在理论上，虽然注册商标可以通过连续续展从而获得永久保护，但是，注册商标每次续展的有效期为 10 年，商标注册人应于商标有效期满前 12 个月内申请续展注册，如在此法定期间内未予申请，还可以依法享有 6 个月的宽展期，故为保持商标专用权，商标注册人的续展时间不应晚于当次商标有效期届满后 6 个月。如未在规定时间内续展，则注册商标将被注销，且在注销后 1 年内，商标局将不会核准与该商标相同或者近似的商标注册申请，此时转让人和受让人均不能成为该商标的注册人。在商标转让过程中，目前商标局对转让申请核准的周期未作具体规定，但一般而言，核准公告的时间一般约为提交转让申请后的 6~12 个月，故若商标专用权期限临近合同签订日，则有可能导致注册商标因未及时续展而注销，应在商标转让合同中将续展约定为转让人的义务。

9. 查询是否存在类似商标。

《商标法》第 42 条第 2 款规定：转让注册商标的，商标注册人对其在同一种商品上注册的近似的商标，或者在类似商品上注册的相同或者近似的商标，应当一并转让。

商标局核准转让申请时，如发现存在上述情况而未一并转让的，会通知限期改正，如不改正，会驳回转让申请。

对此风险，最好通过事先查询转让人名下的所有商标以发现上述情况，一并纳入转让。如果转让人不同意，则退一步考虑在合同中约定出现“商标局根据《商标法》第 42 条第 2 款规定要求限期改正、一并转让”的情况时，转让人应无条件配合且不得另外要求费用。转让人是有可能接受该条款的，否则这种情况下转让将无法进行，也不得不解除合同、退还费用。

4.1.4 宏观—合同程序

一、商标核准程序的法律效力与应对

根据《商标法》第 42 条的规定，转让注册商标应向商标局提出申请，经商标局核准后予以公告。受让人自公告之日起享有商标专用权。对于容易导致混淆或者有不良影响的转让，商标局有权不予核准。

在核准过程中，如果出现《商标法》第 42 条第 2 款规定的“近似商标未一并转让”或其他情形，商标局有可能要求限期改正，否则将驳回申请。

那么这种核准是否属于《民法典》合同编第 502 条规定的“合同应当办理批准等手续”的“批准”呢？是否会影响商标转让合同的效力呢？

对此有一定争议，多数观点认为不影响合同效力。但是如果不能核准，受让人就无法取得商标专用权，实现不了转让的目的。因此在合同中必须就核准未通过的善后措施（解除合同、退款、赔偿等）作出明确约定。

相关条款：5201 商标转让申请手续

商标局目前对申请核准周期未有明确规定，经对 2019 年公开数据的测算平均周期为 6~12 个月，如涉及争议则可能更长。为此商标转让合同中常常要采取“先独占许可，直至核准公告”的方式，使受让人能够尽快实际使用注册商标。此时，受让人与转让人应在《注册商标转让合同》中约定独占许可使用条款，或单独签署《商标独占许可使用合同》作为《商标转让合同》的附件，在此期间，商标注册人不得自行使用、许可他人使用、质押或向第三人再转让该注册商标。独占使用条款中应包括许可期间、许可类型、许可地域等，此种情形下一般应为免费许可。如受让人基于其特殊的商务考虑，选择普通许可或排他许可，则建议明确约

定在此许可期间，受让人对拟转让商标享有独立且完整的诉权。

相关条款：5202 核准前许可

二、商标转让与许可备案

根据《商标法》第43条的规定，许可使用注册商标应备案，由商标局公告，未经备案不得对抗善意第三人。换言之，经过备案的许可，是可以对抗善意第三人的。这里的善意第三人包括受让人。也就是说，如果前面的许可（包括独占许可）已经备案，即使注册商标被转让，原来的许可合同继续有效，被许可人有权继续使用注册商标，且受让方亦应受到原许可合同中对于“独占”和“排他”的限制。

这意味着，如果经查询拟转让的注册商标已经存在经备案的许可，则要根据转让人、受让人、被许可人三方意愿及原许可情况（许可类型、许可期限等），综合考虑：协商解除原许可，或者继续转让，并对原许可的处理作出约定（如费用改由受让人收取）等。

为避免争议，转让合同中要求出让方对在先许可进行披露与保证，保证不存在受让人不知情的其他任何许可。

相关条款：5203 在先许可披露

注意，无论合同中披露的许可是否备案，在注册商标转让后都继续有效，因为此时受让人已经知情，不是善意第三人。受让人只能要求未经备案且受让人不知情的原被许可人不得再使用。

具体内容还可参考相关课程中关于知识产权的“转让不破许可”知识介绍。

相关课程：《合同起草审查指南：常用合同卷》“专利权转让合同”

4.1.5 中观—合同形式

1. 注册商标转让合同应为书面的、比较规范的合同形式。

2. 考虑到商标转让的核准程序，在签订商标转让合同时，可以将申请核准的相关文件、资料一并申请、准备。

从受让人的角度，可以自行负责委托代理机构办理核准事宜，并在注册商标转让合同签订之前或同时，将所有需要转让人签署、准备的材料都准备好，以免之后转让人不配合。

相关模板：12779 商标申请全套文本（商标局2017版）——转让/移转申请/注册商标申请书（商标局2017版）

3. 如前所述，如果在商标核准之前给予受让人独占许可的权利，可以单独签署《商标独占许可使用合同》作为商标转让合同的配套合同。

4.1.6 微观—合同条款

一、商标转让费用与付款方式

一般而言，因商标转让申请核准的周期较长，为降低受让人风险，商标转让费用以分期付款方式支付为宜。实务中常以合同签订日和商标局对转让申请核准公告日作为时间节点，向转让人分期支付转让费用。

针对转让商标调查过程中发现的问题，如在向商标局提交转让申请前存在其他需要转让人履行完毕的义务，则建议评估该义务的完成对本次转让及受让人其他商业目的影响，将相对重要的义务的履行完毕作为转让费用支付的先决条件。

这里说的“商标转让费用”仅指受让人为获得商标而向转让人支付的费用，对于向商标局支付的官费或向商标代理机构支付的代理费用等，一般约定在商标转让合同中。

相关条款：5204 商标费转让

理论上讲，只要双方协商一致，商标转让费用采取其他浮动计费方式（例如，按一定期限内的销售金额的比例）也是可以的。但在实务中商标转让费用多为固定金额。

二、违约责任条款

1. 对于转让人来说，只需要针对受让人逾期付款约定违约责任即可，常见模式是：“逾期付款违约金 + 逾期一定天数有权解除 + 解除违约金”。

相关条款：5205 受让人违约责任

2. 对于受让人来说，违约责任条款更加重要、更加复杂，要分别考虑转让人的多种违约情形。

相关条款：5206 转让人违约责任

4.2 注册商标许可合同

注册商标许可合同，即商标权利人许可他人使用注册商标，被许可人支付费用。被许可人在许可期限内享有商标的使用权，许可期限届满后被许可人不再对商标享有权利。

4.2.1 宏观—合同类型

1. 特许经营模式下多数包含商标许可。

特许经营中常常采取“特许经营合同 + 商标许可合同”配套的方式。对于特许经营中的商标许可合同或条款可以参照本节的合同内容审查，同时要注意与特许经营合同其他内容的衔接，例如，应约定特许经营合同解除终止时，相应的商标许可合同亦一并解除终止。

2. 商标使用权出资。

对于将商标使用权用于对有限公司的出资是否可行的问题，各地做法不统一，某些地区可行。如采取这种方式，则相当于是“出资协议 / 增资协议 + 商标使用权许可协议”的配套使用。除按照“出资协议 / 增资协议”进行起草审查外，也需要参考本节商标许可合同的内容，约定商标许可的类型、许可范围、许可期限等。

4.2.2 宏观—合同主体

从被许可人的角度，主要是保证许可人具有对商标使用权的处分权利。

1. 如果许可人是商标注册人，则可以查看商标注册证，并在商标局网站查询是否属实。

2. 如果许可人并非商标注册人，而是商标注册人允许其转许可，则应需要查看相应授权材料。包括：

（1）查看许可人与商标权利人签订的合同、授权书，看是否有转许可的约定。

（2）商标局网站查询许可人与商标注册人是否已就商标许可进行备案（如有备案）。

（3）可以直接与商标注册人沟通，由商标注册人出具书面文件表明对本次许可无异议。

3. 对于共有商标，部分共有人仍有权以普通许可方式许可他人使用。

具体而言，未经其他共有人同意的情况下，共有商标的部分共有人以普通许可方式许可他人使用时，合同仍有效，被许可人取得该商标的合法使用权。[1]

需要提示的是，即使是普通许可方式，也需要考虑：可能这种许可无法备案（备案需全体共有人同意）；其他共有人有可能会主张权利、发生争议。

如果以独占许可、排他许可方式使用，则应属于无权处分；何况此时无法备案（其他共有人不同意），事实上无法成为独占许可、排他许可。

4. 对于许可人而言，可能要考虑这种情况：被许可人被收购、并购，控制权发生转移。

如果没有特别约定，此时商标许可并不受影响；但有可能使许可人所不愿意许可的主体（例如，竞争对手）实际上获得了商标使用权。为此，有的许可合同中，会特别增加“控制权转移有权终止许可”的约定。

相关条款：5207 控制权变更（商标许可）

4.2.3 宏观—合同标的

一、核实注册商标的权利状况

主要是确保许可的注册商标没有权利瑕疵，被许可人能够正常的使用注册商标。这包括：

1. 注册商标的基本情况，是否真实，是否处于撤销申请、无效宣告等不稳定状态等。

2. 是否被质押？

如果商标已被质押，则需要质权人同意才能转让。《民法典》第 444 条规定，知识产权中的财产权（包括注册商标专用权）出质后，出质人不得转让或者许

[1] 张绍恒、沧州田霸农机有限公司、朱占峰侵害商标权纠纷案，河北省高级人民法院（2015）民申字第 3640 号。

可他人使用，但是出质人与质权人协商同意的除外。出质人转让或者许可他人使用出质的知识产权中的财产权所得的价款，应当向质权人提前清偿债务或者提存。

此时，处理措施包括：

（1）暂停转让，待出质人与质权人协商一致，或解除质押之后再许可。

（2）双方仍签订许可合同，同时将质权人的同意作为后续履行的先决条件。

（3）双方与质权人共同签订合同，就注册商标许可事宜及质权的处理问题达成一致解决方案。例如将许可费用支付给质权人用于清偿债务。

3. 核实商标局网站上披露的许可商标的外观（或《商标注册证》上披露的外观）与被许可人期望使用的商标的外观是否一致。

4. 核实拟使用注册商标的商品或服务范围，是否在注册商标的核定使用范围之内。

许可使用的商品或服务，是指被许可人有权使用许可商标的商品或服务种类。注册商标可以核定使用在多个商品 / 服务上，理论上许可人有权根据所核定使用的商品或服务分别进行许可。假设，英特尔公司在第 9 类“电子产品”上注册了注册号为 1030109 的商标名称为“英特尔”的注册商标，在 100 多个商品上核定使用（见表 4–1）。那么，英特尔公司有权将其 1030109 号“英特尔”商标，在“微处理机”商品上，许可给 A 公司使用，在“计算机电缆”商品上许可给 B 公司使用，在“集成电路”商品上许可给 C 公司使用。

表 4–1 “英特尔”注册商标在商品上的核定使用情况

中央处理器（CPU）	商品类型
0901	微处理机
0913	集成电路
0901	计算机软件和硬件
0901	计算机
0901	计算机外围设备
0901	计算机键盘
0901	计算机存储器
0901	计算机监视器
	计算机打印机
0901	数据处理设备

续表

中央处理器（CPU）	商品类型
0912	计算机电缆
0901	磁带机
……（部分）	……（部分）

综上所述，在许可商标所核定的商品或服务的范围内，许可人既可以授权被许可人在核定使用的全部的商品或服务上使用许可商标，也可以仅授权被许可人在某一个或几个核定的商品或服务上使用许可商标。

对于被许可人而言，需要特别注意的是，应核实其期望使用许可商标的商品或服务，是否在许可商标核定使用的商品或服务的范围内。

假如，第1030109号“英特尔”注册商标未核准在“090634，电子字典”上，如A公司期望在其生产的电子字典上使用“英特尔”商标，则下面这几种作法分别有不同的后果：

（1）未经英特尔公司同意，直接在电子字典上使用。

在此情况下，英特尔公司虽未将其1030109号注册商标核定在电子字典上，但是A公司的使用行为属于《商标法》第57条第2款所规定的，在类似商品上使用与其注册商标相同或者近似的商标的情况，因此属于侵犯英特尔公司商标专用权的行为，将承担侵权责任。

（2）取得英特尔公司的同意，在电子字典上使用。

此时，A公司虽然可以在其生产的电子字典上使用“英特尔”商标，但是因“英特尔”商标未核准在“090634，电子字典”上，A公司不得使用注册商标标记（仅注册商标可以标明“注册商标”或者注册标记），否则根据《商标法》第52条，地方工商行政部门有权利对此进行制止、通报、罚款。

（3）通过《注册商标许可使用合同》取得英特尔公司对0901群组与“电子字典”相似的商品的授权许可，同时在许可合同中约定，由英特尔公司新申请“英特尔”商标，核定在“090634，电子字典”上，并将新申请商标一并许可给A公司使用。

二、商标存在在先许可的处理

商标的多重许可问题在实务中经常出现，处理上存在争议。

这里的多重许可肯定至少包含一个非普通许可，导致权利冲突；如果都是普通许可，则多个许可之间并行不悖，并没有什么问题。现在将存在冲突的多重许可分成几种情形归纳如下：

第 1 种情形：在先许可未备案，在后被许可人不知情。

此时在后许可应继续有效。如果在后许可申请了备案，则备案后的在后被许可人有权要求在先但是未备案的被许可人停止使用。

因此，只要查询相关商标权的许可公告未发现有在先的许可，就可以签订商标许可使用合同，并尽快备案。

第 2 种情形：在先许可未备案，但在后被许可人知情。

此时存在争议，这种争议来自几方面：

（1）如何证明在后被许可人知情？这本身就会产生很大争议。

（2）在后的许可合同是否属于“恶意串通损害他人合法权益”？

（3）在后的许可如果再进行备案，那么是否可以优先于在先的未备案的许可？

考虑到此时的在后被许可人知情、并非“善意”，在先的被许可人仍可以主张继续有效，因为《商标法》第 43 条第 3 款只是说“商标使用许可未经备案不得对抗善意第三人”，并非不能对抗“非善意第三人”。

上面这几个方面都存在一定争议。[1]

因此，在已经知道存在在先许可的情况下，“恶意的”在后被许可人存在风险。所以在实务中，在后被许可人一般不会在在先许可未备案的前提下，在协议或书面文件中明示自己对在先许可知情，这将陷自身于不利。

第 3 种情形：在先许可已经备案。

此时就不存在在后被许可人“不知情”的问题；即便真的不知情（善意），在先的经备案的许可也可以对抗善意第三人。

需要注意的是，虽然在商标局的“商标公告查询”中只能查到许可事项，并不能看出具体许可类型，但一般认为，在后的被许可人应当尽到必要的注意义务，查明在先许可的权利范围。[2]

（1）在先许可为独占许可或排他许可。

此时，未经在先许可人同意的情况下，不应该再行许可（无论是哪种许可）。否则在先的被许可人不仅可以要求许可人承担违约责任，也可以直接提起诉讼要求在后的被许可人停止使用、赔偿损失。在后的被许可人构成商标侵权行为。

---

[1] 参见凌宗亮：《商标重复许可使用纠纷的司法裁判》，载《人民法院报》2014 年 2 月 19 日，第 7 版；徐晓颖：《商标使用许可备案对抗制的理解与适用——以商标多重许可为视角》，载《天津法学》2018 年第 1 期；《上海市高级人民法院 2016 年知识产权审判系列研讨会回顾（一）》，载微信公众号“上海知产法院”2017 年 1 月 13 日。

[2]《商标使用许可备案之对抗效力——备案与否？差异不止一点点》，载微信公众号“恒都国际律师集团”2019 年 5 月 15 日。

已备案的许可可以对抗善意第三人，在后的被许可人主张其不知情、善意，不构成有效抗辩。

（2）在先许可为普通许可。

此时仍然可以再进行许可，只是在后的许可（无论是否备案、无论是否独占或排他许可）不能影响在先的许可。

因此，如果准备进行独占许可或排他许可，则需要考虑在先许可的期限、潜在影响等，再决定是否进行。

综合来看，律师应注意：

1. 如果之前存在独占许可或排他许可，无论是否备案，再进行许可都会导致较严重的争议。

此时需要权衡利弊，最好能与在先被许可人达成一致。

2. 无论如何，一旦签署商标权许可合同，就应及时办理备案。

三、理论上非注册商标也可以签订许可使用合同

《商标法》未禁止非注册商标的许可使用，但因为这种商标的价值不高，且可能因为第三人注册影响使用等，在实务中比较少见。

如果确需将非注册商标许可使用，应考虑尽快申请注册商标，同时在合同中应说明该商标实际情况，并明确约定哪一方有权申请注册商标。

4.2.4 宏观—合同程序

商标许可合同存在一个重要的备案程序。

1. 商标许可合同备案有类似登记对抗的效果。

《商标法》第 43 条第 3 款规定，许可他人使用其注册商标的，许可人应当将其商标使用许可报商标局备案，由商标局公告。商标使用许可未经备案不得对抗善意第三人。

这种备案的效果类似于登记，因为能够起到对抗善意第三人的效果。因此在《合同起草审查指南：三观四步法》中将这种“备案”与物权登记、专利权登记一样归于“权利登记”的范畴。

备案不影响合同效力，被许可人在备案前就可以根据合同约定使用注册商标。

2. 律师要主动提示、安排当事人办理商标许可备案事宜。

对于独占许可或排他许可，这种备案是很有必要的，可以避免许可人又再次许可第三方使用注册商标。因此在合同中应该明确约定许可人有义务办理备案手续，可以将备案手续作为支付后期费用的先决条件。

对于普通许可来说，进行备案也很有意义。否则，如果许可人又与第三方签订独占许可或排他许可，或者许可人转让商标，都会影响到被许可人继续使用该注册商标。

3. 如果多个商标许可合同均未备案，则有的观点认为在先的许可优先，有的认为应平等保护，均有权继续使用，但这显然是一种不应该出现也不稳定的的局面。当事人应该在商标许可合同签订后尽快办理许可备案。

4.2.5 中观—合同形式

1. 商标许可合同应采用书面形式，否则无法进行相应的备案手续（备案时需要提交许可合同），而且无书面形式会使双方的权利义务没有保障。

2. 因为备案手续的存在，实务中会存在类似“阴阳合同”的做法。

即双方提交给商标局备案的是一份简要的商标许可合同，而双方另外签订了一份比较详细的商标许可合同。这种做法并不影响合同效力，也不能算是违法。

一般来说，这个“备案版”与“详细版”不应该有冲突，“备案版”只是简单一些。此时可以在“详细版”的商标许可合同中明确约定“本合同与双方签署的其他文件（包括用于备案的商标许可合同）有不一致的，应以本合同约定为准”。但即使如此也必须审核，保证许可商标及其注册证号、许可使用的商品范围、许可使用期限、许可类型等关键条款，“备案版”必须与“详细版”保持一致。

4.2.6 微观—合同条款

一、“许可类型 + 许可期限 + 许可地域 + 许可商品与服务”相关条款

注册商标许可合同最重要的问题是确定许可的使用权范围。如果是商标权转让，则只能是完全转让，不考虑共有的情况下，一件商标不存在部分转让（只能多件一起转让）；而许可却可以通过许可类型、许可期限、许可地域等，将一件注册商标的使用权以多种方式灵活拆分。这个拆分大体通过“许可类型 + 许可期限 + 许可地域 + 许可商品与服务”这四者的组合来实现。换言之，这四者的组合决定了注册权商标许可合同的标的，决定了被许可人拿钱买到的是什么。

1. 许可类型。

商标使用许可包括三类：独占使用许可、排他使用许可、普通使用许可。

如果仅被许可人有权使用许可商标，许可人不得自行使用且不得许可任何第三方使用，则应选择的许可类型为独占使用许可；如果被许可人有权使用许可商标，许可人也有权自行使用但不得许可其他方使用，则应选择的许可类型为排他使用许可；除被许可人有权使用许可商标外，许可人有权自行使用，亦有权许可其他方使用，则应选择的许可类型为普通使用许可。

建议避免使用前述类型之外的其他称谓，例如，"独家许可"等；除明确许可类型外，建议同时以使用场景对前述许可类型作具体解释。独家许可并非商标法规定的概念，虽然一般情况下可能被理解为"独占使用许可"，此种方式可能导致争议。

法律法规未明确在未约定许可类型时的处理方式。但考虑到《商标法》第 43 条第 3 款规定了许可备案制度，备案时必然要明确许可类型。如果未备案也未明确许可类型，那么因为无法对抗善意第三人，则其事实上只能是普通许可。

相关条款：5208 商标许可类型

注意不同许可类型下被许可人的诉权不同。根据《最高人民法院关于审理商标民事纠纷案件适用法律若干问题的解释》第 4 条、《商标法》第 60 条的规定，在发生注册商标专用权被侵害时：

（1）独占使用许可合同的被许可人可以向人民法院提起诉讼；

（2）排他使用许可合同的被许可人可以和商标注册人共同起诉，也可以在商标注册人不起诉的情况下，自行提起诉讼；

（3）普通使用许可合同的被许可人经商标注册人明确授权，可以提起诉讼。

2. 许可期限。

相关条款：5209 商标许可期限

（1）许可期限一般约定。

如无特殊考虑，建议许可期限自合同生效后开始。

根据《商标使用许可合同备案办法》以及《商标使用许可备案表》填表说明的要求，许可期限超过注册商标有效期（商标专用权期限）的不予备案，但是这并不意味着超过有效期的许可合同无效。如许可合同签署日临近注册商标有效期届满（注册商标有效期届满前 12 个月内），则建议约定由许可人申请续展后，再就许可合同进行备案。

如双方期望许可期限超过注册商标有效期，例如，某商标有效期的剩余时间为5年，但双方计划许可期限为10年，此时，可通过签署补充协议或者约定优先续约权等方式实现。

（2）许可期限到期时的特殊安排。

相关条款：5210 许可期限到期安排

（3）自动顺延安排。

对于按照使用期限计费（例如，每年100万元）或按使用数量计费的许可方式，双方有可能约定自动顺延，但一般会同时约定，任何一方有权提前书面告知终止。

3. 许可地域范围。

许可地域范围不能超过其注册的国家或地区，否则不仅不能获得当地法律的保护，还有可能侵犯其他方的权利，承担侵权责任。如A公司仅在中国享有 × 商标专用权，若A公司许可B公司在全球范围内使用 × 商标，则B公司在中国使用 × 商标，将受到中国《商标法》的保护，但如果B公司在中国之外使用 × 商标，既不能获得当地法律的保护，也不能获得中国法律的保护。

在注册的国家或地区范围之内，可以进一步限定许可区域，但被许可人需要确保该区域能满足己方生产经营的需要。如果超出许可区域使用，则被许可人既是违约，也构成侵权。

相关条款：5211 许可地域

4. 许可商品与服务。

如前所述，许可人既可以授权被许可人在核定使用的全部商品或服务上使用许可商标，也可以仅授权被许可人在某一（几）个核定的商品或服务上使用许可商标。因此表现在条款上有两种模式：

第一种模式：商标在核定的全部商品或服务上使用。

一般可表述为：被许可人有权在许可商品核定的商品和服务的范围内按本合同约定使用注册商标。

第二种模式：商标限定在部分商品或服务上使用。

一般可表述为：被许可人的使用许可授权仅限于下列产品和服务，产品和服务如需要变更，应经许可人同意并另行签署协议。

第二种模式下，被许可人应确保符合己方的生产经营发展需要。

二、商标许可使用费条款

一般而言，许可使用费的付款模式可以分为固定费用模式和浮动费用模式。

固定费用模式下，可以是一次性付款，也可以是分期付款。许可备案程序完成常常作为一个付款节点。

浮动费用模式，是指以与生产销售相关的比例作为许可费用的计算依据，主要参考一定期限内的销售额或一定期限内使用商标的数量，并可根据需要加入最低固定费用等多种许可费用组合。

此两种付款模式并无优劣之分，主要基于商业上的考虑。但后者在合同条款上更复杂一些，需要考虑明确被许可人定期提交生产销售数据的义务，即定期报告义务以及许可人查询相关数据的权利，包括会计账册、库存单等。许可人还可以考虑增加被许可人数据造假的严重违约责任。

相关条款：5212 商标许可使用费

上述条款分别列出了几种方式。如果是几种组合，则可以明确商标许可使用费由几部分构成，分别说明各部分的标准和结算支付时间即可。

三、违约责任条款

除一般的逾期付款违约责任外，对于许可人来说，比较重要的是，就“被许可人超出许可范围使用”约定一个比较清晰的违约责任，可以采取“固定违约金 + 按使用数量计算违约金”的组合，并约定以较高者为准的违约金计算方式。

相关条款：5213 超范围使用违约责任（按百分比计） 5214 超范围使用违约责任（按数量计）

4.3 著作权类合同综述

商标权、专利权、著作权同为知识产权，都存在许可、转让等合同类型，有一定相通之处。但总体来说，著作权类合同更为复杂、多样，有必要适当归纳。

《著作权法》第 62 条规定，“本法所称的著作权即版权”。本节中，版权、著作权两个词含义相同，均有使用。

特别说明的是，我国《著作权法》分为著作权和与著作权有关的权利，后者又称邻接权。广义的著作权也包括邻接权。从合同起草审查的角度，著作权有关合同与邻接权有关合同大体相通，因此本节中的著作权采取包括邻接权在内的广义概念。

4.3.1 著作权类合同及相关合同类型概览

著作权类合同包括多种合同类型，在具体业务中往往还涉及一些并不直接以著作权为标的的合同类型。本节大致分类如表 4–2 所示：

表 4–2　著作权合同及相关合同类型

以著作权为标的	与著作权密切相关的合同
1. 委托创作类 （1）委托创作类 （2）其他创作类：合作创作、委托代笔合同 2. 著作权转让合同 （1）一般著作权转让合同 （2）软件著作权转让合同 3. 著作权许可使用合同 （1）典型著作权许可使用合同 （2）特殊许可类合同 a. 互联网平台作者入驻协议 b. 衍生品开发许可合同 c. 影视发行类合同 4. 其他著作权为标的的合同 （1）著作权出资协议 （2）著作权质押合同	1. 肖像权、姓名 / 名称权许可合同 2. 真人真事许可创作合同 3. 演艺经纪合同 4. 劳务聘用类合同 5. 邀请演出类合同 6. 广告类合同 7. 融资及合作摄制类合同 8. 其他买卖、租赁、服务类合同

上述合同类型已经包括了实务中绝大部分著作权相关的合同类型。除上述这种分类方法外，我们还可以以具体某个行业、某个文化娱乐产品的创作、开发利用流程来归纳这些合同。如表 4–3 所示，影视剧制作发行过程中，一般会涉及下列合同：

（表 4–3 所列阶段仅供参考，在实际运作时可能灵活运用在其他阶段）

表 4–3　影视剧制作发行各个阶段与相应合同

阶段 / 类型		合同模板	合同类型
前期融资		电影联合投资摄制合同	融资及合作摄制类合同
		电视剧联合投资摄制合同	融资及合作摄制类合同
		影视剧融资居间类合同	其他买卖、租赁、服务类合同
前期广告招商类		10756 影视剧品牌植入服务合同 10758 影片贴片广告发布合同 10759 影视作品项目赞助合同	广告服务类合同
		10757 贴片广告招商委托合同	居间合同（其他买卖、租赁、服务类）
影视制作阶段	剧本创作、许可、转让	10417 影视作品剧本版权转让合同	著作权转让合同
		10416 剧本委托改编合同	委托创作合同
		10415 剧本委托创作合同	委托创作合同
		10770 文字作品许可使用合同	著作权许可使用合同
	其他元素创作、许可	10773 影视作品音乐使用许可合同	著作权许可使用合同
		10774 影视作品歌曲演唱合同	委托创作合同
	人员聘用	10349 影视作品导演聘用合同 10341 影视作品演员聘用合同 10344 影视作品剧组工作人员聘用合同	可能是直接与个人签订的个人劳务（雇佣）类合同，也可能是委托创作合同、服务类合同
	配套买卖、租赁、服务	10782 影视剧组餐食供应合同 10781 影视剧组车辆包租合同 11191 影视作品置景服务合同	其他买卖、租赁、服务类
宣传发行阶段	发行类	10797 影片分账发行合同 10798 影片买断发行合同 10801 电视剧信息网络传播权许可使用合同（视频网站） 10802 电视剧播映权许可使用合同（电视台）	著作权许可使用合同
	营销宣传类	10789 影片宣传策划服务合同 10793 影片海报制作合同	其他买卖、租赁、服务类

可以看出，虽然上述所列的合同类型看似很多，但其实也都属于前面所说的这几种合同类型。

上面所列的“著作权质押合同”，与一般的质押合同基本相通，参考：

相关课程：抵押 / 质押合同

“著作权出资合同”，可以理解为“出资协议 + 著作权转让 / 许可合同”的组合（知识产权许可使用权能否作为出资存在争议），参考：

相关课程：出资协议

本部分内容不再专门说明。

4.3.2 著作权类合同中“三观分析法”的共通要点

因为著作权自身性质上的特点，著作权类合同有一些共通性的起草审查要点，我们先作适当归纳。

这些共通性的要点重点体现在著作权的委托创作、许可、转让合同这三类（尤其是许可类合同）之中，其他著作权有关的合同也应适当参考。

我们利用“三观分析法”框架逐项说明这些特点。而接下来的各类具体合同的分析中，不再重复这些要点。

4.3.3 宏观—合同类型

一、合同类型的辨析与选择

1. 著作权的许可与转让界限不那么清晰。

对比实物资产的租赁与买卖，区别明显，界限清晰。著作权的许可与转让则不是这样：甲将著作权转让给乙，与甲将著作权长期的独占许可给乙，实际效果基本类似；独占许可还是普通许可，虽然都是许可，差别又很大。

也正因如此，在实务中，有时候著作权许可或转让合同会“名实不符”，需要律师调整；有时候律师需要根据当事人的需求，将许可改为转让或将转让改为许可。

2. 许可、转让、委托创作还是原著的权利转让、许可。

例如，影视行业常说的“买剧本”，就可以同时对应这几种关系，律师应为当事人适当选择：原著小说的影视改编权转让、原著小说的影视改编权许可、剧本委托创作、剧本许可、剧本转让等。

3. 只要是个人提供服务（包括创作、演出等各类服务），都要考虑是否构成劳动关系，不构成劳动关系时也需要考虑雇主责任风险。

后文有对“个人劳务聘用类合同”的分析。

二、著作权类合同的违法风险不大

实务中公司类合同、承包经营类合同、建设工程类合同等领域常常要注意违法风险。这几个领域，法律规制比较多，实务中违法的交易模式也较多，常常会出现“合同虽然这样约定，但其实违法”的情况。因此，在起草审查时，律师常常重点审查和解决违法风险问题。

但是，著作权类合同以及文化娱乐行业中所使用的一般合同，在整体上的违法风险不大。总体来说：

（1）法律对交易模式的规制并不多，只要当事人协商一致采取这种交易模式，一般都是有效的。

律师的重点是判断这种交易模式是否符合当事人的交易需求，权利义务约定是否清晰、准确。

（2）违法、无效风险主要在微观层面，并不是在交易结构层面。

例如，署名权的转让约定很可能无效，演艺经纪合同中的违约金可能约定过高不能全部得到法院支持。但这不足以导致整个合同无效，总体上交易仍然可行。

当然，所谓“违法风险不大”是相对而言的，本节中会有一些著作权类合同的违法风险提示，请予以注意。

4.3.4 宏观—合同主体

一、需审核版权链

这个问题与合同主体、合同标的都相关，可以说是著作权类合同起草审查中最重要又最常见的问题。

我们必须认识到，一项作品的产生往往涉及肖像权人、著作权人、演绎者、邻接权人等多个主体的多项权利，如图 4–1 所示：

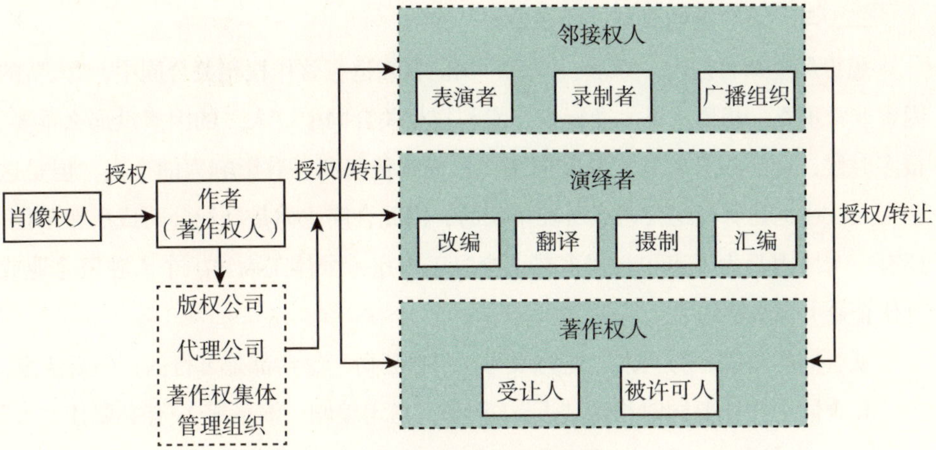

图 4-1　著作权类合同版权链

因此，要利用一个作品，往往不是取得一个权利人的一项授权即可，需要同时考虑下列多个方面：

（1）权利人的权利来源链条。

如果这项权利几经交易，应向前查验版权链上各个权利人是否经过前手权利人的授权，其交易是否相连且无断裂，权利人是否有权处分该作品著作权（包括是否超出原权利范围处分），确保作品著作权沿革情况完整。

（2）相关权利人的授权。

作品在实务中的使用往往较为复杂，常常需要邻接权人、关联作品作者的相关授权等。如果使用者未经相关权利人的许可，则可能侵犯他人知识产权等，影响作品的开发利用。

（3）肖像权等人格权人的授权、同意。

摄影、影视类作品，常常涉及肖像权许可问题。以真人真事改编的文学、影视作品，都涉及当事人本人或亲属授权同意的问题。

有时这种权利不那么明显。例如，影视剧的植入广告合同中，广告主可能与影视剧制作方约定广告主有权对植入内容作进一步使用，例如，拿影视剧中涉及演员和植入品牌产品的片段、剧照进行宣传。此时就需要意识到，这还涉及演员肖像权的授权。

上述只是“一项著作权”的链条。而像电影这样的大型作品，还需要同时考虑多项权利（原著小说、剧本、音乐，甚至建筑物、外景地等）的授权链条。

因此，审查著作权类合同时，需对版权链进行一定的“尽职调查”。

二、与"人"签约或与"所在公司"签约

想想那些知名艺人、导演、作家，我们就知道在著作权相关合同中，"人"的因素非常重要。相比之下，商标权、专利权相关合同中"人"的因素没那么重要。很多时候，交易的对象其实是掌握著作权或其他权利、有影响力的个人，但是这些个人往往也是有经纪公司或所在单位的，因此合同主体是经纪公司或所在单位。还有一个原因是为了避税，很多艺人会以工作室（个体工商户、个人独资企业或合伙企业）名义签约。

从合同的角度，与"人"签约或与"所在公司"签约都是可行的，但要注意：

1. 合同中往往要同时指定"人"（例如，指定编剧、演员等）；有必要让"人"（如艺人、作者本人）同时签署文件，确认对著作权的归属和使用、相关合同无异议。有时也会同时让"人"与"所在公司"共同作为合同主体。

2. 对于著作权的许可、转让，无论合同与谁签署，都必须取得权利人本人的书面同意确认。

3. 直接与"人"签约时，要同时考虑双方关系定性问题。

如果成立劳动关系，包括成立事实劳动关系，则必须履行用人单位的权利义务，否则即应明确否定劳动关系，同时双方关系应符合非劳动关系的特征。

即使不是劳动关系，仍应考虑雇主责任风险。例如，影视剧制作方需要对所聘演员在拍摄过程中受伤承担责任，虽然双方并不是劳动关系。后文会对"劳务聘用类"合同进行说明。

三、"剧组"作为合同主体的问题

"以著作权为生"的影视行业中，有一个特殊的主体——剧组。在影视剧拍摄过程中，这个剧组常常要管理很多人和物资，要对外签约。

严格来说，"剧组"不是一个合格的民事主体，也不能作为独立诉讼主体。但在实务中，以"剧组"名义对外签订的合同仍有效，只是权利义务由影视剧的制作方承担。

"剧组"的公章应该依据规定去公安局备案。例如，《北京市公安局公章审批办理指南》中规定，电影、电视剧摄制组刻制公章，应持拍摄单位营业执照副本原件和复印件、拍摄单位介绍信以及证明拍摄资料的相关材料。

四、著作权共有

著作权可以共有，并且在著作权登记时登记多个权利人。根据《著作权法》第 14 条的规定："两人以上合作创作的作品，著作权由合作作者共同享有。没有

参加创作的人，不能成为合作作者。合作作品的著作权由合作作者通过协商一致行使；不能协商一致，又无正当理由的，任何一方不得阻止他方行使除转让、许可他人专有使用、出质以外的其他权利，但是所得收益应当合理分配给所有合作作者。合作作品可以分割使用的，作者对各自创作的部分可以单独享有著作权，但行使著作权时不得侵犯合作作品整体的著作权。”

因此，对于共有著作权的转让、出质、专有许可，应与全部著作权人共同签署。对于非专有许可，可以与其中某一个著作权人签署，但一般来说，也会适当征询其他共有人的意见。

4.3.5 宏观—合同标的

一、质押的著作权未经质权人同意不得转让、许可

《民法典》第444条规定，以注册商标专用权、专利权、著作权等知识产权中的财产权出质的，质权自办理出质登记时设立。知识产权中的财产权出质后，出质人不得转让或者许可他人使用，但是出质人与质权人协商同意的除外。出质人转让或者许可他人使用出质的知识产权中的财产权所得的价款，应当向质权人提前清偿债务或者提存。

对于未经质权人同意的转让、许可合同，司法实务中有认为无效的，也有认为有效的，但无论哪种，质权人都可以要求受让方、被许可方不得使用。

可见，质押后的著作权未经质权人同意就直接签署转让、许可合同是难以实现合同目的的。

二、在先许可的影响

著作权转让与许可，均应审查拟转让的著作权是否存在在先的权利许可，例如，转让人与其他第三方之间存在独占许可的著作权许可使用合同，这将会严重影响受让人或被许可人对作品的利用。

以下以受让人为例，说明一下起草审查措施：

1. 审查是否存在在先许可的措施。

（1）受让人可通过中国版权保护中心进行查询是否存在在先许可，如存在在先许可并经备案，此时可要求转让人出具在先许可的相关合同或文件，查看该文件具体约定。

（2）要求转让人在合同中真实、全面地披露在先许可情况。

2. 合同起草审查建议。

如果存在在先许可，可采取以下措施：

（1）将转让人与在先被许可人解除在先权利许可作为签订转让合同的条件，或作为履行转让合同后续义务的先决条件。如果在先权利许可无法解除，可以停止交易或解除合同。

（2）约定转让不影响在先权利许可，此时转让人应当明确声明已有的在先许可情况，说明在先许可的被许可方、许可范围、期限等；受让人可与转让人协商降低转让费用、约定许可使用费等收益自受让人受让著作权之日归属于受让人等，同时还应约定相关通知义务。

如果不存在在先许可，则应采取以下措施：

（1）要求转让人承诺声明拟转让著作权不存在在先许可；

（2）匹配违约责任，包括解除合同、违约金、其他在先许可的收益应归受让人所有等。

参考后文“专利权转让合同”中的“知识产权的‘转让不破许可’与合同起草审查”。

4.3.6 宏观—合同程序

1. 著作权的备案、登记程序

（1）根据《民法典》第444条的规定，著作权出质的，质权办理出质登记时设立。

因此，著作权质押合同必须考虑质权登记手续的办理。如未办理，不是是否能对抗第三人的问题，是根本没有质权。

（2）根据《著作权法实施条例》第25条的规定，著作权专有许可使用合同、转让合同可以向著作权行政管理部门备案；根据《计算机软件保护条例》第21条的规定，软件著作权专用许可使用合同、转让合同可以向著作权行政管理部门认定的软件登记机构（中国版权保护中心）登记（这种登记实质上类似于备案）。

对于上述备案、登记，尚无法定的确权及对抗第三人的效力，但不能说没有任何公示效果。如果已经备案、登记，就有理由主张后续损害备案、登记的在先权利人的合同是“恶意串通损害他人合法权益”。因此，重要的著作权转让、专有许可合同签署时，受让方、被许可方也应在合同中约定应办理备案措施，可将备案措施的办理作为付款节点安排。

（3）对于还没有登记的著作权，可要求对方先办理著作权登记。（见表 4–4）

表 4–4　作品著作权登记与著作权合同备案的异同

对比项		作品著作权登记	著作权合同备案
异	适用场景	著作权原始取得或继承遗产、接受遗赠取得著作权的，可进行作品著作权登记	1. 通过转让、赠与等方式继受取得著作权的，著作权转让合同、许可合同可备案
	申请主体	著作权人或代理人	转让方 / 许可方、受让方 / 被许可方、代理人
	作用	著作权登记采自愿原则，仅系证明权属的初步证据，并非取得权利或行使权利的前提	著作权合同备案仅根据双方当事人的意愿进行，并非法律强制性规定，但备案是一种公示，在发生纠纷时相应合同的证据效力较强，有一定公示效果
同	办理机关	中国版权保护中心（CPCC）	

4.3.7　中观—合同形式

1. 著作权类合同一般都要采取书面形式。

有一些是法律的要求（如《著作权法》第 27 条对著作财产权转让合同书面形式的规定、《著作权法实施条例》第 23 条对著作权许可使用合同书面形式的规定），更重要的是避免争议、明确约定权利义务的需要。

2. 著作权类交易中简单的免费许可、配套的保密文件，常常可以采取声明、授权文件这样的单方文件形式。

3. 著作权类合同往往要考虑一些配套文本，包括：

（1）配套保密协议、保密声明等。

这些文件同样涉及“人”和“所在公司”两个层次。与“所在公司”签约时，同时要求具体参与的“人”签署保密协议或保密声明。

（2）合同履行中相关人员的著作权、肖像权等方面的声明。

例如，与编剧所在的经纪公司签约，同时由编剧本人签署声明确认著作权归委托方。

（3）肖像权、人格权相关人员的授权或同意文件。

（4）可能对著作权有争议的相关方。

著作权的归属不像“房产、股权”那样明确。如果对著作权的归属有疑问，就应该尽量让可能对著作权主张权利的相关方确认一下。

（5）其他证明“版权链”完整的文件。

（6）著作权登记、备案手续所需材料。

这样签约后，就可以直接拿着这些材料去办理相应登记或备案。

4.“阴阳合同”问题。

2018 年的影视行业“阴阳合同”问题曾轰动一时。从合同起草审查的角度，应注意：

（1）对于当事人内部来说，“阴阳合同”有冲突时，应以“阴合同”为准，因为这是当事人的真实意思表示。

为避免争议，应在协议中明确约定，“本协议与双方签订的 ××× 不一致时，以本协议为准”。

（2）从税务违法的角度，违法的风险较大，甚至可能构成犯罪，律师应向当事人提示风险。

4.3.8 微观—合同条款

1. 权利范围条款。

对于实物物权来说，各方不太可能拆开来交易（虽然在少数情况下也会有物权的共有），因此合同中也不太需要对实物的权利范围作过多描述。但作为无形资产的版权就大不相同。

根据《著作权法》的规定，著作权的权利种类可分为 17 种，第 5~17 种均可以许可和转让。同时，这些权利种类还可以结合地域、期限、具体使用场景 / 渠道进行几乎无限的拆分和组合。另外，“权利范围”是著作权交易的重中之重，一字之差就影响巨大（例如，许可范围是“全球”还是“全国”，差之千里）。

因此，“权利范围”条款几乎是所有著作权类条款中最重要的条款，必须认真审核。（见表 4–5）

表 4–5 “权利范围”条款结构

“权利范围”条款结构	著作权许可	说明
权利种类	选择适当的全部类型或多种类型	《著作权法》第 10 条第 5 项至第 17 项规定的权利，第 4 章规定的邻接权各项权利，《计算机软件保护条例》第 8 条第 3 项至第 9 项规定的权利； 注意虽然从法律上说，这些权利可以分别许可，但实际上必须多种权利结合才能满足实际运用的需要； 合同条款中还常常会对这些权利种类进行定义说明
地域	全球、分国别、分行政区域	全球或按国别进行许可较为常见
期限	具体的期限，也可以约定是“从协议生效之日起至作品著作财产权保护期满之日止”	不应超过著作权本身受法律保护的期限
许可类型	非专有使用权、专有使用权； 普通、独家、排他	《著作权法》只有“专有使用权、非专有使用权”（《著作权法》第 26 条），专有使用权如无特别约定，则只有被许可人能使用，著作权人也不能再以同样方式使用； 《著作权法》上没有“独家”“排他”的定义，如使用则必须在合同中明确定义。一般而言，“独家”相当于“专有使用权”，“排他”则指除被授权人、授权人外，其他任何主体不能使用； 实务中，一般除约定许可类型外，一并对该许可类型进行定义说明
再许可		被许可人是否可以再许可其他人使用
具体使用场景	从创作开发的作品、商品类型角度	列举需要利用该著作权创作、开发的作品、商品
	从许可发行渠道角度	以电视剧为例，包括网络平台、电视台等，可以细分到指定某具体网络平台
	从语言版本角度	文字作品的许可可划分不同语言版本分别许可
	具体使用安排	例如，影视剧播出的时间、进度安排
兜底补充	限制性约定或扩充性约定	“除明确列出的以外，被许可人无权以其他方式使用”——这是限制性约定； “除上述所列以外，被许可人因本合同约定的具体使用场景所需要的合理使用亦在许可之列”——这是扩充性约定

著作权许可合同最有可能从上述各个方面进行拆分式的、详细的约定。著作权转让合同则在部分权利转让时需要参考上述约定，但不需要约定许可类型、

期限、再许可事项。委托创作、合作创作对著作权的归属、使用约定可以参考上述结构。

对权利范围进行说明时，可适当运用《合同起草审查指南：三观四步法》中“微观—合同语言篇”所提到的“逻辑表达方式：正说反说 + 概括列举”的思维方式和表达方式。

从授权方、转让方的角度，适当考虑反说、排除的方式，以限制权利范围；从被许可方、受让方的角度，则适当考虑正面概括、多正面列举，以扩充权利范围。

相关课程：《合同起草审查指南：三观四步法》“逻辑 / 表达方法：正说反说 + 概括列举”

2.“固定费用或提成费用”模式。

无论是委托创作、著作权转让还是著作权许可，其中的费用模式大致可以分为“固定费用或提成费用”两种模式。固定费用，是指按一个固定的标准支付，包括分笔支付、按月支付等；提成费用则根据最终收益提成，此时需要对最终收益的范围、核算进行具体约定。提成费用模式中，可能再加一个保底方式，变成“保底 + 提成”模式，例如，影片发行合同。

3. 肖像权 / 人格权许可、配套服务的约定。

著作权类合同当然是以著作权为主要标的，但为了著作权的开发利用，往往要同时借助作者、表演者的肖像、姓名进行宣传，在宣传过程中，往往还需要作者、表演者适当配合出席活动。这些都需要在合同中适当约定。

4.4 委托创作合同

接下来我们对著作权类合同中的一些具体类型合同运用“三观分析法”进行剖析。对于前面综述中已经提到的，在具体类型合同的分析中会省略。

我们先从委托创作合同开始。委托创作合同并非有名合同，大体上可分为两类：

第一类：各种委托他人设计的服务合同。

服务方需要提供智力成果，这个智力成果可能是《著作权法》保护的作品，也有可能不是。即使是作品，其知识产权方面的价值也不高。

对于这一类合同，主要参照一般委托服务类合同起草审查，合同中简要约定知识产权归属即可，一般可约定归委托人所有。

第二类：受托人按照委托人的要求创作作品的合同，以剧本、音乐、美术、摄影等作品委托创作为典型。

这里的作品是指产生著作权的、受《著作权法》保护的作品，在知识产权方面的价值较高。第二类正是本小节分析的典型对象。

委托进行软件开发也产生著作权，但从合同起草审查的角度与委托技术开发合同更为类似，因此不在这里的委托创作之列。

本小节提到的起草审查要点，如果无特殊说明，一般是从委托人的立场出发的。

4.4.1 宏观—合同类型

1. 委托创作合同与委托、承揽及服务等合同的关系。

委托、承揽及服务该三类合同的界定均存在不明晰之处。《合同起草审查指南：三观四步法》的大致观点是：委托、承揽合同均归属于服务合同；广义的委托合同等同于广义的服务合同；“非典型”的承揽也包括提供智力成果的服务。据此，委托创作合同属于服务合同，也可归属于广义的委托合同，同时也是承揽合同中的

“非典型承揽”。正因如此，司法实务中多数把委托创作合同归于委托合同或承揽合同。[1]

2. 委托创作合同起草审查建议。

起草与审查委托创作合同时，应同时参考委托合同、承揽合同的相关法律规定。例如，委托合同及承揽合同中均涉及任意解除权，起草审查委托创作合同时应注意应对其中隐含的任意解除权。同时应注意，委托人可能要对受托人损害他人权益承担连带责任。

3. 委托创作合同与其他相关服务类合同的关系。

如前所述，本小节的委托创作以剧本、音乐、美术摄影等作品为典型。当其他相关服务类合同可能涉及著作权时，应注意进行合同类型选择：

（1）委托他人开发计算机软件，请参考软件开发合同相关内容；

（2）委托事项完成后会产生某种新技术、新产品、新工艺或者新材料及其系统，此时应当使用委托开发合同，其技术成果的归属适用于我国《民法典》合同编有关技术合同的规定；

（3）委托事项完成后产生智力成果，但该智力成果既不是作品，也不是技术。例如，不构成美术作品的企业LOGO设计等，由于不涉及作品的产生、技术的产生，这类合同从起草审查的角度应属于一般服务类合同（请参见前面单元的内容），尽管该类合同产生的智力成果可能不涉及知识产权，但是为了最大限度保护当事人权益，合同应明确约定知识产权的归属及使用。

由于委托创作合同属于广义的服务合同，可以算是一种“特殊服务”，从这个角度来说，“一般委托服务合同”是一般，而“委托创作合同”是特殊。因此委托创作合同与一般服务类合同在合同起草审查的角度存在一定相通之处，在一般服务相关条款的起草审查方面可参照后者。

另外，任何委托服务类合同中，如果涉及较重要的作品创作问题，则都应当适当参考本小节所讲的“委托创作合同”的知识进行审查。

4.4.2 宏观—合同主体

若受托人为拥有创作能力及经验的单位，从委托人角度考虑，应重点关注以

[1] 学理上对委托创作合同的性质有更多观点，包括委托合同说、承揽合同说、劳务合同说、服务合同说等。

下内容：

1. 合同中明确约定具体创作人员的姓名等信息，并要求未经委托人同意，不得更换具体创作人员。

具体创作人员是谁，直接影响作品质量，因此应当确定下来。

2. 要求受托人提供其与主要创作人员存在经纪关系 / 劳动关系的相关文件。

3. 要求参与创作人员签署版权声明，认可公司与委托人之间关于作品权属及使用的约定。

4.4.3 微观—合同条款

像其他无形服务类合同一样，委托创作合同的关键之一，也是如何保证服务质量（作品质量）、时间进度（创作进度）。

在这一方面，除像一般服务合同那样“明确服务内容与质量”外，委托创作合同常常采取“分阶段创作、分阶段验收”的方式。以剧本创作为例，可将创作过程分为剧本大纲、分集大纲、剧本初稿、剧本终稿等；以音乐创作为例，可分为小样、定稿、后期合成等。

相关条款：5444 创作阶段安排

4.4.4 其他创作类合同介绍

一、合作创作合同或其他共同享有著作权的合同

1. 合作创作与相关合同类型。

只有双方共同享有著作权才属于合作创作，如果并不打算双方共同享有著作权，则不应当称作“合作创作”，可根据具体交易模式与场景称作“委托创作、联合出资摄制合同”等。

共同享有著作权并不是一个很好的安排，会给日后著作权的开发利用带来麻烦。如果能协商一致，“我方享有著作权、对方有权取得一定比例的收益”这种安排更好。

2. 共同享有著作权的条款安排。

实务中所谓“甲方拥有 ××% 的版权、乙方拥有 ××% 的版权”的约定并不规范，其实质应该是收益分配比例。

共同享有著作权的条款安排：

（1）考虑著作权的不同权利种类分别由某一方行使。

（2）明确拟分配的收益范围和收益分配比例。

二、委托代笔合同

一般委托创作合同中，著作人身权仍属于受托人，受托人仍是作者。委托代笔的情况下，受托人已经没有署名权，故名为“代笔”。

委托代笔的首要问题是：著作权中的人身权是否可以转让？根据《著作权法》第10条的规定，将转让和许可的著作权限制于第5项至第17项也存在一定争议。在李树型诉张之亮侵犯著作权纠纷案[1]中，委托创作合同中存在概括性的著作权属委托方的约定，但法院在判决中明确认定：“依据《著作权法》的规定，作者的人身性权利一般不能转让，除非在委托创作关系中有明确约定。”

从合同起草审查角度的建议是：

1. 合同标题：因为委托代笔合同其实属于委托创作合同，因此合同标题命名为“委托创作合同”更为规范。

2. 著作人身权归属：如果确实要采取“代笔”的模式，委托人一方的律师可在委托创作合同中明确约定委托人享有该作品的署名权等人身权，但是应向当事人提示此约定可能无效。同时可考虑增加违约退费的约定，约定“如受托人主张人身权，则委托人有权要求退回一定金额费用”。

3. 委托人一方还应考虑：增加保密约定，包括对协议内容的保密，“代笔”模式一般并不希望第三方知晓。

4. 若受托人并非“代笔”，而只是为创作进行组织工作，提供咨询意见、物质条件，或者进行其他辅助工作，则不应该称作“委托代笔合同”“委托创作合同”等，而应调整为服务合同，此时应明确约定服务内容，并明确所有知识产权（包括人身权、财产权）属于委托人。这种情况下并不存在人身权转让的合法性问题。

三、承揽、服务类合同

只要是委托对方提供承揽、服务，而在服务过程中形成具有一定知识产权的作品，如录音、录像、文章、图片等，均应该明确约定著作权的归属。如未约定，则会因依据《著作权法》第19条的规定，著作权属于受托人。

相关条款：5225 作品著作权归属及其使用

[1] 北京市第二中级人民法院（2007）二中民初字第6836号。

4.5 著作权转让合同

著作权转让合同，是指著作权人将自己享有的作品著作权转让给他人，双方就转让权利、转让费用等达成一致的合同。

著作权的转让，包括全部转让和部分转让。著作权的全部转让，是指著作权人将著作权中的一切财产权能，即我国《著作权法》第 10 条包含的著作财产权及应当由著作权人享有的其他财产权利转移给他人。著作权的部分转让，是指著作权人将上述著作财产权中的一项或几项权利转让给他人，此时著作权人仍享有未转让的著作财产权。

4.5.1 宏观—合同类型

一、著作权许可合同与著作权转让合同

著作权人可以通过转让著作财产权的方式获得相应收益，也可以通过授权他人使用的方式使用其享有的著作权。二者的联系与区别如表 4–6 所示：

表 4–6 著作权转让合同与著作权许可使用合同辨析

对比项		著作权转让	著作权许可使用
异	含义	著作权人将自己享有的作品或者软件的著作财产权转让给他人	作为许可人的著作权人授权被许可人使用其享有的作品或者软件的著作财产权
	期限	在著作权保护期内永久转让	在著作权保护期内依据双方当事人约定许可期限
	费用	同一著作权，转让费用相对较高	同一著作权，许可费用相对较低
	著作权归属	转让后，著作权归受让人	许可使用后，被许可人取得使用权，但并非著作权主体
	使用范围	转让后，受让人对约定受让的著作权享有处分权，可以自行使用，也可以转让或许可他人使用	许可使用后，除非获得许可人同意，被许可人只能按照合同约定方式使用作品，不能将所获得的著作权进行转许可、分许可或者转让

续表

对比项		著作权转让	著作权许可使用
异	使用方式	转让后，受让人对约定受让的著作权的使用不受限制	根据许可使用方式，分为独占许可使用、排他许可使用、一般许可使用
	诉讼主体	转让后，受让人是著作权主体，故对侵害其财产权利的行为均可提起侵权之诉	许可使用后，独占性专有使用权人可以依法享有诉权，排他性/独家性专有使用权人在著作权人不起诉的情况下可以自己的名义起诉；非专有使用权人是否享有诉权应按照合同约定
同	合同备案	备案并非法定程序，合同双方订立专有许可使用合同、转让合同的，可以向著作权行政管理部门备案	
	作品的使用	二者均为著作权人对著作财产权的使用，均能使对方取得对作品使用的权利	

在实务中确实存在“著作权有期限转让”的说法和做法，但是理论上著作权的转让不应该存在期限，“甲方将10年的著作权转让给乙方”这种表述可能引发争议，建议调整为有期限的著作权独占许可。

对于著作权这种知识产权来说，转让与许可之间的区别，小于实物资产的买卖与租赁。甲将著作权转让给乙，与甲将著作权长期的独占许可给乙，实际效果其实基本类似。

二、著作权转让合同与著作权出资

根据《公司法》第27条的规定，股东可以以著作权作价出资入股公司；同时根据《著作权法》第10条第3款的规定，著作权人可以全部或者部分转让著作财产权，著作权人出资入股便是以著作权的财产所有权作价出资，某种意义上也是一种著作权转让，即著作权人将著作权转移给目标公司，只不过所取得的对价是目标公司的股权。这意味着著作权一旦出资入股，此时目标公司便成为著作权人，即便是作者，未经目标公司许可，也无权再授权第三人使用著作财产权。

这种情况下，著作权人需要在与目标公司、其他股东的合同中约定著作权转让的标的、权利转移相关安排，这些方面可参照本小节起草审查的相关内容。

除此之外，著作权出资入股还应注意以下几个问题：

1. 应审查是否满足著作权出资条件，即一是出资人拥有合法的著作权；二是用于出资的著作权具有可转让性；三是出资的著作权价值依法可评估；四是出资人应享有著作权的处分权。

2. 应对著作权进行依法评估作价，著作权的评估价值关系其市场应用及盈利价值，同时也关系股权比例或控制权强度，所以需要客观、真实、全面的评估作价，同时应明确约定公司成立后，发现作为设立公司出资的非货币财产的实际价额显著低于公司章程所定价额的应对措施。

3. 应对出资入股的著作权进行备案，根据《公司法》第 28 条的规定，股东以非货币财产出资，应当依法办理其财产权的转移手续。股东以著作权出资，其出资方的权利需要证明，出资行为需要确认，还涉及著作权财产权的转移，因此，对该著作权转让进行备案，能够起到公示的作用，一方面有利于目标公司证明其权属，另一方面有利于避免出资方对著作权进行多重转让。

三、著作权转让合同与买卖合同

著作权转让与实物的买卖一般情况下性质明显不同。只有当作品原件具有重要的物权价值时，律师才需要适当注意著作权转让合同与作品原件买卖合同的辨析和运用，例如，美术作品著作权转让合同与美术作品原件买卖合同。根据《著作权法》第 20 条的规定，作品原件所有权的转移不视为作品著作权的转移，只有展览权随原件转移。例如，收藏家购买吴冠中的《长江三峡》原件，收藏家对该画的载体享有所有权，同时享有该画的展览权，但是《长江三峡》的其他著作权属于吴冠中或其继承人。

因此律师应当根据当事人的实际目的确定合同类型。

4.5.2 微观—合同条款

著作权转让与一般实物所有权的买卖大不相同。甲方将一台设备卖给乙方，就是将该设备的全部所有权永久地转移给乙方（所有权部分转让虽可行，但很少见）。而著作权转让可以整体转让也可以部分转让，同时每种权利又可以限定转让地域范围，这导致著作权转让权利的模式在理论上几乎有无数种。但实际上，很多的转让模式并不符合实际需求。

适当地设置转让权利模式、确认该条款表述符合我方需求，可以说是著作权转让合同最重要的问题。实务中使用的模式大致归纳如表 4–7 所示：

表 4–7　著作权转让权利使用的模式

<table>
<tr><th>转让模式</th><th colspan="2">适用场景</th><th>转让权利</th><th>具体说明</th></tr>
<tr><td>整体转让</td><td colspan="2">1. 作品使用范围广，后续利用场景较多；
2. 避免发生权属争议；
3. 后续利用无法及时联系作者或著作权人；
4. 受让人居于强势地位</td><td>《著作权法》第 10 条第 1 款第 5 项至第 17 项规定的权利</td><td>1. 转让费用可能较高；
2. 后续商业利用无须再次取得作者或著作权人的授权或转让；
3. 通常情况下推荐使用整体转让模式，否则不同权利受让人在利用著作权时会发生混乱</td></tr>
<tr><td rowspan="10">分项转让</td><td colspan="2">图书出版</td><td>1. 一般情况下转让复制权、发行权；
2. 若涉及翻译出版，转让权利包括：复制权、发行权、翻译权等；
3. 若涉及汇编出版，转让权利包括：复制权、发行权、汇编权等；
4. 若涉及纸质出版及网络出版，转让权利包括：复制权、发行权、信息网络传播权等</td><td rowspan="10">1. 分项转让费用低，但是可能与其他权利使用存在模糊界限，极易侵权，因此不推荐分项转让；
2. 转让权利的条款应当包括以下两个方面（并用）：
（1）明确转让权利；
（2）明确约定使用方式、使用权限，清晰描述具体交易安排</td></tr>
<tr><td rowspan="2">影视剧</td><td>素材使用</td><td>小说、剧本、音乐、雕塑等作品著作权转让：复制权、发行权、表演权、摄制权、改编权、信息网络传播权等</td></tr>
<tr><td>发行放映</td><td>1. 影视剧发行：根据发行渠道不同，一般转让权利为复制权、发行权、放映权、广播权、信息网络传播权等；
2. 影视剧音像出版：复制权、发行权、出租权等</td></tr>
<tr><td rowspan="5">音乐</td><td>音乐发行</td><td>1. 网络平台发行：信息网络传播权；
2. 音乐专辑发行：复制权、发行权</td></tr>
<tr><td>综艺节目使用音乐作品</td><td>表演权、信息网络传播权、广播权等</td></tr>
<tr><td>影视剧、游戏、广告中使用音乐</td><td>复制权、发行权、表演权、摄制权、改编权、信息网络传播权等</td></tr>
<tr><td>主播直播中使用音乐</td><td>直播不可回放：表演权；
直播可回放：信息网络传播权</td></tr>
<tr><td>抖音、快手等使用音乐</td><td>改编权、信息网络传播权等</td></tr>
<tr><td>游戏</td><td>文字作品改编游戏</td><td>文字作品的改编权</td></tr>
</table>

注意：

1. 转让权利虽然可以限定地域范围，但实务中大多数是以国别为限定单位，若以行政区划进行转让，一方面会导致权利使用发生混乱，另一方面对于受让人后续使用也存在极大的不便。

2. 转让权利不存在转让期限，若双方当事人希望限定使用期限，则考虑著作权许可使用模式。

相关条款：5450 著作权转让方式

4.6 软件著作权转让合同

软件著作权虽然也是著作权的一种，但是因为软件这一特殊标的不同于一般作品，其转让合同与一般作品著作权转让合同有一些不同，与专利技术转让合同有一些相似之处。这里简要说明其特殊之处。

相关课程：《合同起草审查指南：三观四步法》“专利权转让合同”

4.6.1 宏观—合同程序

1. 既有受让的软件著作权登记，也有软件著作权转让合同登记。

一般作品著作权转让中，受让人只能申请转让合同备案，并不存在受让人的著作权登记。而受让取得的软件著作权也有登记程序。

无论软件之前是否做过软件著作权登记，从受让方的角度来说，都可以在合同中约定转让方协助受让方办理软件著作权登记、软件著作权变更登记或软件著作权转让合同登记的义务。

相关条款：5228 软件著作权登记

2. 软件进出口需要满足《技术进出口管理条例》等相关规定，履行批准或登记手续。

4.6.2 微观—合同条款

相关模板：6624 计算机软件著作权转让合同

1. 转让权利范围。

软件著作权的权利类型比一般作品著作权要少八类，不包括保护作品完整权、展览权、表演权、放映权、广播权、摄制权、改编权、汇编权。软件著作权，包括发表权、署名权、修改权、复制权、发行权、出租权、信息网络传播权、翻译权及其他应当由软件著作权人享有的权利，但软件著作权的转让只能转让其中的财产性权利，即不能转让上述的发表权及署名权。

像著作权的转让一样，理论上可以将软件著作权的各项财产性权利分别转让。但在实务中，因为软件的具体使用场景不同于一般作品（例如，文字作品可以改编为影视发行，这方面权利单独转让是有价值的），一般软件著作权的转让都是全部转让。

相关条款：5229 全部转让　5230 部分转让

2. 转让标的条款，要注明软件版本号。

3. 源代码与相关文档交付。

软件与一般作品不同，其核心要点即为软件程序的源代码，因此软件交付时需提供全部源代码以及其他相关文档，包括说明文档等。

相关条款：5231 软件交付

4. 技术支持。

软件著作权转让类似于技术转让，一般还需要转让方提供一定的技术支持。

5. 保密。

总体来说，后面这几点与技术转让类合同类似，即转让方需配套提供资料文档、技术支持。同时，保密义务的约定也比较重要。

4.7 著作权许可使用合同

著作权许可使用合同是指著作权人许可他人在一定期限、范围内以某种方式使用其作品，使用人向著作权人支付报酬的合同。

软件许可使用合同可以算是著作权许可，但更像是技术许可，故在后文专门分析。

4.7.1 一般著作权许可使用合同

著作权许可使用合同是著作权类合同中最常见的合同类型。前文关于著作权类合同的综述中，有很多内容适用于著作权许可使用合同。这里不再重复，仅补充“微观—合同条款”的几个注意事项。

1. 常见著作权许可使用合同的使用场景及许可权利。（见表 4–8）

表 4–8 著作权 / 邻接权许可使用合同常见场景及其许可权利

作品类型	合同名称	合同主体	交易安排	许可权利	重点条款
一般通用	著作权许可使用合同	作者 / 著作权人 & 被许可方	作者将作品的著作权（可以是全部，也可以是部分）在一定期间内授权被许可人使用，被许可人支付许可使用费	原则上著作权法规定的财产权利均可许可使用	1. 许可权利及使用方式； 2. 许可地域范围及时间； 3. 许可使用费； 4. 转许可及其获利后收益的分配； 5. 衍生品分销及收益分配
文字作品	图书出版合同	作者 / 著作权人 & 出版者	出版者就出版作品与报酬等事宜与作者达成协议，即作者将作品的复制权、发行权、信息网络传播权等许可出版者使用，出版者出版作品并支付报酬；	1. 纸质出版：复制权、发行权、翻译权（如有）、汇编（如有）等； 2. 网络出版：信息网络传播权、翻译权（如有）、汇编（如有）等	1. 合同名称； 2. 合同主体； 3. 许可权利及使用方式； 4. 交付书稿要求（时间、形式、内容、修改事宜等）； 5. 出版图书要求（时间、质量等）；

续表

作品类型	合同名称	合同主体	交易安排	许可权利	重点条款
文字作品			当前图书出版根据出版物载体不同，可以分为纸质出版及电子 / 数字出版		6. 重印、再版相关事宜； 7. 稿酬标准及支付； 8. 转许可及其获利后收益的分配
	改编合同	作者 / 著作权人 & 改编者	著作权人许可他人对其作品予以改编，改编者支付许可使用费；改编合同一般还涉及改编后的作品使用问题	改编权，除此以外，根据改编作品的利用进行相应授权。例如，出版，则授予复制权、发行权（纸质）、信息网络传播权（网络）等；例如，拍摄影视剧，则授予表演权、发行权、信息网络传播权等	1. 许可权利及期限； 2. 改编范围及使用方式； 3. 改编作品分销及其收益分配； 4. 关联作品处理； 5. 改编作品后续使用
	翻译合同	作者 / 著作权人 & 翻译者	在著作权保护期内，著作权人授权翻译者将其作品翻译成另外一种语言，翻译者则向著作权人支付相应报酬的协议。在实践中，著作权人许可翻译并出版其作品，这就是我们常说的翻译合同与出版合同合二为一的“翻译出版合同”	翻译权，除此以外，根据翻译作品的利用进行相应授权	作品经翻译后常用于出版、表演等，具体条款可参照图书出版合同等内容
	表演合同	作者 / 著作权人 & 表演者	表演者（演员、演出单位）就表演著作权人的作品而与著作权人达成的协议。通过表演合同，作者将作品中的表演权利许可给表演者，而表演者则根据合同规定的方式、条件或期限演出该作品	表演权，除此以外，根据作品的利用进行相应授权	可参照一般通用的著作权许可使用合同具体条款

续表

作品类型	合同名称	合同主体	交易安排	许可权利	重点条款
音乐作品	音乐作品著作权许可使用合同（一般通用）	作者/著作权人&被许可人	著作权人将自有的音乐作品的著作财产权授权被许可人使用而签订的合同，实践中该类合同适用范围极其广泛，例如，利用该音乐作品录音、录像、出版图书、摄制影视剧、现场表演、商超公播、互联网在线播放及下载等	音乐作品常涉及复制权、发行权、改编权、表演权、信息网络传播权、广播权等，根据作品的利用进行相应授权	1. 许可安排； 2. 作品交付与验收； 3. 声明与保证； 4. 许可费用
	表演合同	作者/著作权人&表演者/演出组织	演出组织者组织演唱会等演出活动，聘请表演者进行演唱或者演奏，双方就演出的相关事宜进行约定	表演权，除此以外，根据作品的利用进行相应授权	声明与承诺
	音乐作品录制合同	著作权人&录制者&录制者&表演者	将带词或不带词的作品进行表演，同时对此表演过程进行录音制作、剪辑处理等工作	复制权等，除此以外，根据录制品的利用进行相应授权	1. 录制费用； 2. 录制期限与要求； 3. 审核与修改； 4. 知识产权归属及使用； 5. 声明与保证
	音像出版合同	邻接权人&音像出版社	权利人与音像出版社就出版录制品而签署的合同，此处的权利人范围较广，只要是录制品的权利人或者经过录制者的授权即可，其中包括著作权集体管理组织	复制权、发行权等	1. 许可安排； 2. 报酬； 3. 权利保证

续表

作品类型	合同名称	合同主体	交易安排	许可权利	重点条款
音乐作品	音乐人入驻合同	数字音乐平台&音乐人	由数字音乐平台起草的平台服务协议，权利人欲在该平台上传分享内容，均需首先同意该入驻合同。类似于用户注册协议，目的在于为权利人传播自己的音乐作品或音像制品提供一个渠道，可以将其理解为“资格合同”，通常不涉及作品使用费用的核算与支付等	一般平台要求著作权人许可全部著作财产权	1. 定义与解释； 2. 许可权利及其使用方式； 3. 声明与保证； 4. 合同权利义务的转让
美术、摄影作品	美术/摄影作品著作权许可使用合同（一般通用）	著作权人&使用者	著作权人将美术/摄影作品的著作权（可以是全部，也可以是部分）在一定期间内授权被许可人使用，被许可人支付许可使用费	复制权、发行权（图书出版）、展览权（画展等）、信息网络传播权、表演权、摄制权（拍摄影视剧）等，根据作品的利用方式进行相应授权	1. 作品原件毁损灭失的风险； 2. 作品使用方式； 3. 权利保证； 4. 许可使用费； 5. 转许可/分许可及其变通方式； 6. 肖像权许可
电影及类电作品	动画形象许可使用合同/影视剧衍生品开发授权合同	著作权人&运营方	著作权人将电影及类电作品中的的部分素材授权运营方用于衍生产品开发	复制权、发行权等	1. 授权品类、素材及范围等； 2. 授权费用及计取； 3. 版权及商标保护； 4. 衍生品生产、制造、广告宣传规范； 5. 合同终止库存处理

注意：

（1）当事人在订立著作权许可使用合同时应当将许可使用的权利种类列明，并尽可能予以解释，以防因约定不明产生纠纷。实务中当事人往往不能清晰辨别不同权利之间的区别，因此当事人应当在列明许可权利种类后，尽可能明确作品的使用方式。

（2）小说改编电影的合同中，由于摄制权约定不明而导致的纠纷较多，常见情形包括两个方面：一是未明确约定摄制权，致使影视公司无法对改编后作品进行拍摄；二是虽然约定了摄制权，但是在合同履行中由于双方对“电影”“电视剧”的理解不同导致产生纠纷。[1]

相关条款：5451 著作权许可使用（小说改剧本）

2. 许可期限注意事项。

以小说许可拍摄电影为例，应考虑到影视剧制作复杂且耗时长，摄制权的使用更是具有不可预估性，实践中部分合同直接约定“许可期限为 × 年”，且未对改编和摄制行为作出任何解释，这就导致许可期限届满，但是影视公司尚未拍摄完成或尚未开机。此时从影视公司角度出发，应对许可期限到期后的拍摄行为作出相对宽松的约定。

相关条款：5134 许可期限（固定） 5135 许可期限（多种）

3. 维权主体的确定。

对于第三人的侵权行为，判断被许可人是否有权独立以自己的名义向侵权行为人提起诉讼，需要依据著作权许可使用合同的具体约定。主要考虑以下几个层面：

（1）著作权人未将著作权转让或者许可他人，不得仅授权他人起诉；但对于转让或者许可之前发生的侵权行为，合同有明确约定的，受让人或者被许可使用人可以单独起诉。

（2）被许可人即使有权单独提起诉讼，其要求保护的权利也仅限于许可使用合同中被许可人所享有权利的范围。

（3）如果他人未经专有使用权人的许可而以同样方式使用作品，专有使用权人有权追究行为人的侵权责任。其中，独占性专有使用权人可以依法享有诉权；排他性专有使用权人在著作权人不起诉的情况下可以自己的名义起诉。

（4）非专有使用权人欲享有诉权需要取得著作权人的明确授权。

（5）实务中为避免纠纷，需明确独占许可、独家许可、排他许可、一般许可等许可使用方式的概念。

相关条款：5454 著作权侵权维权

---

［1］上海紫源影视文化传媒有限公司与张薇薇著作权转让纠纷案，北京市朝阳区人民法院（2017）京 0105 民初 18110 号；王普宁与北京爱奇艺科技有限公司等著作权权属、侵权纠纷案，北京知识产权法院（2018）京 73 民终 251 号。

4. 改编相关注意事项。

（1）从著作权人的角度，需要考虑对改编范围、改动尺度的限制，需要保留对改编作品适当的监督确认权利。

（2）从被许可人的角度考虑，许可人的监督确认可能会影响剧本改编及电影摄制的进度和内容等，因此，需要对著作权人的监督确认权设限：例如，最终决定权的归属、许可人监督确认的范围及标准等。

4.7.2 其他许可类合同简介

一、互联网平台作者入驻协议

这里的互联网平台作者入驻协议类似于豆瓣阅读平台的《豆瓣阅读作者注册协议》、腾讯音乐平台的《音乐人入驻合同》等。

1. “中观—合同形式”。

平台作者入驻协议最大的特点是合同形式上的特殊性，即属于“电子合同”，需要注意格式条款风险、内容与样式上的特殊性等。

2. “微观—合同条款”。

平台作者入驻协议可以理解为是“用户注册协议 + 著作权许可”，与一般的著作权许可合同在内容上区别很大。

入驻协议的著作权许可一般是免费的许可。例如：

一旦您成为本平台作者，除另有约定外，凡在本平台上传、发布或发表作品，即表示您同意将该作品在全球范围内的、不可撤销的、无期限限制的、可再许可或转让的非独家的信息网络传播权免费授权给本平台。依据该授权，本平台将有权展示、推广、宣传该作品。且您仍有权将该作品非独家授权给第三方使用，不受本协议限制。

如果涉及出版、付费阅读与分成等较大利益，则一般平台会与作者专门签订协议，此时就属于普通的著作权许可合同。2020 年闹得沸沸扬扬的“阅文合同”事件，其中的合同就是以线下普通协议方式签署的，并非这里所说的入驻协议。

二、衍生品开发许可合同

衍生品开发许可也是一种著作权许可。

这类合同的特点主要是“微观—合同条款”层面的，应特别注意明确衍生产品的授权类型，并尽量细化。在实务中，授权方不太可能进行宽泛的授权，常常是比一般著作权许可更加细分、更多限制的授权，还可能对衍生品的生产、质量、销售提出一定要求。例如：

1. 当影视剧制片方将影视剧的游戏改编权授权给他方时，可以约定被授权方只能开发一款游戏，且限定游戏类型，甚至可以细化到限定游戏平台。

2. 授权开发衍生品玩偶时，可以细化到某一种玩偶类型、生产的数量、销售价格。

三、版权经纪合同

版权经纪合同其实就是经纪方获得一种特别的独占的、有权再许可的权利，对于再许可所取得的收益，由双方按比例分配。

相关模板：11052 版权经纪合同

四、著作权集体管理合同

著作权集体管理也可以理解为一种特殊的许可，即著作权人许可特定的集体管理组织管理相关作品著作权，取得收益并转付给著作权人。

从合同的角度，这两类合同的内容大不相同，著作权集体管理合同一般使用集体管理组织的示范文本。对于著作权人来说，主要是接受不接受这种模式的问题，合同本身没有什么起草审查的空间。（见表 4–9）

相关模板：14946 音像著作权授权合同（中国音像著作权集体管理协会）16125 音乐著作权合同（中国音乐著作权协会） 16911 文字作品著作权集体管理合同（中国文字著作权协会）

表 4–9 著作权许可使用合同与著作权集体管理合同辨析

区分标准	著作权许可使用合同	著作权集体管理合同
含义	著作权人授权他人使用其享有的作品或者软件的著作财产权	著作权集体管理组织经权利人授权，集中行使权利人的有关权利并以自己的名义进行管理事宜
合同主体	许可人与被许可人	著作权人与著作权集体管理组织
合同目的	著作权许可使用	著作权授权管理，即由集体管理组织按权利人的意愿以自己的名义，为权利人的利益或者特定目的，进行管理或处分
权利种类	《著作权法》第 10 条第 5 项至第 17 项规定的权利	表演权、放映权、广播权、出租权、信息网络传播权、复制权等
合同形式	专有使用权许可使用，应当采取书面形式；非专有使用权许可使用，可以采用书面形式	书面形式

续表

区分标准	著作权许可使用合同	著作权集体管理合同
使用方式	根据许可使用方式，分为独占许可使用、排他许可使用、一般许可使用；许可使用后，除非许可人同意，被许可人只能按照合同约定方式使用作品，不能将所获得的著作权进行转许可、分许可或者转让	著作权人与著作权集体管理组织订立著作权集体管理合同后，不得在合同约定期限内自己行使或者许可他人行使合同约定的由著作权集体管理组织行使的权利
费用	被许可人向许可人支付合同约定的许可使用费	著作权集体管理组织收取的著作权使用费，在提取管理费后，应当全部转付给著作权人

4.8 其他著作权相关合同

一、著作权质押合同

著作权质押合同可以参考一般质押合同处理，并注意：

1. “宏观—合同标的”。

著作权质押的标的，可以是全部著作权财产权，也可以是部分著作权财产权，例如，发行权、放映权、信息网络传播权。从质权人的角度，选择部分著作财产权时应该选择具有较高转让价值的著作权财产权。

2. “宏观—合同程序”。

根据《民法典》第444条的规定，著作权出质的，质权办理出质登记时设立。根据国家版权局2010年第3号公告，由中国版权保护中心办理著作权质权登记工作。

相关课程：《合同起草审查指南：常用公司卷》“抵押 / 质押合同”

二、著作权出资协议

1. “宏观—合同标的”。

以著作权出资（将著作权转让给公司）是合法的，但以著作权的许可使用权作为出资则存在争议。

2. “微观—合同条款”。

著作权出资协议实际上就是“出资协议 + 著作权转让”的组合。可以在出资协议中明确说明著作权转让的相关安排，也可以在出资协议中简单说明，同时通过一个配套协议说明著作权转让的具体安排。

相关课程：《合同起草审查指南：公司卷》“公司类合同综述（二）：合同标的”

4.8.1 与著作权密切相关的合同类型简析

下面这几类都不是直接以著作权为标的，但与著作权的创作、转让、许可关系密切，常常会与著作权相关合同配合起来使用，需要有所了解。

一、肖像权、姓名 / 名称权许可合同

个人有肖像权和姓名权，组织有名称权，可以许可他人使用。

根据《民法典》第 1019 条的规定，未经肖像权人同意，不得制作、使用、公开肖像权人的肖像；未经肖像权人同意，肖像作品权利人不得以发表、复制、发行、出租、展览等方式使用或者公开肖像权人的肖像，也就是说，肖像作品的著作权人（如摄影作者）也需要征得肖像权人同意才能发表、复制、使用肖像作品。

实务中此类许可一般较为简单，明确许可使用范围及费用标准即可。实务中有一些肖像权许可是免费的。

二、真人真事许可创作合同

基于新闻、真实事件、真实人生经历创作作品时，并不涉及著作权许可（因为人生经历本身并无著作权），但是考虑到“当事人有隐私权、名誉权；影视剧立项报批和发行授权时，可能需要原型人物的授权文件；明确权利归属、避免争议”等因素，实务中还是会与当事人签订协议，由当事人许可、配合并出具授权文件，创作方也会作出不损害名誉等承诺。如果当事人不同意，有可能导致无法开展创作，或后续法律风险较大。

如果当事人本人不在世，则需要与当事人的亲属、后代签约取得许可。

《最高人民法院关于审理著作权民事纠纷案件适用法律若干问题的解释》第 14 条规定，当事人合意以特定人物经历为题材完成的自传体作品，当事人对著作权权属有约定的，依其约定；没有约定的，著作权归该特定人物享有，执笔人或整理人对作品完成付出劳动的，著作权人可以向其支付适当的报酬。可见这种情况下，如果不通过协议明确著作权归属，著作权将归当事人本人享有，或者会产生争议。

三、演艺经纪合同

简单来说，演艺经纪合同，是经纪公司和艺人关于发展未来演艺事业的各项权利义务的约定，其中最主要的内容是，经纪公司对演艺人员享有独家经纪权，全权负责艺人在全球范围内的包括电影、电视演出、现场表演在内的演艺事业，并约定收益分成方式。实务中又称“艺人经纪合同”。

关于演艺经纪合同的起草审查审查要点：

1.“宏观—合同类型”。

（1）演艺经纪合同的合同性质。

演艺经纪合同不属于《民法典》规定的任何一种有名合同。在窦骁与北京新

画面影业有限公司演出经纪合同纠纷上诉案[1]中，北京市高级人民法院认定其具有居间、代理、行纪的综合属性，但又不同于居间合同、代理合同和行纪合同，它是各类合同性质相结合的一种综合性、混合性合同，正因如此，演艺经纪合同存在委托合同的任意解除权风险，同时不少判例不支持艺人一方的任意解除权（认为不是一般的委托合同）。

还有别的判例则以双方失去信任、不当限制人身权、继续履行合同对双方均无益处等理由支持艺人解除合同。[2]

（2）演艺经纪合同与劳动合同。

另外，演艺经纪合同有可能与劳动合同（劳动关系）并存，即艺人与经纪公司一方同时构成劳动关系。但实务中这种情形较少；如果构成劳动关系，则双方关系必须完全适用《劳动合同法》等法规，经纪公司只能与劳动者就培训服务期和竞业限制约定违约金。因此从经纪公司的角度，同时确立劳动关系对双方没有好处，合同条款及实际履行中，应该避免形成劳动关系，如需给予艺人日常补贴，不应以工资名义发放，或者双方就日常补贴和代缴五险一金的性质进行明确约定，明确排除双方劳动关系。

相关课程：《合同起草审查指南：劳动用工卷》“竞业限制协议 培训服务期协议”

（3）演艺经纪合同的法律风险。

虽然实务中不少纠纷中艺人主张经纪合同无效，但几乎没有被支持的案例，确实也难以找到合同无效的法律上的理由。因此整体上说演艺经纪合同是有效的。

当然，如果经纪公司一方缺少营业性演出经纪资质而合同涉及这些方面，则合同可能无效，艺人一方亦可以此为由主张经纪公司违约、解除合同。不过该资质并不难取得。

2.“中观—合同形式”。

实务中演艺经纪合同大量发生解除及违约责任争议。艺人一方会主张该合同不公平、格式条款，主张合同及条款无效。因此从经纪公司的角度，应避免合同成为格式条款，同时对其中特别重要的独家代理、不得提前解除、违约责任等重

[1] 北京市高级人民法院（2013）高民终字第1164号。

[2] 参见北京市高级人民法院（2013）高民终字第1164号、上海市高级人民法院（2014）沪高民一（民）再提字第8号。更多案例可参见孔祥俊、谢兰芳主编：《中国娱乐法案例评注》，法律出版社2020年版，第5章。该章中的案例大部分是关于解除权的争议。

要条款，应特别提示（可以参考格式条款的有关提示方法）。

3.“微观—合同条款”。

微观方面主要注意：

（1）艺人提前解约的应对。

实务中大量的演艺经纪合同纠纷是艺人提前解约所产生的。从演艺经纪公司的角度，需要避免艺人提前解除合同，可以采取的做法包括：

a. 合同中明确不是委托合同，不得行使任意解除权。

b. 明确约定违约金数额，或违约金赔偿计算方式。

注意《民法典》合同编第933条修改了原《合同法》第410条的规定，对委托合同的任意解除权作出如下规定：因解除合同造成对方损失的，除不可归责于该当事人的事由外，无偿委托合同的解除方应当赔偿因解除时间不当造成的直接损失，有偿委托合同的解除方应当赔偿对方的直接损失和可以获得的利益。这意味着，解除有偿委托合同，应该赔偿可得利益。但即使如此，实务中的“可得利益”究竟如何计算？仍然存在争议，仍然有必要在合同中考虑应对。

另外，既然法条上已经明确支持了可得利益赔偿，那么在有偿委托合同中约定具体的赔偿计算方法（其实也就是违约金约定），就应该得到法院的支持。而在此之前，这种条款有可能因与任意解除权相矛盾而认定无效。

c. 约定仲裁更有可能支持违约金，但仲裁费用较高、周期较短。从经纪公司的角度，可能愿意在拉长战线、在诉讼过程中施压。

（2）经纪公司提供服务的性质。

经纪合同中肯定会约定经纪公司会为艺人提供各种服务，包括培训、包装、营销、演艺代理等。但合同中最好能明确这是一种权利而非义务，或者避免形成严格的义务条款，避免艺人在今后以此为由提出解约。

（3）全约经纪与部分约经纪的选择。

全约经纪，是指将合同所涉演艺事务范围为“全覆盖”，一般将演艺事务类型以列举形式尽量穷尽，再以兜底条款确保涵盖一切演艺事务。

部分约经纪则仅就艺人的部分演艺事务进行合作。

经纪公司一般更倾向于选择全约经纪。

（4）独家经纪与非独家经纪的选择。

艺人是否能与其他经纪公司或任何第三方对合同约定的演艺事务进行合作。经纪公司更倾向于独家经纪合同。

（5）对艺人公众形象及道德的约束。

越来越多的经纪公司会在经纪合同中约定艺人发生损害公众形象的行为时要承担对经纪公司的违约责任，例如，吸毒、嫖娼、发表不当言论等行为。

四、个人劳务（雇佣）合同

聘用演员、聘用编剧等，这在影视剧制作及其他作品的创作环节非常常见。有时候，聘用方（例如，影视剧制作方）与受聘人员所在经纪公司、单位签订合同，此时双方的合同可能是委托创作合同、邀请演出类合同或服务类合同，不是这里所说的个人劳务（雇佣）合同。有时候，聘用方直接与受聘人员个人签订合同，这才是这里要讨论的个人劳务（雇佣）合同。

1.“宏观—合同类型”。

（1）一般认为，类似剧组聘用演职人员这种临时性、项目型的关系，是可以按劳务关系处理的，无须建立劳动合同关系。

这在司法实务中多得到认可。但如果双方合同约定不明，或者事实上是像劳动关系那样管理与被管理的关系，则司法机关仍可能认定为劳动关系。

因此在合同中应该明确双方不属于劳动关系，不适用《劳动合同法》等劳动法规。同时在合同中不能对个人的工作时间、管理有类似于单位员工一样的安排，否则仍可能被认定为事实劳动关系。当然，对创作质量、工作进度的要求是可以有的。

如果涉及缴纳五险一金，应明确仅为代缴关系；如果明确为代缴关系，那么即使缴纳五险一金也不是劳动关系。

（2）从聘用方的角度，合同按承揽合同定性是最为有利。

对于具有一定承揽合同特征，特别是服务方提供实物成果的，从标题到内容都应该定性为承揽合同。

相关课程：《合同起草审查指南：劳动用工卷》“非劳动关系（一）：个人劳务（雇佣）类合同”

（3）不宜按承揽合同定性的，建议命名为“服务合同、委托创作合同”，没有必要叫作“聘用合同、劳务合同”。

这类合同并非劳动关系，从合同标题来看容易被司法机关认定为劳务 / 雇佣关系，这会使委托人对受托人承担更多责任，例如，雇主责任。如果委托人一方是单位，这种标题还有可能被当作劳动关系，因此委托人调整为服务合同、委托创作合同会更好一些。

（4）考虑为受聘人员购买商业保险，降低人身损害风险。

特别是在受聘人员存在较大人身风险的体力活动、特技表演之类的活动。

2.“微观—合同条款”。

上述主要是从是否劳动关系、雇主责任的角度，与此同时，个人劳务（雇佣）合同在内容上应该同样按照委托创作、服务类合同等进行约定，包括服务内容、服务质量、著作权归属、肖像权许可等内容。

五、邀请演出类合同

我们可以将邀请演出类合同理解为“服务 + 许可”。也就是说，一方面是“委托参加演出，支付费用”，因此需要像服务合同那样，说明服务标准、费用计算；另一方面针对“著作权归属 + 肖像权许可 + 署名权”等方面进行约定。

相关模板：13758 邀请艺人参与节目录制合同

六、广告服务类合同

广告服务类合同在文化娱乐行业应用广泛，例如，影视剧都可能涉及广告发布。这种广告发布合同可参考一般广告发布类合同起草审查，明确约定费用与发布的标准即可。

影视剧品牌植入是否属于广告，法律上并不明确。为了避免适用《广告法》，标题可采用“影视剧品牌植入服务合同”或类似表述，在标题与合同内容中均回避“广告”的说法。

广告代言合同除审查合同本身关于广告费用、代言期限、代言范围、对代言人的要求等内容外，要注意《广告法》对代言人的要求。

相关课程：《合同起草审查指南：常用合同卷》“广告服务类合同”

还有一类赞助合同，例如，“影视作品项目赞助合同”，赞助方向影视作品制作方提供资金或物资赞助，取得在影视作品上一定形式的署名权、有关活动中展现等权益。这一类协议只要写明赞助的投入与所取得的回报即可，从制作方的角度，应该约定赞助方除约定权益外不享有任何知识产权。

七、融资及合作摄制类合同

影视剧制作常常需要融资。如果是股权类融资则使用公司类合同即可，注意知识产权资产相关的尽职调查、承诺保证。这里主要介绍一下非股权类融资的合同。

相关课程：《合同起草审查指南：公司卷》“公司类合同综述”

非股权类融资常见的是联合投资、联合摄制的方式，具体又可分为下列几种模式：

1.“固定回报”模式。

即投资方就影片制作支付制片方投资款，制片方在双方约定的期限内向投资方支付固定收益，“固定收益 = 该投资方已支付的投资款全额 + 一定比例或一定利率的回报”。

这种模式有“名为合作摄制，实为借贷”之嫌。司法实务中一般有两种做法：

（1）按借贷关系处理。此时投资方仍可要求返还投资款及利息，但是超出法律允许的民间借贷利率上限的利息不予支持。

（2）仍按合作摄制合同处理（法院处理的案由可能是合同纠纷、联营合同纠纷或合作创作合同纠纷），约定的收益模式有效。

这种情况下，一般双方不完全是借贷关系，可能还存在共同负责宣传、投资方享有共同署名权，甚至一定的发行权等复杂关系。

由此可见，如果回报较高，应尽量体现双方的合作、共同投入关系，而不是“只投钱，不承担任何其他责任”。

2.“保底 + 分成”模式。

3.“共担风险、共享收益”模式。

这是最为常见的。一般是每个投资方之间按照投资比例享有一定的版权、署名权以及作品的相关一切权利。

因此，总体来说，影视行业的各类联合投资模式除固定回报模式有“名为合作实为借贷”的风险外，其他模式都是合法有效的。从合同的角度，主要是将权利义务约定清楚。

八、其他买卖、租赁、服务类合同

以影视剧制作为例，肯定会涉及一些买卖、租赁、服务类合同。服务类合同中包括委托、中介、承揽等多种类型。例如，广告招商合同、影视剧融资中介合同，都是一种中介合同。

对于各种服务类合同，除服务内容、服务质量等内容外，要考虑到：所有的服务类合同都有可能被当作委托合同或承揽合同，因此都隐含任意解除权。尤其是提供服务一方，应该考虑约定：是否可以提前解除；提前解除时如何支付费用。

与作品创作、许可等配套的买卖、租赁、服务类合同类似，都要适当声明知识产权归属（例如，“本合同签订与履行不代表任何知识产权的转让、许可”），常常要附上保密义务约定。

4.9 技术类合同综述

本节综合分析了技术类合同的合同类型、合同效力、成果归属、风险及费用负担等，并对技术类知识产权进行了横向对比，对技术合同的与其他合同类型之间的关系进行辨析。

技术合同可分为技术开发合同、技术转让合同、技术许可合同、技术咨询合同、技术服务合同。技术合同与其他合同类型之间存在多种关系。

《民法典》合同编第 20 章专章规定了技术合同，其中第 843 条规定，技术合同是当事人就技术开发、转让、许可、咨询或者服务订立的确立相互之间权利和义务的合同。技术合同与其他类型合同相比有一些特点。

一、技术合同包括多类合同

根据《民法典》合同编第 843 条、第 851 条、第 862 条、第 863 条、第 876 条、第 878 条等的规定，技术合同包括下列合同类型：

- 技术合同
  - 技术开发合同
    - 委托开发合同
    - 合作开发合同
    - 技术转化合同（第 851 条“参照适用”）
  - 技术转让合同
    - 专利权转让合同
    - 专利申请权转让合同
    - 技术秘密转让合同
    - 集成电路布图设计专有权转让合同（第 876 条“参照适用”）
    - 植物新品种权转让合同（第 876 条“参照适用”）
    - 计算机软件著作权转让合同（第 876 条“参照适用”）
  - 技术许可合同

▪ 专利实施许可合同
▪ 技术秘密使用许可合同
▪ 集成电路布图设计专有权许可合同（第876条“参照适用”）
▪ 植物新品种权许可合同（第876条“参照适用”）
▪ 计算机软件著作权许可合同（第876条“参照适用”）

◦ 技术咨询合同

◦ 技术服务合同
▪ 技术服务合同
▪ 技术培训合同
▪ 技术中介合同

上述“参照适用”的，是法条中规定此类合同参照适用相应技术合同的规定。另外，计算机软件开发合同，也经常被当作技术开发合同，具体可参见后文“软件开发合同”的分析。

资料　几种技术类知识产权简要对比

几种技术类知识产权简要对比

权利类型	权利登记机关	权利期限	权利使用			主要法律法规
			转让	许可	质押	
专利权	国家知识产权局	发明：20年，自申请日起算；实用新型和外观设计：10年，自申请日起算	1. 合同自成立生效；2. 转让自登记之日起生效	1. 合同自成立生效；2. 合同生效后3个月内向国家知识产权局备案；备案本身无法定的对抗效力	1. 合同自成立时生效；2. 质权自办理出质登记时设立	《专利法》第10条、第12条；《专利法实施细则》第14条；《民法典》物权编第444条；《民法典》合同编第20章第3节
专利申请权	—	—	1. 合同自成立生效；2. 转让自登记之日起生效（注意专利申请权不是“申请专利的权利”）	—	是否可质押存在争议	《专利法》第10条

续表

权利类型	权利登记机关	权利期限	权利使用			主要法律法规
			转让	许可	质押	
集成电路布图设计专有权	国家知识产权局	10年	1. 合同自成立生效； 2. 转让自登记之日起生效	合同自成立生效	可质押	《集成电路布图设计保护条例》第22条； 《民法典》合同编第20章第3节
植物新品种申请权或品种权	国务院农业、林业行政部门	自授权之日起，藤本植物、林木、果树和观赏树木为20年，其他植物为15年	1. 合同自成立生效； 2. 转让自登记后生效，具体见说明： （1）农业植物新品种申请权、品种权应向农业部登记，由农业部予以公告，并自公告之日起生效； （2）转让林业植物新品种申请权、品种权应向国家林业局登记，并由国家林业局予以公告，自登记之日起生效； 3. 国内培育的植物新品种向外国人转让，应当经审批机关批准	合同自成立生效	品种权可质押； 申请权是否具有可质押性存在争议	《植物新品种保护条例》第9条； 《植物新品种保护条例实施细则（农业部分）》第11条； 《植物新品种保护条例实施细则（林业部分）》（已被修改）第8条； 《民法典》合同编第20章第3节
计算机软件著作权	中国版权保护中心	自然人的软件著作权，保护期为终生及其死亡后50年； 法人或者其他组织的软件著作权，保护期为50年	1. 合同自成立生效； 2. 可以向中国版权保护中心登记，登记不影响合同效力； 登记本身无法定的对抗效力	1. 合同自成立生效； 2. 软件许可可向中国版权保护中心登记，登记不影响合同效力； 登记本身无法定的对抗效力	1. 合同自成立时生效； 2. 质权自办理出质登记时设立	《计算机软件保护条例》第18~22条； 《民法典》物权编第444条； 《民法典》合同编第20章第3节

续表

权利类型	权利登记机关	权利期限	权利使用			主要法律法规
			转让	许可	质押	
技术秘密（非专利）	—	以保密状态的存续期间为准，只要严守秘密，且不被新技术所取代，其保护期间是无限的	合同自成立生效，无须批准登记备案	合同自成立生效，无须批准登记备案	是否具有可质押性存在争议	《民法典》合同编第20章第3节

应当注意：

1. 上表中对转让的说明，“转让自登记后生效”，类似于“登记后取得准物权”，不影响合同效力。双方可以约定在登记之前，受让方即被许可使用（可以独占许可）。

2. 即使法律未规定登记（法条上也可能说是备案）的对抗效力，由于这种登记备案由国家机关或可信的第三方公布，可供公众查询，相当于在事实上产生了一定的对抗第三人的效果（可以主张第三人已经知情）。

3. 这几类权利本身的不同，也就带来相应的合同起草审查的不同，例如：

（1）技术秘密并无法定的专有权，因此并无转让与许可的严格区分，完全靠双方约定及保密措施来决定使用权利和独占的效果；

（2）专利申请权、专利权、集成电路布图设计专有权、植物新品种权都是法定的专有权，权利来自于登记，因此转让合同签订后都必须办理相应登记，受让方才取得专有权，合同中必须对登记程序作出约定；

（3）软件著作权是著作权的一种，著作权因创作而产生，无须登记，因此软件著作权登记与权利本身的转移没有直接关系。

二、技术合同的法律规定要点

从合同起草审查的角度，我们需要知道技术合同的相应法律要点，才可以相应采取“无需约定、约定排除法律默认规则”等措施，或者判断技术合同的法律后果。而下文就是技术合同的主要法律规定要点，其中大部分是默认规则，可以根据当事人的约定排除适用。

（有关法条均指《民法典》合同编中的相应法条）

1. 技术成果知识产权、使用权、转让权归属方面。

• 第 847 条：职务技术成果的使用权、转让权属于单位。

• 第 848 条：非职务技术成果的使用权、转让权属于完成技术成果的个人。

• 第 859 条、第 860 条：委托开发完成的发明创造，专利申请权属于研究开发人，委托人可以依法实施该专利；合作开发的，专利申请权共有，放弃专利申请权的一方可以免费实施该专利。

• 第 861 条：技术秘密成果，当事人均有使用和转让权利，但研究开发人不得在向委托人交付研究开发成果之前，将研究开发成果转让给第三人。

• 第 875 条：技术转让、技术许可产生的后续技术成果，如无约定，一方后续改进的技术成果，其他各方无权分享。

• 第 874 条：技术转让、技术许可中的受让人或者许可人按约定实施专利、使用技术秘密侵犯他人合法权益的，由让与人或者许可人承担责任。

• 第 885 条：技术服务、技术咨询合同中受托人完成的新的技术成果，属于受托人。委托人利用受托人的工作成果完成的新的技术成果，属于委托人。

上面这些规定对于技术合同的起草审查是最重要的。技术成果的权利归属是技术合同的最核心问题，因此即使法律的默认规则已经符合我方利益，合同中往往也仍然会要明确写明，以避免争议。

2. 技术开发风险负担。

• 第 858 条：如无约定，风险由当事人合理分担。

技术开发合同不像一般的承揽、服务合同，是对未知技术的开发，因此，开发失败的风险较大。根据这条规定，如果受托人因为无法克服的技术困难，无法按合同约定提供符合要求的技术成果，委托人仍然要支付一定费用补偿，除非双方另有约定。

3. 技术合同效力。

• 第 850 条：非法垄断技术或侵害他人技术成果的技术合同无效。

• 第 864 条：技术转让合同和技术许可合同可以约定实施专利或者使用技术秘密的范围，但是不得限制技术竞争和技术发展。

这两条规定是效力性强制性规范，当事人无法排除适用。

4. 费用负担。

• 第 886 条：技术咨询、技术服务中受托人正常开展工作所需费用由受托人负担。相比之下，《民法典》合同编第 921 条规定，受托人为处理委托事务垫付的必要费用，委托人应当偿还该费用并支付利息。

5. 技术进出口限制。

这是来自《技术进出口管理条例》等的规定。如果不涉及技术进出口，则无须考虑这一点。

相关知识点：技术进出口与相关合同程序

三、技术合同与其他合同类型之间存在多种关系

1. 委托开发合同与承揽合同可能形成“配套型”或“参照型”关系。

委托开发中，可能需要受托人定制样机、样品，这部分工作的性质无疑也是承揽，此时就形成了技术开发合同与承揽合同的配套组合。

即使并无实物定作，由于法律并未规定承揽合同仅限于“提供实物成果”，受托人（研究开发）根据委托人的要求进行开发工作，也未尝不能参照“承揽”处理。

这也就意味着，委托开发合同中，委托人有可能依据承揽合同的相关规定主张任意解除权（《民法典》合同编第 787 条）、任意变更权（《民法典》合同编第 777 条）。例如，在万星恒越（北京）公关顾问有限公司、清创首开（北京）科技有限公司技术委托开发合同纠纷案[1]中，法院认为：在本案涉案合同中，出卖方应当按照买受方的要求完成工作并交付工作成果。这一点，具有结果债务的特点，与原《合同法》分则中承揽合同的规定最为接近。因此……可以参照原《合同法》分则中承揽合同的规定……定作人对承揽合同有任意解除的权利，可以随时解除承揽合同。

2. 委托开发合同、技术服务合同、技术咨询合同与委托合同是“参照型”关系。

委托技术开发以及委托提供技术服务、技术咨询服务，都可以认为是《民法典》合同编第 23 章“委托合同”中第 919 条规定的“受托人处理委托人事务”。广义的委托合同完全可以包含这些合同。法官在处理委托技术开发合同、技术服务合同、技术咨询合同纠纷中，完全可能参照委托合同的相关规定，包括任意解除权（《民法典》合同编第 933 条）、第三人可选择向委托人主张权利（《民法典》合同编第 926 条）等。例如，在天津市御河电力工程有限公司与天津琪华科技有限公司技术委托开发合同纠纷[2]中，法院认为，技术委托开发合同属于委托合同范畴，根据原《合同法》第 410 条的规定，委托人或者受托人可以随时解除委托合同。

[1] 北京知识产权法院（2017）京 73 民初 470 号。

[2] 天津市和平区人民法院（2016）津 0101 民初 7698 号。

当然，对于技术类合同来说，《民法典》合同编技术合同一章的规定应优先适用，只有该章无相关规定的才会参照委托合同的相关规定。

因此，委托开发合同、技术服务合同、技术咨询合同的起草审查中，也要适当参照一般委托服务合同，对任意解除权、代理问题、第三人追责问题予以应对。

3. 技术中介合同同时属于中介合同，应受《民法典》合同编“中介合同”一章规定的约束。

四、涉及“技术成果”的合同都要运用“技术类合同”的起草审查知识

《民法典》合同编对技术合同作出专章规定，核心是为了解决“技术成果”的归属与利用问题。根据《最高人民法院关于审理技术合同纠纷案件适用法律若干问题的解释》第 1 条的规定，技术成果，是指利用科学技术知识、信息和经验作出的涉及产品、工艺、材料及其改进等的技术方案，包括专利、专利申请、技术秘密、计算机软件、集成电路布图设计、植物新品种等。注意，这些技术成果都是可以重复利用、产生较大经济价值的，如果只能一次性使用，或者经济价值很低，其实就不是真正意义上的技术成果了。

如果只是涉及一般的文字作品（例如，委托创作剧本），按照《著作权法》及一般合同法规定处理即可，《民法典》合同编“技术合同”这一章也用不上。

从合同起草与审查的角度，我们可以这样理解：

1. 如果不涉及技术成果，或者其中的智力成果价值很低，那么就是一般的承揽合同、委托服务合同或其他合同，根据这些合同的起草审查要点处理即可。

比如说，律师提供法律咨询、电脑维修店修个电脑，算不算技术咨询合同、技术服务合同呢呢？答案是不算，也用不上《民法典》合同编“技术合同”中的规定，因为这些服务里面并不会产生什么有价值的、重复利用的技术成果。

2. 无论是承揽还是各类委托、服务，只要可能产生或涉及有价值的技术成果，那么就要考虑技术合同的有关法律规定，就要对技术成果的归属与利用进行明确约定。

当然，如果是涉及有价值的著作权，也应该对著作权的归属与利用作出明确约定。

律师应该形成习惯，对所有服务类合同，考虑一下技术成果或工作成果归属问题。如果技术成果重要，就参照技术合同的审查要点对知识产权归属与利用作出明确约定；即使没有有价值的技术成果、智力成果，也可以在合同中简单地约定知识产权的归属。

3. 对技术合同的起草审查，除依据本单元中所说的技术合同的起草审查要点，也要同时参考服务类合同中“一般服务合同、承揽（提供实物成果）合同”的起草审查要点。

如前所述，在法规上，技术合同可能参照承揽合同、委托合同的相关规定，技术服务合同、技术咨询合同可以认为就是一种委托合同。而且从合同起草审查的角度，委托技术开发、技术服务等合同在很多方面，特别是“微观—合同条款”方面与一般服务合同、承揽合同有很多相通之处，应该借鉴后者的起草审查要点。

在本单元中，重点是说明技术合同与“技术成果”相关部分的起草审查要点，对于与一般委托服务类合同、承揽合同相通的要点，不再重复说明。

4. 技术合同的复杂性，使技术类合同的起草审查有些难度。

难度主要体现在两个方面：

一方面是技术性。例如，技术开发合同，最重要的是约定清楚各项开发要求。但是，这不是律师自己就能写清楚的。

另一方面是技术的无形性。有形财产的买卖、租赁比无形技术的转让、许可简单。因为无形，就必须通过律师拟定的合同条款进行各方面的界定。

律师需要通过以下措施克服上述难点：加强专业化，进一步了解该领域相关知识；与熟悉技术的部门、人员配合；理解并运用“微观—合同条款”中的条款模型。

4.10 委托技术开发合同

下面，我们对委托技术开发合同或者委托开发合同运用“三观分析法”进行剖析。

4.10.1 宏观—合同类型

如前所述，委托技术开发合同可能参照承揽合同、委托合同的相关规定。从合同起草审查的角度，对这三者进行过多的概念、学理上的辨析意义不大，重要的是知道委托技术开发合同的权利义务受到承揽合同、委托合同相关规定的影响，因此应事先在合同中予以应对。

4.10.2 宏观—合同主体

法律对技术开发合同并无主体限制，个人、单位均可以作为主体。当事人主要是考虑受托人的技术开发能力，即履约能力。

实务中会出现科研院所、学校中的无民事主体资格的院系、研究室、课题组、工作室、创作室作为合同主体签约的情形（常常是作为受托人），此时应调整主体为所属的法人单位，或由法人单位事前授权、事后追认等。在法人单位事前授权或事后追认的情况下，其实合同主体即法人单位。

4.10.3 宏观—合同标的

委托开发的标的如果存在侵害他人技术成果的情形，则根据《民法典》合同编第850条的规定应属于无效。不仅如此，受侵害方可向委托人、受托人双方主张共同侵权的侵权责任。如有此类风险，应提示当事人停止交易。

实务中，签署合同之前应对相关的技术、专利进行检索，了解现有技术、现有专利情况，进而决定是否开发及具体开发的范围。但这主要不是法律问题，而是一个技术与商业判断的问题。

4.10.4 宏观—合同程序

1. 技术合同的登记。

根据《技术合同认定登记管理办法》的规定，技术开发合同、技术转让合同、技术咨询合同和技术服务合同、技术培训合同、技术中介合同在科学技术行政部门进行认定登记后，可享受国家对有关促进科技成果转化规定的税收、信贷和奖励等方面的优惠政策。

根据《技术合同认定登记管理办法》第 8 条的规定，技术合同认定登记实行按地域一次登记制度。技术开发合同的研究开发人、技术转让合同的让与人、技术咨询和技术服务合同的受托人，以及技术培训合同的培训人、技术中介合同的中介人，应当在合同成立后向所在地区的技术合同登记机构提出认定登记申请。

技术合同的这类登记与合同效力、对抗效力均无关系。

2. 技术开发有可能通过招标投标程序选择研究开发人，则需要遵守《招标投标法》的规定。

4.10.5 中观—合同形式

1. 委托技术开发合同应当采用书面形式。

这既是《民法典》合同编第 851 条的规定，也是技术合同认定登记的需要。同时只有书面形式能明确约定权利义务、防范风险。

2. 委托技术开发合同的附件、配套合同。

（1）详细的开发需求、性能指标、阶段安排，可以列入附件中。

注意这类附件的重要性不亚于合同正文，必须由双方签署，或是与合同正文一起签署并加盖骑缝章。

（2）受托人一方的资质证书可作为合同附件，由受托人确认属实。

（3）考虑配套保密协议，并让受托人一方参与项目的人员签署保密承诺函。

（4）考虑由参与项目开发人员签署知识产权相关协议或承诺，认可知识产权的归属，或者认可技术成果为职务技术成果，知识产权应归单位所有。

3. 为了便于登记，实务中多数采用科技部的技术合同示范文本。

科技部技术合同示范文本类似于一个合同框架，可以而且应当大量填充内容。当事人尽量使用这个范本，也就是提交登记的合同文本从形式上来看就是科技部范本（包括封面、格式等），这会对技术合同的认定登记有一定便利。

需要填充的比较详细的内容，可以放在附件中。

相关模板：9176 技术开发（委托）合同（科技部 2001 版）

4. “合同 + 订单”模式的运用。

因为技术开发合同有“走一步再看下一步”的特点，履行中因主观或客观原因对开发项目、开发费用进行调整的情形很常见。因此合同中往往会设置双方项目联系人，约定由双方联系人对项目中出现的项目调整、费用调整签字确认。

此时，律师要审查技术开发合同中的这个“签证”程序，使其兼顾便捷与安全，包括“适当限制我方联系人的权限、增加防止商业贿赂条款”等。

4.10.6 微观—合同条款

一、技术成果开发要求相关条款

对于委托人、受托人双方来说，最重要的都是对开发的要求进行说明，但这也是技术合同最难的地方。难点在于：这里面涉及很多技术问题与商业问题，律师不能全部把握；因为是对未知技术的开发，有一些东西事先未必能想到；技术开发一般是边推进边调整的。

实务中，技术开发合同履行中出现问题的可能性很大，很大原因是因为技术开发本身的特点导致的。律师只能尽量在合同中约定必要的、明确的条款，但不可能把所有的东西都想全面、都写明确。律师适当结合技术与商业的特点，提示当事人（技术部门、商业部门）把主要的开发要求列明，并约定未达到开发要求时的解除、违约责任，就可认为是处理到位了。

大体上，可以同时从下列方面综合控制开发要求、开发质量：

（以下所列主要是从委托人的角度，受托人则应该从反面看是否应该接受或修改）

1. 对开发要求的正面控制。

（1）总体目标或最终使用场景。

也就是说，开发成果最终是做什么的。这一点可以成为具体开发要求的一个基础和解释依据。如果不能满足最终使用场景需求，也就相当于不能实现合同目的。

（2）主要开发人员。

可将主要开发人员列入附件清单中，要求受托人未经委托人同意不得更换主要开发人员。

（3）具体的功能需求、性能指标也就是验收标准。

这是最重要的。律师应该提示当事人尽可能列出详细的功能需求和指标，提示当事人这部分内容非常重要，应认真对待。这部分内容可以作为合同附件由双方签署。

（4）配套服务要求。

包括安装、试运行、培训、后期服务方面的要求。

2. 进度安排。

总体进度的安排作为技术合同重要内容或重要附件，应经双方签署确认。

（1）前期可以有类似于可行性研究阶段的安排，要求受托方提交较具体的开发方案。

这一阶段可支付部分费用或不支付费用。

经双方确定的具体开发方案应经双方签署，补充作为合同内容的一部分，作为接下来的开发依据。

（2）按阶段开发，同时约定按阶段验收、付款。

（3）履行过程中，对进度、开发要求有新的调整要求达成一致的，双方应及时确认。

3. 验收安排。

根据项目的不同，采取的方式包括：

（1）合同双方按照合同列明的需求进行验收；

如果双方有争议且无法协商解决，则只能通过仲裁或诉讼解决。

（2）有争议时，由约定的第三方机构进行验收。

4. 开发失败、无法通过验收的处理。

技术开发延期、达不到要求的可能性是很大的。对委托方来说，最好约定无法通过验收时则无须付款；但对受托方来说，则需要考虑这种模式能否接受，未知技术的开发失败风险肯定是存在的，可以考虑改为“双方共同分担”的模式，并说明分担比例。这主要由双方根据风险大小、损失大小来判断。

可以考虑分阶段的方式，前期调研阶段可由委托方承担风险（向受托方支付费用），调研后如受托方认为可以达到预期开发目标，则改由受托方承担风险（如开发失败则无须支付费用）。

二、开发费用相关条款

这涉及开发报酬、成本负担、费用调整几方面的约定。

1. 开发报酬。

常见的有固定报酬、提成这两种，涉及样机（样品）制作的，可能还约定样机的制作费用。

（1）固定报酬。

固定报酬是指总价，但支付方式一般是按阶段的。

考虑到技术开发合同中途解约的可能性很大，合同中应该对中途解约如何支付报酬或退还费用作出约定。

如果一个开发项目能够拆分为多个小项目，则在总价之外还应该有一个费用明细。同样是为了解决只完成部分开发时的费用支付问题。

总之，在报酬这一块，最大的问题是要解决：技术开发合同没有全面履行时如何支付费用？

（2）提成。

一般而言，这是按照开发后的销售收入的一定比例，或者按产品数量来提成，这意味着要开发成功才能提成。

即使如此，同样面临这个问题：如果并未开发成功，中途解约，费用如何支付？合同中也应明确。

采取提成模式时，同样会有一个前期固定报酬。

2. 成本负担。

明确约定哪些成本由委托方承担，哪些成本由受托方承担。

3. 费用调整。

技术开发合同履行中开发范围、费用调整的可能性是很大的。大致的做法有：

（1）补充协议或附件的方式。

双方不断地在每一个阶段确认下一个阶段的具体开发任务和费用。

（2）“签证”的方式。

这是借助建设工程施工中的概念。此时合同中应设置双方联系人（项目负责人），约定由双方联系人对项目的变化、费用的调整进行确认。

三、知识产权归属与使用相关条款

技术开发合同中的知识产权归属与使用模式，大概可以根据表 4–10 设置：

表 4–10　技术开发合同中的知识产权归属与使用模式

对象	权利归属	相对方的使用
技术成果	受托方	委托方有权使用
后续改进技术成果	改进方	无权使用

注意表 4–10 中所列是《民法典》合同编第 859 条、第 875 条的默认规则，双方可以协商排除默认规则、使用另外的模式，即分别对本次开发的技术成果、后续改进的技术成果这两个对象，从权利归属和相对方的使用这两个方面进行约定。

1. 关于技术成果的归属。

实务中，很多技术开发合同会约定技术成果的知识产权完全归委托方所有，受托方无权在合同之外使用。是否能作此约定取决于：本次技术开发是否由委托方主导；是否已支付了一次开发的足够费用。

2. 关于后续改进技术成果的权利归属和使用。

后续改进技术成果的权利归属和使用常常不作约定，此时就按法律默认规则处理，即由哪一方做出的后续改进成果归哪一方所有。

3. 对受托方原有技术或第三方技术运用的约定。

受托方需要注意：技术开发中常常包括对受托方原有技术或第三方技术的运用，此时应对该现有技术的权利归属和后续使用授权进行说明。

• 关于受托方原有技术，可以直接在合同中约定授权委托方使用的方式、费用等；

• 关于受托方第三方的技术则应约定由委托方另外取得第三方的授权。

4.11 软件委托开发合同

软件委托开发合同，即委托人委托开发人进行计算机软件开发，约定开发人向委托人交付开发软件，委托人向开发人支付价款的合同。我们所熟悉的计算机桌面软件、网站、APP、微信小程序等以程序代码构建的作品，都属于计算机软件。

无论是从法律角度还是合同起草审查的角度，软件委托开发合同与委托技术开发合同都颇为相通，因此这一节主要说明软件委托开发合同的特殊之处，其他方面仍可参考委托技术开发合同。

4.11.1 宏观—合同类型

1. 软件委托开发合同与委托技术开发合同。

《最高人民法院关于审理技术合同纠纷案件适用法律若干问题的解释》第46条第2款规定："计算机软件开发等合同争议，著作权法以及其他法律、行政法规另有规定的，依照其规定；没有规定的，适用民法典第三编第一分编的规定，并可以参照民法典第三编第二分编第二十章的有关规定处理。"可见软件委托开发合同可参照技术合同相关规定。

在实务中，确实有不少判例中的委托技术开发合同其实就是软件委托开发合同。另外，随着计算机、互联网技术的普遍运用，很多技术开发多多少少包含软件方面的开发。

这意味着，因技术困难导致软件开发失败时，如果没有特别约定，受托方可根据《民法典》合同编第858条的规定，要求委托人支付合理费用（分担风险）。[1]如果委托人不希望这样，则应该在合同中予以专门约定。

---

[1] 参见宜宾市叙州区鑫隆庄种养殖专业合作社、四川青岗网络科技有限公司计算机软件开发合同纠纷案，（2018）川民终1340号。

从条款结构来说，软件委托开发合同与委托技术开发合同有相通之处。实务中有些软件开发合同直接使用的就是科技部 2001 年发布的技术开发（委托）合同版本，只不过里面的具体内容是针对软件项目开发的。

2. 软件委托开发合同与承揽合同。

典型的承揽是提供实物成果的承揽，但是，提供无形服务、提供智力成果型的服务合同，也有可能被当作承揽。目前的判例中，有的判决认定软件开发属于承揽合同，[1] 有的判决认定不属于承揽合同，但可以参照承揽合同进而适用任意解除权的规定，[2] 同时也有的判决认为既不属于承揽也不认可有任意解除权。[3]

从合同起草审查的角度，这一点值得注意：软件委托开发合同中也可能隐含着委托人的任意解除权。即使存在争议，但从合同起草审查的角度还是应该事先应对。

3. 实务中的软件委托开发合同有时会配套买卖、租赁、许可及其他服务合同类型。

此时相当于多种类型合同的组合，从法律上应适用相关合同类型的法律规定，从合同起草审查的角度，也应结合相应多种合同类型的起草审查要点来处理。

4.11.2 宏观—合同程序

1. 软件著作权登记。

根据《计算机软件保护条例》等规定，软件著作权人可以到中国版权保护中心办理计算机软件著作权登记。这种登记可以作为权利的一种证据。《最高人民法院关于审理著作权民事纠纷案件适用法律若干问题的解释》第 7 条规定："当事人提供的涉及著作权的底稿、原件、合法出版物、著作权登记证书、认证机构出具的证明、取得权利的合同等，可以作为证据。在作品或制品上署名的自然人、法人或者其他组织视为著作权、与著作权有关权益的权利人，但有相反证明的除外。"

但是这种登记不影响著作权相关合同的生效，与著作权的产生也没有直接关系，软件委托开发合同中一般也无须对此专门约定（约定权利归属、约定提供源

---

[1] 郑州高新技术产业开发区人民法院（2019）豫 0191 民初 18205 号、佛山市顺德区人民法院（2018）粤 0606 民初 11864 号。

[2] 北京市高级人民法院（2018）京民终 401 号、广州知识产权法院（2018）粤 73 民初 999 号。

[3] 宁波市中级人民法院（2017）浙 02 民初 365 号、无锡市中级人民法院（2016）苏 02 民终 755 号。

代码即可）。

2. 软件委托开发合同符合《技术合同认定登记管理办法》条件的，也可以进行技术合同登记。

这种情况下，软件委托开发合同最好也使用科技部2001年发布的技术开发（委托）合同版本。

4.11.3 中观—合同形式

1. 软件委托开发合同根据标的金额，可能简单也可能复杂。

实务中的软件委托开发合同可能是金额只有几万元的微信小程序开发，也可能是涉及数百万元的大型软件开发，前者完全可以简单到一两页纸，后者则需要非常详细。

2. 软件委托开发合同中的具体功能需求、开发进度安排，放到单独附件中更为适宜。

这样对于经常从事软件开发业务的公司，可用“通用合同模板 + 专门附件”配合，“专门附件”用于说明不同软件的具体开发需求，这样合同签订起来更加方便。

3. 软件委托开发合同常常要配套保密协议，可以要求受托方参与项目人员签署保密承诺函。

4. 软件开发也常常采取类似“合同 + 订单”模式。

此时需要在合同中设置双方联系人，明确由双方联系人对开发项目的增减、费用的调整进行签署确认后生效。因此，有必要设计一个简单但清晰的“开发需求变更单”。

4.11.4 微观—合同条款

软件委托开发合同与技术委托开发合同在微观条款结构、重点条款上颇为相似，只是具体内容上，是围绕软件开发的需求、进度安排等设置的。这两类合同，重要的是都尽可能清晰地、量化地约定量化的标准。

在具体条款上一般会存在如下区别：

1. 技术委托开发合同一般标的较大，因此条款更多更复杂，而小额的软件开发合同条款可以简单很多，抓住重点即可。

2. 软件委托开发合同的权利归属一般要明确约定归委托人所有。

存在那种基于受托方的自有软件，适当定制组件的开发模式，合同中应明确哪些部分的知识产权仍归受托方所有，只是许可委托人使用（许可期限、许可范围等）。

如果不作约定，则根据《著作权法》第19条、《计算机软件保护条例》第11条的规定，软件著作权应归受托方所有。因此从委托方的角度，必须特别约定。

3. 软件委托开发合同开发失败的风险一般由受托方承担。

合同中可以明确，软件开发失败不能达到合同约定验收标准的，委托人无须支付费用。

这主要是因为软件开发比一般技术开发难度低一些，受托方更有预见性。如果是开发难度很大、很可能无法实现的软件开发，则双方可以约定共担风险（开发失败时，委托方仍需支付部分费用）。

4. 软件的交付。

在软件委托开发合同相关纠纷中，关于“软件开发成果是否交付”的争议不少，争议中双方对软件究竟是否交付各执一词。但其实，这可以事先避免。软件的交付相对于技术的交付更容易一些，因为软件代码完全可以通过电子邮件的方式交付，只要合同中约定好委托人的指定接收邮箱，受托方就可以通过电子邮件交付并在邮件中说明，事后也比较方便举证。

4.12 专利权转让合同

专利权转让合同是技术转让合同中的一种典型，即专利权人将现有特定专利权转让给受让方，受让方支付价款。

4.12.1 宏观—合同类型

技术转让包括但不限于专利权转让。这里适当扩展，将技术转让合同与相关合同类型进行辨析。

1. 技术转让合同与联营合同。

《最高人民法院关于审理技术合同纠纷案件适用法律若干问题的解释》第 22 条第 3 款规定，当事人以技术入股方式订立联营合同，但技术入股人不参与联营体的经营管理，并且以保底条款形式约定联营体或者联营对方支付其技术价款或者使用费的，视为技术转让合同。

2. 技术转让合同与买卖、承揽、委托合同的混合。

实务中的技术转让中，可能转让方同时向受让方提供设备、物资，提供相关服务，此时相当于技术转让合同中混合了其他类型的合同。

3. 技术转让合同中的技术秘密转让合同与许可合同。

技术秘密是指专利、著作权、商标权、植物新品种权以外的技术，这类技术有经济价值，但是并不享有法律规定的专有权，而是靠当事人自己的保密措施使其不被他人使用，受到《反不正当竞争法》等关于商业秘密相关规定的保护。

技术秘密不是物权也不是准物权，这就使“技术秘密的转让”难以定性，实务中所使用的合同类型也有一些混乱。本书建议：

（假设甲拥有技术秘密，双方签订合同允许乙使用）

（1）甲自己也要继续使用，此时应叫作“技术秘密许可合同”或“技术许可合同”；

（2）甲自己无权继续使用，此时应叫作“技术秘密转让合同”或“技术转让合同”。

在上述情形下，合同条款中都必须尽可能地明确：甲是否有权再许可他人；乙是否可以再许可他人；申请专利的权利及相关知识产权的归属；违约使用技术秘密的违约责任。也就是说，技术秘密合同因为定性不清，不能仅靠标题和一两句话说清楚，必须把各方究竟对技术秘密还拥有什么权利义务说清楚。

因为技术秘密完全靠保密来维持其价值，因此合同中必须对保密义务进行严格地、清晰地约定。

4. 技术转让与技术许可合同的选择。

除技术秘密的转让与许可存在模糊外，其他专利权、计算机软件著作权等，转让与许可都是性质明显不同的两个类型，转让是准物权的转让，类似于完全买断，许可则不是。这两类交易都是常见的、可行的，选择哪一类，主要是商业决策问题，律师向当事人说明其区别即可。

如果被许可方想“买断”但仍不确定，也可以考虑“许可＋转让选择权”的合同类型组合，即签署技术许可类合同，同时约定，被许可方在一定条件、期限内有权以约定的价格要求受让该技术。

5. 技术转让与技术出资。

（1）可作为出资方式的技术。

现行《公司法》第 27 条规定，“股东可以用货币出资，也可以用实物、知识产权、土地使用权等可以用货币估价并可以依法转让的非货币财产作价出资；但是，法律、行政法规规定不得作为出资的财产除外”。未延用“工业产权、非专利技术”的表达，取而代之表述的是“知识产权”，并确定非货币出资的三项条件（可以货币估价、可转让、非法律法规禁止出资方式）。此外，《民法典》第 123 条对知识产权作出定义，“民事主体依法享有知识产权。知识产权是权利人依法就下列客体享有的专有的权利：（一）作品；（二）发明、实用新型、外观设计；（三）商标；（四）地理标志；（五）商业秘密；（六）集成电路布图设计；（七）植物新品种；（八）法律规定的其他客体”。

基于以上规定，技术在符合非货币出资三项条件的情况下可用于出资。尽管理论上可用于出资，有些技术虽可转让但转让操作复杂且风险较高、或者存在价值下跌的较大风险时，并不宜作为出资。

需要特别指出的是，技术出资指技术所有权出资，技术的特定权能能否独立作为出资目前在理论与实务中均存在争议，如专利技术的专利申请权、专利使用权。本书建议尽量不要直接以某项特定权能直接出资，确有需要的可考虑变通方式出资。关于变通方式出资可参考《合同起草审查指南：公司卷》中的相关说明。

（2）技术出资相关协议。

技术出资的实现共涉及两个层面的协议，分别是出资协议和技术转让协议。

出资协议包括就技术出资达成的合意。出资协议中尤为需要注意的是约定出资金额（应约定）、持股比例（应约定）、技术的重要信息（应约定）、评估作价（应约定）、缴付（应约定）、瑕疵出资责任（建议约定）、价值下降的补足责任（建议约定）等。

技术转让协议是履行出资缴付义务的手段。同一般的技术转让协议一样，技术转让协议应详细约定技术转让的具体内容，同时还可约定如出资协议解除、目标公司未设立，则技术转让合同不生效或解除。根据出资时间的不同，在公司成立前缴付出资的，由技术所有人与其余全体出资人签订协议，设立中的公司也可一并作为协议主体。[1]公司成立后缴付出资的，则由技术所有人与公司签订协议。

4.12.2 宏观—合同主体

确认转让方是权利主体。对于专利权、专利申请权、有登记的计算机软件著作权、集成电路布图设计专有权、植物新品种权，可以向相关部门、网站查询权利人。对于不存在登记公示的技术秘密，则只能通过适当调研手段来保证转让方确实掌握该项技术，并且在合同中约定必须保证受让方能利用该技术实现预期目标。

即使是转让方确实是官方登记的权利人，也可以适当检索，看是否存在隐含的权利争议，例如，职务技术成果被登记在个人名下。如有必要，可由相关主体表示同意。

4.12.3 宏观—合同标的

从法律角度，针对专利权的尽职调查主要明确以下方面：

1. 专利权主体。

2. 专利权本身的法律状态。

---

[1]《最高人民法院关于适用〈中华人民共和国公司法〉若干问题的规定（三）》第3条规定，发起人以设立中公司名义对外签订合同，公司成立后合同相对人请求公司承担合同责任的，人民法院应予支持。

是否处于无效宣告程序、行政诉讼程序中，是否存在专利权属纠纷或仲裁。

3. 专利权在先使用情况。

包括是否存在在先许可、是否存在质押。

4. 专利权保护期限。

显然，剩余保护期限越短，专利权价值越低。

资 料　知识产权的“转让不破许可”与合同起草审查

知识产权法律关系中的许可与转让，与租赁法律关系中的租赁与买卖颇为相似，后者存在“买卖不破租赁”的规则，体现了租赁权的物权化特点。那么，在知识产权领域，是否也存在着“转让不破许可”的规则？根据现行法规及司法案例，从商标、专利和著作权三个不同方面进行回答，并针对此问题，对知识产权许可使用合同与转让合同的起草审查给出一些建议。

为便于讨论，我们进一步将问题描述清晰：

转让人将所持有的知识产权转让给受让人，但转让之前，转让人已经许可了他人（在先被许可人）使用。那么转让之后，受让人是否可以要求在先被许可人停止使用该知识产权，换言之，在先被许可人是否可以向受让人主张有权继续使用该知识产权？

如果受让人有权要求在先许可人停止使用，则可谓“转让击破许可”，否则可谓“转让不破许可”。

注意上述问题中，在先的许可合同、后面的转让合同都是合法有效的，不存在“恶意串通损害他人合法权益”等违法无效情形。

一、现有法律、司法实务简析

（一）商标专用权

1. 相关法规存在冲突。

《最高人民法院关于审理民事纠纷案件适用法律若干问题的解释》（2020）：

第 19 条：商标使用许可合同未经备案的，不影响该许可合同的效力，但当事人另有约定的除外。

第 20 条：注册商标的转让不影响转让前已经生效的商标使用许可合同的效力，但商标使用许可合同另有约定的除外。

《商标法》第 43 条第 3 款：许可他人使用其注册商标的，许可人应当将其商标使用许可报商标局备案，由商标局公告。商标使用许可未经备案不得对抗善意第三人。

上述两个规定之间存在分歧:《最高人民法院关于审理民事纠纷案件适用法律若干问题的解释》明确了商标权领域的“转让不破许可”规则，即在商标使用许可合同没有约定的情况下，商标权人将已许可他人使用的商标转让给第三人时，被许可人仍可根据其与许可人订立的在先合同享有该商标的使用权；而《商标法》明确了商标许可的备案对抗制度，即在先商标许可未经备案不得对抗善意受让人，此时受让人可以否认未备案许可的效力，有权禁止在先被许可人的继续使用行为。

2. 司法实务存在争议。

立法规定不一致导致司法实务存在争议。

部分法院认为“商标权转让不破在先许可”，例如，湖南华泰食品有限公司与长沙湘采包装印务有限公司侵害商标权纠纷案[1]、张建斌与翁国珍商标使用许可合同纠纷案[2]、深圳市易久商贸有限公司与黑龙江东北大有机食品集团有限公司侵害商标权纠纷、合同纠纷案[3]等案件。

部分法院认为“商标权转让击破在先许可”，例如，上海申威（集团）有限公司与厦门市升祥贸易有限公司侵犯注册商标专用权纠纷案[4]、代平光与新余市仙女湖爱情岛旅游有限责任公司侵犯商标权纠纷案[5]等案件。

3. 综合法规、判例，结合一般法理，商标权在先许可与在后转让之间的权利冲突处理规则。

（1）商标使用许可合同未约定时。

- 若商标使用许可经过备案

则在先被许可人可以依据《商标法》第 43 条第 3 款处理，即要求“转让不破许可”；

- 若商标许可未经备案

则不得对抗善意受让人，此时“转让击破许可”。

（2）商标使用许可合同约定“转让击破许可”。

无论商标许可是否经过备案，根据当事人意思自治原则，此时应当依照合同约定处理，即受让人有权要求在先被许可人停止使用。

（3）商标使用许可合同约定“转让不破许可”或“不得转让”时。

此时，若商标许可经过备案，则在先被许可人有权要求受让人同意其继续使用商标；

[1] 湖南省高级人民法院（2019）湘知民终 182 号。
[2] 广州知识产权法院（2018）粤 73 民终 4588 号。
[3] 广东省深圳市福田区人民法院（2015）深福法知民字第 675 号。
[4] 北京市高级人民法院（2005）高民终字第 201 号。
[5] 四川省高级人民法院（2014）川民终字第 134 号。

若商标许可未经备案，如果受让人知道该约定的存在，此时被许可人仍得以对抗受让人；如果受让人不知道该约定的存在，则受让人仍可以要求被许可人停止使用。

（二）专利权

1.相关法规认可“专利权转让不破许可”。

《专利法实施细则》第14条第2款：专利权人与他人订立的专利实施许可合同，应当自合同生效之日起3个月内向国务院专利行政部门备案。

《最高人民法院关于审理技术合同纠纷案件适用法律若干问题的解释》第24条第2款：让与人与受让人订立的专利权、专利申请权转让合同，不影响在合同成立前让与人与他人订立的相关专利实施许可合同或者技术秘密转让合同的效力。

由上述规定可知，虽然专利实施许可合同应当备案，但是与商标权不同的是，专利相关立法并未明确专利实施许可合同备案的法律效力，只是一种行政管理手段。加之《最高人民法院关于审理技术合同纠纷案件适用法律若干问题的解释》的明确规定，可以认为，法律已经认可“专利权转让不破许可”，即当专利权人将已许可他人使用的专利转让给第三人时，被许可人仍然在与许可人订立的在先合同约定的范围内，享有对该专利的使用权。

2.司法实务与立法一致。

例如，卢燕翔、广州衡久建材有限公司与佛山市南海区衡久建材有限公司知识产权纠纷案[1]、珠海汇贤企业有限公司诉南京希科集团有限公司技术转让合同纠纷案[2]等案件。

综上，专利权在先许可与在后转让之间的权利冲突处理规则是：“专利权转让不破许可”，无论在先的专利权许可是否经过备案。

（三）著作权

我国当前关于著作权转让对在先许可的影响存在立法空白，尚没有立法规定著作权许可使用合同的备案是否对在后的转让有对抗效力。另外，尽管计算机软件著作权的转让或许可规定了备案制度，但是法律也未明确赋予这种备案的对抗效力。相关规定如下：

《著作权法实施细则》第25条：与著作权人订立专有许可使用合同、转让合同的，可以向著作权行政管理部门备案。

《计算机软件保护条例》第21条：订立许可他人专有行使软件著作权的许可合同，或者订立转让软件著作权合同，可以向国务院著作权行政管理部门认定的软件登记机构登记。

目前尚未从公开渠道查询涉及此类权利冲突的纠纷判例。

---

[1] 广东省高级人民法院（2013）粤高法民三终字第517号。
[2] 广东省高级人民法院（2002）粤高法民三终字第153号。

（四）补充说明

现行法律法规中，只有《商标法》明确规定了商标许可备案的对抗效力。但我们必须认识到，即使法律未明确规定，只要向国家机关、可信的登记机构进行登记备案且这种登记备案可供公众查询，那么这种登记备案就在事实上具有一定的对抗效力。如果发生争议，法院完全可能判定“受让人应当知道该已经登记的在先许可的存在”，以“恶意串通损害他人合法权益无效、许可合同有效”等为由，认定“转让不破在先许可”。

进一步推论，即使不是登记备案，如果在先被许可人能让法院相信“受让人知道或应当知道在先许可的存在”，那么法院也有可能支持“转让不破许可”。

在许可合同、转让合同中往往会有在先许可披露、转让处理的专门约定。这种约定如果没有特殊违法情形，也是有效的；只是根据合同的相对性原理，许可合同中的约定不能直接对抗受让人，转让合同中的约定也不能直接对抗在先被许可人。

二、合同起草审查建议

所有知识产权的转让合同中，都要考虑在先许可的问题。反之，所有的在先许可也要适当考虑对在后受让人的对抗问题。不仅如此，许可与许可之间也存在一定冲突（例如，普通许可与独占许可同时存在就会有冲突），也与这个问题类似。

从合同起草审查的角度，这个问题的处理建议是：

（一）知识产权许可合同

1. 如果合同中明确约定“转让击破许可”，则被许可人需要考虑能否接受，要考虑到被许可合同随时可能终止。

2. 如果被许可人不希望“转让击破许可”，则：

（1）商标权许可应尽快办理备案，可将备案程序作为付款的先决条件。

（2）专利权、著作权使用许可也应备案。

同时因为这种备案的效力不明，许可合同中还应该明确就“转让不破许可、被许可方不能正常使用权利的违约责任、解除合同条件”等作出明确约定。

（二）知识产权转让合同——主要从受让方的角度

1. 受让方应该进行适当“尽职调查”，查询该知识产权是否存在在先许可。（著作权：中国版权保护中心；专利：国家知识产权局；商标：国家知识产权局）

如果存在在先许可，则有下列模式：

（1）将转让人与在先被许可人解除在先权利许可作为签订转让合同的条件，或作为履行转让合同后续义务的先决条件。

如果无法解决，可以停止交易或解除合同。

（2）约定转让不影响在先权利许可，此时受让人可与转让人协商降低转让费用、约定许可使用费等收益由受让人收取等，同时还应约定相关通知义务。

2. 所有的知识产权转让合同（已经知道存在在先许可仍然转让的、未发现在先许可而转让的），都应该有专门的在先许可相关条款，包括：

（1）明确声明已有的在先许可情况，说明在先许可的被许可方、许可范围、期限等；

（2）声明无其他在先许可；

（3）匹配违约责任，包括解除合同、违约金、其他在先许可的收益应归受让人所有等。

从转让人的角度，在转让合同中也有必要明确说明已经存在的在先许可（无论是否已经备案、无论受让方是否实际知情），以避免受让人以存在在先许可为由主张转让人违约、解除合同等。

4.12.4 宏观—合同程序

1. 专利权的登记程序。

根据《专利法》第 10 条的规定："转让专利申请权或者专利权的，当事人应当订立书面合同，并向国务院专利行政部门登记，由国务院专利行政部门予以公告。专利申请权或者专利权的转让自登记之日起生效。"

这个登记程序对于受让人来说是很重要的，类似于"物权变更登记"，合同中应该对转让方办理或配合办理相关程序作出明确要求，一般将登记程序作为付款（或部分付款）的先决条件。

2. 技术进出口的批准与登记程序。

这方面的主要法律规定是《技术进出口管理条例》，对技术的进口、出口都有要求。以出口为例，分为禁止出口的技术、限制出口的技术、自由出口的技术。

禁止出口的技术不允许出口，限制出口的技术需要审批、获得许可证后才能出口，合同才能生效，自由出口的技术需经登记，但是登记不影响合同效力。

未经批准违法进出口技术会导致警告、没收违法所得、罚款甚至刑事责任。

4.12.5 中观—合同形式

1. 技术转让合同应采取比较规范的书面形式。

如涉及登记、批准等程序，则必须要书面形式。同时技术转让合同一般标的较大，不使用书面合同详细约定双方权利义务也是不合适的。

2. 从受让方的角度，应尽量在签订专利权转让合同时，将涉及专利权转让登记的相关文件作为合同附件一并准备或签署。

3. 对于复杂的技术转让，可以采取“主交易合同 + 配套合同 + 附件”的形式。

配套的合同可能包括承揽定作合同、原材料采购合同、技术服务合同。因为技术转让时常常需要转让方向受让方供应设备、原材料，提供后续技术服务等。

4. 可以采取“用于登记的简单合同 + 详细的技术转让合同”的形式。

由于专利权转让登记需要提交转让合同，实务中常常提交一份比较简单的专利权转让合同，约定专利权转让的关键条款，双方另外签署一份更加详细的技术转让合同，约定更多的权利义务，转让方需要提供更多的服务。

此时应检查这两份合同，保持关键条款的一致性，并且在详细版的技术转让合同最后，明确约定“双方签订的用于登记的专利权转让合同与本合同不一致的，以本合同为准”。

5. 在专利权转让谈判过程中，前期可能会使用保密协议及专利权转让意向书等类似文件。

4.12.6 微观—合同条款

《专利法》第 47 条规定，宣告专利权无效的决定，对在宣告专利权无效前人民法院作出并已执行的专利侵权的判决、调解书，已经履行或者强制执行的专利侵权纠纷处理决定，以及已经履行的专利实施许可合同和专利权转让合同，不具有追溯力。但是因专利权人的恶意给他人造成的损失，应当给予赔偿。

依照前款规定不返还专利侵权赔偿金、专利使用费、专利权转让费，明显违反公平原则的，应当全部或者部分返还。

可见，专利权无效时，专利权转让合同并非无效或可解除，双方需要对此问题进行适当处理。一般的措施是：

1. 专利权转让合同签订前，受让方应适当“尽职调查”，判断该专利权被宣告无效的可能性。

如果已经存在相关争议且诉讼在进行中，显然该专利权的转让应该考虑暂停，或者在合同中约定以专利权获得维持为先决条件。

2. 合同中可以对专利权无效进行适当约定，包括：

（1）专利权转让登记前：

一般可约定，登记前被宣告无效的，受让方有权解除合同，要求退还全部费用。

（2）专利转让登记后：

可以对转让费用退还作出约定，退还费用的比例可以与专利权被宣告无效的时间。时间越早，退还费用越高。

（3）转让人恶意的界定：可以考虑将转让方未披露已知的可能影响专利权效力的纠纷、权利冲突作为转让人恶意的表现。

4.12.7 延伸讨论：专利申请权转让合同的特殊性

专利申请权转让也是技术转让的一种，从合同起草审查的角度，专利申请权转让合同与专利权转让合同类似。两者的主要区别在于：专利申请权很可能被驳回，驳回后也就无法获得专利权，合同中需要对此问题进行专门约定。

1. 相关规定。

《最高人民法院关于审理技术合同纠纷案件适用法律若干问题的解释》第 23 条规定，“专利申请权转让合同当事人以专利申请被驳回或者被视为撤回为由请求解除合同，该事实发生在依照专利法第十条第三款的规定办理专利申请权转让登记之前的，人民法院应当予以支持；发生在转让登记之后的，不予支持，但当事人另有约定的除外。专利申请因专利申请权转让合同成立时即存在尚未公开的同样发明创造的在先专利申请被驳回，当事人依据民法典第五百六十三条第一款第（四）项的规定请求解除合同的，人民法院应当予以支持”。

2. 合同中的处理措施。

对于转让登记之前的专利申请被驳回、被视为撤回，可约定作为解除合同的条件，并要求退还全部费用。

对于转让登记之后的专利申请被驳回，一般有不退还和部分退还两种模式。当然合同中也可以约定，受让方取得专利权之后再支付后期费用，未取得专利权则无须支付后期费用。

4.13 专利实施许可合同

根据《民法典》合同编第863条的规定，技术许可合同包括专利实施许可、技术秘密使用许可等合同。根据第876条的规定，集成电路布图设计专有权、植物新品种权、计算机软件著作权等其他知识产权的转让和许可，参照适用技术转让、许可的有关规定。

从合同起草审查的角度，技术许可类合同中，专利实施许可合同较为复杂，标的金额往往也较大。同时，专利技术相关合同涉及较强的技术性，例如，专利许可的范围如何才能满足我方生产经营的需求，这很重要，但并非法律问题，未在本小节中分析。

4.13.1 宏观—交易结构

1. 合同主体。

（1）许可方应为专利权人，可以通过对专利权的尽职调查来查证。

（2）如专利权人为两人以上，则需要共同作为许可人。

2. 合同标的。

（1）被许可方应对专利权进行适当尽职调查，以确保该专利权无瑕疵。

（2）尚未取得专利的技术可以签订实施许可合同。

根据《最高人民法院关于审理技术合同纠纷案件适用法律若干问题的解释》第29条的规定，当事人之间就申请专利的技术成果所订立的许可使用合同，专利申请公开以前，适用技术秘密转让合同的有关规定；发明专利申请公开以后、授权以前，参照适用专利实施许可合同的有关规定；授权以后，原合同即为专利实施许可合同，适用专利实施许可合同的有关规定。人民法院不以当事人已经申请专利但尚未授权的技术订立专利实施许可合同为由，认定合同无效。

3. 合同程序。

专利实施许可合同有一个备案公示程序。根据《专利法实施细则》第14条的规定，专利权人与他人订立的专利实施许可合同，应当自合同生效之日起 3 个月内向国务院专利行政部门备案。

该备案会在专利行政部门的专利公报中公告，从而起到公示的作用。

一般认为，该备案可以起到对抗善意第三人的作用，如果是排他许可、独占许可，为了避免专利权人再许可给其他人，非常有必要办理备案；即使是普通许可，备案也能防止专利人转让专利权、排他/独占的许可第三人，进而使被许可方不能正常使用专利。

但是备案程序不影响专利实施许可合同的生效。

因此，合同中有必要对许可备案程序作出约定，包括约定许可方负责或协助办理备案程序，并以备案程序完成作为后续付款的先决条件等。

4.13.2 中观—合同形式

1. 专利实施许可合同应为书面形式。

2. 从被许可方的角度，在签署专利实施许可合同时，可要求许可方将专利实施许可备案的相关手续、文件（例如，“专利实施许可合同备案申请表”、双方的身份材料、委托书等）等一并签署。

3. 具体的专利信息、技术信息、技术参数等可放在合同附件中。

4. 专利许可谈判中往往涉及保密义务，可根据需要配套签署保密协议。

4.13.3 微观—合同条款

一、专利许可范围相关条款

正如大多数合同一样，“买什么”和“多少钱”都是合同条款的重要内容。对于专利许可合同，“买什么”就是专利许可的范围。专利实施许可合同中相当一部分条款都是为了准确界定“专利许可范围”，这些条款分别从下面几个方面界定许可范围。

（注意以下内容在合同中可能是分散的，许可专利、关联企业、许可产品等可能在“定义与解释”条款中进行定义，从而决定了许可范围）

1. 许可专利。

合同中应列出专利的基本情况；如果是多项专利，可以列一个许可专利清单作为附件。

2. 被许可人。

合同主体处的被许可人当然在被许可之列，这没有问题。实务中还需要考虑的是关联企业问题：被许可人是企业集团，而签订专利许可合同的可能只是这个企业集团中的法人，被许可人签订专利许可合同的目的可能希望的是，不仅签约法人能够获得专利许可，其他集团内的非签约法人亦能够获得专利许可。此时在合同条款中一般会通过“关联企业定义 + 被许可范围包括关联企业”这两个条款使关联企业纳入被许可范围。这里的重点在于准确地、符合需求地定义关联企业。

相关条款：5290 关联企业定义

对于专利许可人而言，则需要审查这个关联企业的定义（如果关联企业也被授予许可的话），对关联企业进行明确限制，或者仅允许被许可人实施该专利。

3. 许可产品。

专利权人不必然同意授予被许可方所有产品都能自由实施，因此双方需协商授予许可的产品品项。有的是从产品品类进行限制，有的是对品牌进行限制。

被许可产品中需要考虑特殊一类，OEM、ODM 等代工产品是否属于被许可产品。如果是，这将使被许可方可以与第三方的合作大大扩充产能，这种做法是否符合许可方意愿，需要事先考虑。[1]

4. 许可地域。

分为国家、地区或全球。但要注意，专利权是地域性的，如果只在中国拥有专利，那么合同中约定授予全球许可也没什么意义。

虽然理论上许可地域还可以限制到某省某市，但实务中这种做法很少。被许可方必须考虑这样做能否满足己方生产需要，许可方则需要考虑如何限制被许可方超出范围实施专利。

5. 许可类别。

分为普通许可、独占许可、排他许可三种。

6. 分许可。

即被许可人是否可以再次许可第三人实施专利。

大部分专利许可合同中都会约定：在未经许可人书面同意的情况下，被许可人不得将其许可再次许可给其他第三人；或者约定被许可人不享有分许可的权利。

[1] 刘翰伦：《专利许可合同——使制造篇》，载微信公众号“专利限时批”2020 年 4 月 21 日。

这是因为许可人需要统一部署其将专利许可给谁、如何许可、收取多少许可费、许可战略如何分步实施等。如果允许被许可人享有分许可的权利，就会使许可人无法统一安排。

注意：如果授权了许可属于排他性许可，而合同并没有提及分许可，合同有时可能会被解释为暗含了对分许可的授权。[1]

如果允许被许可人享有分许可的权利，则合同中主要需要对以下内容作出明确：

（1）被许可人能够行使分许可权的具体范围，包括分许可权能、分许可地域范围、分许可期限、分许可渠道等。

（2）被许可人通过分许可，能够取得的许可收益的情况。

（3）许可人是否有权进行分享以及如何进行分享。

（4）许可人与被许可人之间的许可合同终止、解除或者到期后，分许可合同的效力应该如何认定。

7. 许可权能。

理论上，发明专利权和实用新型专利权的权能包括：

- 制造权
- 使用权
- 许诺销售权
- 销售权
- 进口权

外观设计专利权的权能包括：

- 制造权
- 许诺销售权
- 销售权
- 进口权

双方可以约定被许可人享有其中的部分或全部权能。但是这些权能之间不是完全独立的。

例如，一般而言，如无特别约定，授予被许可人享有“销售权”，可能会暗含被许可人同时享有“许诺销售权”和“使用权”；

[1]《最高人民法院关于审理技术合同纠纷案件适用法律若干问题的解释》第25条。

而对于方法发明专利权而言，授予被许可人享有“使用权”，可能会暗含被许可人同时享有“制造权”，也就是说，专利许可中会存在默示许可的情况。

为避免争议，在对部分权能进行许可时，除列明许可的权能以外，还可以说明用途和场景。

8. 许可期限。

专利许可期限比一般的知识产权许可期限更为复杂。

因为专利实施的行为存在多种表现形式，如生产、许诺销售、销售、使用。因此在许可期限临近届满时，被许可人可能存在多个停止实施专利的时间点。比如，存在停止生产、停止许诺销售、停止销售、停止使用等多个时间点。

此种情形，许可合同中需要对涉及许可期限终止的问题进行明确约定，主要包括：

- 被许可人何时需要停止生产
- 是否需要销毁半成品
- 工厂库存商品是否可以继续销售
- 门店库存商品是否可以继续销售
- 在售后服务过程中是否可以实施许可专利
- 许可人是否回购剩余库存产品
- 是否需要销毁生产模具

关于许可期限的具体设置方式，如果权利人采取的是提成浮动方式收取专利许可费，往往会先设定一个停止生产的明确期限，同时设定一个停止销售的明确期限，允许被许可人在停止生产后的一定期限内继续将库存产品进行销售，但不得再进行生产，根据总体销售额度结算专利许可费。

同时，在对专利许可期限进行约定时，可设置一个自动续展的条款。如双方可约定，专利许可合同可自动续展一定期限（如 2 年），在专利许可期限到期前的一定期限（如到期前半年）内，如果双方没有通过书面等明示方式表明，则不再进行续展。

自动续展条款的存在，使得双方无须再一次许可谈判，提高了专利许可的谈判效率。显然，这只适用于“持续付费模式”。

二、许可费用相关条款

“许可费用条款”就是解决“多少钱”的问题，与“买什么”，即专利许可范围同等重要，但从条款表达上比专利许可范围简单一些。

许可费用条款大致有下列模式：

1.“固定费用”模式。

“固定费用”模式下可以一次性付费，也可以分阶段付费。

“固定费用”模式减少了双方对账的成本，但一般只在小规模的专利许可中使用。

2.“持续付费”模式。

这又分为“滑动持续付费”和“固定持续付费”。

“滑动持续付费”：被许可人周期性地（通常是按季度）向许可人报告专利使用情况，并根据产品的实际生产或销售情况以销售价格的一定比例或者固定许可单价向许可人支付许可费，必要时，许可人委派专业的会计审计机构入场进行审计。这种情况下，合同中需要就专利使用情况的报告、审计、争议处理等进行详细的约定。

“固定持续付费”：许可人和被许可人以许可合同签订之前被许可人某一特定时期（通常是许可合同签订之前的前一个会计年）实际发生的生产或销售数量为准，被许可人在许可期限内（比较常见的是 3 年或者 5 年）按照这一生产或销售数量向许可人支付许可费。这种方式避免了后续的专利使用情况报告以及会计审计工作，对于许可人和被许可人都比较有利。实践中，如果被许可人的生产或销售情况存在逐渐向好预期时，被许可人往往喜欢选择这种方式，同时，许可人也倾向于以这种方式吸引被许可人尽快与其达成许可合同。

4.14 软件许可合同综述

顾名思义，软件许可合同就是软件权利人许可对方使用、被许可人支付费用的合同。

一、不同的软件许可合同在实务中区别很大

软件许可合同与“商标权许可使用合同、专利实施许可合同”等知识产权许可类合同存在一个重大区别。虽然仍可能有细节不同、合同文本简单或复杂的不同，但所有的商标许可合同的宏观、中观、微观三个方面基本是相通的，所有的专利实施许可合同也类似。然而软件许可合同并非如此，同属于“软件许可合同”，其宏观、中观及微观却相差巨大，以至于几乎不像是一类合同。这一现象的原因主要在于：

1. 软件许可使用的场景不同。

打开、登录使用抖音，这是软件许可（至少包含软件许可）；法天使公司向无边界律师事务所开通律师助手服务，这是软件许可；微软公司许可联想公司在笔记本电脑上预装 Windows 操作系统后向用户销售，这也是软件许可。但三种场景显然大不一样。

2. 软件许可合同的订立方式（或者说合同形式）不同。

实务中仍然存在很多像普通线下协议一样由合同各方在纸质合同上签署的软件许可合同。与此同时，直接通过“电子合同”的方式签署、各方无须签字盖章的软件许可方式越来越多。这两者存在明显差别。

3. 软件许可的模式、许可范围不同。

这意味着，我们必须适当定义软件许可的不同典型场景，有针对性地分析不同场景下的软件许可合同的特点。

二、软件许可合同的两种典型

本节认为，下面这两类是软件许可合同的典型。

1. 软件许可合同——“分发许可”模式。

这算是软件许可合同最复杂的一类。这类软件合同对应的交易场景是：被许可人是厂家，需要取得许可人对软件的授权，集成到自己的硬软件中，并销售给最终用户。

之所以这类软件许可合同最为复杂，原因是：

（1）合同标的金额较大，影响较大，往往是大公司对大公司的交易。

因此，合同必须就方方面面的细节都约定清楚。

（2）计费方式、使用场景、许可范围都比较复杂，需要作出详细约定。

（3）配套的服务与支持、定制开发服务也比较复杂。

（4）被许可人可能会对许可软件适度开发。

与后面所说的“自用许可”模式相比，许可人对被许可人使用软件的控制力度减弱，为此，许可人为保护自身利益，需要在合同中就软件使用的各方面限制作出约定。

不过，此类合同虽然看起来复杂，法律上并没有太多特别之处。律师要理解这类合同的常见条款结构与表述，根据交易需求拟订合同条款即可，也就是说，难点主要在“微观—合同条款”层面。

2. 软件许可合同——“自用许可”模式。

这种软件许可合同是许可人许可最终用户使用的合同。

这种模式在实务中是最常见的、最基础的；只要是对外提供收费的软件及互联网服务，基本上就要使用这种合同。这类许可基本都是非专用许可。

在目前几乎所有软件都联网且以“订阅模式”为主的情况下，这类软件许可其实可以通过两种合同形式完成交易：

第 1 种：“电子订单协议”。用户直接在网站上下单购买，就像我们在天猫上购买商品一样，付费后即可开通账号使用该软件。软件本身可在线下载或者以浏览器、APP 等方式使用。此时并不需要另外签订纸质协议。这一类合同形式会在后文“互联网协议”中予以介绍。

第 2 种：线下合同形式。比较复杂、金额较大的软件许可可能需要专门签署线下合同，或者是因为被许可人公司合同管理、审计方面要求签订线下合同。

理论上，存在的软件许可模式在实务中已经基本不使用了，例如，“把一个刻有程序的光盘交给对方、许可对方永久使用这个程序”这种模式。律师在业务中能遇到的软件使用许可合同，基本上都是上面这两类。

另外，“互联网协议”中的最终用户协议也包括许可使用的成分，但这已经和一般线下签约的软件许可合同相去甚远。

接下来，我们就对“分发许可”模式和“自用许可”模式下的软件使用许可合同进行分析。

4.15 软件许可合同（分发许可模式）

4.15.1 宏观—合同主体

许可人应为有权处分。

重要的软件一般会有软件著作权登记，可适当查询，以保证许可人为软件著作权权利人。

如果许可人并非著作权权利人而是被许可人，则同样可以查询专有许可合同的登记，或直接取得著作权权利人的确认。

4.15.2 宏观—合同程序

1. 软件许可的登记程序。

《计算机软件著作权登记办法》第 14 条规定："软件著作权转让合同或者专有许可合同当事人可以向中国版权保护中心申请合同登记。申请合同登记时，应当提交以下材料:（一）按要求填写的合同登记表;（二）合同复印件;（三）申请人身份证明。"

法律上没有规定软件许可登记的对抗效力，但是根据一般法理仍然产生一定的对抗作用。

例如，软件权利人授予被许可人专有许可，且经过登记，之后又许可第三人使用。则在先的被许可人可以主张软件权利人与第三人的许可合同因"软件权利人与第三人恶意串通，损害专有许可人利益"而无效。这种情况下，许可人是否构成"恶意"与许可登记有关系。如果在先专有许可根本没有登记，则许可人完全可以主张不知情;如果在先专有许可已经登记，则许可人主张不构成"恶意串通"就会存在很大困难。

因此，较大金额的专有许可，从被许可人角度，应该考虑登记事宜，可以将登记安排作为合同义务，并将完成登记作为付款的节点之一。

2. 涉外的软件许可也可能构成技术进出口，会涉及禁止进出口、批准许可、登记备案程序。

4.15.3 中观—合同形式

1. 一般采取正式书面合同，通过线下签署方式签署。

2. 合同可能有配套合同，如：

（1）最终用户许可协议：这是软件许可人提供给被许可人，要求最终用户在使用软件时必须确认同意才能使用的协议。

（2）技术（源代码）托管协议：主要是从被许可人立场采取的协议。被许可人担心许可人因破产或其他原因而停止营业，或因其他原因无法继续对软件提供更新、维护等技术支持，于是与许可人、第三方托管商达成一个软件源代码托管协议，根据该协议，软件源代码将会被提交给托管商，并在开发了这些源代码的服务方终止业务或停止软件的支持时，将软件源代码提供给被许可人，以便能够继续对软件进行维护。

相关条款：5420 托管协议

（3）软件维护服务合同：如果许可人另外提供收费的软件维护服务，则可能单独签订一份软件维护服务合同。

（4）保密协议。

3. 合同中的不少细节问题，如果内容较多，则有必要作为专门附件，以免主合同过于冗长。例如：

（1）软件与许可相关条款：许可软件相关细节；许可范围相关细节；需要交付的物料细节。

（2）定制化开发相关条款：根据被许可人要求需要进行定制化开发的具体要求。

（3）费用与支付相关条款。

（4）维护与支持服务相关条款：许可人对被许可人提供相关维护与支持服务的具体要求。

4.15.4 微观—合同条款

一、许可范围条款

对于软件许可合同，“买什么”就是软件许可范围。对于这类复杂的“分发许可”模式，许可范围会涉及一系列条款，通过多方面的约定来“框定”软件许可使用的界限。

1. 被许可人。

对于被许可人，要考虑是否将关联公司纳入被许可人范围。

对于许可人来说，要考虑被许可人的控制权变更，因此合同中常常有如下条款：

相关条款：5207 控制权变更

2. 许可软件。

简单版：列明软件名称、版本号，简要说明其功能。

复杂版：除软件名称、版本号之外，详细的功能与规格说明，一般通过附件说明。

3. 期限。

注意这里的期限不同于一般的技术许可期限，涉及以下几方面内容：

（1）许可期限。

一般为“固定期限 + 续展约定”。

（2）无条件提前解除的约定。

因为这种软件许可多数是按实际使用数量提成计费，因此往往允许自动续期，也允许提前通知解除。但是对于被许可人，要考虑许可人提前解除对己方的影响。

（3）清空期。

从实际生产经营流程出发，需要允许被许可人在合同终止后的一定期限内，销售库存产品及用于已经形成的订单的生产。

（4）最终用户使用期限。

这是根据最终用户许可协议确定的，与许可人、被许可人双方的协议是否解除没有关系。

4. 授权产品。

说明允许分发软件的产品、型号等，同时还要限制授权产品的生产方式。

律师需要考虑，对于一个产品，可以有多种方式生产，包括被许可人自己生产，或第三方代工生产；使用被许可人商标或第三方商标。这些情形，哪些属于授权范围之内，哪些应排除，需在合同中列明。

5. 地域范围。

允许被许可人分发软件的地域范围。可能是面向全球，也可能只允许面向某些国家或地区。

6. 许可模式。

独占、排他、普通许可以及是否可以转许可。

多数情况下采取的是"非独占、非排他、不可转让的许可"。

7. 许可用途。

这种情形下的软件许可用途，可以归纳为：

（1）集成用途；

（2）销售；

（3）演示、推广用途。

前面这两个用途是重点，使被许可人可以将许可软件集成到自己的产品中，并对外销售；后面这个用途是辅助的。

二、许可费用条款

这种情形下的软件许可费用条款与专利实施许可费用条款颇为相似，一般会采取"基础费用 + 根据实际使用数量提成费用"的方式。

对于许可人来说，需要就"许可使用的报告、审计、相关交易记录保存"进行约定；如果软件的实际使用数量可以通过软件内嵌的技术手段精确统计，则相关约定就可以简单一些。

三、许可人责任限制条款

1. 许可人责任限制的原因。

如同买卖合同中卖方应当对买方进行质量方面的担保一样，许可人也应该对许可的软件质量进行担保，如果软件质量存在问题，理应承担责任。但在实务中，软件许可合同往往有一些特殊的限制许可人责任的条款。原因大概有以下几点：

（1）软件存在未知 BUG 是正常的。

正如普通用户能感知到的，使用电脑时，即使是经过很多版本的、大公司出品的软件，仍不时会出现重启、丢失数据等错误。

（2）软件出问题时，很难完全分清是软件的问题还是使用中的问题。

（3）许可人如果是大型企业，很难接受让自己承担不可知的风险。

2. 质量、性能担保方面的限制。

许可人有时会强调“按现状”（ASIS）提供，大致表述是：

相关条款：5421 按现状提供

注意，上述条款中，许可人不承担“非侵权”的保证责任。当然这取决于双方能否协商一致。

3. 违约责任限制。

做法包括：

（1）明确限制违约责任上限。

相关条款：5423 违约责任上限

（2）明确仅限于直接的、客观可衡量的损失。

相关条款：5425 直接损失赔偿 违约责任限制

上面这些做法中，一方面作出限制，另一方面增加例外。许可人主要强调限制、增加受限制的范围，而被许可人主要是在条款中增加例外。

4. 非关键控制声明。

作为补充，合同中还可以约定软件仅用于非关键控制。

相关条款：5426 非关键控制

4.16 软件许可合同（自用许可模式）

正如前面所说，这种模式下的软件许可合同可以采用“电子订单协议”的形式，也可能采用线下合同形式。这里简单分析一下线下合同这种形式。如果使用的是“电子订单协议”，则可以结合本节内容与“互联网协议”中关于“电子订单协议”的介绍进行起草审查。

4.16.1 宏观—交易结构

这方面没有什么特殊性。

此类许可都不是专用许可，因此也不涉及合同登记程序。

4.16.2 中观—合同形式

1. 线下合同与互联网协议的选择与配合。

如果向被许可人提供的就是该软件的标准功能，并不需要专门定制，那么这种软件许可合同基本上可以通过“互联网协议”实现。也就是用户自行在许可人网站注册登录，自行选择产品并付费购买。在这个过程中，用户需要同意最终用户协议和隐私政策，并确认订单。产品相关的功能则通过网页和订单的配套协议进行说明。

即使采取线下软件许可合同，用户仍然需要注册登录，在软件本身或网站上，仍然需要有“最终用户协议”。在软件许可合同中可以约定：

甲方（指被许可人）及甲方按本合同约定允许其使用的用户应遵守甲方通过软件、网页等形式提示用户确认的用户协议。本合同未作约定的，以用户协议为准。

2. 实务中，这类软件许可合同可能很简单，也可能很复杂。

可以将这类软件许可分为两类：

（1）简单许可型。

通常用户直接下载软件安装或直接登录许可人网站，开通账号后即可使用。

此时一般不存在定制开发、安装部署、专门的软件服务。软件的功能往往通过网页介绍、试用等方式向客户展示，所以在合同中未必需要写那么详细。

很多互联网软件（例如，Xmind、石墨）一个账户一年收费几十元、几百元，客户购买几个、几十个乃至几百个，合同金额也不大，合同中约定一些重点事项即可，没有必要太复杂。

即使收费较高，只要没有专门定制开发、专门的软件服务，合同也不会很复杂。

实务中简单许可型是多数。而且这种情况下，一般是许可人（软件公司）提供合同模板，从便于使用、便于销售、对许可人有利的角度，合同没有必要过于复杂。

（2）复杂许可型。

一般是软件公司为大企业提供服务，将自己的软件部署安排在企业内部，供企业内部使用，可能还包括一定的定制开发、安装部署、培训、维护支持服务，合同金额往往较大。

这种情况下的合同文本可能很复杂，内容上已经变成了“软件开发 + 软件许可 + 软件服务”的混合形式，需要把这些方方面面的权利义务表达清楚。

3. 为便于使用，可采取“通用合同 + 附件约定具体许可项目”的模式。

合同中只简要说明许可项目与费用，许可项目与服务、软件功能的具体说明放在附件中。这样就使一份合同可以适用许可人对外销售的多类产品。

4.16.3 微观—合同条款

合同条款、内容方面的几点注意事项：

1. 此类合同一般可名为软件许可合同、软件服务合同，或者软件许可及服务合同。

相应地，合同中的许可软件等信息，也可以表述为“服务项目”信息。

2. 这一类许可多数是以开通登录账号的方式使用，许可人应提示被许可人及时修订登录密码，妥善保管登录密码、账号。

3. 许可人一般会限制被许可人仅能供特定甲方用户使用，不能向甲方用户以外的第三方使用。

同时也禁止被许可人转让账号、一个账号供多人使用等情形。

合同中一般会约定，如果许可人发现被许可人存在不当使用情形，有权终止许可。

05

第五单元

担保类合同

5.1 抵押 / 质押合同

抵押、质押是实务中最常见的担保措施，需要签署相应的合同。律师需要熟练掌握抵押、质押合同的相关知识。

抵押权、质押权虽然是两类不同的担保物权，但从合同的角度，有很多相同之处，因此在这里一并分析。

如未特别说明，抵押 / 质押合同这几节中有关起草审查的方法是从债权人的角度出发的。

（为行文方便，抵押 / 质押合同这几小节中可能用担保指代抵押、质押，担保人指代抵押人、质押人，担保合同指代抵押合同、质押合同，债权人指代抵押权人、质权人）

资　料　　抵押／质押相关名词说明

为行文方便且避免争议，将抵押、质押合同及相关分析中要用到的一些术语适当说明，如下所示。

其中，特别注意“主债权、主债务”这两个词的含义和使用。

抵押 / 质押相关术语说明

术语	含义说明
主债权	主债权指主合同中，债权人与债务人之间因债的法律关系所发生的原本债权，例如，金钱债权中的本金、交付货物的债权或者提供劳务的债权；主债权是相对于利息和其他附随债权而言的，不包括利息以及其他因主债权而产生的附随债权
主债权	注意在实务中，有时主债权用于指主合同中的全部债权（包括利息、附随债权），甚至在某些法规中也这样使用。 本小节中的主债权仅用于指主合同中的原本债权，并且提倡法律工作者这样使用
主债务	实务中存在与主债权一样混用的问题。 本小节中的主债务仅用于指主合同中的原本债务（不含利息、附随债务）

续表

术语	含义说明
主合同债权、主合同债务	这是本小节中定义的一个概念，用于表示主合同中的债权债务，比主债权、主债务的范围要广
质押/抵押标的	用以质押/抵押的物或权利
实现质权/抵押权的费用	实现质权/抵押权的费用指担保物权人在实现质权/抵押权过程中所花费的各种实际费用，如对出质财产/抵押财产的评估费用、拍卖或者变卖出质财产的费用、向人民法院申请强制变卖或者拍卖的费用等
担保物权的存续期间	担保物权的存续期间是指权利人在一定期间内不行使权利，该期间届满后，其担保物权消灭的期间。 《民法典》物权编第419条规定，抵押权人应当在主债权诉讼时效期间行使抵押权；未行使的，人民法院不予保护。根据物权法定的原则，实务中倾向于认定当事人不能自由约定担保物权的存续期间
流质/流押	质权人/抵押权人在债务履行期届满前，与出质人/抵押人约定债务人不履行到期债务时抵押质押财产归债权人所有
转质	质权人为担保自己或者他人的债务，在占有的质物上再次设定质权的称为转质，所成立的质权为转质权。因转质而取得质权的人为转质权人。转质既可适用于动产质权，也可适用于权利质权
责任转质	质权人未经出质人同意，将质物转质于第三人
承诺转质	经出质人同意，质权人在占有的质物上为第三人设定质权
保管担保财产的费用	保管担保财产的费用指债权人在占有担保财产期间因履行善良保管义务而支付的各种费用

5.1.1 宏观—合同类型

一、抵押/质押与让与担保

1. 让与担保的含义。

《合同起草审查指南：三观四步法》“宏观—交易结构”中对“让与担保”有具体介绍，大致要点是：

让与担保一般体现为下列两种模式：

（1）“买卖+回购”，即一开始就将债务人或第三人的财产转移至债权人名下，同时约定，特定条件或特定期限内，债务人或第三人有权以约定价格将财产买回去。

这是“一般让与担保”模式。根据《民法典担保制度司法解释》第68条的规定，这种让与担保会产生准担保物权效力。而且因为财产已经掌握在债权人手中，对债权人是较有保障的。

（2）双方约定，如果未能履行债务，则该项资产所有权应转移给债权人用于抵债。

这种模式也被称为“后让与担保”模式，因为是“债务到期不能履行之后再让与”。一般认为这种“后让与担保”实质上构成“流质、流押”因而无效，债权人并不能按照该约定取得所有权。

2. 抵押 / 质押与让与担保的使用。

抵押 / 质押与“一般让与担保”模式（先将财产所有权转移过来），均可采用，都能起到担保的作用，对债权人来说，实际效果相当，“一般让与担保”模式甚至更好。对于债务人一方来说，因为一般让与担保需要将财产所有权转移给债权人，风险较大，因此不如抵押 / 质押更合适。

而“后让与担保”则因无效难以达到保障债权的效果，应先考虑采取抵押、质押或“一般让与担保”模式。如果是债务人以外的第三人提供的“后让与担保”，则不如改为第三人提供保证。如果不得已要使用“后让与担保”，则必须提示当事人法律风险。

3. 实务中往往是买卖受到限制的财产考虑采取让与担保。

例如，小产权房，无法买卖也无法办理抵押登记，于是就会通过让与担保方式部分达到保障债权的目的。虽然小产权房的“买卖”也存在很大争议，导致让与担保的效力也存在争议，但对债权人来说，比没有任何担保要好一些。

二、抵押 / 质押合同与以物抵债协议

以物抵债协议属于无名合同，系指当事人双方达成以他种给付代替原来给付的协议。这里的“物”包括各类财产，所抵之“债”也可能是各种债务。

抵押 / 质押合同与以物抵债协议显然不是一类合同，并不会发生混淆，只有在特定的场景下，才可能构成“选择型”或“配套型”关系。

1. 履行期限届满前达成的以物抵债协议一般无效，履行期限届满后达成的以物抵债协议一般有效。

履行期限届满前达成的以物抵债实际上就是流质流押，因而无效。

2. 履行期限届满前想要采取担保措施的，可以采取抵押、质押或者让与担保（实际交付），不宜采用缺乏法律效力的以物抵债。

既然财产所有人同意以财产抵债，也应该同意以财产作为担保，因此可以改为抵押、质押合同。

如果是履行期限届满前签订以物抵债协议，且抵债物已经实际交付债权人的，此时该以物抵债协议的性质属于让与担保，已经有类似担保物权的优先效力，因此对债权人是有保障的。（参见前文对让与担保的介绍）

3. 履行期限届满后，双方可以协议以物抵债（包括之前已经设立的担保物权）。

实务中也存在这种情形，双方有意以物抵债，于是将原定履行期限未到期的债务约定提前到期，以实现有效的以物抵债。

三、抵押 / 质押与典当

根据《典当管理办法》第 3 条第 1 款的规定，本办法所称典当，是指当户将其动产、财产权利作为当物质押或者将其房地产作为当物抵押给典当行，交付一定比例费用，取得当金，并在约定期限内支付当金利息、偿还当金、赎回当物的行为。

关于典当法系关系的性质大概有三种观点：物权关系；债权关系；复合法律关系。对于典当合同的类型认识不一，大概有三种观点：第一，典当关系是复合法律关系。借贷关系与担保关系两者混合，且无主次之分，是一种复合的法律关系，是独立的一种合同类型。第二，典当关系是混合法律关系。包括借款合同和担保合同两个方面的内容。第三，典当合同是特殊的借贷合同。[1]

基于典当关系的典当合同与抵押 / 质押合同在“三观分析法”上的区别主要体现在：

1. 宏观—合同主体。典当主体有特殊性。首先，根据《典当管理办法》相关规定，承典人只能是有资质的典当企业，其他主体不能作为主体从事典当业务，自然人、个体工商户不能作为承典人。抵押 / 质押合同中的抵押权人 / 质权人无此限制。其次，承典人应有相应的资质，作为承典人的典当企业可以经营的业务受到《典当经营许可证》的约束，超越经营范围的经营行为可能违法无效。

2. 宏观—合同标的。根据《典当管理办法》第 25 条的规定，典当合同当金的担保限于动产质押、财产权利质押、房地产（外省、自治区、直辖市的房地产或者未取得商品房预售许可证的在建工程除外）抵押。抵押 / 质押合同的标的相对更为宽泛。

3. 微观—合同期限条款。根据《典当管理办法》第 36 条第 2 款的规定，典当期限由双方约定，最长不得超过 6 个月。根据《典当管理办法》第 39 条的规定，典当期内或典当期限届满后 5 日内，经双方同意可以续当，续当一次的期限最长

[1] 参见林晨、金赛波主编：《典当纠纷实用案例裁判与述评》，法律出版社 2018 年版。

为 6 个月。也就是说，双方可以约定典当和续当期限最长不超过 6 个月。

抵押 / 质押合同中，抵押 / 质押的存续期限受到担保的主债权诉讼时效的限制，实务中倾向于认定当事人不能自行约定担保物权的存续期限。

4. 微观—流质条款。根据《典当管理办法》第 43 条的规定，“典当行应当按照下列规定处理绝当物品：……（二）绝当物估价金额不足 3 万元的，典当行可以自行变卖或者折价处理，损溢自负”。也就是说，在典当合同中，当绝当物估价金额不足 3 万元的，可以“流质”。而抵押 / 质押合同中，流押 / 流质条款为无效条款。

四、房产抵押权与居住权

根据《民法典》物权编第 366 条的规定，居住权是按照合同约定对他人的住宅享有占有、使用的用益物权；居住权仅能在住宅之上设立。因为有了居住权，就产生了这样一个问题：住宅上同时设立有抵押权与居住权，那么行使抵押权时应如何处理居住权？

这一问题在《民法典》《民法典担保制度司法解释》《最高人民法院关于适用〈中华人民共和国民法典〉物权编的解释（一）》都没有具体规定。但这一问题和抵押与租赁的关系有些类似。下面就结合法理与租赁合同相关规定，针对这一问题作出如下分析：

（1）抵押权设立在先，居住权设立在后。

参照《最高人民法院关于审理城镇房屋租赁合同纠纷案件具体应用法律若干问题的解释》第 14 条关于“抵押在先出租在后，承租人不能再要求受让人继续履行”的规定，这种情况下居住权人似乎应该不能对抗抵押权人，即行使抵押权时，抵押权人有权要求去除该居住权，或由居住权人代为清偿债务以保留居住权。

（2）居住权设立在先，抵押权设立在后。

居住权是物权，抵押权也是物权。参照《民法典》物权编第 405 条“出租在先抵押在后，租赁关系不受抵押权影响”的规定，有理由认为在后的抵押权的行使也不能影响在先的居住权。当然该住宅仍可以拍卖、变卖，只是说居住权的存在会影响其拍卖变卖价值进而影响抵押权人的受偿。

但是，上述两点仅为理论分析，目前尚缺少明确规定和案例支持。

（3）合同起草审查措施。

①如果居住权还未设立：

从抵押权人的角度，主要是先应查明该住宅之上确实没有居住权，同时还可以在合同中由抵押人声明无居住权且以后也不得设立居住权。

②如果居住权已经设立在先：

从抵押权人的角度，应先查询该居住权的登记状态，查询居住权期限是否晚于主债务履行期限届满之时。如果居住权期限较短，则影响较少。如果居住权期限很长，则因为居住权会影响和限制抵押财产的流通变现，要考虑更换抵押标的，或者要求抵押人先与居住权人协商去除居住权。

5.1.2 宏观—合同主体

一、担保合同主体是担保人和债权人

也就是抵押/质押人和债权人（抵押权人、质权人），并不需要债务人作为合同主体，除非是抵押/质押合同与主合同合二为一。

二、抵押/质押的合同主体与保证不同

首先，保证人只能是债务人以外的第三人，抵押人、出质人则可以是债务人也可以是债务人以外的第三人。

其次，抵押/质押是物保，法律上的限制是从“哪些物可以抵押质押、哪些不能抵押质押”着眼，并没有对抵押质押的主体进行限制，关键是该主体所提供的财产能用于抵押、质押。而保证是人保，法律从主体角度有一定限制，根据《民法典》第683条的规定，机关法人不得为保证人（但是经国务院批准为使用外国政府或者国际经济组织贷款进行转贷的除外），以公益为目的的非营利法人、非法人组织不得为保证人。

三、无权处分、善意取得与共有财产担保

就像买卖一样，抵押、质押也是对财产的一种处分，抵押/质押权人也需要适当查验抵押/质押物，以保证让抵押/质押人为有权处分。

1.无权处分与善意取得的法律要点：

（1）如为无权处分，则担保合同仍为有效。

这意味着即使不能取得抵押、质押权，仍可以要求抵押、质押人承担违约责任；但是如果债权人自身有过错，则应减轻抵押、质押人的责任。

（此时抵押、质押人的违约责任可参考《合同起草审查指南：常用合同卷》“抵押/质押合同”中抵押、质押人未办理抵押、质押登记或未交付的违约责任）

（2）无权处分下，或者不能设立抵押、质押权，或者善意取得抵押、质押权。

《民法典》物权编第311条规定了善意取得制度，并规定“当事人善意取得其他物权的，参照适用前两款规定”。《民法典》物权编第 311 条原文是：“无处分权人将不动产或者动产转让给受让人的，所有权人有权追回；除法律另有规定外，符合下列情形的，受让人取得该不动产或者动产的所有权：（一）受让人受让该不动产或者动产时是善意；（二）以合理的价格转让；（三）转让的不动产或者动产依照法律规定应当登记的已经登记，不需要登记的已经交付给受让人。受让人依据前款规定取得不动产或者动产的所有权的，原所有权人有权向无处分权人请求损害赔偿。当事人善意取得其他物权的，参照适用前两款规定。”

因此，抵押权 / 质权也存在善意取得，与所有权善意取得不同的是，担保物权的设立是以担保债的履行为目的，所以担保物权善意取得的构成要件中不要求“以合理的价格转让”。

例如，在成都农村商业银行股份有限公司红光支行、张启英申请执行人执行异议之诉二审民事判决书[1]中，法院即认定善意取得了抵押权。

注意，担保物权的善意取得必须已经登记或交付，未登记或未交付也就不可能取得担保物权。

（3）对共有财产的擅自处分就是无权处分的一种。

《民法典》物权编第 301 条规定：“处分共有的不动产或者动产以及对共有的不动产或者动产作重大修缮的，应当经占份额三分之二以上的按份共有人或者全体共同共有人同意，但共有人之间另有约定的除外。”另外原《担保法司法解释》第 54 条规定，按份共有人以其共有财产中享有的份额设定抵押的，抵押有效。共同共有人以其共有财产设定抵押，未经其他共有人的同意，抵押无效。但是，其他共有人知道或者应当知道而未提出异议的视为同意，抵押有效。但该条规定并未被《民法典》及《民法典担保制度司法解释》《最高人民法院关于适用〈中华人民共和国民法典〉物权编的解释（一）》所吸收。

也就是说，对于共同共有，应征得全体共有人同意，部分共有人擅自抵押、质押同样构成无权处分。

对于按份共有，则应经份额 2/3 以上的按份共有人同意。注意在实务中，按份共有较少见，更多的还是共同共有。

（4）夫妻共同财产的特殊性。

举例：一套房产登记在甲名下，但实为甲乙夫妻共同财产，甲丙签订房产抵押合同，未经乙同意或追认，且办理了抵押登记。此时，丙是否有效取得抵押权？

---

[1] 四川省高级人民法院（2019）川民终 1028 号。

注意这里的前提是：房产证只登记在甲名下。

《民法典》物权编第209条规定，不动产行权以登记为准，但法律另有规定的除外。而根据《民法典》婚姻家庭编，这套房确为夫妻共同财产，因此甲仍为无权处分。无权处分下，应考虑是否适用善意取得。因此关键在于“善意取得”的具体适用尺度。

从目前的司法实务来看很难一概而论。丙的“善意”需要到什么程度呢？是必须不知道甲已婚（要求甲出具单身证明还是声明未婚），还是由甲声明已经取得配偶同意？司法尺度不好把握。

除夫妻共同财产外，其他场景下，几乎所有财产的抵押，抵押权人只需要查看该财产的权利外观（登记、公示、占有），依据权利外观所显示的权利人签订抵押合同、办理抵押手续，即可取得担保物权（按有权处分或者按善意取得）。唯有夫妻共同财产，只看权利外观进行交易仍存在无权处分且不能适用“善意取得”的风险。而夫妻共同财产（尤其是房产、车辆等大额财产）在生活中又是如此普遍，债权人不能不注意防范风险。

2. 起草审查注意事项。

（1）对于有登记的财产（不动产，船舶、航空器和机动车等特殊动产，股权、知识产权等），应查验登记。

抵押、质押合同应该是与登记的财产权利人签订。

（2）大额财产的抵押、质押，即使只登记在一人名下，也必须考虑夫妻共同财产的可能性与风险控制。

如果夫妻共同签署（包括配偶专门书面同意），这当然是最好的。

如果担保人声称无配偶，应由其出具单身承诺，并考虑由当地居委会盖章予以证明，这在一定程度上能证明担保权人“善意”、已经履行了审查义务。根据《民政部关于进一步规范（无）婚姻登记记录证明相关工作的通知》，“各地民政部门不再向任何部门和个人出具（无）婚姻登记记录证明”。

上述措施可以保证担保物权有效设立。如果这两者无法做到，仅仅由担保人自己声称无配偶，或者声称已经取得配偶一方同意，这都是存在风险的，但不是必然不能取得担保物权，有可能适用善意取得。

担保财产价值越大，风险就越大，债权人就越应该采取上述两种可靠的措施。

（3）尽快办理登记或交付手续。

登记或交付手续是适用善意取得的前提。

四、监护人为未成年人设立担保，担保合同和抵押可能均无效

《民法典》第 35 条规定：监护人应当按照最有利于被监护人的原则履行监护职责。监护人除为维护被监护人利益外，不得处分被监护人的财产。

实务中这样的判例不少：以未成年人名下房产设立抵押，并且办理了抵押登记。后未成年人提起诉讼（可能是成年之后诉讼，也可能是其监护人代理其提起诉讼），要求确认抵押无效。后法院即适用上述规定，认为该抵押与未成年人利益无关，不得处分，认定抵押合同中涉及未成年人财产抵押的部分无效，相应地，在未成年人财产上设立的抵押权亦无效。如果房产是未成年人共有的，则属于未成年人共有这一部分抵押权无效。[1]

显然，这一规则不仅适用于未成年人，也适用于其他需要监护的限制行为能力人或无行为能力人。

5.1.3 宏观—合同标的

一、可以用于抵押的财产说明

《民法典》物权编第 395 条、第 399 条概括列举了允许抵押及禁止抵押的财产范围。

根据《民法典》物权编第 395 条第 1 款的规定，“债务人或第三人有权处分的下列财产可以抵押：（一）建筑物和其他土地附着物；（二）建设用地使用权；（三）海域使用权；（四）生产设备、原材料、半成品、产品；（五）正在建造的建筑物、船舶、航空器；（六）交通运输工具；（七）法律、行政法规未禁止抵押的其他财产”。

根据《民法典》物权编第 399 条的规定，“下列财产不得抵押：（一）土地所有权；（二）宅基地、自留地、自留山等集体所有土地的使用权，但是法律规定可以抵押的除外；（三）学校、幼儿园、医疗机构等以公益为目的成立的非营利法人的教育设施、医疗卫生设施和其他公益设施；（四）所有权、使用权不明或者有争议的财产；（五）依法被查封、扣押、监管的财产；（六）法律、行政法规规定不得抵押的其他财产”。

---

[1] 广西壮族自治区防城港市中级人民法院（2020）桂 06 民终 465 号；江苏省无锡市中级人民法院（2018）苏 02 民再 24 号。

从法条可以看出，只要是依法可以转让的财产，且所有权、使用权不存在不明确或有争议的情形，即可用于抵押。以法律、行政法规禁止抵押的财产抵押的，例如，国家禁止出境的文物（《文物保护法》第 24 条国有不可移动文物不得转让、抵押）、枪支等，不仅抵押权无法设立，抵押合同也因违法而无效（《民法典》第 153 条）。（见表 5-1）

表 5-1　可以抵押与禁止抵押的财产归纳

标的			能否抵押	物权设立	法律规定 / 说明
建筑物及地上附着物	一般建筑物及地上附着物		能	登记	《民法典》物权编第 395 条第 1 款第 1 项； 《民法典》物权编第 402 条
	列入文物保护的建筑物和有重要纪念意义的其他建筑物		不能	无法设权	《民法典》物权编第 399 条第 6 款； 《城市房地产抵押管理办法》第 8 条
	房屋	一般房屋	能	登记	《民法典》物权编第 395 条第 1 款第 1 项； 《民法典》物权编第 402 条
		预售商品房 / 期房	能	登记	《城市房地产抵押管理办法》第 34 条第 2 款：以预售商品房抵押的，登记机关应当在抵押合同上作记载。抵押的房地产在抵押期间竣工的，当事人应当在抵押人领取房地产权属证书后，重新办理房地产抵押登记
		宅基地房屋	有争议	无法设权	关于宅基地房屋是否可以抵押实务中有争议：（1）无法抵押。因宅基地房屋使用权无法抵押，基于房地一体，宅基地房屋也无法抵押；（2）可以抵押，但效力不能及于宅基地使用权，一旦债务人不能清偿债务，债权人只能以抵押房屋的建筑材料作为动产优先受偿。 国家确定的宅基地制度改革试点地区理论上可以抵押
		小产权房	不能	无法设权	《民法典》物权编第 399 条第 6 款； 小产权房没有国家发放的土地使用权证和预售许可证，无法进行抵押登记。且实务中小产权房交易并未开放，也即小产权房无法进行转让，无法实现相应的抵押权

续表

<table>
<tr><th colspan="3">标的</th><th>能否抵押</th><th>物权设立</th><th>法律规定 / 说明</th></tr>
<tr><td rowspan="3">建筑物及地上附着物</td><td rowspan="3">房屋</td><td>经济适用房</td><td>能（有限制）</td><td>登记</td><td>《民法典》物权编第395条第1款第7项；《经济适用住房管理办法》第8条：经济适用住房建设单位可以以在建项目作抵押向商业银行申请住房开发贷款；《经济适用住房管理办法》第30条：经济适用住房购房人拥有有限产权。购买经济适用住房不满5年，不得直接上市交易……购买经济适用住房满5年，购房人上市转让经济适用住房的，应按照届时同地段普通商品住房与经济适用住房差价的一定比例向政府交纳土地收益等相关价款，具体交纳比例由市、县人民政府确定，政府可优先回购；购房人也可以按照政府所定的标准向政府交纳土地收益等相关价款后，取得完全产权。实务中一般认为，经济适用房需购买满5年后方能抵押登记</td></tr>
<tr><td>用于教育、医疗、市政等公共福利事业的房地产</td><td>不能</td><td>无法设权</td><td>《民法典》物权编第399条第3款；《城市房地产抵押管理办法》第8条</td></tr>
<tr><td>已依法公告列入拆迁范围的房地产</td><td>不能</td><td>无法设权</td><td>《民法典》物权编第399条第6款；《城市房地产抵押管理办法》第8条</td></tr>
<tr><td colspan="3">建设工程 / 在建工程</td><td>能</td><td>登记</td><td>《民法典》物权编第395条第1款第5项；《民法典》物权编第402条；《城市房地产抵押管理办法》第34条第2款：以在建工程抵押的，登记机关应当在抵押合同上作记载。抵押的房地产在抵押期间竣工的，当事人应当在抵押人领取房地产权属证书后，重新办理房地产抵押登记</td></tr>
<tr><td rowspan="2">土地</td><td rowspan="2">农村土地</td><td>所有权</td><td>不能</td><td>无法设权</td><td>《民法典》物权编第399条第1款</td></tr>
<tr><td>土地承包经营权</td><td>不能</td><td>无法设权</td><td>《民法典》物权编第399条第6款；《最高人民法院关于审理涉及农村土地承包纠纷案件适用法律问题的解释》第15条：承包方以其土地承包经营权进行抵押或者抵偿债务的，应当认定无效。对因此造成的损失，当事人有过错的，应当承担相应的民事责任</td></tr>
</table>

续表

标的			能否抵押	物权设立	法律规定 / 说明
土地	农村土地	土地经营权（四荒地）	能	法律未有明确规定；依据《物权法》第 187 条应为登记设权	《民法典》物权编第395条第1款第7项；《农村土地承包法》第 53 条：通过招标、拍卖、公开协商等方式承包农村土地，经依法登记取得权属证书的，可以依法采取出租、入股、抵押或者其他方式流转土地经营权
		土地经营权（农用地）	能	合同生效	《农村土地承包法》第 47 条：承包方可以用承包地的土地经营权向金融机构融资担保，并向发包方备案。受让方通过流转取得的土地经营权，经承包方书面同意并向发包方备案，可以向金融机构融资担保。 担保物权自融资担保合同生效时设立。当事人可以向登记机构申请登记；未经登记，不得对抗善意第三人。实现担保物权时，担保物权人有权就土地经营权优先受偿
		集体经营性建设用地使用权	能	登记	《土地管理法》第 63 条：通过出让等方式取得的集体经营性建设用地使用权可以转让、互换、出资、赠与或者抵押，但法律、行政法规另有规定或者土地所有权人、土地使用权人签订的书面合同另有约定的除外。集体经营性建设用地的出租，集体建设用地使用权的出让及其最高年限、转让、互换、出资、赠与、抵押等，参照同类用途的国有建设用地执行；《民法典》物权编第 402 条
		宅基地/自留山/自留地使用权	不能	无法设权	《民法典》物权编第 399 条第 2 款
	国有土地	所有权	不能	无法设权	《民法典》物权编第 399 条第 1 款
		建设用地使用权（出让/划拨方式取得）	能	登记	《民法典》物权编第 395 条第 1 款第 2 项； 《民法典》物权编第 402 条； 《国务院办公厅关于完善建设用地使用权转让、出租、抵押二级市场的指导意见》

续表

<table>
<tr><th colspan="3">标的</th><th>能否抵押</th><th>物权设立</th><th>法律规定 / 说明</th></tr>
<tr><td rowspan="2">土地</td><td rowspan="2">国有土地</td><td></td><td></td><td></td><td>以划拨方式取得的建设用地使用权可以依法依规设定抵押权，划拨土地抵押权实现时应优先缴纳土地出让收入。以出让、作价出资或入股等方式取得的建设用地使用权可以设定抵押权</td></tr>
<tr><td>建设用地使用权（租赁方式取得）</td><td>能</td><td>登记</td><td>《民法典》物权编第395条第1款第2项；
《民法典》物权编第402条；
《国土资源部关于印发〈规范国有土地租赁若干意见〉的通知》第6条：国有土地租赁，承租人取得承租土地使用权。承租人在按规定支付土地租金并完成开发建设后，经土地行政主管部门同意或根据租赁合同约定，可将承租土地使用权转租、转让或抵押。承租土地使用权转租、转让或抵押，必须依法登记</td></tr>
<tr><td colspan="3">海域使用权</td><td>能</td><td>登记</td><td>《民法典》物权编第395条第1款第3项；
《民法典》物权编第402条；
《海域使用权管理规定》第8章</td></tr>
<tr><td colspan="3">采矿权 / 探矿权</td><td>能</td><td>需要备案</td><td>《矿业权出让转让管理暂行规定》第6条第3款：矿业权人可以依照本办法的规定出租、抵押矿业权。
《矿业权出让转让管理暂行规定》第57条：矿业权设定抵押时，矿业权人应持抵押合同和矿业权许可证到原发证机关办理备案手续。矿业权抵押解除后20日内，矿业权人应书面告知原发证机关。
《矿业权出让转让管理暂行规定》第63条：违反有关法律和本规定所设定的矿业权抵押无效</td></tr>
<tr><td rowspan="3">交通运输工具（特殊动产）</td><td colspan="2">车辆</td><td>能</td><td>合同生效</td><td>《民法典》物权编第395条第1款第6项；
《民法典》物权编第403条</td></tr>
<tr><td colspan="2">船舶</td><td>能</td><td>合同生效</td><td>《民法典》物权编第395条第1款第6项；
《民法典》物权编第403条</td></tr>
<tr><td colspan="2">航空器</td><td>能</td><td>合同生效</td><td>《民法典》物权编第395条第1款第6项；
《民法典》物权编第403条</td></tr>
</table>

续表

标的		能否抵押	物权设立	法律规定 / 说明
	在建船舶、航空器	能	合同生效	《民法典》物权编第 395 条第 1 款第 5 项； 《民法典》物权编第 403 条
普通动产	生产设备、原材料、半成品、产品	能	合同生效	《民法典》物权编第 395 条第 1 款第 4 项； 《民法典》物权编第 403 条
	学校、幼儿园、医疗机构等以公益为目的成立的非营利法人的教育设施、医疗卫生设施和其他公益设施	不能	不能设权	《民法典》物权编第 399 条第 3 款

应当注意：

1. 部分动产抵押的效力不能对抗买受人。

《民法典》物权编第 404 条规定，以动产抵押的，不得对抗正常经营活动中已经支付合理价款并取得抵押财产的买受人。无论是浮动抵押还是一般抵押，无论该买受人是否善意。

这意味着，如果抵押标的是抵押人正常经营活动中待出售的物资，就算抵押已经登记，抵押人仍可以出售，抵押权人丧失抵押权，只能追究抵押人的违约责任。[1] 但如果并非这类动产（例如，是抵押人的一台生产设备，就不是正常经营活动中的待售物资），则不适用《民法典》物权编第 404 条。

因此抵押权人接受这类动产（抵押人正常经营活动中待出售的物资）抵押应慎重，应优先考虑其他标的抵押。

2. 已经抵押的财产再抵押的法律效果及清偿规则。

根据《民法典》物权编第 409 条的相关规定，已经抵押的资产再抵押不需要前面的抵押权人同意，除非双方约定顺位对其他抵押权人产生不利影响。

同时《民法典》物权编第 414 条规定，“同一财产向两个以上债权人抵押的，拍卖、变卖抵押财产所得的价款依照下列规定清偿：（一）抵押权已经登记的，按照登记的时间先后确定清偿顺序；（二）抵押权已经登记的先于未登记的受偿；（三）抵押权未登记的，按照债权比例清偿。其他可以登记的担保物权，清偿顺序

[1] 云南省昆明市中级人民法院（2016）云 01 民终 5610 号。

参照适用前款规定”。

3. 采矿权、探矿权的抵押备案虽名为“备案”，法律效果相当于设权登记。

4. 法规未规定可以担保的财产权利用于担保，合同仍有效。

《民法典担保制度司法解释》第 63 条规定：“债权人与担保人订立担保合同，约定以法律、行政法规尚未规定可以担保的财产权利设立担保，当事人主张合同无效的，人民法院不予支持。当事人未在法定的登记机构依法进行登记，主张该担保具有物权效力的，人民法院不予支持。”

既然无法律依据也办理不了担保登记，自然不能成立担保物权，但该合同仍有效，债权人仍然可以要求担保人承担一定责任，这类似于“签订抵押合同又没有办理抵押登记”的效果。

二、可以用于质押的财产说明

《民法典》物权编第 426 条规定，法律、行政法规禁止转让的动产不得出质。第 440 条规定，“债务人或者第三人有权处分的下列权利可以出质：（一）汇票、本票、支票；（二）债券、存款单；（三）仓单、提单；（四）可以转让的基金份额、股权；（五）可以转让的注册商标专用权、专利权、著作权等知识产权中的财产权；（六）现有的以及将有的应收账款；（七）法律、行政法规规定可以出质的其他财产权利”。

从法条可以看出，只要是法律行政法规未禁止质押的财产，都可以用于质押。基本上，所有的合法动产，都能质押；但是权利的质押，则需要考虑是否有相关机构可以办理质权登记。实务中还存在“法律上未禁止，但有关机构不受理质押登记”的情形，此时也就无法有效设立质权。（见表 5-2）

表 5-2　可以质押的财产归纳

<table>
<tr><th>分类</th><th>小类 / 形式</th><th>含义</th><th>登记 / 交付说明</th></tr>
<tr><td rowspan="2">动产</td><td>一般动产</td><td>货物等一般动产</td><td rowspan="2">质权自交付之日起设立；法律、行政法规禁止转让的动产，例如，国家禁止出境的文物（《文物保护法》第 24 条规定，国有不可移动文物不得转让、抵押。第 25 条规定，非国有不可移动文物不得转让、抵押给外国人）、枪支等[1]</td></tr>
<tr><td>特殊动产</td><td>车辆、船舶、航空器</td></tr>
</table>

[1] 参见程啸：《担保物权研究》，中国人民大学出版社 2019 年版，第 610 页。

续表

分类	小类 / 形式	含义	登记 / 交付说明
权利	知识产权	以注册商标专用权、专利权、著作权等知识产权中的财产权	质权自有关主管部门办理出质登记时设立
	基金份额	基金包括公募基金和私募基金，公募基金份额可在登记机构进行出质登记，私募基金份额登记则仍存在问题（见后面的分析）	自基金份额登记机构办理出质登记时设立
	股权	公司股权	质权自登记时成立
	汇票	出票人签发的，委托付款人在见票时或者在指定日期无条件支付确定的金额给收款人或者持票人的票据，分为银行汇票和商业汇票	1. 质权自权利凭证交付质权人时设立；没有权利凭证的，质权自有关部门办理出质登记时设立； 2. 根据《民法典》物权编第 442 条的规定：汇票、本票、支票、债券、存款单、仓单、提单的兑现日期或者提货日期先于主债权到期的，质权人可以兑现或者提货，并与出质人协议将兑现的价款或者提取的货物提前清偿债务或者提存
	本票	出票人签发的，承诺自己在见票时无条件支付确定的金额给收款人或者持票人的票据，本票仅指银行本票	
	支票	出票人签发的，委托办理支票存款业务的银行或者其他金融机构在见票时无条件支付确定的金额给收款人或者持票人的票据。分为普通支票、转账支票和现金支票	
	债券	依照法定程序发行的，约定在一定期限还本付息的有价证券。有政府债券、金融债券、公司债券等几种	
	存款单 / 存单	存款的权利凭证。可以质押的存单为各类定期存单，包括大额存单、同业存单、单位定期存单、个人定期存单等	
	仓单	仓库营业人应寄托人请求所填发的一种有价证券，作为提取保管物的凭证	
	提单	用以证明海上货物运输合同和货物已经由承运人接受或者装船，以及承运人保证据以交付货物的凭证。可以质押的提单有指示提单和不记名提单两种	
	应收账款	会计上的“应收账款”指的是因销售商品或者提供劳务而应向购货单位或顾客收取的款项；担保物权中的“应收账款”可以被理解为一种以金钱为给付标的的现有以及将来的合同债权	质权自信贷征信机构办理出质登记时设立

续表

分类	小类 / 形式	含义	登记 / 交付说明
	金钱	根据原《最高人民法院关于适用〈中华人民共和国担保法〉若干问题的解释》第 85 条的规定，债务人或者第三人将其金钱以特户、封金、保证金等形式特定化后，移交债权人占有作为债权的担保，债务人不履行债务时，债权人可以以该金钱优先受偿； 《民法典》及《民法典担保制度司法解释》等对金钱质押无特别规定	根据原司法解释，金钱质押以“特定化”和“转移占有”为生效条件

应当注意：

1. 个人独资企业的的“投资人出资”可以转让，但一般认为不能质押，且无明确的登记部门。

2. 农民专业合作社的成员出资没有明确法律依据和登记部门，实务中一般无法操作。

3. 民办非企业单位、社会团体、基金会的“捐赠人、资助人、举办人、负责人”等并没有类似于“股权、出资”的权利，也无法质押。

4. 全民所有制企业不存在可以自由流通的转让的“股权”，因此也不存在“股权质押”。

5. 金钱质押，目前实务中只能通过金融机构才能实施。

对于非金融机构的债权人来说，可以采取类似于监管账户的方式，或者直接让债务人将款项提前支付给债权人作为保证金或预付款。

6. 不动产物权只能抵押，动产所有权能抵押也能质押，权利只能质押。

7. 对债权人来说，动产质押 > 动产抵押（非正常经营中的待售物资）> 动产抵押（正常经营中的待售物资）。

质押比抵押更简便且效力更强，但是质押需要转移占有。

8. 合伙企业的财产份额质押在法律上虽然有依据（《合伙企业法》第 25 条、第 27 条），但是质押登记缺乏明确规定、各地做法不一，导致合伙企业的财产份额质押实际上存在困难。

私募基金也常常体现为合伙企业财产份额形式，同样面临质押登记上的困难。

具体见后面“宏观—合同程序”中“抵押 / 质押的登记 / 交付程序”说明。

三、动产的抵押和质押可能并存

由于动产质权与抵押权的设权及公示方法存在差异，导致实务中可能出现在已经抵押的动产上再设立一个质权或者已经出质的动产上再设立一个抵押权的情形。

关于这个问题，《民法典》物权编第 415 条新增了如下规定："同一财产既设立抵押权又设立质权的，拍卖、变卖该财产所得的价款按照登记、交付的时间先后确定清偿顺序。"也即质权有效设立、抵押权办理了抵押登记的，按照公示先后确定清偿顺序；顺序相同的，按照债权比例清偿。

相对于其他财产的担保，对于动产的抵押、质押，质权人、抵押权人需要特别考虑到：

1. 适当查验该动产上有无之前已经成立的动产抵押，通过现场查看动产判断有无被质押。

动产抵押的情况可在中国人民银行征信中心动产融资统一登记公示系统进行查询。

2. 如为质押，则尽快要求交付；如为抵押，则尽快办理登记。

质押物交付的时候应签订交付清单，列明交付时间，作为日后可能用得上的证据。

3. 要求质押 / 抵押人承诺不存在在先的担保物权；要求质押 / 抵押人不能再行质押、抵押。

该约定有一定作用：防止抵押人事后伪造在先的质押；在第三人提供质押 / 抵押时，如果质押 / 抵押人违反约定，可要求承担违约责任。

5.1.4 宏观—合同程序

一、抵押 / 质押的登记 / 交付程序

资　料　抵押权 / 质权登记机关、效力与登记所需文件一览

抵押权 / 质权登记机关、效力与登记所需文件一览

抵押权				
担保财产	登记机关	登记效力	登记需要提交的文件	备注
房地产	房地产所在地的房地产管理部门	设立	1. 抵押当事人的身份证明或法人资格证明；	《城市房地产抵押管理办法》第 30 条、第 32 条

续表

担保财产	登记机关	登记效力	登记需要提交的文件	备注
			2. 抵押登记申请书； 3. 抵押合同； 4.《国有土地使用权证》、《房屋所有权证》或《房地产权证》，共有的房屋还必须提交《房屋共有权证》和其他共有人同意抵押的证明； 5. 可以证明抵押人有权设定抵押权的文件与证明材料； 6. 可以证明抵押房地产价值的资料； 7. 登记机关认为必要的其他文件	
机动车	登记地车辆管理所	对抗	1. 机动车所有人和抵押权人的身份证明； 2. 机动车登记证书； 3. 机动车所有人和抵押权人依法订立的主合同和抵押合同	《机动车登记规定》第 22 条、第 23 条
船舶	船籍港船舶登记机关（港务监督机构）	对抗	1. 双方签字的书面申请书； 2. 船舶所有权登记证书或者船舶建造合同； 3. 船舶抵押合同。 该船舶设定有其他抵押权的，还应当提供有关证明文件。 船舶共有人就共有船舶设定抵押权时，还应当提供 2/3 以上份额或者约定份额的共有人的同意证明文件	《船舶登记条例》第 8 条、第 20 条
航空器	民用航空主管部门	对抗	1. 民用航空器国籍登记证书； 2. 民用航空器所有权登记证书或者相应的所有权证明文件； 3. 民用航空器抵押合同； 4. 国务院民用航空主管部门要求提交的其他必要的有关文件	《民用航空器权利登记条例》第 4 条、第 7 条
国有建设用地使用权	政府土地管理部门、房产管理部门	设立	—	《城镇国有土地使用权出让和转让暂行条例》第 7 条、第 5 章
海域使用权	批准用海人民政府的海洋行政主管部门	设立	—	《海域使用权管理规定》第 5 条、第 8 章

续表

担保财产	登记机关	登记效力	登记需要提交的文件	备注
在建工程	在建工程所在地的房地产管理部门	设立	以预售商品房或者在建工程抵押的，登记机关应当在抵押合同上作记载。抵押的房地产在抵押期间竣工的，当事人应当在抵押人领取房地产权属证书后，重新办理房地产抵押登记	《城市房地产抵押管理办法》第34条
探矿权、采矿权	原发证机关备案（国务院地质矿产主管部门和省、自治区、直辖市人民政府地质矿产主管部门）	设立	矿业权设定抵押时，矿业权人应持抵押合同和矿业权许可证到原发证机关办理备案手续。矿业权抵押解除后20日内，矿业权人应书面告知原发证机关	《矿业权出让转让管理暂行规定》第57条、第58条
普通动产	中国人民银行征信中心动产融资统一登记公示系统	对抗	—	根据《国务院关于实施动产和权利担保统一登记的决定》，由中国人民银行征信中心动产融资统一登记公示系统自主办理登记
质权				
担保财产	登记机关	登记效力	登记需要提交的文件	法律规定
商标权	国家知识产权局	设立	1. 申请人签字或者盖章的《商标专用权质权登记申请书》; 2. 主合同和注册商标专用权质权合同; 3. 申请人签署的承诺书; 4. 委托商标代理机构办理的，还应当提交商标代理委托书。 上述文件为外文的，应当同时提交其中文译文。中文译文应当由翻译单位和翻译人员签字盖章确认	《注册商标专用权质押登记程序规定》第1条、第4条
专利权	国家知识产权局专利局	设立	1. 出质人和质权人共同签字或者盖章的专利权质押登记申请表; 2. 专利权质押合同; 3. 双方当事人的身份证明; 4. 委托代理的，注明委托权限的委托书;	《专利权质押登记办法》第2条、第7条

续表

担保财产	登记机关	登记效力	登记需要提交的文件	备注
			5. 其他需要提供的材料。 专利权经过资产评估的，当事人还应当提交资产评估报告。 除身份证明外，当事人提交的其他各种文件应当使用中文。身份证明是外文的，当事人应当附送中文译文；未附送的，视为未提交。 对于本条第 1 款和第 2 款规定的文件，当事人可以提交电子扫描件	
著作权	中国版权保护中心	设立	1. 著作权质权登记申请表； 2. 出质人和质权人的身份证明； 3. 主合同和著作权质权合同； 4. 委托代理人办理的，提交委托书和受托人的身份证明； 5. 以共有的著作权出质的，提交共有人同意出质的书面文件； 6. 出质前授权他人使用的，提交授权合同； 7. 出质的著作权经过价值评估的、质权人要求价值评估的或相关法律法规要求价值评估的，提交有效的价值评估报告； 8. 其他需要提供的材料。 提交的文件是外文的，需同时附送中文译本	《著作权质权登记办法》第 6 条
不在证券登记结算机构登记的股权（有限责任公司股权、非上市的股份有限公司股权）	市场监督管理部门（工商行政管理部门）	设立	1. 申请人签字或者盖章的《股权出质设立登记申请书》； 2. 记载有出质人姓名（名称）及其出资额的有限责任公司股东名册复印件或者出质人持有的股份公司股票复印件（均需加盖公司印章）； 3. 质权合同； 4. 出质人、质权人的主体资格证明或者自然人身份证明复印件（出质人、质权人属于自然人的由本人签名，属于法人的加盖法人印章，下同）； 5. 国家市场监督管理总局要求提交的其他材料。 指定代表或者共同委托代理人办理的，还应当提交申请人指定代表或者共同委托代理人的证明	《工商行政管理机关股权出质登记办法》第 3 条、第 7 条

续表

担保财产	登记机关	登记效力	登记需要提交的文件	备注
上市公司股份、债券、基金（在证据登记结构机构登记的）	证券登记结算机构（中国证券登记结算有限责任公司）	设立	1. 证券质押登记申请； 2. 质押合同原件； 3. 质押双方有效身份证明文件及复印件； 4. 出质人证券账户卡原件及复印件； 5. 登记机构要求提供的其他材料	中国证券登记结算有限责任公司发布的《证券质押登记业务实施细则》第4条
合伙企业财产份额	登记/交付	设立	现行法律并未对合伙企业财产份额质押设权要件作出明确规定，实务中存在几种做法：市场监督管理部门（工商管理部门）登记、区域股权交易中心登记、以决议及补充协议等方式交付设立等；[1] 体现为合伙企业财产份额的私募基金份额的质押，同样如此	
地方政府债券	中央国债登记结算有限责任公司	设立	—	《中央国库现金管理暂行办法》《中央国库现金管理商业银行定期存款业务操作规程》
存款单、仓单、提单	中国人民银行征信中心动产融资统一登记公示系统	设立	—	《国务院关于实施动产和权利担保统一登记的决定》
应收账款	中国人民银行征信中心动产融资统一登记公示系统	设立	1. 应收账款质押登记通过登记公示系统办理。 2. 登记内容包括质权人和出质人的基本信息、应收账款的描述、登记期限。出质人或质权人为单位的，应当填写单位的法定注册名称、住所、法定代表人或负责人姓名、组织机构代码或金融机构编码、工商注册号、法人和其他组织统一社会信用代码、全球法人机构识别编码等机构代码或编码。 出质人或质权人为个人的，应当填写有效身份证件号码、有效身份证件载明的地址等信息。 质权人可以与出质人约定将主合同债权金额等项目作为登记内容	《国务院关于实施动产和权利担保统一登记的决定》； 《应收账款质押登记办法》第10条

注：对抗即对抗善意第三人的效力。

[1]《合伙企业财产份额质押的实务操作》，载微信公众号“投讯资产”2018年8月14日；江苏省苏州市虎丘区人民法院（2013）虎商初字第0522号判例。

说明：如果不是本人、本单位亲自办理，则一般需要出具经公证的授权代理手续，方可由代理人出面办理。

1. 抵押质押合同未经登记 / 交付的法律效果。

基于物债二分的原则（《民法典》第 215 条），担保合同的效力与担保物权的设立是两回事，即只要担保合同本身不存在效力瑕疵，则合同有效。

根据相关法律规定，在所有抵押、质押中，只有动产抵押的登记不是设权而是对抗效力，其他所有的抵押、质押都需要依法登记或交付（动产质押），否则不产生担保物权。

（1）动产抵押未登记的法律效果。

此时抵押权依法已经设立，但因为没有办理登记手续，不能对抗善意第三人。那这里的“第三人”是什么含义，是否包括其他债权人呢？之前存在争议，《民法典担保制度司法解释》第 54 条明确规定：

动产抵押合同订立后未办理抵押登记，动产抵押权的效力按照下列情形分别处理：

（一）抵押人转让抵押财产，受让人占有抵押财产后，抵押权人向受让人请求行使抵押权的，人民法院不予支持，但是抵押权人能够举证证明受让人知道或者应当知道已经订立抵押合同的除外；

（二）抵押人将抵押财产出租给他人并移转占有，抵押权人行使抵押权的，租赁关系不受影响，但是抵押权人能够举证证明承租人知道或者应当知道已经订立抵押合同的除外；

（三）抵押人的其他债权人向人民法院申请保全或者执行抵押财产，人民法院已经作出财产保全裁定或者采取执行措施，抵押权人主张对抵押财产优先受偿的，人民法院不予支持；

（四）抵押人破产，抵押权人主张对抵押财产优先受偿的，人民法院不予支持。

（2）担保人未按约定办理担保物权登记或未交付的违约责任，类似于以担保财产价值为限的一般保证责任。

例如，债务人借款 1000 万元，抵押人与债权人签订抵押合同提供价值 500 万元的房产抵押，但抵押人未办理抵押登记。则债权人可以要求债务人承担 1000 万元的还款责任，并要求抵押人（未办理抵押登记）在 500 万元的范围内承担违约赔偿责任（效果类似于 500 万元的一种一般保证责任）；如果因该房产灭失、征收等原因抵押人获得保险金、赔偿金或者补偿金，债权人可该金额范围内要求抵押人赔偿。法律依据可参考《民法典担保制度司法解释》第 46 条。

虽然如此，担保合同中可以考虑直接约定，担保人未按约定办理登记或转移占有的，应对该担保的债务承担连带责任。这样就对债权人更有利了。

当然，上面这些讨论都只在担保人不是债务人的情况下才有意义，如果担保人就是债务人自己，再要求债务人承担违约责任或保证责任就没有什么意义了。

2. 法院能否判决设立担保物权或判令必须办理登记 / 交付？

抵押 / 质押合同签订生效后，如果抵押人 / 出质人拒绝办理后续的登记 / 交付等手续，此种情形若通过诉讼程序，法院是否可以强制抵押人 / 出质人办理相应的手续？是否可以直接通过判决书设定担保物权？

以不动产抵押为例，抵押人拒绝办理登记，债权人提起诉讼，那么，第一个问题，法院是否可以直接通过判决设定担保物权；第二个问题，法院是否可以通过强制执行程序要求抵押人必须办理登记。

对于第一个问题，答案是明确的：因为没有法律依据，法院不能通过判决直接为担保物权人设立一个担保物权。

对于第二个问题，答案是：

（1）法院可以判决抵押人配合抵押权人办理抵押登记，前提是抵押登记还有意义，不存在已经无法办理抵押登记的情况。

《民法典担保制度司法解释》第 46 条第 1 款已经明确表示支持。

（2）执行程序中，法院不能像房屋买卖合同纠纷一样，在执行程序中直接给房管局发配合执行通知，由房管局将房屋进行过户登记。法院只能要求抵押人支付逾期（判决书中规定的日期）仍不办理抵押的迟延履行金。[1]

法院的处理当然也取决于当事人的诉讼请求。如果债务已经到期，债务人不能偿还，抵押、质押又未设立，则债权人往往提起诉讼要求债务人偿还债务同时让抵押、质押人承担违约责任（而不是再要求办理登记 / 交付），此时就如前面所说，法院将判决抵押 / 质押人承担违约责任。

3. 抵押权 / 质权登记内容与抵押 / 质押合同约定不一致的处理。

实务中存在登记的内容与抵押 / 质押合同约定不一致的情形，发生争议时一般倾向于以登记为准。《民法典担保制度司法解释》第 47 条规定：不动产登记簿就

[1] 参见荆州市荆州区人民法院（2018）鄂 1003 民初 1340 号；贵州省高级人民法院（2019）黔民终 547 号。

抵押财产、被担保的债权范围等所作的记载与抵押合同约定不一致的，人民法院应当根据登记簿的记载确定抵押财产、被担保的债权范围等事项。《九民纪要》第58条对担保范围登记与约定不一致时以何为准的问题给出了比较具体的说明："以登记作为公示方式的不动产担保物权的担保范围，一般应当以登记的范围为准。但是，我国目前不动产担保物权登记，不同地区的系统设置及登记规则并不一致，人民法院在审理案件时应当充分注意制度设计上的差别，作出符合实际的判断：一是多数省区市的登记系统未设置'担保范围'栏目，仅有'被担保主债权数额（最高债权数额）'的表述，且只能填写固定数字。而当事人在合同中又往往约定担保物权的担保范围包括主债权及其利息、违约金等附属债权，致使合同约定的担保范围与登记不一致。显然，这种不一致是由于该地区登记系统设置及登记规则造成的该地区的普遍现象。人民法院以合同约定认定担保物权的担保范围，是符合实际的妥当选择。二是一些省区市不动产登记系统设置与登记规则比较规范，担保物权登记范围与合同约定一致在该地区是常态或者普遍现象，人民法院在审理案件时，应当以登记的担保范围为准。"

不过2021年4月6日发布的《自然资源部关于做好不动产抵押权登记工作的通知》规定要增加"担保范围"栏，应该会改变上述导致争议的局面。

因此，律师在处理担保事宜时，除起草审查担保合同外，还应该审查相应登记文件，如发现登记有误，应立即申请变更登记。

4."禁止或者限制转让"约定的登记。

根据《民法典担保制度司法解释》第43条的规定：当事人约定禁止或者限制转让抵押财产但是未将约定登记，抵押人违反约定转让抵押财产，抵押权人请求确认转让合同无效的，人民法院不予支持；抵押财产已经交付或者登记，抵押权人请求确认转让不发生物权效力的，人民法院不予支持，但是抵押权人有证据证明受让人知道的除外；抵押权人请求抵押人承担违约责任的，人民法院依法予以支持当事人约定禁止或者限制转让抵押财产且已经将约定登记，抵押人违反约定转让抵押财产，抵押权人请求确认转让合同无效的，人民法院不予支持；抵押财产已经交付或者登记，抵押权人主张转让不发生物权效力的，人民法院应予支持，但是因受让人代替债务人清偿债务导致抵押权消灭的除外。

也即双方当事人可以将"抵押后是否允许标的转让"进行登记。从抵押权人的角度，建议明确约定限制抵押财产的转让并且积极推动登记。

2021年4月6日发布的《自然资源部关于做好不动产抵押权登记工作的通知》

对此进行了落实：

当事人申请办理不动产抵押权首次登记或抵押预告登记的，不动产登记机构应当根据申请在不动产登记簿“是否存在禁止或限制转让抵押不动产的约定”栏记载转让抵押不动产的约定情况。有约定的填写“是”，抵押期间依法转让的，应当由受让人、抵押人（转让人）和抵押权人共同申请转移登记；没有约定的填写“否”，抵押期间依法转让的，应当由受让人、抵押人（转让人）共同申请转移登记。约定情况发生变化的，不动产登记机构应当根据申请办理变更登记。

5. 抵押权预告登记。

《民法典》物权编第221条规定：

当事人签订买卖房屋的协议或者签订其他不动产物权的协议，为保障将来实现物权，按照约定可以向登记机构申请预告登记。预告登记后，未经预告登记的权利人同意，处分该不动产的，不发生物权效力。预告登记后，债权消灭或者自能够进行不动产登记之日起九十日内未申请登记的，预告登记失效。

《民法典担保制度司法解释》第52条规定：

当事人办理抵押预告登记后，预告登记权利人请求就抵押财产优先受偿，经审查存在尚未办理建筑物所有权首次登记、预告登记的财产与办理建筑物所有权首次登记时的财产不一致、抵押预告登记已经失效等情形，导致不具备办理抵押登记条件的，人民法院不予支持；经审查已经办理建筑物所有权首次登记，且不存在预告登记失效等情形的，人民法院应予支持，并应当认定抵押权自预告登记之日起设立。当事人办理了抵押预告登记，抵押人破产，经审查抵押财产属于破产财产，预告登记权利人主张就抵押财产优先受偿的，人民法院应当在受理破产申请时抵押财产的价值范围内予以支持，但是在人民法院受理破产申请前一年内，债务人对没有财产担保的债务设立抵押预告登记的除外。

可见抵押权预告登记可以限制不动产的处分，并可在特定情形下直接设立抵押权。实务中主要是针对预售商品房、在建工程，并且在未取得正式不动产物权登记之前，可以多次进行预告登记，以免预告登记失效。

6. 2020年12月22日发布的《国务院关于实施动产和权利担保统一登记的决定》规定值得注意，其中提道：

一、自2021年1月1日起，在全国范围内实施动产和权利担保统一登记。

二、纳入动产和权利担保统一登记范围的担保类型包括：（一）生产设备、原材料、半成品、产品抵押；（二）应收账款质押；（三）存款单、仓单、提单质押；

（四）融资租赁；（五）保理；（六）所有权保留；（七）其他可以登记的动产和权利担保，但机动车抵押、船舶抵押、航空器抵押、债券质押、基金份额质押、股权质押、知识产权中的财产权质押除外。

国家市场监督管理总局不再承担原有的动产抵押登记职责。

7. 动产质押的交付。

动产质押中的交付不同于动产买卖中的交付，本质上更接近于"权利登记"那样的设权行为。因此我们放在"宏观—合同程序"中与质权登记放在一起说明。

律师应该都知道《民法典》物权编第 429 条的规定"质权自出质人交付质押财产时设立"，也知道转移占有这种主要交付方式。除此之外，还需要适当了解特殊方式的"交付"及其效果。

（1）简易交付和指示交付可以设立质权。

简易交付是债权人或其代理人之前已经合法占有了动产，此时出质人与债权人签订质权合同，即发生交付效果，设立了质权。

指示交付，是由第三人占有动产，出质人将享有的针对第三人的返还请示权让与给质权人，以代替现实交付。此时，必须存在"对第三人的请示权转移"的过程，最好是由第三人确认或出具手续，表明该动产的返还请示权已经转移给了质权人。例如，A 公司有 5000 吨小麦储存在 B 公司的仓库，由 B 公司保管。A 公司现以该 5000 吨向 C 银行质押贷款。双方就可以通过指示交付的方式设立动产质权。

（2）占有改定不能设立质权。

出质人与债权人约定质权成立，但不转移占有，由出质人继续占有、使用质物。此时质权不成立。

原《担保法司法解释》第 87 条规定，出质人代质权人占有质物的，质押合同不生效；质权人将质物返还于出质人后，以其质权对抗第三人的，人民法院不予支持。该司法解释已失效，但符合质权的法理，仍可供参考。

（3）非正常的交付或非正常的占有都有不能设立质权的风险。

这包括：

• 没有转移占有，仅有质押物清单

• 没有转移占有，仅由质权人对财产采取监控措施

• 采取第三方监管时，第三方没有实际占有、控制，或者没有持续的占有、控制

不过，由第三方根据质权人指示进行实际占有、控制也就是前面说的指示交付是可以作为有效交付设立质权的。[1]

因此，对于动产质押合同，债权人一方的律师除适当审查合同中约定的交付方式之外，还应适当督促、提示债权人（或者通过第三方）有效的、持续的占有控制该动产。

8. 律师对交付、登记程序的应对。

律师应该认识到登记/交付程序的重要性，而不是只审查一下抵押质押合同本身。具体措施包括：

（1）在交易流程上，可以将登记/交付程序的完成作为我方履行义务的先决条件。

（2）在合同签订时，一并将担保登记的相关文件签署完成。

如由我方办理登记，还可以考虑将授权办理登记的相关公证手续办妥。

（3）适当督促、审核登记/交付程序的实际执行。

对于抵押、质押人一方（非债务人）来说，律师需要提示当事人，只要抵押、质押合同一签订即生效，抵押、质押人即需要承担责任，不要误以为只要不登记、不交付就没有责任。如果不想承担这个责任，可以考虑在合同中约定"本抵押合同自办理抵押登记后才生效"，但这种约定仍然可能存在无效的风险。

相关条款：5255 质押登记

二、公司对外担保需经股东（大）会、董事会决议

这是实务中最常见又最容易导致风险的，律师必须予以关注。

1. 法律规定。

《公司法》第16条规定，有限公司或股份公司提供担保需要特殊程序：

（1）非关联担保：根据公司章程规定，由董事会或者股东会、股东大会决议。对应法规为《公司法》第16条第1款：公司向其他企业投资或者为他人提供担保，依照公司章程的规定，由董事会或者股东会、股东大会决议。

（2）关联担保：必须经股东会或者股东大会决议，且股东或者受实际控制人支配的股东，不得参与表决，表决由出席会议的其他股东所持表决权的过半数通过。对应法规为《公司法》第16条第2款：公司为公司股东或者实际控制人提供担保的，必须经股东会或者股东大会决议。

[1] 参见谭卓然：《动产质押法律堂（2）：做好交付不容易》，载微信公众号"供应链法律"2017年12月5日。

《民法典担保制度司法解释》进一步明确了未经决议的具体处理：

第7条　公司的法定代表人违反公司法关于公司对外担保决议程序的规定，超越权限代表公司与相对人订立担保合同，人民法院应当依照民法典第六十一条和第五百零四条等规定处理：

（一）相对人善意的，担保合同对公司发生效力；相对人请求公司承担担保责任的，人民法院应予支持。

（二）相对人非善意的，担保合同对公司不发生效力；相对人请求公司承担赔偿责任的，参照适用本解释第十七条的有关规定。

法定代表人超越权限提供担保造成公司损失，公司请求法定代表人承担赔偿责任的，人民法院应予支持。

第一款所称善意，是指相对人在订立担保合同时不知道且不应当知道法定代表人超越权限。相对人有证据证明已对公司决议进行了合理审查，人民法院应当认定其构成善意，但是公司有证据证明相对人知道或者应当知道决议系伪造、变造的除外。

第8条　有下列情形之一，公司以其未依照公司法关于公司对外担保的规定作出决议为由主张不承担担保责任的，人民法院不予支持：

（一）金融机构开立保函或者担保公司提供担保；

（二）公司为其全资子公司开展经营活动提供担保；

（三）担保合同系由单独或者共同持有公司三分之二以上对担保事项有表决权的股东签字同意。

上市公司对外提供担保，不适用前款第二项、第三项的规定。

第9条　相对人根据上市公司公开披露的关于担保事项已经董事会或者股东大会决议通过的信息，与上市公司订立担保合同，相对人主张担保合同对上市公司发生效力，并由上市公司承担担保责任的，人民法院应予支持。

相对人未根据上市公司公开披露的关于担保事项已经董事会或者股东大会决议通过的信息，与上市公司订立担保合同，上市公司主张担保合同对其不发生效力，且不承担担保责任或者赔偿责任的，人民法院应予支持。

相对人与上市公司已公开披露的控股子公司订立的担保合同，或者相对人与股票在国务院批准的其他全国性证券交易场所交易的公司订立的担保合同，适用前两款规定。

第10条　一人有限责任公司为其股东提供担保，公司以违反公司法关于公司对外担保决议程序的规定为由主张不承担担保责任的，人民法院不予支持。公司因承担担保责任导致无法清偿其他债务，提供担保时的股东不能证明公司财产独立于自己的财产，其他债权人请求该股东承担连带责任的，人民法院应予支持。

第11条 公司的分支机构未经公司股东（大）会或者董事会决议以自己的名义对外提供担保，相对人请求公司或者其分支机构承担担保责任的，人民法院不予支持，但是相对人不知道且不应当知道分支机构对外提供担保未经公司决议程序的除外。

金融机构的分支机构在其营业执照记载的经营范围内开立保函，或者经有权从事担保业务的上级机构授权开立保函，金融机构或者其分支机构以违反公司法关于公司对外担保决议程序的规定为由主张不承担担保责任的，人民法院不予支持。金融机构的分支机构未经金融机构授权提供保函之外的担保，金融机构或者其分支机构主张不承担担保责任的，人民法院应予支持，但是相对人不知道且不应当知道分支机构对外提供担保未经金融机构授权的除外。

担保公司的分支机构未经担保公司授权对外提供担保，担保公司或者其分支机构主张不承担担保责任的，人民法院应予支持，但是相对人不知道且不应当知道分支机构对外提供担保未经担保公司授权的除外。

公司的分支机构对外提供担保，相对人非善意，请求公司承担赔偿责任的，参照本解释第十七条的有关规定处理。

上述司法解释的重点是：相对人有证据证明已对公司决议进行了合理审查，人民法院应当认定其构成善意，担保应为有效。

2. 担保合同无效的，担保人仍有一定责任。

根据《民法典》物权编以及《民法典担保制度司法解释》第17条的规定，主合同有效而第三人提供的担保合同无效的，债权人与担保人均有过错的，担保人承担的赔偿责任不应超过债务人不能清偿部分的1/2。这显然已经难以符合债权人的目的。[1]

3. 公司对外担保类合同起草审查要点。

从上面分析可以看出，除特殊例外，当作为债权人一方审查由公司提供担保

[1]《民法典担保制度司法解释》第17条规定："主合同有效而第三人提供的担保合同无效，人民法院应当区分不同情形确定担保人的赔偿责任：（一）债权人与担保人均有过错的，担保人承担的赔偿责任不应超过债务人不能清偿部分的二分之一；（二）担保人有过错而债权人无过错的，担保人对债务人不能清偿的部分承担赔偿责任；（三）债权人有过错而担保人无过错的，担保人不承担赔偿责任。"

的合同时，必须审查股东（大）会、董事会决议手续，否则将导致合同无效。

具体来说，债权人一方律师的审查要点包括：

（下文中的“公司”为担保方）

（1）审查公司决议。

司法解释说的是“合理审查”，一般认为需要做到：

• 审查决议是否适格

确定交易是必须应经股东（大）会决议的交易，还是由股东（大）会、董事会决议都可以的交易。如果是法律规定必须经股东（大）会决议的交易（关联担保），应审查是否经股东（大）会决议；如果是法律规定必须经决议的交易，但是由股东（大）会，还是由董事会决议并未明确的（非关联担保），原则上相对人审查有决议即可，具体公司内部如何规定决议机关的可不用考虑，但债权人如明知公司章程对决议机关有明确规定的，还应审查决策机构是否适格，否则不构成“善意”。

• 审查股东或者董事的身份是否属实

决议文件中参与表决的股东、董事签章的名称是否与工商登记的股东或董事姓名、名称一致。可通过“法天使—律师助手—工商信息库”等渠道查询。

• 审查同意决议的人数是否符合法律规定（关联担保）、公司章程的规定（非关联担保）

对于关联担保，相对人应审查表决股东所代表的股权（份）比例是否达到法律规定的标准，各股东股权（份）比例是否与工商登记中一致，应回避表决的股东是否参与了表决（该类交易应由无关联关系的股东参与表决）。

在全资子公司为母公司提供担保的情况下，无法实现回避表决，法律也没有禁止该类担保，《公司法》等法规均未对此情况有所明确。从回避表决的立法意图系为保护中小股东利息出发，该担保并不存在损害其他股东利益的问题无须回避。为了尽可能规避法律风险，建议要求出具股东会决议或股东（债务人）作为担保合同签约主体。

对于非关联担保，相对人应审查董事会决议或者股东（大）会决议同意决议的人数及签字人员是否符合公司章程的规定。

• 审查股东或董事签字

特别是仅有执行董事（没有董事会）的有限公司，法定代表人兼任执行董事的，在决议落款“执行董事”和“法定代表人”签字处上应各有一处签字。

至于法定代表人伪造或者变造决议、决议程序违法、签章（名）不实、交易金额超过法定限额等情形的，相对人可不用过分担忧，审查决议仅做到形式审查即可。

• 审查决议内容与担保合同是否相符

如担保合同约定主合同变更债务加重，担保人同意无条件对变更后合同承担担保责任等内容的，应在决议中有所体现，更为简便的操作意见是在决议中明确同意签署编号为 ××× 的 ××× 合同。

（2）将公司决议复印件和章程、股东名册或董事名单作为附件，与合同正文一并加盖骑缝章（无合同骑缝章的，可以公章代骑缝章使用），由公司一方（担保方）确认其真实性。

（3）在合同内添加“陈述与保证”条款，保证该担保事宜已经过公司股东（大）会或董事会内部决策通过，保证决策程序和内容符合法律和公司章程规定。

（4）如有必要，律师可以到工商部门查询对方章程。

注意，在已知对方章程内容的情形下，有关决议必须符合章程要求，否则就不是“善意”相对方了。

4. 补充说明。

这里所说的担保以抵押、质押、保证为典型，但是对于让与担保、增信措施、回购义务等非典型的担保措施，从债权人的角度出发，为避免无效风险，也建议参照上述要点进行审查。

三、合伙企业的对外担保及财产份额质押需经全体合伙人一致同意

1. 根据《合伙企业法》第 31 条第 5 项的规定，以合伙企业名义为他人提供担保，应当经全体合伙人一致同意。

在实务中，未经全体合伙人一致同意的担保合同既有判决有效的，也有判决无效的。[1] 当然在具体的案件中也要考虑债权人是否“善意”，是否存在“全体合伙人知道且未提出异议”等情形。

无论如何，从债权人的角度，接受合伙企业的担保时，最好由全体合伙人书面确认同意该担保。

2. 根据《合法企业法》第 25 条的规定，合伙人以其在合伙企业中的财产份额

［1］ 刘美：《未经全体合伙人一致同意，合伙企业对外担保的效力问题》，载微信公众号“兰台律师事务所”2021 年 1 月 15 日。

出质的，需经其他合伙人一致同意；未经其他合伙人一致同意，其行为无效，由此给善意第三人造成损失的，由行为人依法承担赔偿责任。注意这里法律明确说明了后果是无效。

另外，第 72 条规定，有限合伙人可以将其在有限合伙企业中的财产份额出质；但是，合伙协议另有约定的除外。

由此可见：

（1）接受普通合伙人财产份额的质押时，需要全体合伙人一致同意的手续。

（2）接受有限合伙人财产份额的质押时，则需要适当审核合伙协议有无特别约定，如有特别约定，则最好符合该约定。或者也要求出具全体合伙人一致同意出质的手续。

四、村集体对外担保需考虑村民会议讨论程序，否则担保合同无效

根据《民法典担保制度司法解释》第 5 条第 2 款的规定：居民委员会、村民委员会提供担保的，人民法院应当认定担保合同无效，但是依法代行村集体经济组织职能的村民委员会，依照村民委员会组织法规定的讨论决定程序对外提供担保的除外。

根据《村民委员会组织法》第 24 条的规定：

涉及村民利益的下列事项，经村民会议讨论决定方可办理：（一）本村享受误工补贴的人员及补贴标准；（二）从村集体经济所得收益的使用；（三）本村公益事业的兴办和筹资筹劳方案及建设承包方案；（四）土地承包经营方案；（五）村集体经济项目的立项、承包方案；（六）宅基地的使用方案；（七）征地补偿费的使用、分配方案；（八）以借贷、租赁或者其他方式处分村集体财产；（九）村民会议认为应当由村民会议讨论决定的涉及村民利益的其他事项。

村民会议可以授权村民代表会议讨论决定前款规定的事项。

法律对讨论决定村集体经济组织财产和成员权益的事项另有规定的，依照其规定。

村集体如果以集体财产对外担保，未经过村民会议决定程序的，担保合同无效。因此此类担保需经过村民会议讨论程序，参考《村民委员会组织法》第 22 条，具体为村民会议讨论并经参会人员过半数同意。

这种情况下，律师需要推动、监督村民会议程序，并将相关程序文件作为合同附件，由村集体（担保人）声明已经过村民会议程序、相关文件属实。

五、农民专业合作社理事长、理事、管理人员以本社资产提供担保的需经过成员大会同意，否则担保合同可能无效

根据《农民专业合作社法》第36条的规定："农民专业合作社的理事长、理事和管理人员不得有下列行为：……（二）违反章程规定或者未经成员大会同意，将本社资金借贷给他人或者以本社资产为他人提供担保……理事长、理事和管理人员违反前款规定所得的收入，应当归本社所有；给本社造成损失的，应当承担赔偿责任。"

实务中，未经成员大会同意，农民专业合作社理事长、理事、管理人员以本社资产提供担保签订的担保合同是否无效存在争议。有观点认为未经成员大会同意签订的担保合同有效，因该条规定为管理强制性规定。例如，在兴化市绿森林牧专业合作社与严丽、陆林宝等民间借贷纠纷案[1]中，法院认为："专业合作社法第三十六条及其他法律没有明确规定违反该条规定合同无效，该规定应为管理性规定……《最高人民法院关于适用〈中华人民共和国合同法〉若干问题的解释（二）》第十四条规定：合同法第五十二条第（五）项规定的强制性规定，是指效力性强制性规定。兴化市绿森林牧专业合作社为他人债务提供担保的行为不违反法律、行政法规的效力性强制性规定，应为有效。因此，兴化市绿森林牧专业合作社关于案涉担保无效的主张，本院不予支持。"

也有观点认为，农民专业合作社理事长、理事、管理人员未经成员大会同意以本社资产提供担保，该担保行为无效。例如，在陕西长虹农业专业合作社与宝鸡东来食品有限公司、岐山县秦成小额贷款有限责任公司借款合同纠纷案[2]中，法院认为，"上诉人原理事长授权原理事会员工张某某办理担保，未经成员大会同意、合作社追认，其无权代表公司签订担保合同，且被上诉人岐山秦成小贷公司属于专业商事公司，应当熟悉上诉人作为专业合作社，理事长未经成员大会同意或理事会授权对外担保无效，岐山秦成小贷公司并未审查上诉人原理事长授权原理事会员工张某某办理担保是否经过成员大会的同意或理事会授权，应承担未尽审查义务的不利后果，其不构成善意。上诉人原理事长也不属表见代表，双方所签保证合同应属无效合同。对此双方均有过错，上诉人应当承担被上诉人宝鸡东来公司不能清偿部分的二分之一责任"。

---

[1] 泰州市中级人民法院（2019）苏12民申53号。
[2] 宝鸡市中级人民法院（2019）陕03民终1146号。

5.1.5 宏观—交易结构设计

抵押、质押合同的主要目的是担保主合同债权，但在某些特殊场合，抵押、质押可能会用于其他目的，此时抵押、质押往往是整个交易结构中的辅助一环。比较常见的，是用抵押、质押来实现对标的物的控制，例如：

1. 资产代持中。

股权代持、房产代持中，委托方会担心代持方擅自处分财产，于是在代持股权、代持房产上设立一个质押或抵押，这样就对代持方擅自处分财产形成了限制。

房产代持常常是因为委托方无购房资格，但是作为抵押权人是不需要购房资格的。

《民法典》物权编第 406 条规定“抵押期间抵押财产仍可以转让”，但是受让人不见得愿意受让存在抵押的财产，而且双方还可以约定禁止转让并且将该约定进行登记。在禁止转让约定进行登记的情况下，不经过抵押权人同意，抵押财产就没办法变更过户。

对权利质押后的转让，则法律仍规定需要质权人同意。因此当事人可以通过相应的质押合同实现控制出质权利转让的目的。

2. 公司的 VIE（Variable Interest Entity）架构中。

公司的 VIE 架构中，境内经营主体股东的股权被质押给了外商独资企业，使得其股权不能被随便转让或被第三方强制执行。

相关课程：《合同起草审查指南：三观四步法》“交易结构设计（二）：所有权还是使用权 / 控制权”

注意这种股权质押的最主要目的其实不是担保主债权，就是限制目标公司的股权变动。

3. 融资租赁中。

融资租赁中会出现“A 公司将自己的设备放在 B 公司，由 B 公司管理使用并支付租金”的情况。在没有动产所有权登记的情况下，不得不采取“B 公司将设备抵押给 A 公司”的做法。注意此时这个设备其实是 A 公司的，出现了“把自己的东西抵押给自己”的怪现象。这其实是一种变相的动产登记，也限制了 B 公司对设备的的擅自处分。[1]

5.1.6 中观—合同形式

一、抵押、质押合同必须采取书面形式

根据《民法典》物权编第 400 条及第 427 条的规定，设立抵押权 / 质权，应采取书面形式订立抵押 / 质押合同。也即抵押 / 质押合同一般应以书面形式订立。实务中设立抵押权 / 质权登记时，出于保障交易安全的角度，大多数登记机关也会要求提交书面的抵押 / 质押合同。未以书面形式订立的抵押 / 质押合同，实务中存在认定为未形成抵押 / 质押合意，即担保合同未成立的风险。[2]

二、单独的抵押、质押合同或主合同中的担保条款

实务中，抵押 / 质押合同可以是独立的书面合同，也可以是主合同中的抵押 / 质押条款。

在主合同中约定担保事宜时，必须把担保人（非债务人时）明确列为合同主体。此种情况下，如果主合同双方签署了，担保人未签署，则该合同是否生效则存在一定争议。这是在主合同中约定担保条款的不利之处。

因此在担保人不是债务人时，使用单独的抵押质押合同更合适。

三、抵押、质押合同的附件

实务中，抵押、质押合同常常会使用如下附件或配套文件：

1. 登记手续中需要提交的文件。

不同抵押 / 质押标的下，需要提交的文件可参见前文“抵押权 / 质权登记机关、效力与登记所需文件一览”。

像北京等地房产抵押登记机关推行专门的抵押合同范本，则双方可尽量使用这种范本签约。如有必要，还可以在这个登记用的抵押合同之外另作补充约定。实际上，对于一般的抵押，使用范本就足以满足需求了。

相关模板：14953 主债权及房屋抵押合同（房屋登记专用）（北京市 2015 版）

---

[1] 《国务院关于实施动产和权利担保统一登记的决定》实施后，已经有了统一的动产和权利担保登记包括融资租赁登记，已经不再需要采取这一做法，但从交易结构设计的角度，这一做法仍有启发意义。

[2] 恒丰银行股份有限公司重庆分行、重庆亨盾实业有限公司金融借款合同纠纷案，最高人民法院（2019）最高法民终 58 号。

2. 涉及股东（大）会、董事会批准时的批准文件。

可将这些文件作为合同附件，并由担保人一方承诺属实。

3. 共有人同意担保的书面文件。

如果共有人不作为合同主体共同签署，就要以专门的书面文件明确表示同意抵押、质押。

如前所述，较大额的财产抵押、质押且担保人为单身的，应考虑由其出具“未婚证明”作为合同附件，由其确实属实。

4. 担保财产的详细清单。

如果担保财产数量较多，则应在合同中列明担保财产主要信息，并通过附件形式列明担保财产的详细目录。这样合同体例更为合理。

5. 动产质押时，如果采取的是第三方监管，则还需要配套“监管协议”。

此时采取的是“指示交付”。

相关模板：1074 仓储监管协议（适用于动产质押 / 动态质押授信）

5.1.7 微观—合同条款

一、抵押、质押合同的“模式化”与必备条款

根据《民法典》物权编第 400 条及第 427 条的规定，设立抵押权 / 质权，应采取书面形式订立抵押 / 质押合同，其中抵押合同一般应包括四类条款：（一）被担保债权的种类和数额；（二）债务人履行债务的期限；（三）抵押财产的名称、数量等情况；（四）担保的范围。质押合同一般包括五类条款：（一）被担保债权的种类和数额；（二）债务人履行债务的期限；（三）质押财产的名称、数量等情况；（四）担保的范围；（五）质押财产交付的时间、方式。

从合同起草审查实务角度，抵押、质押合同的条款应注意：

1. 抵押、质押合同的条款是比较“模式化”的。

“模式化”的意思是，抵押、质押合同的条款并不多，而且完全可以有用限的几种模式来表述。从法律效果和实际便利性出发，只要使用通用性的、不太复杂的模板与条款就够了。很多复杂的抵押、质押条款既没有什么实际作用，还容易产生争议。

2. 抵押、质押合同的必备条款。

虽然上述法条列了四类或五类条款，但抵押、质押合同其实只有下列两项是

必备条款（合同首尾部除外）：

（1）担保的主合同，也就是被担保债权，并不一定要写明被担保债权的金额；

（2）抵押或质押财产。

如果这两项都没有说明，则法院完全可能认定抵押、质押合同未成立，抵押权人、质权人无法行使担保物权也无法追究对方违约责任。例如，在原告南京德银信投资担保有限公司与被告南京鼎立莱玛石材有限公司、丁立追偿权纠纷案[1]中，法院认为："质权合同一般包括下列条款：……质押财产的名称、数量、质量、状况……本案中，原告虽与被告鼎立公司签订了《反担保质押合同》，但双方在合同中并未约定被质押机器设备和石材的名称和数量等，由于该合同缺乏必要条款，因此上述质押合同未生效。"

《民法典担保制度司法解释》第53条规定，"当事人在动产和权利担保合同中对担保财产进行概括描述，该描述能够合理识别担保财产的，人民法院应当认定担保成立。"但从合同起草审查的角度，就不应该采取"概括描述"，而应该准确、具体说明用于担保的财产信息。

债务人履行债务的期限直接由主合同约定即可，抵押、质押合同中常常不作约定。

担保的范围在没有约定的情况下，根据《民法典》物权编第389条应包括主债权及其利息、违约金、损害赔偿金、保管担保财产和实现担保物权的费用。如果双方本意就是如此，则担保范围不作约定也可以。

二、常见存在无效风险条款

1. 担保合同独立性条款。

（1）相关法律规定。

根据《民法典》物权编第388条、《民法典担保制度司法解释》第2条等规定，主合同无效的，抵押质押合同肯定无效，类似"本合同效力独立于主合同"或"本合同不因其所担保的主合同无效而无效"等担保合同独立性条款也无效，但该条款的无效不影响抵押/质押合同本身的效力。

但是，担保合同无效时，担保人仍需要根据过错承担一定民事责任。《民法典担保制度司法解释》规定：

第17条第2款　主合同无效导致第三人提供的担保合同无效，担保人无过

[1] 江苏省南京市玄武区人民法院（2016）苏0102民初264号。

错的，不承担赔偿责任；担保人有过错的，其承担的赔偿责任不应超过债务人不能清偿部分的三分之一。

第19条 担保合同无效，承担了赔偿责任的担保人按照反担保合同的约定，在其承担赔偿责任的范围内请求反担保人承担担保责任的，人民法院应予支持。

反担保合同无效的，依照本解释第十七条的有关规定处理。当事人仅以担保合同无效为由主张反担保合同无效的，人民法院不予支持。

（2）如果合同中存在担保合同独立性的条款，可删去，或者保留但提示此条款的无效风险。

与此同时，如果认为主合同确实有无效风险，应该设法对主合同进行调整，并考虑对担保人设定一定声明保证义务，从而使担保人对主合同的无效也承担一定责任。

2. 存续期间条款。

根据《民法典》物权编第419条的规定，抵押权人应当在主债权诉讼时效期间行使抵押权；未行使的，人民法院不予保护。根据《民法典》物权编第436条的相关规定，只有当质权所担保的债权到期之后，质权才相应的到期，此时质权人才能行使质权。[1]

根据上述法律规定，抵押权 / 质权的行使的起始点受到其所担保的主合同债权的限制。现行法律未明确允许或者禁止质押 / 抵押合同当事双方约定质权 / 抵押权的存续期间。理论上，该问题存在争议。实务中，质押 / 抵押合同中约定的质权 / 抵押权存续期间条款一般被认定为无效，但该条款的无效不影响质押 / 抵押合同其他条款的有效。

因此：

（1）从抵押权人 / 质权人的角度，可删去此条款，或者至少要将存续期约定不短于主合同债权期限届至后3年。约定一个短于主合同债权诉讼时效的存续期间条款是不利的。

无论如何，应提示当事人，应在主合同债权诉讼时效内行使担保物权。

（2）从出质人 / 抵押人的角度，如果约定一个短于主合同债权诉讼时效的存续期间，要知道该约定未必有效。

[1] 参见程啸：《担保物权研究》，中国人民大学出版社2017年版，第23页。

3. 流质流押条款。

《民法典》物权编第401条规定，抵押权人在债务履行期限届满前，与抵押人约定债务人不履行到期债务时抵押财产归债权人所有的，只能依法就抵押财产优先受偿（原《物权法》第186条，但《民法典》物权编修改了原“不得与抵押人约定债务人不履行到期债务时抵押财产归债权人所有”的表述）。

《民法典》物权编第428条规定，质权人在债务履行期限届满前，与出质人约定债务人不履行到期债务时质押财产归债权人所有的，只能依法就质押财产优先受偿。（原《物权法》第211条，但《民法典》物权编修改了原“不得与出质人约定债务人不履行到期债务时质押财产归债权人所有”的表述）。

根据上述法律规定，抵押权人（或质权人）与抵押人（出质人）约定在债务履行期限届满前，债务人不履行到期债务时抵押财产（质押财产）归债权人所有，该约定构成法律所禁止的流押（流质），系无效条款。但该无效的条款不影响合同其他条款的有效。

因此，合同中的流质流押条款可删除，或保留但应提示当事人并无法律效力。

4. 约定违约责任大于主合同债务的条款。

根据《九民纪要》第四部分第55条关于担保责任范围的规定，担保人承担的担保责任范围不应当大于主债务，这是担保从属性的必然要求。当事人约定的担保责任的范围大于主债务的，如针对担保责任约定专门的违约责任、担保责任的数额高于主债务、担保责任约定的利息高于主债务利息、担保责任的履行期先于主债务履行期届满等等，均应当认定大于主债务部分的约定无效，从而使担保责任缩减至主债务的范围。

因此，上面这种条款可以删除，或虽保留但提示当事人并无法律效力。

如果确实要求担保人承担更多责任，则需要调整交易结构、合同类型，使担保人在非担保合同中作为合同主体承担责任。

三、担保范围条款

根据《民法典》物权编第389条的规定：“担保物权的担保范围包括主债权及其利息、违约金、损害赔偿金、保管担保财产和实现担保物权的费用。当事人另有约定的，按照其约定。”

基于此，关于担保范围条款，我们建议：

1. 从质权人/抵押权人的角度出发，将担保范围约定为主合同全部债权范围，即使用“包括但不限于”等表述方式将担保范围约定为主债权、利息、违约金、损害赔偿金、保管担保财产和实现担保物权的费用；或不对担保范围进行明确约定。

2. 从出质人 / 抵押人的角度出发，将担保范围约定在主合同项下的主债权范围内，也就是用“仅限于”“不包括”等表述方式将担保范围约定为主合同项下的主债权。

另一种做法是，虽然担保范围为主合同全部债权范围，但对其约定一个上限范围，例如约定“担保人承担的担保责任总金额不超过 ×× 元”，因为利息、违约金、损害赔偿金等都可能浮动。

相关条款：5256 担保范围

四、与主合同解除、变更、转让相关的条款

总体来说，这方面的原则是：一般情况下无须约定；如有特别约定，则债权人必须特别审核，确保符合己方利益。

1. 主合同解除。

根据《民法典》合同编第 566 条第 3 款的规定，主合同解除后，担保人对债务人应当承担的民事责任仍应当承担担保责任，但是担保合同另有约定的除外。

根据上述法律规定，在主合同解除时，对因解除产生的损害赔偿、违约责任等，担保人仍要在担保合同项下的担保范围内承担担保责任。这种做法是符合当事人的一般需求的。

如果约定“主合同解除时”不再承担担保责任，则意味着，如因“债务人违约而解除合同”，则债权人将失去担保。这不合常理。

因此，一般来说，不会就此专门约定。如果从担保人的角度，想限制担保责任，应该在担保范围条款中限制担保范围（例如，只担保主债权，不担保违约责任；或者直接限制担保责任的最高额）。

2. 主合同变更。

现行法律中，关于主合同变更后担保人是否还承担担保责任只有针对保证合同的规定，即《民法典》合同编第 695 条的规定：债权人和债务人未经保证人书面同意，协商变更主债权债务合同内容，减轻债务的，保证人仍对变更后的债务承担保证责任；加重债务的，保证人对加重的部分不承担保证责任。债权人和债务人变更主债权债务合同的履行期限，未经保证人书面同意的，保证期间不受影响。（原《担保法》第 24 条、原《担保法司法解释》第 30 条中规定了主合同变更后，保证人的责任承担）

对抵押质押下的主合同变更对担保责任的影响，法律并未有明确的规定。一般认为，当出质人/抵押人为债务人本身时，合同双方就变更主合同达成一致，且债务人（出质人/抵押人）并未有相反的明确意思表示其不再提供质押/抵押担保，则可视为其同意以其质物/抵押物为变更后的主合同继续提供担保。

当出质/抵押人为第三人之时，结合司法实践中的认定倾向，当债权人与债务人协商变更主合同，实际上形成了新债或者实际上损害了出质人/抵押人的利益时，则出质人/抵押人不再对变更后的主合同承担任何担保责任，但出质人/抵押人知晓该合同变更并且同意的除外。即针对主合同变更后，出质人/抵押人是否还应承担担保责任，仍以当事人的意思自治为先。

在实务中，可以考虑的做法是：

（1）对此问题，不作特别约定。大多数情况下可这样处理。

（2）专门约定某些变更情形，担保人仍需承担担保责任。例如，债务延期、续展。这对债权人更有利。

担保人不太可能接受“主合同可随意变更不影响担保责任”的做法。

（3）专门约定某些变更时，担保人不再承担担保责任。这对担保人更有利。

3. 主合同债权转让。

《民法典》物权编第407条规定：抵押权不得与债权分离而单独转让或者作为其他债权的担保。债权转让的，担保该债权的抵押权一并转让，但是法律另有规定或者当事人另有约定的除外。

《民法典》合同编第547条规定：债权人转让债权的，受让人取得与债权有关的从权利，但是该从权利专属于债权人自身的除外。受让人取得从权利不因该从权利未办理转移登记手续或者未转移占有而受到影响。

·般来说，担保合同不作专门约定，直接依据上述规定处理即可。实务中似无理由约定“债权转让时不再承担担保责任”，这对债权人很不利，也许担保人与债权人有特殊关系时会要求这样约定。如果要这样约定，则债权人必须慎重考虑是否符合己方需要。

五、担保合同的管辖条款

《民法典担保制度司法解释》第21条规定：“主合同或者担保合同约定了仲裁条款的，人民法院对约定仲裁条款的合同当事人之间的纠纷无管辖权。债权人一并起诉债务人和担保人的，应当根据主合同确定管辖法院。债权人依法可以单独起诉担保人且仅起诉担保人的，应当根据担保合同确定管辖法院。”

实务中存在主合同和担保合同的约定管辖不一致的情形，见表 5–3。

表 5–3 主合同和担保合同约定管辖不一致的情形

情形	发生争议如何处理	相关案例
主合同约定仲裁 担保合同约定诉讼	同时发生争议时分开处理：主合同仲裁，担保合同诉讼	（2019）粤 01 民辖终 2325 号； （2018）苏民再 455 号； （2017）最高法民辖终 327 号
主合同约定诉讼 担保合同约定仲裁	同时发生争议时分开处理：主合同诉讼，担保合同仲裁	（2016）最高法民辖终 122 号
主合同约定仲裁；担保合同没有约定管辖	同时发生争议时，除非当事人就担保合同部分达成与主合同一致的仲裁协议，否则主合同的仲裁条款效力不能及于担保合同	最高人民法院关于成都优邦文具有限公司、王国建申请撤销深圳仲裁委员会（2011）深仲裁字第 601 号仲裁裁决一案的请示的复函［2013 年 3 月 20 日（2013）民四他字第 9 号］； （2017）最高法民辖终 47 号； 最高人民法院（2015）民二终字第 125 号
主合同和担保合同均约定诉讼，但管辖法院不一致	同时发生争议时按照主合同确定管辖	（2019）最高法民辖终 526 号

基于此，我们建议，出于诉讼便利的角度，为避免实现担保物权时增加诉累，应将担保合同的管辖与主合同管辖约定一致。

相关条款：5257 管辖（跟随主合同） 5264 管辖（二选一）

注意有判例认为，从合同中仅仅提到“本合同未约定内容以主合同为准”，此时不能直接适用主合同中的仲裁条款。[1] 因此，如果想和主合同一样约定仲裁，要使用上面这种更为明确的表述。

六、最高额抵押 / 质押中的主合同债权条款

根据《民法典》物权编第 420 条及第 439 条的规定，当事人可以协商设立最高额抵押权 / 质权，为一定期间内将要连续发生的债权提供担保。最高额抵押 / 质押是指为担保债务的履行，债务人或者第三人对一定期间内将要连续发生的债权提供担保，债务人不履行到期债务或者发生当事人约定的实现抵押权 / 质权的情形，抵押权人 / 质权人有权在最高债权额限度内就该担保财产优先受偿。

［1］广州市御品轩贸易有限公司与德盛米业有限公司（TEK SENG RICE MILL CO.LTD）国际货物买卖合同纠纷管辖权异议上诉案，广东省高级人民法院（2010）粤高法立民终字第 232 号。

与一般的抵押 / 质押合同相比，最高额抵押 / 质押合同中被担保的主合同债权条款有其特殊性。由于最高额抵押 / 质押合同是为一定期间内连续发生的债权提供担保，故其所担保的主债权并非与普通的抵押 / 质押合同一样是某个特定的债权，最高额抵押 / 质押合同中被担保的主合同债权条款应包含债权确定期间及担保的债权最高限额两个要素。同时，根据《民法典》物权编第 420 条及第 439 条的规定，最高额抵押权 / 质押设立前已经存在的债权，经当事人同意，可以转入最高额抵押担保的债权范围。也即若双方当事人若有意将在订立最高额抵押 / 质押合同前发生的债权纳入担保范围，则应在合同中予以明确。

相关条款：5258 担保的债权（最高额抵押）

七、动产浮动抵押合同中的抵押标的与抵押财产确定条款

根据《民法典》物权编第 396 条的规定，企业、个体工商户、农业生产经营者可以将现有的以及将有的生产设备、原材料、半成品、产品抵押，债务人不履行到期债务或者发生当事人约定的实现抵押权的情形，债权人有权就抵押财产确定时的动产优先受偿。

根据上述法律规定，动产浮动抵押在两个方面不同于一般抵押：

1. 合同主体。

如前所述，法律并未限制一般的抵押合同主体，也即一般抵押合同的抵押人可以是自然人，也可是法人、非法人组织。但根据《民法典》物权编第 396 条，动产浮动抵押的抵押人只能是企业、个体工商户和农业生产经营者。

2. 合同标的。

首先，动产浮动抵押的抵押物只能为动产，而且只能是现有或者将有的生产设备、原材料、半成品、产品。

其次，动产浮动抵押的抵押物在订立抵押合同时处于一种不确定的状态。只有债务人不履行到期债务或者发生当事人约定的情形时，抵押财产确定，当事人有权就确定的抵押财产优先受偿。

因此，动产浮动抵押中抵押物、抵押财产确定 / 抵押权实现条款是比较特殊的，其他方面则跟一般抵押合同类似。

相关条款：5259 抵押物　5260 抵押财产确定

5.2 保证合同

《民法典》合同编第681条规定，保证合同是为保障债权的实现，保证人和债权人约定，当债务人不履行到期债务或者发生当事人约定的情形时，保证人履行债务或者承担责任的合同。保证合同或者保证这种担保方式在实务中使用非常常见，比抵押、质押都更为普遍。

实务中保证合同主要是从债权人角度进行审查，因此在本小节中，如无特别说明，有关起草审查意见均是从债权人角度提出的。

5.2.1 宏观—合同类型

保证合同是《民法典》合同编第13章规定的有名合同，该章相应规定不少。同时担保制度相关司法解释有一些与保证合同相关。因此，保证合同是一类存在诸多法律规范的重点有名合同，必须结合"相关法律规范+当事人意愿"两者来起草审查。

一、保证与安慰函类文件

保证是一种典型的担保措施。在实务中还存在一些第三方对债权人作出某种承诺、安慰但又不是典型保证的情形，因此引发不少纠纷。在融资借款、工程项目中常常出现，有时由政府机关出具这种文件。

例如，下列案例[1]：

中冶公司（借款人的关联公司）就锌业公司（借款人）向汇丰银行（出借人）借款事宜出具了《安慰函》，载明：

"我方确认已知晓贵行向锌业公司授予金额为1亿元整流动资金贷款授信额度，并批准此银行授信的各项条件和条款，我方同时确认只要在此授信项下有任何未偿还款项：我方将继续保持通过借款人的集团公司中冶葫芦岛有色金属集团

[1] 北京市第三中级人民法院（2016）京03民终2585号。

有限公司对借款人的控股权和实际控制力，并承诺在作出决定处分对全部或部分持股时将立即通知贵行，只要该额度仍在使用，我方将继续维持借款人的存在和运营，以使其能够履行该额度下所负的义务，我方在任何时刻都不会采取任何行为致使借款人无法继续经营或使其能够履行该额度下所负的义务，并承诺在出现任何可能影响到借款人持续经营的情况时立即通知贵行，我方将向贵行提供年度经审计合并财务报表，并促使借款人向贵行提供年度经审计财务报表以及贵行可能合理要求的其他财务信息，我方与贵行均确认，本安慰函并非一种担保（中国国内及国外），但我公司将在权限范围内依照法定程序催促借款人切实履行其与银行之间的信贷责任。”

类似表述的“安慰函”在国际融资中经常被使用。

之后，汇丰银行起诉中冶公司要求中冶公司承担未履行《安慰函》项下义务的违约责任，包括本金近4000万元及利息等。后法院驳回了全部请求，认为：中冶公司在《安慰函》中已明确中冶公司对锌业公司的债务并无担保责任，中冶公司也未在《安慰函》中明确约定或承诺违反相关承诺后应向汇丰银行承担的具体违约责任，故汇丰银行依据《安慰函》要求中冶公司承担因违约而产生的损失赔偿责任，依据不足，一审法院驳回汇丰银行的诉讼请求，并无不当，本院予以确认。

安慰函的争议在法理上其实并不复杂，无非是探究发函人的意思表示究竟是什么，但在具体案件中，要根据含混不清的表述作出认定是很难把握的。例如，某市政府出具给某香港商业银行的安慰函中提道：“本政府愿意督促该驻港公司切实履行还款责任，按时归还贵行贷款本息。如公司出现逾期或拖欠贵行贷款本息情况，本政府将负责解决，不使贵行在经济上蒙受损失。”这种表述是否具有保证性质，难以把握（政府机关担任保证人的效力问题另外讨论）。

从合同起草与审查的角度，应该避免这种性质不清、责任不清的文件。从债权人的角度，尽量明确保证合同，或者明确具体权利义务，以合同或明示签署生效的方式签署。从函件出具人的角度，如果并不愿意承担法律责任，则需要明确不构成保证、不具备法律效力（在上述案例中，安慰函中明示了“并非一种担保”）。在不得已的情况下，如果必须出具这种不清不楚的文件，除尽量在内容、措辞上调整为性质模糊的表述外，还应向当事人提示风险。

相关模板：16952 安慰函

二、保证与增信措施

《民法典担保制度司法解释》第36条规定：

第三人向债权人提供差额补足、流动性支持等类似承诺文件作为增信措施，具有提供担保的意思表示，债权人请求第三人承担保证责任的，人民法院应当依照保证的有关规定处理。

第三人向债权人提供的承诺文件，具有加入债务或者与债务人共同承担债务等意思表示的，人民法院应当认定为民法典第五百五十二条规定的债务加入。

前两款中第三人提供的承诺文件难以确定是保证还是债务加入的，人民法院应当将其认定为保证。

第三人向债权人提供的承诺文件不符合前三款规定的情形，债权人请求第三人承担保证责任或者连带责任的，人民法院不予支持，但是不影响其依据承诺文件请求第三人履行约定的义务或者承担相应的民事责任。

总体来讲，这类增信措施只要约定明确，应该是有效的。从合同起草审查的角度，主要是确保责任义务明确，符合当事人的需求。

在实务中，当事人为了规避“公司对外保证需经股东会、董事会批准”的程序，采取非保证的增信类措施。此时也应注意风险，如果这种措施接近担保，则仍有可能认定“实为担保，仍要经股东会、董事会批准”。

三、人事保证

人事保证一般是指为员工向用人单位提供担保，如员工损害用人单位利益则保证人应承担责任。《劳动合同法》第 9 条规定：用人单位招用劳动者，不得扣押劳动者的居民身份证和其他证件，不得要求劳动者提供担保或者以其他名义向劳动者收取财物。

司法实务中一般认为，人事保证不属于《担保法》规定的保证，且违反法律，因此认定无效。

但是这不等于人事保证合同全无作用。在重庆第一中级人民法院（2010）渝一中法民终字第 471 号樊某与陈某保证合同纠纷上诉案中，所谓“人事保证合同”被法院认定为无效，但法院仍要求保证人承担一定比例的赔偿责任，因为保证人对合同无效也有责任。这其实相当于部分达到了保证的目的。

在实务中，这种人事保证仍被有些用人单位采用。除上面这种作用外，还会有一种心理作用或道义上的约束。

相关模板：16886 人事保证担保书

四、独立保函

《民法典担保制度司法解释》第 2 条明确规定“有关担保独立性的约定无效”，

同时规定，金融机构开立的独立保函适用《最高人民法院关于审理独立保函纠纷案件若干问题的规定》(以下简称《独立保函司法解释》)。

《独立保函司法解释》第1条规定：本规定所称的独立保函，是指银行或非银行金融机构作为开立人，以书面形式向受益人出具的，同意在受益人请求付款并提交符合保函要求的单据时，向其支付特定款项或在保函最高金额内付款的承诺。

独立保函的特点是主合同无效不影响独立保函的效力。

独立保函只能适用于银行、非银行金融机构，一般企业是不能开具的。即使名称、内容都与银行开具的独立保函一致，其实仍然是保证合同，其中独立生效的条款无效，但保证仍然成立。

5.2.2 宏观—合同主体

一、不能作为保证人的主体

1.《民法典》合同编第683条规定：机关法人不得为保证人，但是经国务院批准为使用外国政府或者国际经济组织贷款进行转贷的除外。以公益为目的的非营利法人、非法人组织不得为保证人。

这类主体担任保证人时保证合同无效。[1] 此时并不意味着保证人无须承担任何责任，根据《民法典》合同编第682条规定，“保证合同被确认无效后，债务人、保证人、债权人有过错的，应当根据其过错各自承担相应的民事责任”。但此时，债权人最多向保证人索赔部分损失，已经难以达到保证的目的。

结合《民法典担保制度司法解释》第17条的规定，“主合同有效而第三人提供的担保合同无效，人民法院应当区分不同情形确定担保人的赔偿责任：(一)债权人与担保人均有过错的，担保人承担的赔偿责任不应超过债务人不能清偿部分的二分之一；(二)担保人有过错而债权人无过错的，担保人对债务人不能清偿的部分承担赔偿责任；(三)债权人有过错而担保人无过错的，担保人不承担赔偿责任”。

除此之外，作为保证人的主体是很宽泛的，个人、企业、非法人单位(合伙企业等)都可以作为保证人。虽然对于融资性担保公司，法律有从业资格要求，

[1] 吉林省高级人民法院(2019)吉民终392号。

但这也并不影响保证合同的效力。[1]

2. 未成年人作为保证人应属无效，即使有法定代理人签署。

在黄韵妃与华夏银行股份有限公司深圳天安支行、昶皓照明股份有限公司、上赫股份有限公司、黄恒燊，温小乔借款担保合同纠纷二审民事判决书[2]中，法院认为："现有证据显示，黄韵妃年纪尚幼，不具备劳动能力，尚不具备我国法律要求的具有代为清偿债务能力的保证人主体资格，故黄韵妃向华夏银行天安分行出具的《最高额保证合同》应认定为无效……且黄韵妃本身尚处幼年根本没有劳动能力，其今后的生活学习等仍需父母照料，若判令黄韵妃对昶皓公司的债务承担连带清偿责任，则将会对黄韵妃日后的生活学习造成严重影响，不利于保护未成年人的成长，故本案应免除黄韵妃对昶皓公司的连带保证责任。"

二、夫妻一方对外保证，一般不能作为共同债务

《最高人民法院民一庭关于夫妻一方对外担保之债能否认定为夫妻共同债务的复函》(〔2015〕民一他字第 9 号)中提道："夫妻一方对外担保之债不应当适用《最高人民法院关于适用〈中华人民共和国婚姻法〉若干问题的解释（二）》第二十四条的规定认定为夫妻共同债务。"

因此从债权人的角度，如希望由夫妻双方共同承担保证责任，应由夫妻双方共同签署、共同作为保证人。

5.2.3 宏观—合同程序

公司对外担保需要股东（大）会或董事会决议；合伙企业对外保证必须经全体合伙人一致同意。因此债权人需要适当审核、完善相关手续，否则保证合同可能无效。

这是与抵押、质押一致的，请参考《合同起草审查指南：常用合同卷》"抵押 / 质押合同"中"宏观—合同程序"相关知识。

[1] 最高人民法院（2014）民申字第 308 号。

[2] 广东省高级人民法院（2013）粤高法民二终字第 97 号。

5.2.4 中观—合同形式

1. 保证合同可采取多种形式。

保证合同应该采取书面形式，口头保证合同是不成立的，除非保证人已经实际履行了担保义务。具体书面形式可采取下列方式：

（1）单独的保证合同。

由保证人、债权人签署。

相关模板：9475 保证合同（详细版）

（2）保证书形式。

实务中标题可能叫保证书、保函、还款保证书、保证承诺书。关键是内容要体现出承担保证责任。

相关模板：10825 保证函 / 担保函（公司出具 / 简单通用版）

（3）主合同中含保证条款。

由主合同双方加上保证人签署。

注意，原《担保法司法解释》第22条第2款规定：主合同中虽然没有保证条款，但是，保证人在主合同上以保证人的身份签字或者盖章的，保证合同成立。请注意，《民法典》及《民法典担保制度司法解释》中并未吸收此规定，因此最好采用书面保证合同、含保证条款的主交易合同、担保书等正式形式，而不是只在主合同上以保证人身份签署。

相关模板：9801 借款还款协议（有保证人）

2. 股东会、董事会、全体合伙人、配偶、利益相关主体的决议、声明应作为附件。

前面也提到，部分保证要考虑合同程序问题，可将相关决议、文件等作为保证合同附件，并由保证人一方声明属实。

配偶、利益相关主体等可单独签署声明表示对保证合同知悉同意。

5.2.5 微观—合同条款

与抵押、质押合同一样，保证合同的条款也存在“模式化”的特点。合同中只需要规范地说明担保的主合同、保证方式、保证范围、保证期间，再说明联系方式、管辖，就足以满足一般需求了。实务中有些复杂的保证合同，其实并没有什么实际效果，还可能产生负作用。

一、保证方式

1. 保证方式分为连带责任保证和一般保证。

一般保证和连带责任保证的区别主要有两点：第一，一般保证强调债务人不能履行债务时保证人承担保证责任，即债务人客观上没有可履行债务的财产时，保证人对债务承担责任；连带责任保证强调债务人不履行到期债务，即无论客观上债务人没有可履行债务的财产还是债务人有财产不履行，保证人均要承担保证责任。第二，一般保证的保证人有先诉抗辩权，连带责任保证的保证人无先诉抗辩权。也即一般保证的保证人在主合同纠纷未经审判或者仲裁，并就债务人财产依法强制执行仍不能履行债务前，有权拒绝向债权人承担保证责任。

显然，连带保证责任对债权人有利得多。

2. 保证方式未约定或约定不明时，按一般保证处理。

《民法典》合同编第 686 条规定：当事人在保证合同中对保证方式没有约定或者约定不明确的，按照一般保证承担保证责任。而原《担保法》第 19 条规定：当事人对保证方式没有约定或者约定不明确的，按照连带责任保证承担保证责任。

注意这是一个重大变化。这意味着，如果想要对方承担连带保证责任，则必须注明“连带保证”字样。

3. 实务中一些不规范表述的理解。

《民法典担保制度司法解释》第 25 条规定：“当事人在保证合同中约定了保证人在债务人不能履行债务或者无力偿还债务时才承担保证责任等类似内容，具有债务人应当先承担责任的意思表示的，人民法院应当将其认定为一般保证。

当事人在保证合同中约定了保证人在债务人不履行债务或者未偿还债务时即承担保证责任、无条件承担保证责任等类似内容，不具有债务人应当先承担责任的意思表示的，人民法院应当将其认定为连带责任保证。”

也就是说，如果合同中有下列表述，而且又没有更明确的一般保证或连带责任保证的意思时，应按下列理解：

“债务人不能履行债务时承担保证责任”——这是一般保证；

“债务人不履行债务时承担保证责任”“债务人未偿还债务时承担保证责任”“本人无条件承担保证责任”——这是连带责任保证。

特别注意“不能履行”与“不履行”之间虽一字之差，但性质不同。

当然，为避免争议，合同中最好直接明确使用“一般保证”或“连带责任保证”

的表述，而不要使用上面这种不够明确的表述。

相关条款：3687 保证方式（连带责任） 3686 保证方式（一般责任）

二、保证范围

有三种模式：

1. 仅对主债权进行保证。

2. 对全部债权进行保证。

3. “保证范围 + 限定保证责任上限”。

这种情形比较少见，但从债务人的角度，可以采取。注意这种模式并非《民法典》合同编第 690 条规定的“最高额保证”。

三、保证期间条款

1. 保证期间与主债务诉讼时效、保证债务诉讼时效的认识。

图 5–1、图 5–2、图 5–3、图 5–4 可以说明这几者的关系。

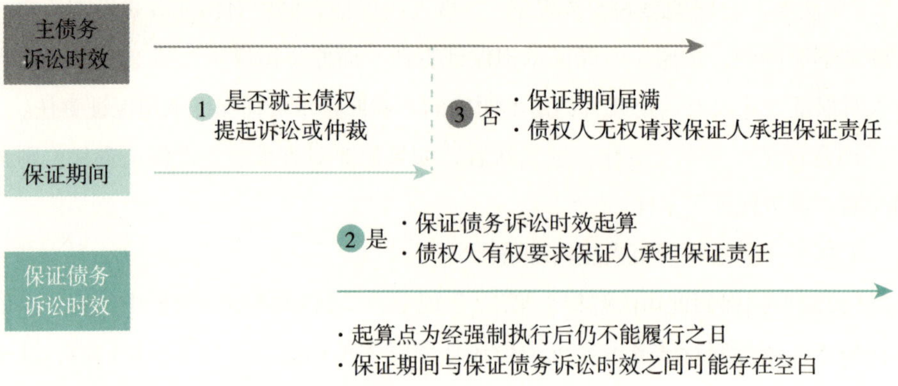

图 5–1 保证期间为法定 6 个月的一般保证

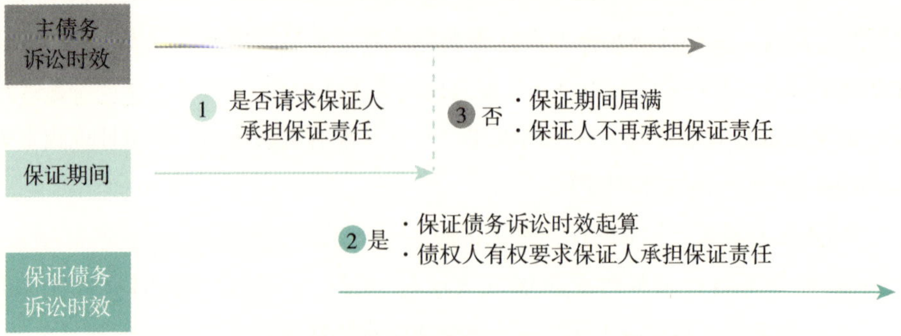

图 5–2 保证期间为法定 6 个月的连带保证

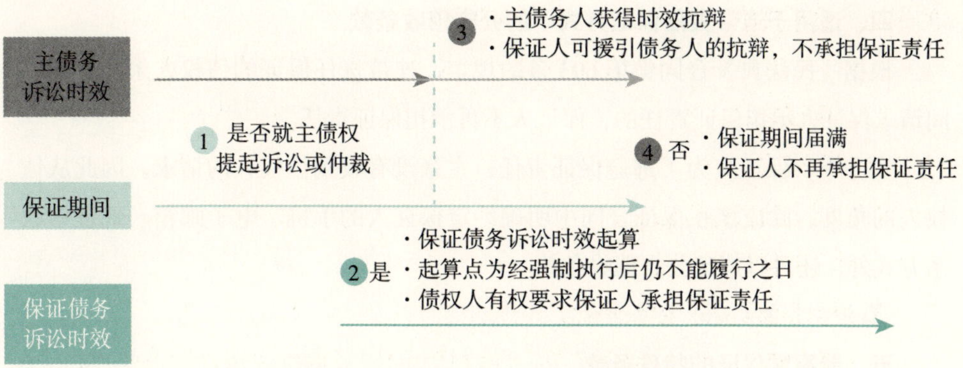

图 5-3　保证期间为 5 年的一般保证

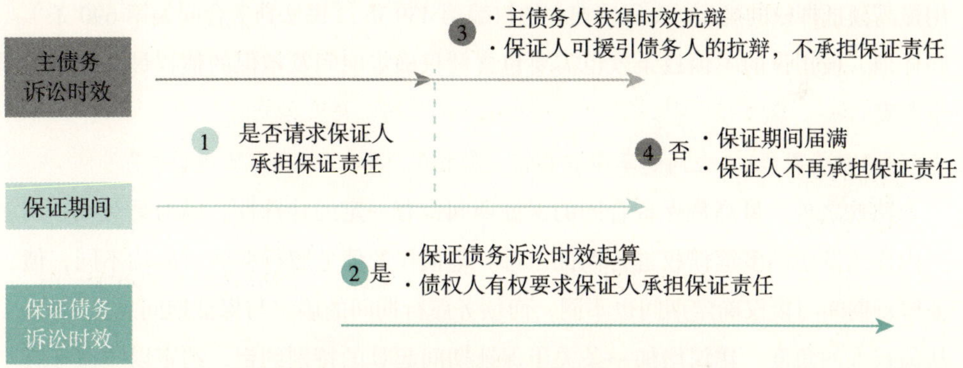

图 5-4　保证期间为 5 年的连带保证

说明：保证期间与主债务诉讼时效都是从主债务履行期限届满之日起算。

2. 保证期间条款的起草审查。

（1）使用比较规范的、模式化的表述。

相关条款：5261 保证期间

实务中存在保证期间表述不明、约定的保证期间早于主债务履行期限等，这都对债权人不利（会按 6 个月的法定保证期间计算）。实际上使用上述相对规范的、模式化的表述即可。

（2）保证期间长短的选择。

从债权人的角度，应该约定保证期间（否则法定保证期间为 6 个月），而且保证期间不应该短于 3 年（与一般诉讼时效一致），也可能约定 5 年或更长。

从债权人的角度，保证期间约定得越长越有利。只是说律师需要适当提示当事人，虽然保证期间比诉讼时效长，但仍必须保证主张权利不要超过诉讼时效，否则保证人仍可以主张超过诉讼时效而不承担保证责任。

四、适用于连带责任保证方式下的公告催收条款

根据《民法典》合同编第693条的规定，连带责任保证的债权人未在保证期间请求保证人承担保证责任的，保证人不再承担保证责任。

实务中，保证人为了逃避保证责任，主张没有收到债权人的请求。因此从债权人的角度，除应该在保证合同中明确约定保证人的手机、电子邮箱、地址等联系方式外，还可以约定公告催收条款。

相关条款：5262 公告催收

五、最高额保证的特殊条款

最高额保证、抵押、质押在"最高额"这一方面其实是一致的，依法也都适用最高额抵押权的规定（《民法典》物权编第439条、《民法典》合同编第690条）。同样地，被担保的主债权条款也需要包含债权确定期间及担保的债权最高限额两个要素。

相关课程：《合同起草审查指南：常用合同卷》"抵押 / 质押合同"

除此之外，最高额保证合同的保证期间也有一定的特殊性。因为是对某一期间内连续发生的多笔债权进行保证，每一笔债权的债务履行期间可能均不同，债务履行期间与债权确定期间也不同，而债务履行期间的确定与保证期间息息相关。从债权人的角度，建议增加一条关于保证期间起算的特别约定，约定以"债务履行期限届满日和被担保债权确定日（一般即为债权确定期间届满日）中最晚的那个日期作为保证期间的起算日"。

相关条款：5263 保证期间（最高额保证）

六、保证合同的签署需特别慎重

实务中大部分合同是双务合同，而保证合同是单务合同。双务合同下，一方否认合同成立的可能性小很多，因为这意味着取消交易、双方都得不到什么（一般情况下）；单务合同下，义务人却大有动力否认义务的存在。与抵押、质押相比，保证合同没有登记、交付这些手续，其效力完全取决于签署的真实性。

另外，保证是否成立，直接影响大额的资金、损失是否能追回，对债权人关系重大。

这就意味着，保证合同的签字盖章环节的审核要比所有合同都重要、严肃得多，同时也容易出问题。实务中屡屡出现这种情形：

1.A公司做保证人，安排在A公司二楼签约，结果盖的并非A公司章，A公司不认可保证；

2. 甲乙做保证人，当面看过身份证当面签字，结果实际上甲签乙的名字、乙签甲的名字，后甲乙主张未签署。

因此在实务中，律师应适当提示、适当审核保证合同的签署手续，一般要“盖章 + 签字”，而且一般需要当面签署，有的金融机构还会对签约过程录像。

06

第六单元

其他常用合同

6.1 民间借款合同

借款合同可以分为如下几个层次：

1.《民法典》合同编规定的借款合同：各类主体的借款、贷款关系，包括金融机构发放贷款的合同。

2. 广义民间借款：不包括金融机构发放贷款的合同，但包括一些经政府金融主管部门批准设立的小额贷款公司、担保公司、融资租赁公司以及新型的一些利用网络平台进行借贷的人人贷公司、P2P 以及带有互助性质的合会、轮会、摇会、标会、私人钱庄、基金会等各类民间组织（以下称为民间准金融机构）提供借款的合同。[1] 这类借款合同也适用《最高人民法院关于审理民间借贷案件适用法律若干问题的规定》(以下简称《民间借贷司法解释》)。

3. 狭义民间借款：排除上述民间准金融机构发放借款的合同，仅针对一般企业、自然人为生产经营、生活的临时需要发生的借贷。这类借款合同适用《民间借贷司法解释》。(见图 6–1)

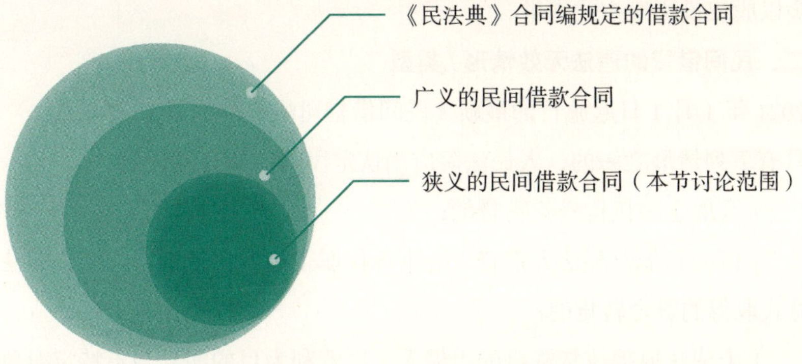

图 6–1　借款合同

本节是针对一般常用合同的起草审查，因此这里讨论的民间借款合同对应的是“狭义民间借款”。金融机构、准金融机构的借款合同文本往往更加复杂，需要

[1] 人民法院出版社法信编辑部：《民间借贷纠纷司法观点与办案规范》，人民法院出版社 2017 年版，第 3 页。

考虑的问题更多。

（以下提到的“民间借款”，都是指上述“狭义民间借款”）

因为借款合同主要是从出借方立场出发起草审查，因此，如果没有特别说明，以下都是指从出借方出发的意见。

6.1.1 宏观—合同类型

一、借贷与相关合同类型

借贷是提供资金并希望取得回报，而股权投资、合伙及合作开发等模式中，部分当事人也主要是提供资金并希望取得回报。因此这几种合同之间并没有确定的界限，律师有一定选择空间。主要要点是：

1. 如果一方仅提供资金，不承担其他义务，收到固定回报或保底回报，也就是不承担经营风险，则这种情形很有可能被认定为“实为借贷”。

2. 如果被认定“实为借贷”，那么除借贷利率超过法定上限的不能得到支持外，还本付息的基本约定仍然是有效的。

因此这种情形下，实际上得不到保障的是超过上限的利息。也就是说，“名为 ××，实为借贷”风险并不大。

3. 实务中，也可能采取“配套型”的做法，即部分资金以借贷方式提供，部分资金以股权投资等方式提供。

二、民间借贷的违法无效情形 / 类型

2021 年 1 月 1 日起施行的最新《民间借贷司法解释》第 13 条规定：

具有下列情形之一的，人民法院应当认定民间借贷合同无效：

（一）套取金融机构贷款转贷的；

（二）以向其他营利法人借贷、向本单位职工集资，或者以向公众非法吸收存款等方式取得的资金转贷的；

（三）未依法取得放贷资格的出借人，以营利为目的向社会不特定对象提供借款的；

（四）出借人事先知道或者应当知道借款人借款用于违法犯罪活动仍然提供借款的；

（五）违反法律、行政法规强制性规定的；

（六）违背公序良俗的。

总体来说，自2015年《民间借贷司法解释》出台后，民间借贷在一般情况下是合法的，仅在特定情形下违法。除上述几种无效情形外，还要注意以下几点：

1. 一些经营性的民间借款行为。

随着最近几年对套路贷的打击、对打黑除恶等活动的开展，经营性的民间借款行为的打击力度加大。比如，《民法典》第680条也明确“禁止高利放贷，借款的利率不得违反国家有关规定”。

2. “恶意串通，损害他人合法权益”的借款合同。

例如，债务人为逃避债务，出借给他人一笔款项，并将借款期限写得很长，且无利息或利率很低。这种则属于串通他人，逃避债权人实现债权的情形。

如该操作发生于法院强制执行阶段，可能被认定为妨碍强制执行的行为，此时律师应提示当事人风险。

3. “职业放贷人”签订的民间借贷合同。

《最高人民法院关于印发〈全国法院民商事审判工作会议纪要〉的通知》（法〔2019〕254号）规定：

“53【职业放贷人】未依法取得放贷资格的以民间借贷为业的法人，以及以民间借贷为业的非法人组织或者自然人从事的民间借贷行为，应当依法认定无效。同一出借人在一定期间内多次反复从事有偿民间借贷行为的，一般可以认定为是职业放贷人。民间借贷比较活跃的地方的高级人民法院或者经其授权的中级人民法院，可以根据本地区的实际情况制定具体的认定标准。”

最近几年法院强调对“经常性放贷业务”的打击，对“职业放贷人”签订的民间借贷合同，一般认定为无效，在部分法院，甚至直接不予立案。

资 料　　“职业放贷”相关规定、文件

《最高人民法院、最高人民检察院、公安部、司法部关于办理非法放贷刑事案件若干问题的意见》第1条规定：

“违反国家规定，未经监管部门批准，或者超越经营范围，以营利为目的，经常性地向社会不特定对象发放贷款，扰乱金融市场秩序，情节严重的，依照刑法第二百二十五条第（四）项的规定，以非法经营罪定罪处罚。

前款规定中的‘经常性地向社会不特定对象发放贷款’，是指2年内向不特定多人（包括单位和个人）以借款或其他名义出借资金10次以上。

贷款到期后延长还款期限的，发放贷款次数按照 1 次计算。”

《天津法院民间借贷案件审理指南（试行）》（津高法〔2020〕22 号）规定：

“21.【职业放贷行为的审查】出借人未依法取得放贷资格，在一定期间内多次反复从事有偿民间借贷的，一般可以认定构成职业放贷行为。因职业放贷行为形成的民间借贷合同无效。

职业放贷行为具有营业性和营利性。审理民间借贷案件中，可以根据出借人在一定期间内放贷次数、同一原告或关联原告提起民间借贷案件数量、借贷合同约定格式化程度以及出借人是否公开推介、宣传或明示出借意愿、借款金额和利息等因素综合认定出借人是否具有营业性。同一原告或者关联原告在两年内向全市法院提起民间借贷案件 5 件以上，或者出借人在两年内向社会不特定人出借资金 3 次以上的，一般可以认定出借人的放贷行为具有营业性。借贷合同约定利息、服务费、咨询费、管理费、违约金等相关费用的，或者借款人已实际支付上述费用的，应认定出借人以营利为目的出借款项。

主要业务或日常业务不涉及放贷的出借人偶尔出借款项，或者出借人基于人情往来不以营利为目的出借款项，不构成职业放贷行为。

22.【职业放贷行为无效的法律后果】民间借贷合同被认定无效后，双方因合同取得的财产应当予以返还。借款人应当返还借款本金及占用资金期间的利息损失。利息损失，一般应按照全国银行间同业拆借中心公布的贷款市场报价利率计算，不能按照民间借贷合同中约定的高额利息标准计算。

出借人因从事职业放贷涉嫌刑事犯罪的，应当及时将相关线索和有关材料移送公安机关或者检察机关。”

构成职业放贷的情形的，出借人、借款人可能受到处罚，甚至构成犯罪。双方签订的这类借款合同无效，款项仍应归还出借人。此时仍有可能按全国银行间同业拆借中心公布的贷款市场报价利率计算利息损失。

律师如遇到上述情形，应该注意：

（1）对于可能导致犯罪、严重后果的，应制止当事人，或提示风险。

（2）如果不是构成犯罪或无严重后果，但有违法情形的，利息难以得到支持，本金仍应归还。

这种情形下应向当事人说明风险，由当事人决定是否仍提供借款、签署合同。

（3）如果无上述特殊状况，则民间借款合同应为合法有效，可以签署。

6.1.2 宏观—合同主体

一、公司或个人借款要明确区分

实务中存在“法定代表人是个人借款还是代表公司借款说不清楚”的情形。建议尽量明确：

1. 如果是公司借款，合同主体、签名盖章处均写明公司名称。

法定代表人如果要代表公司签字，则签字处应该列明“法定代表人、授权代表”等字样。

2. 如果是个人借款，则合同主体应列明个人姓名、身份证号。

3. 对于出借人来说，最好的方式是个人、公司同时列为合同主体，此时签名盖章处也要同时两处签署。

或者，一方作为借款人，一方作为保证人，这对出借人来说效果也是类似的。

相关课程：《合同起草审查指南：三观四步法》“合同签名盖章部分”

二、已婚者大额借款，宜由夫妻双方共同作为主体

《民法典》第 1064 条规定：夫妻双方共同签名或者夫妻一方事后追认等共同意思表示所负的债务，以及夫妻一方在婚姻关系存续期间以个人名义为家庭日常生活需要所负的债务，属于夫妻共同债务。夫妻一方在婚姻关系存续期间以个人名义超出家庭日常生活需要所负的债务，不属于夫妻共同债务；但是，债权人能够证明该债务用于夫妻共同生活、共同生产经营或者基于夫妻双方共同意思表示的除外。

可见并非夫妻一方对外的借款就一定能作为夫妻共同债务，实务中也确实存在大量“借款是否属于夫妻共同债务”的纠纷。因此如果是大额的个人借款，建议由夫妻双方共同作为主体将更有保障，可采取下列措施之一：

1. 主体部分列明夫妻双方信息，并且签名盖章处由两者一并签署。

2. 主体虽为一方，但配偶一方在尾部签名，或另外签名表示知情同意。

6.1.3 宏观—合同程序

一、公司借出资金应经股东（大）会或董事会同意

《公司法》第 148 条规定，董事、高级管理人员不得“违反公司章程的规定，未经股东会、股东大会或者董事会同意，将公司资金借贷给他人或者以公司财产为他人提供担保”。

对公司（出借方）来说，如果未经股东会或董事会决议，如造成公司损害（如无法归还借款），则董事、高管可能要为公司承担赔偿责任。但这对借款人来说，就算借款合同无效，也并没有什么特别的风险，因此借款人一般不用像担保类合同那样专门审核出借人的股东会或董事会决议文件。

二、民间借款合同及相关担保合同的公证存在障碍

对于民间借款类合同，律师原本要主动考虑公证债权文书问题，但是因为最近几年“套路贷”等事件频发，造成不良影响，司法部于2017年8月14日发布了《司法部关于公证执业“五不准”的通知》，其中规定：“……二、不准办理非金融机构融资合同公证。在有关管理办法出台之前，公证机构不得办理自然人、法人、其他组织之间及其相互之间（经人民银行、银监会、证监会、保监会，商务主管部门、地方人民政府金融管理部门批准设立的从事资金融通业务的机构及其分支机构除外）的融资合同公证及赋予强制执行效力公证。”

这意味着民间借贷、融资类合同及配套的担保合同等在通知发布后均不能办理公证债权文书，需要等进一步的规定出台。

三、部分地区要求民间借贷备案

根据2020年5月15日通过的《浙江省地方金融条例》，民间借贷合同特殊情形下需要备案，比如，借贷金额超过300万元的。如果不履行备案义务，将受到1万元到10万元不等的罚款处罚。因此若为浙江省的当事人，应注意是否有需要备案的情形。

备案不影响合同效力。《浙江省地方金融条例》第18条规定：

民间借贷活动应当遵守法律、法规和国家有关规定。

民间借贷具有下列情形之一的，借款人应当自合同签订之日起十五日内，将合同副本和借款交付凭证报送设区的市地方金融工作部门或者其委托的民间融资公共服务机构备案：

（一）单笔借款金额或者向同一出借人累计借款金额达到三百万元以上；

（二）借款本息余额达到一千万元以上；

（三）累计向三十人以上特定对象借款。

出借人有权督促借款人履行前款规定的备案义务，也可以自愿履行。

《浙江省地方金融条例》第44条规定：

违反本条例第九条第二款、第十八条第二款规定，民间融资服务企业、民间借贷的借款人不履行备案义务，或者提供虚假备案材料的，由设区的市地方金融工作部门责令限期改正，按照下列规定予以处罚：（一）对民间融资服务企业处一万元以上三万元以下罚款；

（二）民间借贷的借款人为自然人的，可以处一万元以上五万元以下罚款；为企业、其他组织的，可以处三万元以上十万元以下罚款。

6.1.4 宏观—交易结构设计

一、律师要主动为当事人考虑借款合同的担保措施

对出借人来说，借款合同的主要风险是借款人不能还款，律师需要主动为出借人考虑担保问题，仅从合同条款中约定逾期还款责任作用不大。

律师要主动考虑的担保措施包括：

1. 抵押、质押。

2. 其他单位或个人提供保证。

如果是单位借款，可考虑由法定代表人、高管个人提供保证。

3. 让与担保类措施。

如果不适用抵押、质押，双方可能采取“让与担保”式的做法。这种情况下，原本的借款合同变成了“买卖 + 回购”的做法。

相关课程：《合同起草审查指南：三观四步法》“交易结构设计（一）：担保措施”

二、实务中存在的规避利率上限的做法

这包括：

1. “砍头息”。

即预先收取利息。《民间借贷司法解释》第 26 条规定，预先在本金中扣除利息的，人民法院应当将实际出借的金额认定为本金。

为了规避风险，实务中又出现按约定的本金提供借款，但是要求借款人当场、立即将部分款项返回给出借人的做法，以此否认“砍头息”的存在。

2. 将借款关系拆成多个法律关系（借款 + 股权投资；借款 + 各类服务）。

3. 调整合同类型为融资租赁，以收取租金的方式规避利率上限。

需要说明的是，这里仅为列举而非提倡上述做法，上述做法并非完全合法，而且也未必有效。2018 年 8 月 10 日《最高人民法院关于依法妥善审理民间借贷案件的通知》第 3 条强调："依法严守法定利率红线……人民法院在民间借贷纠纷案件审理过程中，对于各种以'利息''违约金''服务费''中介费''保证金''延期费'等突破或变相突破法定利率红线的，应当依法不予支持。"

6.1.5 中观—合同形式

民间借款并不一定要签署正式的书面借款合同。律师大致把握如下几点：

1. 金额较小的借款，可以直接汇入对方本人账号，并在汇款时注明：借款。

如果不是对方本人账号，则需要由对方出具一份书面借据或签署书面合同，指定收款账号。

2. 简单的、没有特殊要求的借款，由借款人出具一份书面借据即可。

即使是较大金额的，也可以如此，写明相关借款信息即可。

相关模板：102 借条 15492 借条（有保证人）

3. 有特殊约定，或者希望有比较规范的合同的，可以采取正式的书面合同。

即使使用书面形式，一般民间借款合同也无须太复杂。

如果签订了书面合同，约定了收款账号，此时无须再出具收据或借据（当然另外出个收据也没坏处）；如果没有指定收款账号或现金支付，就应由借款人出具本人签署的收据或借据。

资　料　　借条、收条、欠条

一、借条（借据）与收条（收据）的区别

借条的目的在于证实一种已单方履行的借款合同关系，借款时一定要打借条，不能用收条来代替。借条是一份简化了的借款合同，其法律后果是在当事人之间确立了债权债务关系，借款人应向出借人归还借款或物品。收条与借条完全不同，单独的收条只能证明当事人之间发生给付与收取财产的事实，但不能证明当事人之间存在债权债务关系，即收条并非是债的必然凭证。

作为借款关系的证明，应该使用借条而非收条。归还借款可以使用收条。

二、借条（借据）与欠条的区别

1. 产生的原因不同。借据主要是因借款而产生的；而欠条产生的原因是多种多样的，任何能以金钱为给付内容的债都能产生欠条。

2. 性质不同。借据反映的是当事人之间的借款合同关系，借据本身是借款合同的凭证，每一个借据背后都是一个借款合同；而欠条则是当事人之间的一个结算结果，反映的是当事人之间单纯的债权债务关系。

3. 诉讼时效不同。对于注明了还款期限的借据和欠条，诉讼时效为从其注明的还款期限之日起3年。没有注明还款期限时，两者的诉讼时效是有区别的：

对于没有注明还款期限的借条，出借人可以随时向借款人要求还款，诉讼时效从权利人主张权利之时开始计算，时间为3年。权利人再次主张权利的，诉讼时效中断。

没有注明还款期限的欠条，诉讼时效从出具欠条之日起计算。

4. 证明力不同。举证时，借条持有人一般只需向法官简单的陈述借款的事实经过即可；欠条持有人必须向法官陈述欠条形成的事实。如果对方否认，欠条持有人必须进一步举证证明欠条形成的事实，否则法院很可能不予支持其诉求。

6.1.6 微观—合同条款

一、合同主体

应确保合同主体准确。包括：

1. 个人应列明身份证号。

2. 公司借款还是法定代表人个人借款应弄清。

最好是：如果是公司借款，法定代表人提供保证责任；如果是法定代表人个人借款，公司提供保证。

3. 合同首部主体应准确，最后签名盖章的主体也应该准确。

如果是法定代表人以个人身份签名（无论是作为保证人还是借款人），应由其本人签署，不应是人名章。

二、借款利率

1. 法律支持一年期贷款市场报价利率4倍以下的民间借贷利率。

根据最高人民法院对《民间借贷司法解释》的修改，自2020年8月20日起，民间借贷利率的司法保护上限调整为：以中国人民银行授权全国银行间同业拆借中心每月20日发布的一年期贷款市场报价利率（LPR）的4倍为标准。相较于过去的24%和36%，取消了“二线三区”后，民间借贷利率的司法保护上限大幅下降。同时，逾期利息、违约金等各种方式合计的利率，都不能超过一年期贷款市场报价利率 4 倍。

一年期贷款市场报价利率（LPR）一般为 4% 左右，其 4 倍在 16% 左右。

2. 从合同条款角度对利率条款的处理。

（1）约定利率过高时，应当提示当事人法律上不能得到支持，但不一定要修改。

假设：借款合同中约定的利率为年 40%，这显然过高。但在诉讼中，出借人按法律能够支持的利率（例如，15%）进行主张，此时法院仍会支持。也就是说，约定的利率过高，并不会导致借款合同无效或者整个利率条款无效。比如，在吴卫东、喻田田民间借贷纠纷二审案中，[1] 双方原本约定借款期间利率为 40%，而诉讼时，出借人请求判令借款方吴卫东按年利率 24% 支付利息，法院认为："原告与被告吴卫东之间约定的利息为借期内利息 20 万元，且已预先将利息 20 万元与借款本金 50 万元一起出具 70 万元的借条，其借期内年利率为 200,000.00 元 ÷500,000.00 元 =40%，该约定已超过年利率 24%，本案的借款年利率应为 24%。"

另外，即使约定的过高利率并不能得到法院支持，但仍可能对当事人发生心理作用并导致实际支付该利率。

（2）约定律师费由借款人另外承担。

《民间借贷司法解释》第 29 条规定，出借人与借款人既约定了逾期利率，又约定了违约金或者其他费用，出借人可以选择主张逾期利息、违约金或者其他费用，也可以一并主张，但是总计超过合同成立时一年期贷款市场报价利率四倍的部分，人民法院不予支持。那么，律师费是否不属于"其他费用"可以在利率上限之外另外获得支持呢？存在争议，有可能获得支持。[2] 但对于出借人来说，这也是一种变相调高利率的一种方式，虽然不能确保有效，但同样可能对借款人心理产生作用。

（3）如已经到期，可将不超过上限的利息转为本金重新开始计算利率，此时可重新签订借款合同或补充协议，这是合法的。

[1] 贵州省中级人民法院（2020）黔 05 民终 97 号。

[2] 孙自通：《律师费与利息之和超过年利率 24%，超过部分能否获得法院支持？（附 16 典型案例）》，载微信公众号"孙自通频道"2019 年 11 月 14 日；最高人民法院（2021）最高法申字 1140 号中认定律师费不属于"其他费用"，应根据约定支持。

三、还款方式

1. 实务中还本付息的几种常见方式。

律师应对常见的还本付息方式略有了解，以便为当事人选择最合适的条款。（这里仅适当归纳几种一般民间借贷会用到的还本付息方式）

（1）到期还本付息。

简单的民间借款一般采取这种方式。

（2）按期付息，到期还本。

以上两种都是本金不动，到期时再一次性归还本金；下面两种则是按月（理论上也可以按季度或其他单位）不断归还本金。

（3）等额本金。

公式是：

每月还款金额 =（贷款本金 / 还款月数）+（本金 − 已归还本金累计额）× 每月利率

等额本金，顾名思义就是每期归还的本金是相等的，每月应支付的利息则不断变化，因为本金不断在减少。一开始每月还款额高一些，随着不断还款，每月还的利息越来越少。

（4）等额本息。

等额本息，顾名思义，每期归还的本金加利息加起来是相等的。这就需要通过数学公式来计算每期还款中本金和利息的金额。总体来说，因为每月利息随着剩余本金的减少在减少，因此每期归还的本金在不断增多。

等额本息方式下的公式有些复杂。

每月还款额 =［贷款本金 × 月利率 ×（1+ 月利率）^ 还款月数］÷［（1+ 月利率）^ 还款月数 −1］

每月还款额靠人工计算较困难，可通过以下链接计算每月还款额：

【链接】http://www.qfsfc.com/qf_web_dremis/web_house_dir/htmlpage2.htm

每个月还款金额一致，一定程度上减少了借款人的还款压力。

按等额本金或等额本息方式归还，其实际利率比一次性到期还本付息要高。因为到期还本付息时相当于是借款人拖延支付了利息。

2. 律师对还款方式的选择。

一般以当事人的意见为主，律师无须过多意见，普通的非营利性的民间借贷，一般选择到期还本付息方式；如果出借人希望取得较大收益，则可选择按期付息

（如按月付息）到期还本、等额本金、等额本息等方式。

相关条款：5265 还款方式

金融机构所使用的贷款合同对还款方式有更细致的约定，但是作为民间借款，不用那么复杂。

四、其他条款方面注意事项

1. 借款用途应合法，或者可以不填借款用途。

2. 如果签订借款合同时，本金已经提供，则应该在合同中专门确认。

相关条款：5266 借款方确认

3. 还款时间（借款期限）可以约定，也可以不约定。

如果约定，则应提示当事人注意诉讼时效，必须在还款时间到期后的 3 年内提起诉讼或主张权利。

6.2 赠与合同

根据《民法典》第657条的规定，赠与合同是赠与人将自己的财产无偿给予受赠人，受赠人表示接受赠与的合同。总体来说，赠与合同在实务中使用不多，相对其他有偿合同不那么重要。本小节仅作简要分析。

赠与合同在法律上最重要的特点是：赠与合同的任意撤销权（《民法典》第658条）。

6.2.1 宏观—合同类型

一、赠与合同是“特殊”，有偿合同是“一般”

对于合同来说，有偿交易的合同是“一般”“正常”；赠与是“特殊”“例外”。

作为受让（受赠）一方律师应该认识到，赠与是一种非正常交易，赠与合同是“特殊”而非“一般”。除非没有更好的办法，否则不应采用赠与合同，应尽量采取有偿交易的合同。除赠与合同有任意撤销权外，赠与合同中赠与人的违约责任也一般较轻。从情理上这很好理解：他人免费送给你，还能要求别人承担多大责任呢？因此，律师遇到相关情形，首先应判断使用无偿赠与性质的合同类型是否恰当。

另外，要注意实务中存在“恶意串通，损害他人合法权益”的赠与，例如，为了逃避债务，此时债权人可主张赠与无效。

二、非典型的赠与

除了前面提到的婚姻家庭中的赠与（常常没有明确以“赠与”的名义），还包括类似“以他人名称购房并支付房款”，实为赠与的情形。在罗建丽诉黄袁煦、袁苗绒赠与合同纠纷案中，[1]余姚市人民法院认为，当事人以他人的名义签订购房协议并支付房款的行为应当认定为赠与，但是在赠与房屋变更登记前，当事人有权撤销赠与。

[1] 余姚市中级人民法院（2008）余民一初字第1371号。

律师如果遇到类似于“不直接支付对价的财产转移”类协议或约定时，受让一方律师应该注意到其中隐藏的赠与合同的任意撤销权风险，故此情形下应考虑：

（1）调整交易类型，避免被认定为赠与。

受让一方接受财产转移不直接支付对价的，这种财产转移可能是对受让一方的某种补偿，此情形下应该调整，将相关背景、受让方原来的投入简要说明。

（2）明示不属于赠与，出让方不得撤销。

相关条款：5267 非赠与

三、亲属间的房屋买卖、赠与与继承

一般情况下，买卖与赠与性质截然不同，没有辨析和选择的必要。但是在亲属之间，出于降低税负、成本的考虑，需要注意到房产买卖的相关税费成本，这个费用可能会比赠与和继承更低。从这个角度，有时可能选择买卖更合适。[1]

四、遗赠、遗赠扶养协议与赠与

以房产为例，如果是生前即赠与并过户，应选择赠与；如果是死后再过户，理论上这三种方式都可以选择：如选择赠与，则可以任意撤销；如选择遗赠，则遗嘱人生前亦可任意变更、撤销；如选择遗赠扶养协议，则双方均不得撤销，只能在符合约定或法定条件时解除。

6.2.2 宏观—合同主体

一、夫妻、子女等亲属间的赠与存在特殊性

这种特殊性体现在：在婚前或婚后的“夫妻”财产约定、离婚协议或类似涉及人身关系的协议中，虽然约定了财产归属于一方或归属于子女，体现为一方向另一方转移财产且无须支付对价（比如婚前财产协议中，约定将男方房产变更登记到女方名下），但是未必明示是“赠与”。

此时，合同（约定）各方是否有任意撤销权？

从司法实务来看，目前难以归纳出统一的尺度，原因主要在于：

一方面这要看具体案情：比如，主体间的约定赠与发生在婚前、婚内还是离婚时；受赠人是否有资格，是否为特殊主体；赠与物为房产抑或其他。

[1] 参见《把房子卖给子女、赠与、继承？竟然是这种方式最合适……很多人都做错了！》，载微信公众号“顺德城市网”2016年4月9日。

例如，在赵海霞与马海明、杨菊仙物权确认纠纷案中，[1]杭州市中级人民法院援引《最高人民法院关于适用〈中华人民共和国婚姻法〉若干问题的解释（三）》第6条的规定，认为："婚姻关系存续期间，当事人约定将一方所有的房产赠与另一方，赠与方在赠与房产变更登记之前撤销赠与，另一方请求判令继续履行的，人民法院可以按照合同法第一百八十六条的规定处理。"也即，婚前或婚姻关系存续期间，就房产赠与而言，赠与人在赠与财产的权利转移之前可以撤销赠与。[该条内容目前对应《最高人民法院关于适用〈中华人民共和国民法典〉婚姻家庭编的解释（一）》（以下简称《民法典婚姻家庭编司法解释（一）》）第32条]

另一方面，要看法院是否考量以及如何考量"有一定的人身属性或负有道德义务"。

例如，在王某与罗某离婚后财产纠纷案中，[2]宁波市中级人民法院认为："夫妻双方在离婚协议中对财产的约定，应适用《最高人民法院关于适用〈中华人民共和国婚姻法〉若干问题的解释（二）》第8条的规定，该条第1款规定：离婚协议中关于财产分割的条款或者当事人因离婚就财产分割达成的协议，对男女双方具有法律约束力。离婚协议书中关于财产分割、债务处理等约定系离婚协议中不可分割的一部分，有一定的人身属性，当事人不享有任意撤销权。"

因此，在处理类似特殊主体之间的赠与（这里包括未明确"赠与"，但实质类似赠与）时，应注意以下几点：

1. 从受赠人角度，可以办理公证，或者要求尽快进行财产过户。

与此同时，在协议中明示赠与人不得撤销、放弃任意撤销权也有一定作用。

2. 从赠与人角度，要知道这种"赠与"是否会被撤销是不确定的。当然，一经过户和财产转移，就肯定不能撤销了。

二、涉及不正当男女关系的主体间赠与有可能被认定为无效

例如，在徐芬芬因与被申请人刘成英、李树道赠与合同纠纷案中，[3]上海市高级人民法院认为，当事人将夫妻共同财产赠与和其有不正当关系第三者的，其赠与行为与第三者的接受行为均有违公序良俗，有损社会公共道德和利益，亦损害夫妻对方的合法权益，该赠与行为无效。

另外一个案件情况不同，结果也不同。在王合龙与杜现娥及延边敖翔建筑安

---

[1] 杭州市中级人民法院（2016）浙01民终1795号。

[2] 宁波市中级人民法院（2017）浙0212民初13778号。

[3] 上海市高级人民法院（2016）沪民申449号。

装有限责任公司赠与合同纠纷案中，[1]法院认为，当事人在婚外第三者死亡后以养老金名义向第三者母亲赠与金钱，是承担因自己的过失而对他人在道义上承担的责任，属于法律规定的负道德义务性质的赠与，不得撤销。

三、受赠人可以是未成年人

《民法典》第 19 条规定，限制民事行为能力人可以独立实施纯获利益的民事法律行为；无民事行为能力人接受赠与则仍需其法定代理人代理实施。

6.2.3 宏观—合同标的

赠与合同的标的不必须是实物，这里特别提示如果赠与标的是股权，而且不是股东之间的赠与的情形。

上述情形应该注意到优先购买权问题。因为是无偿赠与，受赠人是否仍有优先购买权、如何行使优先购买权（按什么对价购买该股权）会存在争议，此时，受赠人未必能按赠与合同取得股权。

因此，赠与股权的情况下，一般应征得其他股东同意，取得股东会决议或是其他股东表示同意的文件。

6.2.4 宏观—合同程序

如果不是“依法不得撤销的具有救灾、扶贫、助残等公益、道德义务性质的赠与合同”，不能马上转移财产权利，又希望不被撤销，则应该签订赠与合同并尽快办理公证。换言之，对赠与合同进行公证相当于赠与人预先放弃任意撤销权。[2]

6.2.5 中观—合同形式

1. 资产不大的赠与常常无须合同。

一般而言，即使有赠与合同，赠与人也是有任意撤销权的，因此有合同与无合同关系不大。

但是如果赠与需要公证、需要避免赠与人撤销，就需要有书面赠与合同了。

---

[1] 吉林省高级人民法院（2016）吉民申 1954 号。
[2] 隋彭生：《民法新角度》，北京大学出版社 2012 年版。

另外，对于大额的赠与，例如，房产赠与，应有书面合同。否则即使受赠人取得房产登记，赠与人如果反悔或主张房款，仍有可能导致赠与关系不明。

2. 赠与合同一般不宜复杂。

赠与各方往往存在良好关系；如果存在任意撤销权，那么合同就更没必要复杂了。

6.2.6 微观—合同条款

对于赠与合同，律师最重要的是从宏观特别是合同类型上把握，使用这种无偿赠与性质的合同类型是否合适。如果确实需要使用赠与合同，那么“微观—合同条款”层面往往并不需要很复杂。赠与关系下，双方发生纠纷的可能性也不大。

1. 关于任意撤销权：

赠与合同中约定放弃任意撤销权是否有效这一问题目前仍存争议。[1] 因此如果希望取消任意撤销权，应办理公证。

另外，具有救灾、扶贫、助残等公益、道德义务性质的赠与合同，合同标题、用途、背景等条款中应体现出公益或道德义务性质，以此来避免任意撤销权。

2. 赠与人可视需要约定赠与合同是否是附义务的赠与，约定受赠人的义务，并约定解除条件。

3. 从赠与人角度，如标的物有瑕疵，应在合同中披露瑕疵。

4. 房产类的赠与，应说明相关税费由哪一方负担。

[1] 有部分判例对赠与人放弃任意撤销权，事后又反悔的行为持否认态度，如［（2016）沪 0115 民初 7502 号、（2016）粤 06 民终 2809 号］，但是这一问题的结论目前仍存争议。

07

第七单元

互联网协议

7.1 互联网协议综述*

7.1.1 互联网协议的含义

一、互联网协议的含义

互联网协议不是严格的法律术语。广义的互联网协议可以包括互联网平台运营所需签署的各类合同，包括传统的纸质合同。《合同起草审查指南》中所指的“互联网协议”要窄得多，具体来说就是指：当用户登录网站、APP，并在上面消费、下单时要形成的电子合同。

我们可以将一个互联网平台所使用到的“互联网协议”大致分类如表 7–1 所示：

表 7–1　互联网协议的分类

	互联网协议	
顶层	平台协议：隐私政策 + 最终用户协议	订单协议：电子订单 + 产品 / 服务信息 + 产品 / 服务协议
中层	平台规则	
底层	临时通知公告	

二、互联网协议有关文件的定义

我们把表 7–1 中提到的文件名称适当定义如下，并且会在后续的讨论中使用这些定义。

（1）隐私政策：网站与用户之间就用户个人信息使用及保护进行的约定。在实务中也可能叫作个人信息保护政策、隐私权政策。

（2）最终用户协议：

即 End User License Agreement，网站与用户之间就用户登录注册、网站 / 软件使用及相关服务作出的约定。实务中可能有最终用户许可协议、用户注册协议、

---

* 本单元内容由王玄提供资料和修订意见，特表感谢。

服务协议、软件许可及服务协议、××服务使用协议等多种叫法。

实务中的最终用户协议还包括各种不联网的软件所附的要求用户同意才能使用软件的协议。

（3）平台规则：

网站面向用户发布使用网站的通用性、补充性规则，这些规则会通过公示、用户点击确认、作为协议附件等方式成为网站与用户之间的约定。实务中常见的有：社区自律公约（常见于论坛型网站）、商户入驻规则、市场管理规则、平台服务费规则、信用评价规则、争议处理规则、消费者保障政策等，后面这几种规则常见于电子商务型网站。

（4）临时公告通知：

网站向用户发出的临时性的通知、公示、宣传等，常常以网页、弹窗方式体现，也可能通过电子邮件、短信、在线消息等方式体现。这些内容，可能构成意思表示，也可能不是意思表示，但是对双方的权利义务产生影响。

（5）订单协议：用户在网站购买服务过程中涉及的协议，主要包括电子订单、产品/服务协议、产品/服务信息这三个部分。

电子订单：就是常见的以商品基本信息、价格、数量为主要内容的订单。

产品/服务信息：以商品介绍页面为主要的内容。

产品/服务协议：订单成立中需要用户确认的、与商品购买相关的配套协议，例如，配送协议、售后服务协议。

三、几个术语的特别含义

为表述方便，我们还要适当定义本单元中的几个术语：

网站：这里是指包括以网页、联网电脑软件、APP、微信小程序等通过互联网与用户进行交互的各类端口。

其中，自营型网站是指向用户销售的产品/服务就是由网站方提供的；交易平台型网站的模式则是指平台方作为第三方商家和普通用户等交易方之外的第三方，为交易各方提供平台服务。一个网站可能同时有自营业务也有交易平台业务，例如，京东上既有京东自营（自行销售），也有第三方商家在上面销售。

网站方：网站的运营主体。

用户：使用网站的用户，这里的用户可能包括普通用户（或称C端用户、买家，如我们在天猫上购物时），也包括第三方商家。

第三方商家：在平台网站上注册向用户提供服务的商家，也就是通常所说的B

端用户。对于平台网站来说，第三方商家也是用户的一种。

购买商品：为便于讨论，本单元中的“购买商品”包括通过互联网购买各类商品、服务、知识产权许可（如看视频）等交易行为，不限于“买东西”，也就是本单元中说的“商品”包括各类服务、知识产权。购买商品可能是消费行为，受《消费者权益保护法》调整，也可能不是消费行为（例如，企业购买软件服务）。

7.1.2 互联网协议的主要特点

一、互联网协议涉及的法规

从合同法的角度，互联网协议也是普通民事合同，也要受《民法典》及一般民事法规调整，这是毋庸置疑的。与此同时，还要注意其网络安全、隐私保护、广告方面的监管法规。互联网协议涉及的法规大致归纳如下：

1. 协议的成立、生效方面：《电子签名法》《电子商务法》《民法典》合同编；

2. 消费者权益保护方面：《消费者权益保护法》《电子商务法》；

3. 隐私权、个人信息保护方面：《民法典》、《网络安全法》、《儿童个人信息网络保护规定》、《个人信息安全规范》（国家标准）、《App违法违规收集使用个人信息行为认定方法》、《常见类型移动互联网应用程序必要个人信息范围规定》；

4. 网络安全方面：《网络安全法》《网络安全审查办法》；

5. 广告宣传方面：《广告法》《互联网广告管理暂行办法》。

二、互联网协议在文本形式上的特点

1. 互联网协议都是通过电子签名方式签署，都是数据电文形式。

对于互联网协议，法律效力要综合运用《电子签名法》《电子商务法》及一般合同法规定来判定其成立与法律效力。如果采用了符合《电子签名法》第13条其规定的“可靠的电子签名”，则合同效力应无争议（具有其他无效或效力瑕疵情形的除外）；如果只是“电子签名”而不是“可靠的电子签名”，是否能成立有效的合同，就要结合具体场景和一般合同规则来综合判断。

2. 互联网协议都是构成格式条款，对重要条款要合理提示，并按用户要求对条款进行说明。

（1）如缺少提示或说明，则用户可以根据《民法典》第496条第3款“主张该条款不成为合同的内容”。

相较一般格式条款而言，互联网协议的合理提示方式也有特殊性，除加粗、

下划线外，还包括弹窗跳框、显示位置等特殊考虑，这对于 PC 网页端、APP 客户端等业务场景均适用。

2016 年 12 月 12 日印发的《江苏省高级人民法院关于审理消费者权益保护纠纷案件若干问题的讨论纪要》中认为："12.……网络销售平台使用格式条款与消费者订立管辖协议、免责条款，仅以字体加黑或加粗方式突出显示该条款的，不属于合理提示方式。消费者主张此类管辖格式条款、免责条款无效的，人民法院应予支持。网络平台通过单独跳框的形式对管辖条款、免责条款进行单独的特别提示的，消费者通过点击同意该条款的，该管辖条款、免责条款成为双方合同的组成部分，消费者主张该条款无效的，人民法院不予支持……"（见图 7–1）

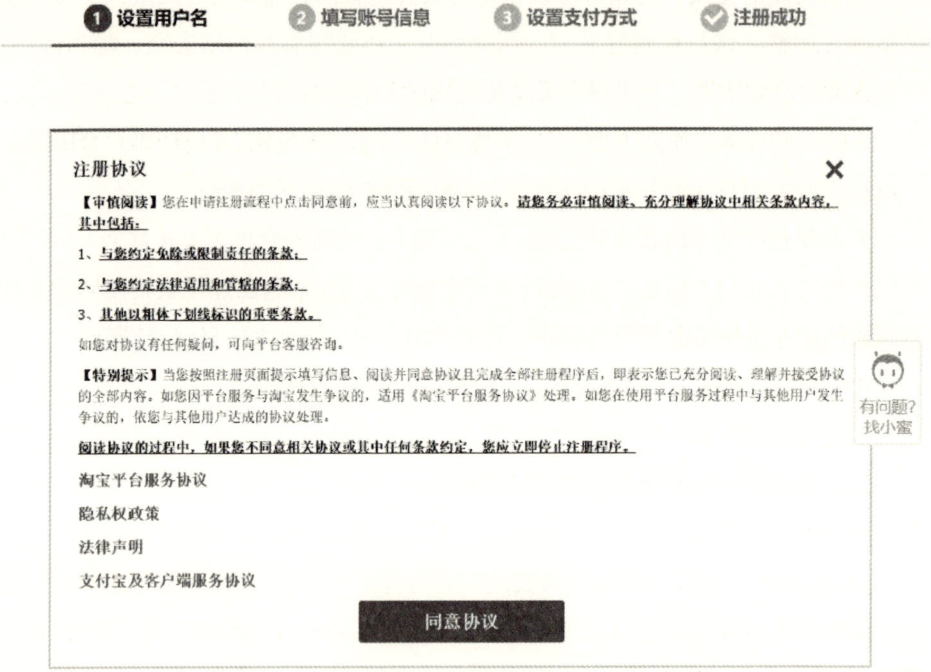

图 7–1　用户在"天猫"注册过程中网站的弹窗提示

（2）即便有合理提示，如属于《民法典》第 497 条规定的情形，仍会被认定无效。

《民法典》合同编第 497 条规定："有下列情形之一的，该格式条款无效：（一）具有本法第一编第六章第三节和本法第五百零六条规定的无效情形；（二）提供格式条款一方不合理地免除或者减轻其责任、加重对方责任、限制对方主要权利；（三）提供格式条款一方排除对方主要权利。"

（3）面向消费者的互联网协议，例如，电子商务网站所使用的最终用户协议、订单协议，如果内容违法，还可能遭受工商行政管理部门处罚，处罚依据主要是《合同违法行为监督处理办法》（国家工商行政管理总局令第 51 号）和《侵害消费者权益行为处罚办法》（国家工商行政管理总局令第 73 号）。违法的条款包括“最终解除权归网站方所有”这样的表述。对此可进一步参考《合同起草审查指南：三观四步法》中关于“格式条款、格式合同”的介绍。

实务中即存在这种例子：某互联网平台的最终用户协议上有“本协议解释权归平台方所有”这种表述，结果被举报而遭到处罚。

3. 互联网协议常常形成层次体系。

这从前面的互联网协议分类表格中可以看出来。在实务中，顶层、中层、末层都可能包括多个协议、文件。

因此，律师需要适当考虑多个文本之间的配套关系。顶层协议约定重要内容，更具体的、不时调整的具体规则作为中层规则；同时顶层协议中说明中层规则、底层通知公告的效力，作为中层和底层文件的效力来源。

4. 互联网协议的动态变更。

传统协议偏向于稳定的、不变的，如有变更，双方一般会另行签订补充协议。而互联网产品及环境是不断迭代的，互联网协议也需要根据产品与环境变化而不断变化，因此，互联网协议的生效与变更条款就显得尤为重要。

相关条款：5199 隐私政策修订

5. 文本内容上与普通书面合同很不相同。

一方面，很多文本根本没有采取一般协议那种列明合同主体、合同条款的形式，而是以网页、弹窗、提示等方式呈现。

即使是采取接近一般协议那种形式，例如，“最终用户协议”，形式上相比普通书面合同，也有很大不同，如图 7-2 所示：

（1）最新版本更新日期及 / 或生效日期；

（2）一开始就有专门的提示条款；

（3）用“您、平台、网站、我们”等方式来表述合同主体，并说明网站方对应的准确公司名称。

淘宝平台服务协议

最新版本生效日期：2019年08月19日

提示条款

欢迎您与各淘宝平台经营者（详见定义条款）共同签署本《淘宝平台服务协议》（下称“本协议”）并使用淘宝平台服务！

本协议为《淘宝服务协议》修订版本，自本协议发布之日起，淘宝平台各处所称“淘宝服务协议”均指本协议。

各服务条款前所列索引关键词仅为帮助您理解该条款表达的主旨之用，不影响或限制本协议条款的含义或解释。为维护您自身权益，建议您仔细阅读各条款具体表述。

【审慎阅读】您在申请注册流程中点击同意本协议之前，应当认真阅读本协议。**请您务必审慎阅读、充分理解各条款内容，特别是免除或者限制责任的条款、法律适用和争议解决条款。免除或者限制责任的条款将以粗体下划线标识，您应重点阅读。**如您对协议有任何疑问，可向淘宝平台客服咨询。

【签约动作】当您按照注册页面提示填写信息、阅读并同意本协议且完成全部注册程序后，即表示您已充分阅读、理解并接受本协议的全部内容，并与淘宝达成一致，成为淘宝平台“用户”。**阅读本协议的过程中，如果您不同意本协议或其中任何条款约定，您应立即停止注册程序。**

一、定义

淘宝平台：指包括淘宝网（域名为 taobao.com）、天猫（域名为tmall.com）、飞猪（域名为alitrip.com、fliggy.com、feizhu.com）等网站及客户端。

淘宝：淘宝平台经营者的单称或合称，包括淘宝网经营者浙江淘宝网络有限公司、天猫经营者浙江天猫网络有限公司、飞猪经营者杭州淘美航空服务有限公司等。

淘宝平台服务：淘宝基于互联网，以包含淘宝平台网站、客户端等在内的各种形态（包括未来技术发展出现的新的服务形态）向您提供的各项服务。

淘宝平台规则：包括在所有淘宝平台规则频道内已经发布及后续发布的全部规则、解读、公告等内容以及各平台在帮派、论坛、帮助中心内发布的各类规则、实施细则、产品流程说明、公告等。

淘宝网规则：淘宝网规则频道列明的各项规则，具体详见此处。

天猫规则：天猫规则频道列明的各项规则，具体详见此处。

飞猪规则：飞猪规则频道列明的各项规则，具体详见此处。

阿里平台：指包括淘宝平台、阿里巴巴中文站（域名为1688.com）、阿里巴巴国际站（域名为alibaba.com）、天猫国际网站（域名为tmall.hk）、速卖通（域名为aliexpress.com）、一淘网（域名为etao.com）、阿里妈妈（域名为alimama.com）、阿里云网站（域名为aliyun.com）、虾米（域名为xiami.com）、云OS（域名为yunos.com）、点点虫（域名为ddchong.com）、菜鸟（域名为cainiao.com）、神马搜索（域名为sm.cn）、良心大药房网（maiyao.liangxinyao.com）、盒马（域名为freshhema.com）等网站及客户端。

支付宝公司：指提供支付宝服务的主体支付宝（中国）网络技术有限公司。

关联公司：指阿里巴巴集团控股有限公司（Alibaba Group Holding Limited）最新上市公司年报披露的淘宝平台服务提供者的关联公司。

图 7–2　淘宝平台服务协议截图

另外，因为不用签名盖章，尾部也就不需要签名盖章部分了。

三、律师对互联网协议起草审查的整体把握

随着互联网深入各行各业，越来越多的公司“上网”了，公司都需要利用网站与用户交互。只要有网站，律师就要考虑相关互联网协议起草审查问题。因此互联网协议已经不能说是互联网行业的独有协议，而几乎成了不同行业的众多企业都要起草审查的一类协议。因此，也可以说，这是一项迅速发展的律师业务，律师应予注意。

另外，虽然我们这里说的是“互联网协议”，但其实无论是联网的软件还是客户端，都需要考虑这一单元所说的“互联网协议”的配置。

假设当事人有自己的网站或APP、软件，那么律师可以大致参照表7-2为当事人考虑互联网协议的配置。

表7-2　各类网站的互联网协议安排

网站类型	互联网协议需求
展示型网站	1. 如果无须用户注册，则网站上一般只需要放上隐私政策。如有必要，可以加上免责、知识产权方面的声明； 2. 如果需要用户注册，则需要“最终用户协议＋隐私政策”
交互型网站	因为需要用户注册，因此需要最终用户协议、隐私政策，可能还需要配套平台规则（例如，社区自律公约）
自营型网站	需要“平台协议＋订单协议”
交易平台型网站	1. 因为至少存在普通用户与第三方商家两类用户，因此需要这两类用户的最终用户协议、隐私政策。当然也可能是整合在一个文件里面分别说明。 2. 平台型网站与第三方商家之间会有收费服务，因此需要服务及收费约定。这方面约定可能采取普通线下协议（例如，技术服务协议），也可能采取电子订单协议方式。即使普通线下协议，也会在协议中引用最终用户协议、平台规则等。 3. 普通用户和第三方商家之间会进行交易（例如，买卖），这个交易是在网站上发生，虽然网站方一般并非合同主体之一，但需要承担对交易和网站的监管责任，因此涉及的订单协议也都是由网站方设计或者审查。 这类协议中必须明确定性各方关系，网站方所承担的义务。 4. 交易平台型网站的订单协议往往最为全面、复杂

复杂的、大型的网站可能同时兼有上述几类网站的业务，涉及的互联网协议可能会有数十个文件。但整体上，仍可以按照本单元所说的互联网协议的构成去分别理解。

7.2 隐私政策

隐私政策是网站与用户之间就用户个人信息使用及保护进行的约定，在实务中也可能叫作个人信息保护政策、隐私权政策。

在网站所有的互联网协议中，隐私政策是相对独立、特别的一个文件，与其他文件关联较少，因此先予以说明。

7.2.1 宏观—合同类型

隐私政策可以说是最具有互联网特色、独一无二的一类特殊合同。

隐私政策虽然也是“合同”，但它的出现可以说主要是由于法律的要求，并非在交易过程中由合同各方根据交易的需求主动协商形成。也就是说，法律上要求，几乎任何一个网站、APP，当用户来到你这里，你必须向用户说清楚“要搜集用户什么个人信息、使用范围”并征得用户同意。可见隐私政策虽然也是合同，但更像是一种法律规定网站方必须作出的声明。在法规明确要求之前，其实也有个人信息搜集的问题，少数网站也可能会说明隐私政策，但主要是在最近几年法规的强制下，隐私政策从最终用户协议中独立出来，成为一般网站上与最终用户协议并列的一类特殊合同。

因为这个特点，隐私政策的审查其实不同于一般合同起草审查。一般合同更强调是否符合当事人的交易需求和意愿，而隐私政策的审查重点是“是否合规”。律师一方面要审查隐私政策本身要按照法规的要求撰写、明示，另一方面还要审查网站搜集、使用个人信息的作法本身是否合规，是否符合合法、正当、必要的原则，不得滥用个人信息。

7.2.2 中观—合同形式

1. 隐私政策与最终用户协议一样，都是互联网协议，一般由用户通过在线阅读、点击确认方式成立。

如图 7–3 所示：

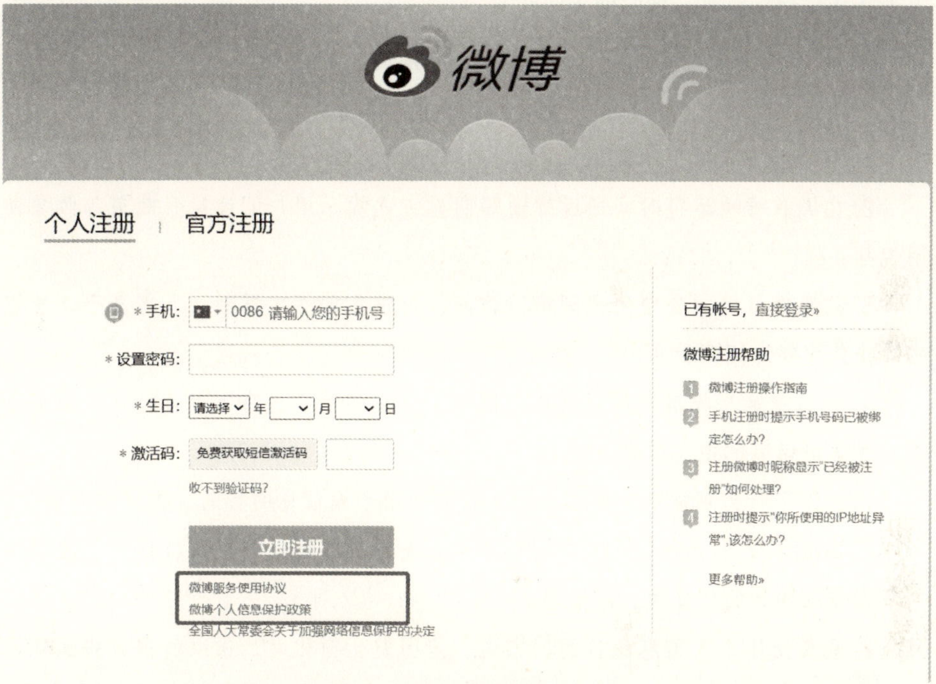

图 7–3　隐私政策的确认方式

2. 隐私政策必须根据法规要求以适当方式明示。

《民法典》第 1035 条规定，处理个人信息的必须公开处理信息的规则，明示处理信息的目的、方式和范围。

《网络安全法》第 41 条第 1 款规定：网络运营者收集、使用个人信息，应当遵循合法、正当、必要的原则，公开收集、使用规则，明示收集、使用信息的目的、方式和范围，并经被收集者同意；同时第 64 条规定，违反第 41 条规定的，可以给予责令改正、警告、没收违法所得、罚款等处罚，情节严重的，并可以责令暂停相关业务、停业整顿、关闭网站、吊销相关业务许可证或者吊销营业执照。

上述规定适用于所有网站、APP 的一般规定，根据这些规定，如果网站、软件、APP 涉及个人信息处理的，都必须公开、明示相关规则，否则会受到处罚。

随着手机端软件的更广泛应用，APP 比起一般网页、电脑软件来说，面临着更新、更严密的监管，例如，工信部等部门陆续发布的《App 违法违规收集使用个人信息行为认定方法》《App违法违规收集使用个人信息自评估指南》等进一步对隐私政策提出了要求。这种要求甚至具体到“进入APP主界面以后，多于4次点击才能访问到隐私政策”即为违法。

《App违法违规收集使用个人信息行为认定方法》中规定：

一、以下行为可被认定为“未公开收集使用规则”

1. 在App中没有隐私政策，或者隐私政策中没有收集使用个人信息规则；

2. 在App首次运行时未通过弹窗等明显方式提示用户阅读隐私政策等收集使用规则；

3. 隐私政策等收集使用规则难以访问，如进入App主界面后，需多于4次点击等操作才能访问到；

4. 隐私政策等收集使用规则难以阅读，如文字过小过密、颜色过淡、模糊不清，或未提供简体中文版等。

二、以下行为可被认定为“未明示收集使用个人信息的目的、方式和范围”

1. 未逐一列出App（包括委托的第三方或嵌入的第三方代码、插件）收集使用个人信息的目的、方式、范围等；

2. 收集使用个人信息的目的、方式、范围发生变化时，未以适当方式通知用户，适当方式包括更新隐私政策等收集使用规则并提醒用户阅读等；

3. 在申请打开可收集个人信息的权限，或申请收集用户身份证号、银行账号、行踪轨迹等个人敏感信息时，未同步告知用户其目的，或者目的不明确、难以理解；

4. 有关收集使用规则的内容晦涩难懂、冗长繁琐，用户难以理解，如使用大量专业术语等。

三、以下行为可被认定为“未经用户同意收集使用个人信息”

1. 征得用户同意前就开始收集个人信息或打开可收集个人信息的权限；

2. 用户明确表示不同意后，仍收集个人信息或打开可收集个人信息的权限，或频繁征求用户同意、干扰用户正常使用；

3. 实际收集的个人信息或打开的可收集个人信息权限超出用户授权范围；

4. 以默认选择同意隐私政策等非明示方式征求用户同意；

5. 未经用户同意更改其设置的可收集个人信息权限状态，如App更新时自动将用户设置的权限恢复到默认状态；

6. 利用用户个人信息和算法定向推送信息，未提供非定向推送信息的选项；

7. 以欺诈、诱骗等不正当方式误导用户同意收集个人信息或打开可收集个人信息的权限，如故意欺瞒、掩饰收集使用个人信息的真实目的；

8. 未向用户提供撤回同意收集个人信息的途径、方式；

9. 违反其所声明的收集使用规则，收集使用个人信息。

在这种法规要求下，隐私政策是所有网站、软件（涉及个人信息处理的）特别是 APP 的“标配”，从合规性角度考虑，应以专门的、书面的、便于用户访问的方式在网页、APP 中体现出来。

7.2.3 微观—合同条款

1. 隐私政策应尽量参照示范模板，满足合规性要求。

隐私政策虽然也可以理解为“协议”，但与一般性民商事合同最大的区别是，其主要出发点是为了满足合规性要求，因此网站运营方应尽可能按照模板去设计条款。

推荐标准为国家质量监督检验检疫总局、国家标准化管理委员会发布的：GB/T 35273–2017《个人信息安全规范》和 GB/T 35273–2020《个人信息安全规范》。上述两个规范均附有“隐私政策模板”。目前，在实务中这两个模板都有被互联网公司参照使用。

相关模板：16944 个人信息保护政策（市场总局 2020 版） 16945 隐私政策（质检总局 2017 版）

下面主要参照 GB/T 35273–2020《个人信息安全规范》及相关法规，对隐私政策中的常见条款进行说明。

以下条款示例中的“我们”指网络运营者，“您”指用户。（见表 7–3）

表 7–3 隐私政策示例与说明

条款	条款示例	条款说明	法律法规
隐私政策适用范围	本政策仅适用于____的____产品或服务，包括________。 最近更新日期：____年____月____日	应写明该隐私政策所适用的产品或服务范围、隐私主体类型、生效及更新时间等	《App 违法违规收集使用个人信息自评估指南》第 17 条

续表

条款	条款示例	条款说明	法律法规
重点提示	本政策将帮助您了解以下内容： 1.______ 2.______ …… 我们深知个人信息对您的重要性，并会尽全力保护您的个人信息安全可靠。我们致力于维持您对我们的信任，恪守以下原则，保护您的个人信息：权责一致原则、目的明确原则、选择同意原则、最小必要原则、确保安全原则、主体参与原则、公开透明原则等。同时承诺，我们将按业界成熟的安全标准，采取相应的安全保护措施来保护您的个人信息。 请在使用我们的产品或服务前，仔细阅读并了解本《隐私政策》	可视为该隐私政策的目录以及提示条款。 通过要点摘要及说明的方式，帮助用户迅速了解隐私政策的重要内容	《个人信息安全规范（2020）》第4条
我们如何收集您的个人信息	1. 业务功能一：____ （1）向您提供该服务的基本功能，请您授权我们收集、使用以下必要信息：____。如您拒绝提供相应信息，您将无法正常使用我们的产品或服务。 （2）如果您提供以下额外信息，将有助于我们给您提供更好的服务和体验：____。但如果您不提供这些信息，将不会影响使用本服务的基本功能。 （3）您提供的上述信息，将在您使用本服务期间持续授权我们使用。在您注销账号时，我们将停止使用并删除上述信息。 （4）上述信息将存储于中华人民共和国境内。如需跨境传输，我们将会单独征得您的授权同意。 2. 业务功能二：____	个人信息的处理包括：收集、存储、使用、加工、传输、提供、公开等。 应当将收集个人信息的业务功能及对应个人信息类型逐项列举，不应概括说明。对于个人敏感信息类型，应进行显著标识（如字体加粗、标星号、下划线、斜体、颜色等） 处理个人信息的，必须遵循合法、正当、必要原则，必须公开处理信息的规则、目的、方式和范围，且必须征得该自然人或其监护人同意。不得收集与其提	《民法典》第111条、第1034条、第1035条、第1036条； 《网络安全法》第24条、第40条、第41条、第44条、第61条、第64条； 《电子商务法》第23条、第25条、第27条、第32条、第33条、第35条、第36条、第76条； 《消费者权益保护法》第29条、第56条； 《个人信息安全规范（2020）》第5条、第6条、第7条、第9条； 《App违法违规收集使用个人信息自评估指南》第5~8条、第10条、第11条、第14条、第20~29条
我们如何使用您的个人信息	1. 我们严格遵守法律法规的规定及与用户的约定，将收集的信息用于以下用途： （1）向您提供服务 例如：____ （2）满足您的个性化需求 例如：____ （3）安全保障 例如：____ （4）开展内部审计、数据分析和研究，改善我们的产品或服务		

续表

条款	条款示例	条款说明	法律法规
	例如：____ （5）向您推荐您可能感兴趣的广告、资讯等 …… 2. 若我们超出以上用途使用您的信息，我们将再次向您进行说明，并会事先征求您的同意		
我们如何委托处理、共享、转让、公开披露您的个人信息	1. 委托处理 本业务功能中某些具体的模块或功能由外部供应商提供。例如，我们会聘请服务提供商来协助我们提供客户支持。 对我们委托处理个人信息的公司、组织和个人，我们会与其签署严格的保密协定，要求他们按照我们的要求、本隐私政策以及其他任何相关的保密和安全措施来处理个人信息。 2. 共享 我们不会与本公司以外的任何公司、组织和个人分享您的个人信息，除非获得您的明确同意。目前，我们会在以下情形中，向您征求您对共享个人信息的授权同意： （1）____ 了解此情形中目前涉及的公司、组织和个人，请点击此处。【一般会提供超链接】 （2）____ 我们可能会根据法律法规规定，或按政府主管部门的强制性要求，对外共享您的个人信息。 3. 转让 我们不会将您的个人信息转让给任何公司、组织和个人，但以下情形除外： （1）在获取明确同意的情况下转让：获得您的明确同意后，我们会向其他方转让您的个人信息； （2）在涉及合并、收购或破产清算时，如涉及个人信息转让，我们会在要求新的持有您个人信息的公司、组织继续受此个人信息保护政策的约束，否则我们将要求该公司、组织重新向您征求授权同意。	供服务无关的个人信息，不得收集、使用法定及双方约定以外的个人信息	

续表

条款	条款示例	条款说明	法律法规
	4. 公开披露 我们仅会在以下情形下，公开披露您的个人信息： （1）获得您明确同意后； （2）基于法律的披露：在法律、法律程序、诉讼或政府主管部门强制性要求的情况下，我们可能会公开披露您的个人信息		
我们如何保护您的个人信息	1. 我们已使用符合业界标准的安全防护措施保护您提供的个人信息，防止数据遭到未经授权访问、公开披露、使用、修改、损坏或丢失。我们会采取一切合理可行的措施，保护您的个人信息。例如：____。 2. 我们已经取得了以下认证：____。 3. 我们的数据安全能力：____。 4. 我们会采取一切合理可行的措施，确保未收集无关的个人信息。我们只会在达成本政策所述目的所需的期限内保留您的个人信息，除非需要延长保留期或受到法律的允许。 5. 我们将定期更新并公开安全风险、个人信息安全影响评估等报告的有关内容。您可通过以下方式获得：____。 6. 互联网环境并非百分之百安全，我们将尽力确保或担保您发送给我们的任何信息的安全性。如不幸发生个人信息安全事件，我们将按照法律法规的要求，及时向您告知：安全事件的基本情况和可能的影响、我们已采取或将要采取的处置措施、您可自主防范和降低风险的建议、对您的补救措施等。我们将及时将事件相关情况以邮件、信函、电话、推送通知等方式告知您，难以逐一告知个人信息主体时，我们会采取合理、有效的方式发布公告。 同时，我们还将按照监管部门要求，主动上报个人信息安全事件的处置情况	应详细说明： 网络运营者对个人信息进行安全保护的措施； 目前遵循的个人信息安全协议和取得的认证； 提供个人信息后可能存在的安全风险； 发生个人信息安全事件后的处理措施	《民法典》第1038条； 《网络安全法》第22条； 《消费者权益保护法》第29条、第56条； 《个人信息安全规范（2020）》第10条、第11条 《App违法违规收集使用个人信息自评估指南》第13条、第19条

续表

条款	条款示例	条款说明	法律法规
您的权利	按照中国相关的法律、法规、标准，以及其他国家、地区的通行做法，我们保障您对自己的个人信息行使以下权利： 1. 访问您的个人信息 您有权访问您的个人信息，法律法规规定的例外情况除外。如果您想行使数据访问权，可以通过以下方式自行访问：____。 如果您无法通过上述链接访问这些个人信息，您可以随时使用我们的 Web 表单联系，或发送电子邮件至____。 我们将在 15 天内回复您的访问请求。 对于您在使用我们的产品或服务过程中产生的其他个人信息，只要我们不需要过多投入，我们会向您提供。如果您想行使数据访问权，请发送电子邮件至____。 2. 更正您的个人信息 当您发现我们处理的关于您的个人信息有错误时，您有权要求我们作出更正。您可以通过“1. 访问您的个人信息”中罗列的方式提出更正申请。 如果您无法通过上述链接更正这些个人信息，您可以随时使用我们的 Web 表单联系，或发送电子邮件至____。 我们将在 15 天内回复您的更正请求。 3. 删除您的个人信息 在以下情形中，您可以向我们提出删除个人信息的请求： （1）如果我们处理个人信息的行为违反法律法规； （2）如果我们收集、使用您的个人信息，却未征得您的同意； （3）如果我们处理个人信息的行为违反了与您的约定； （4）如果您不再使用我们的产品或服务，或您注销了账号； （5）如果我们不再为您提供产品或服务。 若我们决定响应您的删除请求，我们还将同时通知____从我们获得您的个人信息的实体，要求其及时删除，除非法律法规另有规定，或这些实体获得您的独立授权。 当您从我们的服务中删除信息后，我们可能不会立即在备份系统中删除相应的信息，但会在备份更新时删除这些信息。	应说明个人信息主体对其个人信息拥有何种权利。 内容包括但不限于：信息收集、使用和公开披露时允许个人信息主体选择的个人信息范围，个人信息主体所具备的访问、更正、删除、获取等控制权限，个人信息主体隐私偏好设置，个人信息主体可以选择的通信和广告偏好，个人信息主体不再使用服务后撤回授权同意和注销账户的渠道、个人信息主体进行维权的有效渠道等	《民法典》第 1037 条； 《网络安全法》第 43 条、第 64 条； 《电子商务法》第 18 条、第 24 条、第 27 条、第 76 条； 《个人信息安全规范（2020）》第 8 条； 《App 违法违规收集使用个人信息自评估指南》第 15 条、第 30 条、第 31 条

续表

条款	条款示例	条款说明	法律法规
您的权利	4. 改变您授权同意的范围 每个业务功能需要一些基本的个人信息才能得以完成。对于额外收集的个人信息的收集和使用，您可以随时给予或收回您的授权同意。 您可以通过以下方式自行操作：____。 当您收回同意后，我们将不再处理相应的个人信息。 5. 个人信息主体注销账户 您随时可注销此前注册的账户，您可以通过以下方式自行操作：____。 在注销账户之后，我们将停止为您提供产品或服务，并依据您的要求，删除您的个人信息，法律法规另有规定的除外。 6. 个人信息主体获取个人信息副本 您有权获取您的个人信息副本，您可以通过以下方式自行操作：____。 在技术可行的前提下，如数据接口已匹配，我们还可按您的要求，直接将您的个人信息副本传输给您指定的第三方。 7. 约束信息系统自动决策 在某些业务功能中，我们可能仅依据信息系统、算法等在内的非人工自动决策机制作出决定。如果这些决定显著影响您的合法权益，您有权要求我们作出解释，我们也将提供适当的救济方式。 8. 响应您的上述请求 为保障安全，您可能需要提供书面请求，或以其他方式证明您的身份。我们可能会先要求您验证自己的身份，然后再处理您的请求。 我们将在 15 天内作出答复。如您不满意，还可以通过以下途径投诉：___。 对于您合理的请求，我们原则上不收取费用，但对多次重复、超出合理限度的请求，我们将视情收取一定成本费用。对于那些无端重复、需要过多技术手段（例如，需要开发新系统或从根本上改变现行惯例）、给他人合法权益带来风险或者非常不切实际（例如，涉及备份磁带上存放的信息）的请求，我们可能会予以拒绝。		

续表

条款	条款示例	条款说明	法律法规
您的权利	在以下情形中，我们将无法响应您的请求： （1）与个人信息控制者履行法律法规规定的义务相关的； （2）与国家安全、国防安全直接相关的； （3）与公共安全、公共卫生、重大公共利益直接相关的； （4）与刑事侦查、起诉、审判和执行判决等直接相关的； （5）个人信息控制者有充分证据表明个人信息主体存在主观恶意或滥用权利的； （6）出于维护个人信息主体或其他个人的生命、财产等重大合法权益但又很难得到本人同意的； （7）响应个人信息主体的请求将导致个人信息主体或其他个人、组织的合法权益受到严重损害的； 涉及商业秘密的		
我们如何处理儿童的个人信息	1. 如果您是未满 14 周岁的儿童，则在完成账号注册前，还应请您的监护人仔细阅读专门制定的《儿童个人信息保护政策》【提供超链接】。只有在取得监护人对《儿童个人信息保护政策》的同意后，未满 14 周岁的儿童方可使用我们的产品或服务服务。 2. 如果没有监护人的同意，儿童不应创建自己的个人信息主体账户。 3. 对于经监护人同意而收集儿童个人信息的情况，我们只会在受到法律允许或监护人明确同意或者保护儿童所必要的情况下使用或公开披露此信息。 4. 如果我们发现自己在未事先获得可证实的监护人同意的情况下收集了儿童的个人信息，则会设法尽快删除相关数据	网络运营者应当设置专门的儿童个人信息保护规则和用户协议，并指定专人负责儿童个人信息保护	《儿童个人信息网络保护规定》第 1~4 条、第 7~28 条

续表

条款	条款示例	条款说明	法律法规
您的个人信息如何在全球范围转移	原则上，我们在中华人民共和国境内收集和产生的个人信息，将存储在中华人民共和国境内。 由于我们通过遍布全球的资源和服务器提供产品或服务，这意味着，在获得您的授权同意后，您的个人信息可能会被转移到您使用产品或服务所在国家 / 地区的境外管辖区，或者受到来自这些管辖区的访问。此类管辖区可能设有不同的数据保护法，甚至未设立相关法律。在此类情况下，我们会确保您的个人信息得到在中华人民共和国境内足够同等的保护。例如，我们会请求您对跨境转移个人信息的同意，或者在跨境数据转移之前实施数据去标识化等安全举措	应秉持个人信息应当在境内存储的基本原则。 如果因业务需求、政府和司法监管要求存在跨境信息传输情况，需详细说明需要进行跨境传输的数据类型，以及跨境传输遵守的标准、协议和法律机制（合同等）	《网络安全法》第37条； 《个人信息出境安全评估办法（征求意见稿）》全文； 《个人信息安全规范》第9条第8款； 《App违法违规收集使用个人信息自评估指南》第12条
本政策如何更新	1. 我们的个人信息保护政策可能变更。 2. 未经您明确同意，我们不会削减您按照本个人信息保护政策所应享有的权利。我们会在本页面上发布对本政策所作的任何变更。 3. 对于重大变更，我们还会提供更为显著的通知（包括对于某些服务，我们会通过电子邮件发送通知，说明个人信息保护政策的具体变更内容）。 4. 本政策所指的重大变更包括但不限于： （1）我们的服务模式发生重大变化。如处理个人信息的目的、处理的个人信息类型、个人信息的使用方式等。 （2）我们在所有权结构、组织架构等方面发生重大变化。如业务调整、破产并购等引起的所有者变更等。 （3）个人信息共享、转让或公开披露的主要对象发生变化。 （4）您参与个人信息处理方面的权利及其行使方式发生重大变化。 （5）我们负责处理个人信息安全的责任部门、联络方式及投诉渠道发生变化时。 （6）个人信息安全影响评估报告表明存在高风险时。 5. 我们还会将本政策的旧版本存档，供您查阅	网络运营者在隐私政策发生重大变化时，需及时更新隐私政策，并说明使用何种方式及时通知个人信息主体。通常情况下采取的通知方式如：弹出窗口、推送通知、发送邮件、短信等	《电子商务法》第34条； 《App违法违规收集使用个人信息自评估指南》第18条

续表

条款	条款示例	条款说明	法律法规
如何联系我们	如果您对本隐私政策有任何疑问、意见或建议，通过以下方式与我们联系：____。 我们设立了个人信息保护专职部门（或个人信息保护专员），您可以通过以下方式与其联系：____。 一般情况下，我们将在 15 天内回复。 如果您对我们的回复不满意，特别是我们的个人信息处理行为损害了您的合法权益，您还可以通过以下外部途径寻求解决方案：____	应对运营者基本情况进行披露，包括公司名称、注册地址、个人信息保护相关负责人联系方式。 应至少提供以下一种用户投诉渠道：电子邮件、电话、传真、在线客服、在线表格等方式	《网络安全法》第 49 条； 《电子商务法》第 59 条； 《App 违法违规收集使用个人信息自评估指南》第 9 条、第 16 条、第 32 条

2. 隐私政策条款常见不合规情形。

根据《App 违法违规收集使用个人信息行为认定方法》《App 违法违规收集使用个人信息自评估指南》及工信部系列行政处罚公告（如《关于侵害用户权益行为的 APP（第一批）通报》），我们可以总结出一些常见的 APP 隐私政策条款不合规情形：

（1）隐私政策未完整列举其收集、使用的用户信息或运营者超出隐私政策所列范围收集、使用用户信息；

（2）隐私政策中未能详细列明第三方 SDK 收集使用个人信息的目的、方式、范围，或未在隐私政策中插入第三方 SDK 目录；

（3）隐私政策中未提供用户投诉、申诉、反馈渠道（一般投诉渠道有：电子邮件、电话、在线客服等方式）；

（4）隐私政策中未提供有效的更正、删除个人信息及注销用户账号功能，或为以上操作设置不必要或不合理条件，或未能及时响应以上操作；

（5）未对 14 岁以下儿童制定专门的儿童个人信息保护政策等。

网信办、工信部门、网安等均有权就隐私问题对网络运营方处以处罚。这意味着，网络运营方将会受到多方监管，被监察到无隐私政策或隐私政策不合规从而被处罚的概率也大大增加。

虽然上述规定、公告是针对 APP 的，但也可以作为一般网站、软件的隐私政策的注意事项参考。

7.3 最终用户协议

最终用户协议，是网站与用户之间就用户登录注册、网站使用许可及使用规范作出的约定。

（注意本单元所说的网站，包括网页、APP、小程序等各类互联网端口）

7.3.1 宏观—合同类型

最终用户协议是一种无名合同，同时也已经成了一种常见的、独具特色的合同类型。从合同类型的角度大致可以如下认识：

1. 包含有软件许可使用合同的因素。

因此会有：许可使用、使用注意事项、免责、著作权声明等内容。

2. 包含服务合同的因素。

用户使用网站，也就是网站在对用户提供服务，因此会有服务合同的一些因素，例如，责任限制等。

如果涉及收费项目，一般会在订单协议中对服务内容进行说明。但是最终用户协议中还是可能就一般服务范围、责任承担等内容作出说明。这样订单协议中只需要就具体收费项目进行说明。

3. 交易平台型网站需要明确定性双方关系或者说是合同类型。

以下是滴滴出行曾经使用的某个《专车使用条款》版本中的某个段落（下划线为额外添加）：

“为了避免误解，特澄清如下：滴滴打车信息平台提供的不是出租、租车及/或驾驶服务，我们所提供的仅是租赁车辆及驾驶人员的相关信息。租车服务是由租车服务供应商提供的，而驾驶服务是由驾驶服务供应商提供。我们只是您和供应商之间的信息平台。因此，租车服务供应商向您提供的租车服务受到您与租车服务供应商之间协议条款的约束（见附件一）；驾驶服务供应商向您提供的驾驶服务受到您与驾驶服务供应商之间的协议条款的约束（见附件二）。”

而另一家“Uber”的某个用户协议版本中也有类似的条款：

“为了避免疑问，特澄清如下信息：Uber本身不提供汽车服务，并且Uber也不是一家承运商。汽车服务是由汽车服务提供商提供的，您可以通过使用应用程序和/或服务发出请求。Uber只是充当您和汽车服务提供商之间的中间人。因此，汽车服务提供商向您提供的汽车服务受到您与汽车服务提供商之间（将要）签订的协议的约束。Uber绝不是此类协议中的一方。”

交易平台型网站是由第三方向用户提供服务的，网站只是起到中介、信息技术服务的作用。自己向用户提供服务，相对于协助第三方向用户提供服务，前者责任要重得多，还涉及资质等方面问题（资质是由第三方负责的，自己可能没有资质）。因此交易平台型网站必须把平台与用户之间的关系重点的、明确的界定清楚。一般来说，会界定网站方与用户双方为技术服务、信息服务或中介服务，同时明确说明该项产品、服务由第三方提供，产品、服务本身产生的争议，用户应向第三方主张权利。

7.3.2 宏观—合同主体

平台型网站上可能有多类主体。例如，天猫网站的用户包括普通买家，也包括商户（卖家），两者权利义务不同。此时一般会设置多类用户协议，根据用户的不同身份由用户确认。

7.3.3 中观—合同形式

1. 一般特点。

前面已经对包括最终用户协议在内的互联网协议的特点进行说明。这包括：

（1）这是一种电子合同，文本形式（例如，首尾部）与线下签署的不同；

（2）这是格式条款，因此需要对重点条款进行突出提示；

用户协议中需要突出提示的重点条款一般是违约责任、对运营方的限制责任或免责、知识产权、电子商务方面条款，特别重要的，除在协议中突出显示外，还要考虑单独再次列明或以弹窗提示。

（3）最终用户协议除隐私政策外，往往会配套各种平台规则等，因此需要在最终用户协议中说明将隐私政策、平台规则等一并作为协议内容，用户同样需要遵守。

2. 最终用户协议与订单协议、平台规则的内容搭配。

订单协议与最终用户协议都是为了对用户注册登录、使用网站所涉及的权利义务进行约定，两者之间的内容并非泾渭分明。正如当事人将权利义务的约定放在一个合同中约定还是拆成多个合同约定，都不影响法律效力一样，订单协议与最终用户协议的内容条款也没有截然区分。

总体来说，用户注册登录、对网站的一般性使用的规则由最终用户协议来规定，并以平台规则为配套。与具体服务项目、具体某笔交易相关的约定，则由订单协议来约定。但是，与收费服务相关但又具有通用性的规则仍可能放到最终用户协议及平台规则中来约定。例如，电子商务网站可能会直接就订单、配送、交付、第三方商家、各方关系等内容写在最终用户协议里面。

前面也提及，对于大型平台型网站，订单协议、最终用户协议、平台规则可能会多达数十个文件。究竟哪些内容放在哪个文件中，要根据这些文件之间的整体搭配、结构综合考虑。总的原则应该是，既考虑主次、层级，又考虑“各管一摊”。

总体来说，律师要注意，涉及收费服务（包括服务内容、服务模式、责任限制）方面的约定要比一般的注册登录、网站一般使用规则更为重要，更需要认真审核。

7.3.4 微观—合同条款

一、部分特色条款

下面这些条款在除了互联网协议之外的所有合同中，几乎都不会遇到。

（部分也适用于隐私政策，可适当参考）

1. 协议版本日期。

（1）模式一：初次发布。

发布日期：______年____月____日

（2）模式二：修改后更新。

更新日期：______年____月____日

生效日期：______年____月____日

如您在更新日期至生效日期期间注册，应适用旧版协议（协议链接：________）。

2. 导言 / 提示条款。

（1）欢迎语。

例如，欢迎您使用______软件及服务！

（2）特殊提示介绍。

相关条款：5431 特别提示介绍

（3）签约行为界定。

相关条款：5432 签约行为界定

（4）未成年人提示。

模式一：儿童与未成年人分级管理。

相关条款：5433 分级管理

模式二：未成年人统一管理。

相关条款：5434 统一管理

3. 协议范围。

（1）签约主体 / 协议适用主体。

相关条款：5435 签约主体　5437 协议适用主体

（2）协议关系。

本协议与配套协议。

相关条款：5438 与配套协议的关系

本协议与将来的协议。

相关条款：5439 与将来协议的关系

4. 合同内容变更。

相关条款：5441 内容变更 简单　5442 内容变更 复杂

5. 签名盖章。

最终用户协议通常不需要签名盖章栏，用户在网站注册并点击同意网站出示的协议，即视为签名盖章。

二、管辖条款

相当一部分网站的最终用户协议会约定由网站运营方所在地法院管辖（或者是被告所在地法院管辖，其效果类似），或者约定仲裁。对此，《最高人民法院关于适用〈中华人民共和国民事诉讼法〉的解释》第 31 条规定：经营者使用格式条款与消费者订立管辖协议，未采取合理方式提请消费者注意，消费者主张管辖协议无效的，人民法院应予支持。互联网协议中的管辖条款因为肯定是格式条款，同样受该条规定约束。

实务中不少判例认定互联网协议中的这种管辖条款因违反格式条款的有关规定而无效。但这并非绝对的、确定的无效，如果符合法律规定的特别提示、说明的要求，未必不能被认定为有效。

“中国法院网”有一则“用户起诉 ofo 小黄车，法院为何管不了？”的报道，大致内容是：原告陈先生将“ofo 小黄车”的运营商起诉至法院，要求返还其所支付的 3 元骑行费用。审理过程中，运营商向法院提交了用户注册协议，其中第 15 条显示，凡因本协议引起的或与本协议有关的任何争议，均应提交中国国际经济贸易仲裁委员会，按照申请仲裁时现行有效的仲裁规则进行仲裁。法院经审理后认为，陈先生通过用户注册协议已经与运营商达成了协议，约定双方所生争议由中国国际经济贸易仲裁委员会进行仲裁，故法院依法裁定驳回了陈先生的起诉。

事实上，网站运营方可能有这种心态：即使被认定无效，对网站运营方来讲也没有什么损失，还给消费者的起诉增加了一些成本，因为需要先解决管辖争议。如果约定仲裁管辖，无论争议金额多小，仲裁费用最低也是几千元甚至上万元，这样也使一些消费者知难而退，这样就达到了网站运营方的目的。这使现在很多网站约定了仲裁，虽然所涉及的纠纷金额往往很小。当然从维护消费者权益的角度，对这种心态应予以批评。

以上分析也适用于订单协议等可能约定管辖条款的协议。

7.4 订单协议

隐私政策是针对用户信息的搜集与保护，最终用户协议是针对用户的登录注册、对网站的一般性使用注意事项。而当用户开始在网站上浏览商品、选择商品到付款、生成订单，到服务完成、收到商品，这个交易过程所涉及的合同文件，则是这里所要讨论的“订单协议”。

（注意这里中说的“商品”包括各类产品、服务）

7.4.1 宏观—合同类型

1. 订单协议本身可能对应多种合同类型。

这很好理解，合同类型取决于用户购买的是什么商品或服务，相应的可能是买卖合同、中介合同、运输合同、服务类合同等。

交易平台型网站上面的交易，或者组合型的服务，其中还可能涉及多个主体之间的多种合同关系的组合。例如，第三方提供物流服务、特定技术服务（如人脸识别）等合同类型。

从这个角度，我们也可以说“订单协议”不是一种合同类型，而是一种特殊的合同形式。我们审查这些订单协议的时候，既要考虑本节所说的起草审查要点，同时也要依据各方之间的实际关系（买卖、中介、运输）参考相应合同类型的起草审查要点。

2. 交易平台型网站需要明确地、重点地说明各方关系和合同类型和所承担的责任。

这些方面可能会在最终用户协议中说明。因为比较重要，在订单协议中再次予以明确也是有必要的。

一般来说，如果整个网站都是非自营型交易，那么直接在最终用户协议中说明也可以。如果网站上有自营，也有第三方卖家，那么在订单协议的明显位置明示该服务由哪一方提供是有必要的。

7.4.2 中观—合同形式

1. 订单协议的整体认识。

表 7–4 中对订单协议中的多类文件进行了整体介绍：

表 7–4 订单协议有关文本

阶段	订单协议相关文件	内容 / 操作	说明
了解商品	产品 / 服务信息	一般是通过商品详情页对产品、服务进行具体介绍	一般而言，电子商务网站的产品 / 服务信息属于要约，经用户提交订单成立合同之后应该作为合同内容，具有约束力（《民法典》合同编第 491 条第 2 款）； 同时也是广告，应符合广告法规
下单购买	电子订单	点击选择商品，提交订单、付款，手机里生成了一个订单	同时也可能是广告，应符合广告法规
	产品 / 服务协议	对其中部分事项以专门的互联网协议方式由用户确认	提交订单成功时合同成立，除非另有约定（《合同编》第 491 条第 2 款）； 《电子商务法》第 49 条第 2 款规定，电子商务经营者不得以格式条款等方式约定消费者支付价款后合同不成立；格式条款等含有该内容的，其内容无效
临时通知	临时通知公告	临时性的促销、特殊调整	可能根据其他协议的约定而有一定效力，也可能构成要约而产生约束力，或者可能影响合同解释

其实在线下协议中，也会有类似的阶段和文件。例如，先向用户发送广告传单，用户再购买，还可能有临时通知。但是线下交易中肯定应该以双方签署的书面合同为最重要的合同文件，广告宣传一般没有约束力（虽然根据《民法典》第 473 条的规定广告也可能构成要约）。线下交易中的合同中还可能约定，“本合同作为本次交易的全部约定，之前相关沟通、磋商过程中的文件均不具有约束力”。

但在线上交易中，因为所有的文本、协议都是格式条款，法律效力受到限制，用户也很难在网上消费时去认真看协议的具体内容，更关注的可能是商品详情的网页。因此律师要更加注意从网站广告通知、用户查看商品详情、选择商品、专门提示确示确认、下单购买的全过程去审核、设计交易过程中的各类文件。

2. 不同的网站，订单协议组成不同。

对于一般的电子商务网站，特别是自营型网站：采用“产品 / 服务信息 + 电子订单”模式即可。

下列特别情况下，可能需要专门的产品 / 服务协议，这包括：

（1）该商品的功能不是网站的基本功能，相对独立。例如，视频网站的 VIP 会员服务协议。

（2）该项商品涉及的权利义务关系较为复杂，有必要专门约定。例如，云服务协议。

（3）网站的一般商品是由网站自行提供的，而特定商品、特定的配套服务是由第三方提供，则往往需要配套专门产品协议，明确说明该商品的提供方、责任承担主体。

例如，配套的第三方资金监管服务协议、消费信贷协议等。

（4）监管要求的。

例如，对于网站方收集个人生物识别信息的情形，《个人信息安全规范》（国家标准）建议网站方单独向个人信息主体告知收集、使用个人生物识别信息的目的、方式和范围，以及存储时间等规则，并征得个人信息主体的明示同意。网站方出于合规考虑，会在用户使用网站的人脸识别服务前，要求用户阅读并同意专门的人脸识别服务协议。

3. 根据需要使用“可靠的电子签名”。

根据《合同编》第 401 条第 2 款规定，当事人一方通过互联网等信息网络发布的商品或者服务信息符合要约条件的，对方选择该商品或者服务并提交订单成功时合同成立，但是当事人另有约定的除外。可见，如果网站方并不愿意“提交订单成功即合同成立”，还需要特别的生效条件（也就是说网站方可能需要取消这个订单），那么就需要特别约定，这个约定需要以明确的方式告知当事人或由当事人特别确认。

注意根据《电子商务法》第 49 条第 2 款的规定，电子商务经营者约定用户付款后合同仍不成立是无效的。也就是说，电子商务网站最多只能约定“提交订单成功合同仍不成立”，不能约定“付款成功了合同仍不成立”。

7.4.3 微观—合同条款

一、合同成立时间

根据《民法典》合同编第 401 条第 2 款的规定，当事人一方通过互联网等信息网络发布的商品或者服务信息符合要约条件的，对方选择该商品或者服务并提交订单成功时合同成立，但是当事人另有约定的除外。可见，如果网站方并不愿意“提交订单成功即合同成立”，还需要特别的生效条件，那么就需要特别约定，这个约定需要以明确的方式告知当事人或由当事人特别确认。

二、合同标的

订单协议往往根据用户实际购买商品的情况，由系统自动生成交易标的的具体情况，例如，标的内容、数量、价款等。对此需关注的法律问题，主要不在于对订单协议内容的起草和审查，而更多的是提示在技术层面保证电子订单准确反映用户的订购情况，避免因订单内容错误等情形引发与用户的争议。这种争议可能不仅是合同争议，还可能涉及广告违法。

当合同标的是各种类型的服务时，需要注意在订单协议中对服务内容、服务期限、服务使用规则等有清晰的描述。在各类服务中，视频、音乐、游戏、云计算服务等“纯互联网服务”又是互联网协议中最常见、典型的一种。这些服务的提供和使用通常有一些固定的流程，例如，服务开通（包括其与费用支付流程的关系）、变更、退订、续订等。这些流程之于互联网服务，就像物流配送环节之于零售电商一样必要，订单协议对此应当清楚约定。

08

第八单元

婚姻家事类合同

8.1 婚姻家事类合同及文本综述

本单元分析婚姻家事类合同及文本，包括下列合同及文本：

- 夫妻关系类
  - 夫妻财产约定
  - 离婚协议
- 继承类
  - 遗赠扶养协议
  - 遗嘱（非合同）
- 其他协议
  - 收养 / 解除收养协议
  - 同居协议
  - 代孕协议
  - 赡养协议
  - 分家析产协议

在上述协议的分析中，适当对分居协议、夫妻忠诚协议等一些相关协议进行对比说明。

婚姻家事类合同有一些共通性特点，简要说明如下：

一、优先适用《民法典》婚姻家庭编，同时仍可适用《民法典》合同编

《民法典》合同编第 464 条规定，婚姻、收养、监护等有关身份关系的协议，适用有关该身份关系的法律规定；没有规定的，可以根据其性质参照适用本编规定。

在实务中，婚姻家事类合同可能适用原《合同法》的情形包括（目前还没有适用《民法典》合同编的判例）：

（1）身份关系中类似赠与的约定，可能适用原《合同法》对赠与合同的规定，特别是任意撤销权，这一点是实务中最容易导致争议、最值得注意的；

（2）可以适用“附条件生效合同”的相关规则；

（3）对方长期拖欠抚养费时，另一方可依据原《合同法》第 108 条的规定要求对方提前支付。

原《合同法》第108条规定：当事人一方明确表示或者以自己的行为表明不履行合同义务的，对方可以在履行期限届满之前要求其承担违约责任。

（4）适用原《合同法》的合同无效、合同解除等规则。[1]

二、自由约定空间主要集中在财产方面

婚姻家事关系不像民商事关系那样，以“意思自治”为基础，更多是基于公序良俗与强行性规范，因此各方通过协议自由约定的空间较小，使用的合同类型也较少。

可以认为，婚姻家事类合同自由约定的空间主要集中在财产方面，人身关系方面的自由约定空间较小。即使是在财产方面，如果约定明显损害公序良俗、损害人身自由，也可能无效（例如，忠诚协议中“净身出户”这样的约定）。

三、起草审查时应注意尺度，注意情感上的接受度

合同是权利义务的约定，而且是以经济利益方面的权利义务为主。对于为交易、为经济效益服务的一般民商事合同来说，起草审查就是要尽量明确双方权利义务分配，且落实到经济利益上面。

但婚姻家事毕竟不同于一般商业交易，各方也不是交易对手关系。婚姻家事类合同，归根结底应当服务于当事人的婚姻家庭幸福（就好像一般民商事合同应服务于当事人的经济效益一样），而这主要取决于各方感情，并不取决于与婚姻家事相关的法律，也不主要取决于双方签订的合同。如果在合同条款细节上像民商事合同一样过于计较、过于强调己方利益，反而可能不利于婚姻家庭幸福。在实务中曾经见过有的律师起草的夫妻协议，甚至连每周哪几天由男方做家务、哪几天由女方做家务这种事情也事无巨细地约定，这种约定对婚姻家庭幸福恐怕并无好处，当事人恐怕也不乐于见到这样的约定。

因此在婚姻家事类合同的起草审查中，律师应抓大放小，保证当事人最核心、最主要的利益，同时考虑双方情感上的接受度。这一点应该贯穿于婚姻家庭类合同起草审查的始终，在运用本单元所说的所有起草审查知识时，都应该考虑到这一点。

四、考虑见证、配偶及家庭成员确认、公证等安排

婚姻家事类合同多为自然人签署，容易出现反悔、签名不真实等情形。婚姻

[1]《〈合同法〉在行政协议、婚姻家庭协议、劳动合同中的适用》，载微信公众号“法天使”2020年3月16日。

家事类合同往往要考虑与其共同生活的配偶、家庭成员的意见（即使有些在法律上并不需要）。

因此在实务中往往要配套采取下列做法：

1. 亲友在协议下方作为见证人签署。

一方面见证签署过程的真实性，另一方面亲友可以督促或配合对方履行。

2. 配偶、家庭成员在协议下方签署表示同意。

3. 公证或律师见证，以保证协议真实有效。

8.2 夫妻财产约定

《民法典》第1065条规定，男女双方可以约定婚姻关系存续期间所得的财产以及婚前财产归各自所有、共同所有或者部分各自所有、部分共同所有；如无约定或约定不明，则适用《民法典》第1062条、第1063条的法定夫妻财产分配制度。

有学者认为“婚内财产分割协议，并不是夫妻约定财产制”，[1]但这也只是一种理论上的说法。从合同起草审查的角度，无须进一步区分“婚内财产分割协议”或“夫妻约定财产制”，只要是夫妻对财产归属进行约定，均可以参照本节内容处理。

实务中夫妻双方对财产进行约定的情形多种多样，可能在婚前、婚后、婚姻出现危机时，可能是全面的财产约定，也可能仅针对部分财产，可能在分居协议、夫妻忠诚协议这类协议中对财产约定作出安排，这些都可以参照本节内容进行起草审查。

8.2.1 宏观—合同类型

一、夫妻财产约定与离婚协议

1. 使用场景及约定内容不同。

夫妻财产约定一般是在结婚前或婚姻存续期间安排双方财产；离婚协议则是在离婚前或离婚登记时适用，内容不仅包括财产分配，还涉及子女抚养等事宜。

2. 生效条件不同。

夫妻财产约定签署即生效（已婚的情况下）；而离婚协议即使签订，协议离婚未成或一方在离婚诉讼中反悔的，离婚协议并不生效。另外《民法典》第1077条新增了关于离婚冷静期的规定，这意味着协议离婚的时间拉长，不确定性增大。

---

[1] 程啸：《婚内财产分割协议、夫妻财产制契约的效力与不动产物权变动》，载微信公众号“海坛特哥”2020年11月3日。

3. 从合同类型选择的角度，当事人如希望协议签署即生效，则应选择夫妻财产约定，包括：

（1）如果夫妻双方仅对部分财产归属达成一致，可对该部分财产签署夫妻财产约定作出安排。

（2）可以考虑同时签署“离婚协议＋夫妻财产约定”两份文件，在财产约定中直接确定财产（哪怕只是部分）的归属。

（3）在使用夫妻财产约定时，即使确实背景原因是离婚，协议中也不要出现类似离婚协议中的条款，如不宜使用“如果离婚就按此协议的规定来分配财产”之类的表述。

（4）如果当事人仍选择签署离婚协议，则律师应向当事人明确提示：离婚协议并非签署即生效，我方和对方仍可反悔。

二、夫妻财产约定与赠与合同

夫妻财产约定中如果涉及一方将个人财产赠与另一方或者共有，有可能适用赠与合同的规定，从而要注意赠与一方可能主张任意撤销权。不过，夫妻间赠与财产的任意撤销权是比较明确的。

《民法典婚姻家庭编司法解释（一）》第32条规定：“婚前或者婚姻关系存续期间，当事人约定将一方所有的房产赠与另一方或者共有，赠与方在赠与房产变更登记之前撤销赠与，另一方请求判令继续履行的，人民法院可以按照民法典第六百五十八条的规定处理。”

可见夫妻对赠与房产的任意撤销权是比较明确的，其他财产如果能证明确实是一方向另一方的赠与按理也应该有任意撤销权。

因此，对于房产及大额财产的赠与（包括财产部分份额的赠与，也就是从个人财产改为夫妻共有），可参照“赠与合同”的起草审查措施，包括：

1. “受赠与方”应注意在合同中明确设置限制或排除任意撤销权的条款。

相关法律司法解释虽均未明确，但根据最高人民法院民一庭的观点，“赠与人自愿放弃自己的民事权利应受到法律保护，行使任意撤销权应受到一定限制，故应认定夫妻房产赠与合同中的放弃任意撤销权的约定有效”。[1]

反之，如果是“赠与一方”当事人则可以保留协议中隐含的任意撤销权（虽

[1] 最高人民法院民事审判第一庭编著：《最高人民法院婚姻法司法解释（三）理解与适用》，人民法院出版社2015年版，第113~114页。

然有争议），如有变故可通知撤销赠与。

2. 尽快办理不动产物权变更登记。

3. 办理公证。

相关课程：《合同起草审查指南：常用合同卷》“赠与合同”

三、夫妻财产约定与忠诚协议

“忠诚协议”主要约定：如果夫妻中一方违反了对配偶忠诚的这类义务（例如，出轨），则应承担“将夫妻共同财产全部归无过错方所有”或类似的责任（俗称“净身出户”）。这与一般夫妻财产约定不同，可以理解为是一种“以惩罚性违约责任为基础的夫妻财产约定”，约定的效力存在争议。

如果希望夫妻忠诚协议尽量有效，那么应该考虑如下措施：

1. 尽量使用不以“惩罚性违约责任”为前提的正常夫妻财产约定形式。

既然夫妻忠诚协议可能有争议，那么就应该尽量避免使用。这包括：

（1）如果一方缺乏安全感，且双方能取得一致，则应直接签署夫妻财产约定，将部分财产约定归属到己方名下。

（2）无论是否事先签署了夫妻忠诚协议，如果双方真的出现危机，可争取补充签署一份夫妻财产约定，直接约定相关财产的归属。

这有点类似于“事先签署的流押约定无效，但是债务已经到期时签署的以物抵债约定有效”。

2. 如果要使用夫妻忠诚协议或“惩罚性违约责任”的类似做法，则要注意：

（1）协议仍应命名为“夫妻财产约定”，内容表述各方面尽量参照夫妻财产约定。

如开头应表述为“双方经平等自愿协商，依据《民法典》第 1065 条对夫妻财产进行分配”。

（2）类似违约责任这样的条款也应适当突出显示，可以由双方在签署处专门确认一下效力，以避免一方反悔。

（3）采取“有利于己方的正常夫妻财产约定 + 违约责任条款”的做法。

即使“违约责任条款”无效，正常夫妻财产约定部分仍可有效。

（4）“违约责任条款”不宜太过严苛，不要采取“净身出户”（一方完全丧失夫妻共同财产）的做法。

（5）可以考虑由亲友作为见证人同时签署，以强化效力。

这种效力主要是心理上的，但对于法院认定协议有效也有一定的作用。

资 料　　夫妻忠诚协议的效力

实务中，夫妻忠诚协议是否能得到支持存在争议，实务中大致存在如下几种判例：

1. 有法院支持忠诚协议中关于财产的约定。

如在四川省成都市中级人民法院（2019）川01民终1078号民事判决书中，法院认为：刘某、杨某均为具备完全民事行为能力的成年人，签订的《婚内忠诚协议》系双方当事人真实意思表示，不违反法律、行政法规的禁止性规定，亦无证据证明存在受胁迫、受欺诈、显示公平等情形，合法有效，一审法院予以确认。根据生效法律文书确认的事实，杨某在婚姻关系存续期间违反了上述协议约定，故应按上述协议约定承担“全部婚前财产及男女双方的夫妻共同财产将自愿赠与无过错方，归无过错方所有”的后果。

作出类似判决的法院一般认为：忠诚协议（包括类似承诺书、保证书）等虽由一方出具，但如不能举证《保证书》等系受欺诈或胁迫写就，应视为双方的真实意思表示，可视为夫妻财产约定。

2. 有法院以“忠诚协议不属于夫妻财产约定范畴、协议存在无效情形”等不支持忠诚协议约定。

（1）有法院认为忠诚协议不属于夫妻财产约定范畴。

江苏省高级人民法院民一庭于2019年7月出具的《家事纠纷案件审理指南》指出，忠诚协议及净身出户等协议出于情感道德，不属于对夫妻财产约定范畴。

浙江省高级人民法院民一庭2016年6月27日实施的《关于审理婚姻家庭案件若干问题的解答》，亦表明忠诚协议不属于原《婚姻法》第19条规定的夫妻财产约定，法院应根据实际情况对财产进行分割。

（2）协议可能因妨害婚姻自由或财产部分的承诺意思表示不真实而无效。

《民法典》第1065条规定，男女双方可以约定婚姻关系存续期间所得的财产以及婚前财产归各自所有、共同共有或部分各自所有、部分共同共有。并没有全部财产约定归一方所有的情形。因此，忠诚协议中有关于“谁提离婚，谁便净身出户”的类似约定，很可能因属限制离婚自由权而无效。

另外，实践中还有这种案例：当事人A签署协议，称婚后一切财产都无条件给予另一方B，不管因何事离婚，A都净身出户，财产自动转为B名下。法院认定这种承诺的真实目的是维护家庭和睦，为了稳定关系，而不是为了对婚后的财产进行约定，其有关财产的承诺都不是真实意思表示，故此协议不产生法律效力。[1]

3. 即使协议有效或被视为夫妻财产约定，法院也可能不按协议内容分配财产。

为平衡双方利益，若忠诚协议、承诺书中对违反方的惩罚过重，法院往往会在利益衡量的基础上，以显失公平为由对忠诚协议中的财产安排予以调整。

8.2.2 宏观—合同主体

1. 夫妻财产约定的主体需为夫妻或拟结为夫妻的当事人。

未婚同居、婚外同居者对财产关系的约定为一般民事约定，不适用关于夫妻财产约定的法规，可参见后文“同居协议”相关介绍。

2. 缔约双方必须具有完全民事行为能力。

夫妻双方应具有完全民事行为能力，一方无行为能力，或限制行为能力（如间歇性精神病患者在病发期间不具有行为能力的），不能约定。[2]

3. 处置财产涉及其他相关主体，应取得相关人员认可。

需要注意，如果处置父母、其他亲友的财产，或者所涉财产归属有争议时，最好同时由相关人员出具一个书面文件认可财产归属。

4. 夫妻双方或一方为外国人时可签订夫妻财产约定，可以适用外国法律。

《涉外民事关系法律适用法》第 24 条规定，涉外夫妻财产关系，当事人可以协议选择适用一方当事人经常居住地法律、国籍国法律或者主要财产所在地法律。当事人没有选择的，适用共同经常居住地法律；没有共同经常居住地，适用共同国籍国法律。

如果任何一方的国籍、经常居所地及财产等没有一项在境外，则依据《最高人民法院关于适用〈中华人民共和国涉外民事关系法律适用法〉若干问题的解释》第 1 条、第 6 条的规定，双方不能约定适用外国法律，即使约定也是无效的。

另外还可在约定中写明：“× 方已向律师咨询了解中国法律的有关规定”，以防按照外国法律，约定被认为显失公平影响效力。

注意，本小节内容以适用中国法律为前提。

---

[1]《“净身出户协议”究竟有没有法律效力？提醒：这 5 种情形无效！》，载微信公众号“山东高法”2018 年 10 月 17 日。

[2] 杨立新、郭明瑞、王丽萍、翟甜甜、李燕：《〈中华人民共和国民法典·婚姻家庭编〉释义》，人民出版社 2020 年版，第 71 页。

8.2.3 宏观—合同程序

一、夫妻财产约定与结婚程序

如果签署夫妻财产约定时，双方已经登记结婚，或者之后登记结婚，则约定自然生效。

如果签署夫妻财产约定后，双方出现变故并未结婚，那么这份约定的效力可作如下分析：

1. 如果之前明确约定合同必须在婚姻登记时才生效，则该合同处于未生效的状态。

显然根据婚姻自由的原则，任何一方也无法要求对方必须结婚。

2. 如果约定的是签约即生效，那么：

约定内容是对婚后财产的分配的，事实上不能发挥效力；

约定内容涉及婚前财产分配、赠与的，这些约定可能有效。但即使可能有效，还要考虑作为赠与时，赠与方可能享有的任意撤销权，以及对方可能主张这些约定均以结婚为前提，不结婚则不应履行。

总体来说，如果其中一方认为是否会结婚仍存在变数，希望无论最终是否结婚，都能够通过已经签署的协议取得一部分财产，那么在合同的表述中就要特别注意，同时还要考虑对其中涉及赠与的部分单独进行公证，并尽快通过交付、过户登记取得所有权。

二、夫妻财产约定与房产（不动产）登记程序

实务中夫妻共有房产被一方擅自处置所导致的纠纷非常之多，很多是因为房产登记的权属与实际权属不一致所导致的。下面简要说明一下与夫妻财产约定相关的法律后果和应对措施。

1. 夫妻对财产的分割约定，具有一种“物权”效力，虽然这有争议。

在唐凌诉李英爱、唐某夫妻财产约定纠纷案[1]中，男方与前妻之子要求分割男方的遗产——四套房产，但男方在生前与女方在分居协议中已经约定其中两套房产归女方所有，不过未离婚也未变更房屋产权登记，之后男方即去世。一审法院支持了男方之子的诉讼请求，二审法院改变了一审判决，认为那两套房应按分居协议约定属于女方所有，不能作为男方遗产。法院认为：“夫妻之间达成的婚内

[1] 北京市第三中级人民法院（2014）三中民终字第9467号。

财产分割协议……在不涉及婚姻家庭以外第三人利益的情况下，应当尊重夫妻之间的真实意思表示，按照双方达成的婚内财产分割协议履行，优先保护事实物权人，不宜以产权登记作为确认不动产权属的唯一依据。”

换言之，此时夫妻关于房产归属的约定具有一种物权效力，是《民法典》第209条“不动产物权变更以登记为准”的例外。以上述案件中二审法院的逻辑去推论，如果原告是男方个人债务的债权人（非男方与女方共同债务的债权人），则原告同样不能要求强制执行女方的那两套房，虽然那两套房仍登记在男方名下。然而，这是有争议的，从上述案件中一审、二审法院的判决不同就可见一斑。

2. 房产实际归属与登记不一致的，还需要考虑“善意取得”，即第三人利益的保护。

这个“善意取得”的尺度同样难以把握，未登记的夫妻一方存在房产被擅自处置的风险，第三人也存在不能“善意取得”的风险。具体可见“二手房（存量房）买卖合同”中的相关分析，这里不再赘述。

相关课程：《合同起草审查指南：常用合同卷》“二手房（存量房）买卖合同”

3. 应对建议：

其实对一方来说，总的原则就是：约定属于我方的，就尽量登记在我方名下，包括共有登记。

约定房产归我方，但却登记在对方名下，肯定是有风险，只是说风险大小不一，大致可按如下排列：

（1）房产本来是对方的，登记在对方名下，但约定归我方所有——风险最大，非常有必要登记在我方名下。

一来对方可能会主张“赠与合同的任意撤销权”，二来对方有可能擅自处置，第三人主张“善意取得”很可能获得支持。

（2）房产依法本为夫妻共有，登记在对方名下，但约定归我方所有——风险也比较大。

（3）房产登记为双方共有，但约定归我方所有——风险较小。

此时对方也很难绕开我方擅自处置房屋。

三、夫妻财产约定与有限责任公司股权安排

股权无法同时登记在两人名下，有限公司的“人合性”也要求新加入股东必须考虑其他股东过半数同意、优先购买权等。另外，有的公司章程还可能对夫妻分割股权作出特别规定（例如，其他股东有权以约定价格受让股权），需要查询公司章程再作相应处理。这就意味着，仅由夫妻双方自行约定股权的归属并不能完全实现目的。

仅从夫妻财产约定的角度，可以考虑采取下列做法之一：

（1）事先由双方均持有一定股权，并约定股权的分配比例。

此时双方都是股东（一方可以只需要象征性持有少量股权），而股东之间转让股权不存在优先购买权，其他股东过半数同意这些程序。这意味着，双方能够按照约定转让、分配股权。

例如，女方名下有10万元出资，男方名下有1000万元出资，双方约定男方名下出资是夫妻共同财产，则离婚时女方可以要求取得男方名下出资额的一半（一般情况下）。此时，无须考虑其他股东的意见及优先购买权。

（2）登记在一方名下，约定离婚时对另外一方的现金补偿方案。

此时另外一方不能要求得到股权，但可以按照约定取得现金补偿。

（3）登记在一方名下，约定属于夫妻共同财产或按比例分配股权。

此时应注意，因为存在其他股东同意、优先购买权等问题，最终非股东的一方也许能得到股权成为股东，也许只能得到其他股东行使优先购买权而支付的对价。依据为《民法典婚姻家庭编司法解释（一）》第73条：

人民法院审理离婚案件，涉及分割夫妻共同财产中以一方名义在有限责任公司的出资额，另一方不是该公司股东的，按以下情形分别处理：

（一）夫妻双方协商一致将出资额部分或者全部转让给该股东的配偶，其他股东过半数同意，并且其他股东均明确表示放弃优先购买权的，该股东的配偶可以成为该公司股东；

（二）夫妻双方就出资额转让份额和转让价格等事项协商一致后，其他股东半数以上不同意转让，但愿意以同等条件购买该出资额的，人民法院可以对转让出资所得财产进行分割。其他股东半数以上不同意转让，也不愿意以同等条件购买该出资额的，视为其同意转让，该股东的配偶可以成为该公司股东。

用于证明前款规定的股东同意的证据，可以是股东会议材料，也可以是当事人通过其他合法途径取得的股东的书面声明材料。

当然，也可以考虑事先就由其他股东表示同意该股权比例、同意另外一方成为股东。但如果这样，则不如直接采取第1种方案，将另一方也登记为股东。

四、夫妻财产约定与股份公司股份安排

《民法典婚姻家庭编司法解释（一）》第72条规定，夫妻双方分割共同财产中的股票、债券、投资基金份额等有价证券以及未上市股份有限公司股份时，协商不成或者按市价分配有困难的，人民法院可以根据数量按照比例分配。可见股份、股票可直接按比例分配，不涉及其他股东、目标公司等程序。但上市公司的股份代持可能被认定违法无效。

相关课程：《合同起草审查指南：常用合同卷》“‘合同类型’（二）：常用合同类型说明”中的资产代持类合同

基于上述分析，夫妻财产约定中关于股份有如下几种做法：

1. 约定属于夫妻共同财产。

此时未登记的一方在离婚时也有权要求分配股份。

对于登记的一方，如果不希望另一方直接分割股份，则需要在协议中明确约定另一方仅共同享有股份财产价值，不得要求直接分割股份，以免离婚时直接对股份本身进行分割。这对上市公司大股东来说有特别意义，实践中不乏上市公司因大股东离婚导致实际控制人变动。

2. 对于非上市公司股份，直接约定各方股份比例。

这是可以的，无论登记在哪一方名下，另一方在离婚时可以要求法院按约定的比例分配（前提是没有被处分）。

3. 对于上市公司股份，不作为夫妻共同财产，约定与登记不一致的股份分配比例。

注意这种做法存在股份代持的风险，非登记一方难以要求取得约定的股份，只能请求现金补偿（而且会有争议）。

因此最好的做法是签订协议后，直接将股份过户到另一方名下，达到“名实一致”。

五、公证程序可适当强化夫妻财产约定的效力

根据法律规定，夫妻财产约定只要夫妻双方有效签署，无须公证即可生效。

但约定中如涉及本属于个人财产的赠与，则可能会有任意撤销权。此时如经过公证，赠与人就不能任意撤销了。

六、夫妻财产约定与离婚程序

婚姻关系存续期间，法院一般不支持按照夫妻财产约定分割共同财产。因此夫妻财产约定对共同财产的分割实际上只有离婚时才真正发生效力。

不过，《民法典》第1066条规定了下列特殊例外情形：

婚姻关系存续期间，有下列情形之一的，夫妻一方可以向人民法院请求分割共同财产：

（一）一方有隐藏、转移、变卖、毁损、挥霍夫妻共同财产或者伪造夫妻共同债务等严重损害夫妻共同财产利益的行为；

（二）一方负有法定扶养义务的人患重大疾病需要医治，另一方不同意支付相关医疗费用。

8.2.4 中观—合同形式

1.《民法典》第 1065 条规定，夫妻财产约定应当采用书面形式。也即如果双方要采取与法定财产制不一样的财产分配，必须签署书面的夫妻财产约定，否则不发生效力。如果只有口头等方式约定，就等于没有约定。如果双方本意就是按照法定财产制来处理夫妻财产，那么就没有必要签署夫妻财产约定。

所谓书面形式，是指双方签名的书面合同形式。实务中有时还会使用保证书、承诺书这样单方签署的书面形式；这类形式不一定无效（因为也是书面形式），但容易引发争议。因此还是建议采用书面合同形式，由双方签署。

2. 实务中单项的、部分的或全面的夫妻财产约定均有采用。

夫妻财产约定可能在婚前或婚后签署，可能在双方觉得有必要时（如婚姻出现状况、进行某些大额投资）签署，也完全可能仅针对单项财产、部分财产进行专门约定。这意味着，夫妻财产约定可能很简单，可能只是“分居协议”这样的协议中的财产约定条款，也可能很全面详细，还可能是在婚前、婚后签署的多份文件。

如果是陆续签订多份文件，则需要考虑文件之间的协调冲突问题。如果不冲突（例如，针对不同的财产），可说明之前双方签署的约定继续有效；如果有冲突，则应该说明之前的约定失效或说明以当前的约定为准。

3. 夫妻财产约定涉及人身关系的，不能采用电子合同（电子签名）。

根据《电子签名法》第 3 条的规定：

民事活动中的合同或者其他文件、单证等文书，当事人可以约定使用或者不使用电子签名、数据电文。当事人约定使用电子签名、数据电文的文书，不得仅因为其采用电子签名、数据电文的形式而否定其法律效力。

前款规定不适用下列文书：

（一）涉及婚姻、收养、继承等人身关系的……

8.2.5 微观—合同条款

一、协议名称

《民法典》对夫妻财产约定相关规定使用的是“约定”的表述，并未提到协议。因此在实务中，很多律师将此类协议的标题定为“夫妻财产约定”，同时实务中“婚前财产协议、夫妻财产协议”的标题也都有使用，这些标题都是可以的。

如前所述，因为夫妻忠诚协议的效力存在争议，不宜使用“忠诚协议”这样的名称。即使确实是夫妻忠诚协议，也可以按夫妻财产约定命名。

二、夫妻财产约定整体结构

整体上参考“三点一线法”，大致如下：

- 合同首部
  - 合同标题：夫妻财产约定
  - 合同主体：男方 + 女方
  - 婚姻情况（鉴于）
- 主体部分（财产分配条款）
- 配套条款
  - 附则
- 合同签署部分

三、财产分配条款常规结构

全面的夫妻财产约定的财产分配条款部分一般可以采取下列结构：

1. 婚前。

（1）属于男方的财产

（2）属于女方的财产

（3）共同财产

（4）兜底约定

2. 婚后。

（1）属于男方的财产

（2）属于女方的财产

（3）共同财产

（4）婚后债务处理

（5）兜底约定

①法定共同财产制

②绝对共同财产制

③分别财产制

结构说明：

1. 上述结构是比较全面的、通用的条款结构，可根据实际要针对的财产、实际采取的财产制度情况适当简化。例如，可能没有婚前部分、婚后债务部分，或者仅针对某一项财产专门约定。

2. 实务中的夫妻财产约定，无论采取的是哪一种财产制度，多少都有必要说明哪些属于男方、哪些属于女方，其余的要再采取哪种安排。

3. 注意：兜底约定可以没有；如果没有，就等于表明“未做约定的，按法定财产制处理”。

因此，采取类似上面的条款结构，既能做到全面，又能根据实际灵活处理。

4. 虽然根据《民法典》第1065条及学理认识存在“分别财产制、绝对共同财产制、部分共同财产制”，但在实际约定时，一般都只是在前面分别说明哪些财产归一方所有或共同所有之后，再兜底性的约定“未作约定的婚后财产”采取哪种处理方式。

相关条款：5346 分别财产制　5332 绝对共同财产制

四、其他条款要点

1. 家务补偿。

家务补偿一般是指对全职在家的一方进行补偿。对夫妻财产约定中进行此类约定在实务中并不常见，缺少明确法律依据。

全职在家的一方，可以直接在夫妻财产约定中要求更多的财产作为己方的个人财产，退而求其次，也可以考虑专门使用此类家务补偿约定。如果离婚，可以据此约定向法院主张在分割财产时要求补偿。不离婚的情况下，这种约定似乎缺少实际作用。

相关条款：5335 家务补偿 简单　5338 家务补偿 详细

2. 房贷与房租。

（1）婚前买房婚后共同还贷的处理。

根据《民法典婚姻家庭编司法解释（一）》第78条的规定：“夫妻一方婚前签订不动产买卖合同，以个人财产支付首付款并在银行贷款，婚后用夫妻共同财产还贷，不动产登记于首付款支付方名下的，离婚时该不动产由双方协议处理。依前款规定不能达成协议的，人民法院可以判决该不动产归登记一方，尚未归还的贷款为不动产登记一方的个人债务。双方婚后共同还贷支付的款项及其相对应财产增值部分，离婚时应根据民法典第一千零八十七条第一款规定的原则，由不动产登记一方对另一方进行补偿。”也就是说，另外一方只能得到现金补偿，但是法院会考虑房产增值的部分。

如果另外一方希望得到房产，或者希望更有利于己方，则需要在协议中特别约定。

相关条款：5341 婚后还贷处理

（2）个人房产在婚后产生的房租。

• 多数观点认为：房屋租金应认定为夫妻共同财产。

理由一：出租房应当履行租赁物的维修义务，应当保障租赁物的居住安全，其获得的租金往往需要投入更多的管理或劳务，因此租金收益应当属于夫妻共同所有。[1]

理由二：个人财产的自然增值也属于个人财产；一方个人所有的房屋婚后用于出租，其租金收入属于经营性收入，应认定为夫妻共同财产。[2]

• 也有观点认为租金为法定孳息的一种，个人房产的租金收入为个人财产。

为了避免争议，涉及大额租金收入的，建议直接约定房租归属。

3. 管辖。

注意，夫妻财产约定不能约定管辖。如果约定，也是无效的，不过不会影响其他条款的效力。

4. 抚养费。

婚姻关系存续期间，双方也可能就子女的抚养费问题作出约定，这主要出现于约定分别财产制的情形。

相关条款：5342 抚养费安排

其他关于子女抚养的问题，一般是进入离婚环节需考虑的问题，夫妻双方在财产约定中如涉及对抚养权、抚养费等内容作出约定，一旦发生争议进入诉讼，

[1] 最高人民法院民事审判第一庭编著：《最高人民法院婚姻法司法解释（三）理解与适用》，人民法院出版社2015年版。

[2] 最高人民法院民事审判第一庭：《个人所有房屋的婚后收益认定及其处理》，载最高人民法院民事审判第一庭编：《民事审判指导与参考》2013年第4辑，人民法院出版社2014年版，第118~123页。

法院很可能认定这实质上是离婚协议，从而判定未登记离婚，协议未生效，关于财产部分的约定也不生效。

因此，夫妻财产约定中，没有必要提前约定离婚时的子女抚养权归属及抚养费问题，但可根据情况，考虑变通使用赠与合同的方式，实质上将财产分配给子女所有。

8.3 离婚协议

《民法典》第1076条规定：夫妻双方自愿离婚的，应当签订书面离婚协议，并亲自到婚姻登记机关申请离婚登记。离婚协议应当载明双方自愿离婚的意思表示和对子女抚养、财产以及债务处理等事项协商一致的意见。因此，离婚协议就是登记离婚时双方签订的关于自愿离婚、子女抚养、财产与债务处理事宜的协议。

8.3.1 宏观—合同类型

离婚协议与夫妻财产约定的辨析请见“夫妻财产约定”一节。

一、离婚协议与分居协议

1. 分居协议主要作为诉讼离婚的准备；离婚协议主要用于登记离婚。

当夫妻双方选择诉讼离婚时，根据《民法典》第1079条的规定，因感情不合分居满2年是调解无效、法院应当准予离婚的情形之一。此时，分居协议可以作为“因感情不和分居满两年的”主要证据，但不能凭借分居协议直接要求对方必须离婚。

2. 约定内容上的差异。

分居协议重点是对分居时间、分居期间权利义务（例如，分居期间财产支配）、分居到期时的安排等。

分居协议中也可以有夫妻财产约定的条款，此时可参照夫妻财产约定的起草审查要点处理。

相关模板：13141 夫妻分居协议

相关条款：5343 分居期间义务　5344 分居后安排

二、离婚协议与赠与协议

如前所述，离婚协议对另外一方、子女的财产赠与是否适用“赠与合同的任意撤销权”存在争议，多数认为不可撤销，但多少也存在一些风险。因此律师可以考虑对离婚协议中关于财产部分的约定进行公证。与此同时，离婚协议中也可以作出如下约定：

相关条款：5347 非赠与

8.3.2 宏观—合同主体

1.“事实婚姻”不适用离婚协议。

离婚协议的主体是依法登记结婚的夫妻双方。

我国目前已不承认事实婚姻，未领取结婚证同居甚至育有子女的男女双方可通过类似同居协议安排财产分配、子女抚养事宜。可参见后文“同居协议”相关分析。

2. 无民事行为能力人或限制民事行为能力人无法登记离婚。

《婚姻登记条例》第 12 条规定，属于无民事行为能力人或者限制民事行为能力人的，办理离婚登记不予受理。根据较早案例，即使非完全民事行为能力人办理了离婚登记，其法定代理人也可以主张撤销相应的离婚协议。

在刘某诉石某离婚行政登记案中，[1]北京市朝阳区人民法院认为：原告刘××经鉴定系精神病人，原告法定代理人表示对解除婚姻关系无异议，但不同意离婚协议书中关于财产的分配。合议庭鉴于原告法定代理人对解除婚姻关系无异议，故判决维持被告颁发的离婚证中对解除婚姻关系所作的登记，撤销离婚证中对离婚协议书所作的登记。

8.3.3 宏观—合同程序

1. 离婚协议只有办理完成登记离婚后才生效。

《民法典婚姻家庭编司法解释（一）》第 69 条第 1 款规定：“当事人达成的以协议离婚或者到人民法院调解离婚为条件的财产以及债务处理协议，如果双方离婚未成，一方在离婚诉讼中反悔的，人民法院应当认定该财产以及债务处理协议没有生效，并根据实际情况依照民法典第一千零八十七条和第一千零八十九条的规定判决。”

2. 律师可根据情况，建议对财产部分提前公证。

离婚协议中可能涉及对另外一方、子女的财产赠与，虽然这种赠与是否适用《民法典》合同编第 658 条“赠与合同的任意撤销权”存在争议，多数认为不可撤

[1] 北京市朝阳区人民法院（2004）朝行初字第 152 号。

销，但多少也存在一些风险。因此律师可以结合情况，建议对离婚协议中关于财产部分的约定进行公证。

3. 完成协议离婚，民政局会收取离婚协议存档，如果当事人有意变更登记时的离婚协议，可考虑在协商一致后签订补充协议。

8.3.4 中观—合同形式

1. 离婚协议需采用书面形式。

《民法典》第 1076 条规定：夫妻双方自愿离婚的，应当签订书面离婚协议，并亲自到婚姻登记机关申请离婚登记。离婚协议应至少载明双方自愿离婚的意思表示和对子女抚养、财产以及债务处理等事项协商一致的意见。

2. 离婚协议一般不宜复杂。

民政局会提供离婚协议样本，该文本一般比较简单，可以满足没有太多财产或复杂情况的离婚安排。

即使离婚协议中对部分财产、探望权等未作约定，仍可依据法律规定要求分割财产和探望权，因此并不见得要在离婚协议中把不太重要的事情作过细约定。

如需要约定的内容较多，比如属于涉外婚姻或涉及财产较多，对抚养及财产的安排较为详细的，可以同时签署一份补充协议约定。

相关模板：17084 离婚协议书（宁波 2013 版）

3. 离婚协议与补充协议的关系。

男女双方在向民政局提供的离婚协议之外，还可能另外签署一份补充协议。原因可能是：

（1）因急于离婚，协议未对财产周全安排，如一方还有其他财产未分；

（2）离婚后，原定抚养子女一方情况发生重大变化，需变更抚养安排；

（3）离婚时离婚协议中仅约定大致安排，通过补充协议进行更细致的约定。

这种做法有点像是“阴阳合同”，因此也发生一些争议。一般认为，这种补充协议是有效的，即使补充协议对向民政局提供的离婚协议有实质性变更也不影响补充协议效力。但从合同起草审查的角度，律师应该注意：

（1）如无必要，补充协议与离婚协议不要有实质性偏离。

（2）应在补充协议中明确约定“本协议与离婚协议有不一致的，以本协议为准”。

（3）如果有类似财产赠与性质的约定（无论是向对方或是向子女、亲属），应考虑公证，否则很有可能适用赠与合同任意撤销权的规定。因为此时，补充协议就很可能被认定为一个单独的赠与协议或赠与约定。

8.3.5 微观—合同条款

离婚协议一般采取如下条款体系：

- 合同首部
  - 合同标题：离婚协议
  - 合同主体：男方＋女方
  - 引言

双方于＿＿＿年＿＿月＿＿日于＿＿＿＿＿＿办理结婚登记手续。双方经过充分考虑、协商，现就自愿离婚一事达成如下协议：

- 主要条款
  - 确认自愿离婚
  - 子女抚养及探视安排
    - 抚养权归属
    - 抚养费
      - 支付方式
      - 支付期限
    - 探视
      - 探视权
      - 探视时间
      - 探视方式
  - 财产与债权债务分割
    - 财产列举及各财产价值
    - 分割方式
    - 交付方式
    - 债务承担
      - 金额确定
      - 预防隐匿

- 配套条款
  - 附则
    - 配合义务
    - 协议效力
- 合同签字部分

一、子女抚养安排条款

子女抚养权及抚养费安排是离婚协议中最重要的条款。条款内容包括：被抚养人信息、抚养方式与抚养费支付、探视权等。

一般来说，双方离婚后，父母双方均应承担对子女抚养的义务，双方约定的效力不能对抗法律上夫妻双方对子女的抚养义务。[1]

但基于实践中的具体情形，律师应注意如下要点：

1. 抚养方式的选择。

（1）双方可协商共同 / 轮流抚养子女，但选择轮流抚养的，操作困难较多。

《民法典婚姻家庭编司法解释（一）》第 48 条规定：在有利于保护子女利益的前提下，父母双方协议轮流直接抚养子女的，人民法院应予支持。

但轮流抚养在操作中存在一些问题。有的地方的民政局婚姻登记机关会要求明确抚养权归属，这在实务中表现为，有些地方提供的离婚协议模板仅能填写子女归男 / 女一方抚养。此时，双方只能另行签订抚养协议或补充协议进行约定。

（2）可以约定一方直接抚养子女并由直接抚养方负担全部抚养费。

《民法典婚姻家庭编司法解释（一）》第 52 条规定："父母可以协议由一方直接扶养子女并由直接抚养方负担全部抚养费。但是，直接抚养方的抚养能力明显不能保障子女所需费用，影响子女健康成长的，人民法院不予支持。"

2. 抚养费支付期限。

鉴于子女一般在大学毕业时才有收入，如当事人为直接抚养一方，律师可建议在协议中约定抚养费支付至 22 岁或学业完毕之日。

虽然法律规定抚养费需付至 18 周岁，但有法院认为，当事人可通过协议自愿将抚养费的支付期间向后顺延。双方离婚协议经双方办理离婚手续备案即具有当

［1］吴卫义、张寅：《最高人民法院司法观点集成〈法院审理婚姻家庭案件观点集成〉》，中国法制出版社 2017 年版，第 207 页。

然的法律效力，因此子女可以依照离婚协议书的内容要求一方支付子女抚养费。[1]

相关条款：5348 抚养费支付

3. 抚养费特殊内容。

除约定不直接抚养一方固定支付抚养费外，提示当事人考虑子女教育、大病等情形，并考虑约定抚养费根据物价上涨指数适当递增。

相关条款：5349 抚养费特殊约定

4. 抚养费支付方式。

除常规的抚养费支付方式外，律师也要注意以下情形：

（1）可以约定用财物折抵抚养费。

《民法典婚姻家庭编司法解释（一）》第 51 条规定："父母一方无经济收入或下落不明的，可以用其财物折抵抚养费。"

（2）可以约定用共同财产折抵抚养费。

如果当事人使用共同财产折抵子女抚养费，或者有其他"在财产上作出重大让步"的做法，并非完全不承担抚养费时，应注意明确约定。对于以这种特殊方式承担抚养费的一方，建议在协议中明确，"× 方以 ××× 方式承担了子女抚养费，双方同意 × 方无须再支付子女抚养费"。

二、财产分割条款

这方面主要明确列举需要分割的各项财产准确信息，明确其归属。下列几点值得特别注意：

1. 有限责任公司股权的分割。

这个问题与夫妻财产约定中对有限责任公司股权的分割基本类似。因为有限责任公司股权的对外转让需要其他股东同意及优先购买权，并不能像房产那样可约定归哪一方所有进而要求登记在哪一方名下。以有限责任公司的股权分割为例，离婚协议中的处理方式一般包括：

（1）由股东一方继续持有，给予另一方现金补偿或其他补偿，一次性解决。

此时不涉及股东变化，无须其他股东同意。这是比较简单易行的方式，只需要双方能达成一致。

---

[1] 吴卫义、张寅：《最高人民法院司法观点集成〈法院审理婚姻家庭案件观点集成〉》，中国法制出版社 2017 年版，第 193 页。

（2）由股东一方继续持有，另一方有权按一定比例分配分红。

例如，约定股东一方所取得的分红的50%归另一方所有。但另一方需要考虑到，公司是否有利润可分配（包括事实上无利润和其实有利润但账面上显示无利润），即使有利润可分，公司也完全可以决策不分（但可能通过奖金、报销等方式变相的向股东分配利益），这些情况都会导致另一方事实上无法取得分红。

如果能达成一致，可以约定股东一方的保底现金补偿责任，例如，每年至少分红多少元，不足部分由股东一方补偿。

（3）约定非股东一方取得股东资格及股权（部分或全部）。

此时较为复杂，依据为《民法典婚姻家庭编司法解释（一）》第73条。具体内容可参考前文夫妻财产约定中与有限责任公司股权安排相关的内容。

总体上，如果一方不是股东，离婚时要通过分割取得股东，和一般的股东对外转让股权基本一致：如果签署时，已经取得其他股东同意及放弃优先购买权，则可以直接约定股权归属；反之，非股东一方并不能确定取得股权。

如果直接约定非股东一方无偿或低价取得股权，则显然其他股东完全可以主张优先购买权，对夫妻双方并不利。另外，有的公司章程还可能对夫妻分割股权作出特别规定（例如，其他股东有权以约定价格受让股权），需要查询公司章程再做相应处理。

相关条款：5353 股权分配

2. 房产。

除考虑房产的归属外，还可根据需要明确：房产变更手续的办理、房贷（如有）从何时起由哪一方负责、房租（如有）从何时起由哪一方收取、房产居住的特殊安排。

关于房贷，如果变更借款人手续较麻烦，银行也未必同意，往往仍以原本的借款人名义继续还款，但约定由另一方负责实际还款。考虑到房贷有房产抵押，名义借款人风险不大。

3. 未披露财产的考虑。

《民法典婚姻家庭编司法解释（一）》第83条规定："离婚后，一方以尚有夫妻共同财产未处理为由向人民法院起诉请求分割的，经审查该财产确属离婚时未涉及的夫妻共同财产，人民法院应当依法予以分割。"在实务中，也确实有不少协议离婚后又对部分财产分割提起诉讼的。

从离婚协议起草的角度，可以采取"重要财产明确列明归属＋兜底条款"的做法。要点是：

（1）如果双方其实就归属达成了一致，那么在协议中应该至少将较重要的、大额的财产归属进行说明。以免日后一方主张该财产未进行分割。

（2）如果另一方其实对该财产并不知情，则一方可能想利用类似的兜底条款："本协议未作约定的，归该财产现有登记或持有人所有。"而手里并不掌握什么财产的一方，则应该删去这样的条款。

其实这样的兜底条款的效力也存在争议，因为只是一种概括约定。如果一方发现对方仍有离婚协议上未分割的大额的存款、理财产品等财产，仍主张分割还是很有可能得到法院支持。

4. 现金补偿。

无论是出于一方全职的家务付出、一方经济困难等原因，约定一方需要对另一方现金补偿是有效的。

5. 金额不大的财产可以不作约定。

从律师起草审查的角度，离婚协议及相应补充协议中财产的分割主要还是应该针对较大额的财产，除非当事人明确希望这样做，否则没有必要就所有的财产都事无巨细的分割。

三、债权债务条款

在拟定或审查相关条款前，律师需要注意以下要点：

1. 如果当事人有大额债务，应该列出并建议说明由谁负责，条款中还可同时说明："除本协议约定的以外，双方均不存在其他共同债务；如有，应由主张存在该债务的一方个人负责偿还该债务。"

2. 如果当事人系逃避对第三人的债务约定离婚协议，律师需要另外提示：

（1）离婚协议的安排不能改变原夫妻共同债务的事实，也不能直接对抗第三人。

离婚协议中约定由哪一方负担债务，只对夫妻双方生效，并不能对债权人生效。夫妻离婚后，原夫妻共同债务仍为共同债务，债权人仍可以向离婚后的夫妻双方索赔。

（2）如符合法定条件，债权人可以依据《民法典》第 538 条规定的"债权人撤销权"（基本对应原《合同法》第 74 条的规定），要求撤销离婚协议中损害债权人的约定。

对此可参考王超、龚志斌与吴秉芬债权人撤销权纠纷案，[1]本案中，北京市第二中级人民法院认为：鉴于龚志斌与王超所签离婚协议中约定的财产分配内容对债权人吴秉芬主张权利造成一定阻碍，吴秉芬在法定期限内主张撤销，具有事实和法律依据，应予支持。

四、违约责任条款

1. 违约金类条款。

离婚协议及带有人身性质的协议是否可以约定违约金存在争议。《民法典》第464条规定，婚姻、收养、监护等有关身份关系的协议，适用有关该身份关系的法律规定；没有规定的，可以根据其性质参照适用本编规定。因此，身份关系协议中的违约金条款应该也可以参照《民法典》合同编的相关规定而有效。当然，如果违约金过高，同样可以根据《民法典》合同编第585条适当减少。

实务中有对逾期转移财产、逾期付款（如逾期支付抚养费）约定违约金的。

2. 赔偿损失类约定。

例如，约定“一方擅自处置财产导致另一方无法按本协议约定分割财产的，违约一方应按照财产的实际市场价值赔偿另一方”。这类约定完全可以适用《民法典》合同编相关规定，应属有效。

[1] 北京市第二中级人民法院（2017）京02民终8050号。

8.4 遗赠扶养协议与遗嘱

本节讨论遗赠扶养协议与遗嘱（这里所称遗嘱，包括遗嘱继承、遗赠和遗嘱信托）。

遗嘱虽不同于合意产生的合同，但同属于意思表示类行为，因此仍与合同有相通之处，本节将使用“三观分析法”框架进行要点梳理。

8.4.1 遗赠扶养协议

遗赠扶养协议源起于“五保户制度”，随着经济水平的提高，实务中这类协议使用的场景越来越少，原因不难理解：更多有经济实力的人开始选择商业化方式获得养老服务。

相关模板：15203 遗赠扶养协议（贵州省 2018 版）

1.“宏观—合同类型”。

（1）遗赠扶养与附义务的遗赠、赠与。

这三者都涉及将财产转移给继承人以外的人，可根据当事人需求选择。

遗赠扶养协议是遗赠人生前签署的，在其死后，扶养人受遗赠的双务协议；遗赠扶养协议一经签署，双方均不能随意撤销。

遗赠是遗嘱人通过遗嘱单方作出的行为，可以附义务；遗嘱可由遗嘱人撤回、变更。

赠与是生前发生的单务合同；赠与合同的赠与方一般有任意撤销权。

在同时有遗赠扶养协议和遗嘱时，遗赠扶养协议优先。

（2）遗赠扶养与“以房养老”。

如果一方约定“死后房屋归扶养人所有”，以换取扶养人对遗赠人生前的扶养，可理解为是“以房养老”，其实是遗赠扶养协议的一种运用。

另外，社会上讨论的“以房养老”包括多种模式。例如，老年人住房反向抵押养老保险、抵押贷款等，也都需要通过合同，约定设定各方权利义务（例如，“贷款合同+抵押合同”)，但这些并不是遗赠扶养协议。这些模式下为老年人提供养老服务或资金的都是特定机构，如保险公司。

2. “宏观—合同主体”。

《民法典》第1158条规定：自然人可以与继承人以外的组织或者个人签订遗赠扶养协议。按照协议，该组织或者个人承担该自然人生养死葬的义务，享有受遗赠的权利。

提示注意：

（1）《民法典》并未直接对签订遗赠扶养协议的主体作进一步说明，但较早的《遗赠扶养协议公证细则》第4条规定：遗赠人必须是具有完全民事行为能力、有一定的可遗赠的财产、并需要他人扶养的公民。不过，“认可监护人代民事行为能力欠缺的被监护人/被继承人订立的遗赠扶养协议的效力，在法律上并不存在障碍”，但一般需要判断是否维护了被监护人的合法权益，“防止被监护人的监护人借订立遗赠扶养协议损害其他继承人的利益”。[1]

（2）扶养人（受遗赠人）需是继承人以外的人，但这里的继承人仅是指第一顺序的法定继承人。[2]

（3）由组织接受遗赠并进行扶养时，不再要求必须是集体所有制组织，养老机构等也可作为受遗赠主体。

3. “宏观—合同程序”。

当事人可以对遗赠扶养协议进行公证，但并非必经程序。

4. “中观—合同形式”。

（1）由于往往不涉及特别大额的财产遗赠，协议条款一般不复杂。

（2）《民法典》未明确规定遗赠扶养协议的形式，但建议以书面形式订立，以证明和保障扶养人的权利。

5. “微观—合同条款”。

（1）标题。

不要误写为“遗赠抚养”，因为双方不是抚养关系。不过这基本上不会影响权利义务。

实务中有以“供养协议”为标题的，也不规范。

---

[1] 姚卫民、尹灿：《监护人代为订立的遗赠扶养协议之效力》，载《人民司法》2011年第14期。
[2] 陈甦、谢鸿飞：《民法典评注·继承编》，中国法制出版社2020年版，第298页。

（2）条款内容。

参考《遗赠扶养协议公证细则》第 11 条，遗赠扶养协议应包括下列主要内容：当事人信息、当事人自愿达成协议的意思表示、遗赠人受扶养的权利和遗赠的义务、遗赠财产的保护措施或担保人同意担保的意思表示、协议变更、解除的条件和争议的解决方法、违约责任。

8.4.2 遗嘱

《民法典》第 1133 条规定："自然人可以依照本法规定立遗嘱处分个人财产，并可以指定遗嘱执行人。自然人可以立遗嘱将个人财产指定由法定继承人中的一人或者数人继承。自然人可以立遗嘱将个人财产赠与国家、集体或者法定继承人以外的组织、个人。自然人可以依法设立遗嘱信托。"

遗嘱是一方单独作出的意思表示，虽不同于合意产生的合同，但同属于意思表示类行为，因此仍有相通之处。例如，遗嘱解释可以参照合同的解释规则。[1] 遗嘱的起草审查也可以大致参考"三观分析法"，因与其他婚姻家事类合同有一定关联，在这里一并说明。

（注意，这一节只是借用合同类型、合同主体、合同条款等说法，但遗嘱本身不属于合同）

一、宏观—合同类型

1. 一般遗嘱与遗嘱信托。

《民法典》第 1133 条规定，自然人可以依法设立遗嘱信托。遗嘱信托可以算一类特殊的遗嘱，但涉及复杂的操作，不仅仅是立一份遗嘱那么简单。这里不再具体介绍遗嘱信托的操作，仅说明一下遗嘱信托相对于一般遗嘱的特殊作用：

（1）可以通过专业财产管理人作出财产规划，尽可能避免遗产流失。

选择以遗嘱信托方式处理遗产时，因为具有专业的财产管理人，即使受益人为无民事行为能力人或限制民事行为能力人时，也尽可能避免因遗产继承人缺乏管理能力或者任意挥霍而造成的财产不合理流失。

（2）可以使财富照顾多代后代，甚至可将未出生的后代作为受益人。

采用遗赠方式的，遗产不能及于胎儿；采用一般遗嘱方式的，遗产不能及于

[1] 陈甦、谢鸿飞：《民法典评注·继承编》，中国法制出版社 2020 年版，第 99 页。

胎儿的后代；而选择遗嘱信托方式的，即使设定信托时受益人连胎儿都不是，也不会影响信托的成立。

（3）可以将信托财产所产生收益由不同人享有，实现多个受益人连续受益的目的。

例如，一方设立遗嘱信托，将配偶和孩子作为受益人，并附条件约定在世的配偶如过世或再婚，则不再享有受益权，届时由子女享有受益权。[1]

2. 遗嘱与遗赠扶养协议、生前赠与。

见前面遗赠扶养协议的相关分析。

3. 遗嘱、生前赠与与夫妻财产约定。

这三类做法都会影响财产的最终归属，有一定的替代和配合使用的空间。以下将借由一个案例，补充说明采用不同方式产生的后果。

背景：张三（男）与李四（女）系再婚。再婚时，各自均已有子女。双方有一套房产。

（1）如张三希望去世后该房产只由己方子女继承。律师可建议张三根据情况从以下两方式中择一：

方法一："夫妻财产约定 + 遗嘱"

张三与李四在夫妻财产约定中约定，该房产系张三个人财产，不是夫妻共同财产；张三在拟定的遗嘱中写明，该房产由己方子女继承。

方法二："夫妻财产约定 + 生前赠与"

张三与李四在夫妻财产约定中约定，该房产系张三个人财产，不是夫妻共同财产；张三将该房产赠与己方子女，并进行公证。不过，除非另作安排，否则此方法无法保障张三在世时的房屋居住权。

（2）仅使用夫妻财产约定，无法保障房屋完全由己方子女继承。

即使生前约定房屋为张三个人财产，也无法排除配偶的继承权，只是在法定继承开始时，不用先将房屋一半析产给在世配偶。

二、宏观—合同主体

围绕一份遗嘱，相关主体包括立遗嘱人、（财产）分配对象、遗嘱管理人、遗嘱执行人等，其中，以立遗嘱人及（财产）分配对象为核心，以下说明特殊注意要点。

---

[1] 陈甦、谢鸿飞：《民法典评注·继承编》，中国法制出版社 2020 年版，第 115 页。

1. 关于立遗嘱人。

（1）未成年人、限制行为能力人无法订立遗嘱，也无法通过其监护人订立遗嘱。

《民法典》第 1143 条规定，无民事行为能力人或者限制民事行为能力人所立的遗嘱无效。《民法典继承编司法解释（一）》第 28 条规定："遗嘱人立遗嘱时必须具有完全民事行为能力。无民事行为能力人或限制民事行为能力人所立的遗嘱，即使其本人后来具有完全民事行为能力，仍属无效遗嘱。遗嘱人立遗嘱时具有完全民事行为能力，后来成为无民事行为能力人或者限制民事行为能力人的，不影响遗嘱的效力。"

（2）夫妻共同订立的遗嘱。

第一个问题：此类遗嘱中一方仅签名，是否属于自书或代书遗嘱？效力如何？

如果属于自书遗嘱，仅由夫妻中一方书写时，对另外一方来说就不是"自书"。在段某甲、段某乙诉段某丙、段某丁、段某戊、段己遗嘱继承纠纷案民事判决书中，[1] 法院认为："夫妻双方基于共同的意思表示对夫妻共同财产订立遗嘱，一方书写遗嘱内容并由双方签字确认的，系双方对其共同财产进行的处分，应认定双方所立遗嘱有效，不适用《中华人民共和国继承法》第 17 条第 3 款有关代书遗嘱的规定。"

虽然如此，如果采取夫妻共同订立遗嘱的方式，还是采取"双方分别手书一份并签名"或者安排两个以上见证人在场见证更为稳妥。

第二个问题：在世一方是否可对遗嘱的撤销变更作出特别约定？

在上述案件中，法院认为，夫妻一方先死亡的，在世一方有权撤销、变更遗嘱中涉及其财产部分的内容；但该共同遗嘱中存在不可分割的共同意思表示，撤销、变更遗嘱行为违背该共同意思表示的除外。

2. 关于财产分配对象。

（1）立遗嘱人可通过遗嘱将财产分配给法定继承人中的一人或数人继承，也可以赠与给国家、集体或者其他组织、个人。前者为遗嘱继承，后者为遗赠，但都是通过遗嘱实现。

（2）非婚生子女包括未婚同居所生子女、代孕所生子女。非婚生子女的权利一般较难保障，通过立遗嘱的方式确定继承人的范围，有利于保障非婚生子女的

[1] 北京市朝阳区人民法院（2013）朝民初字第 11488 号。

继承权。

注意：利用他人精子人工授精所生子女，尽管没有血缘关系，仍应视为夫妻双方的婚生子女。男方在遗嘱中不给该子女保留必要的遗产份额，不符合继承法规定，该部分遗嘱内容无效。[1]

（3）根据《民法典》第1141条的规定，遗嘱应当为缺乏劳动能力又没有生活来源的继承人保留必要的遗产份额。

三、宏观—合同标的

遗嘱所分配“财产”需为遗嘱人“自己的遗产”，需要考虑以下特殊情形。

1. 宅基地。

（1）依据2020年9月9日自然资源部针对宅基地相关的最新答复：农民的宅基地使用权可以依法由城镇户籍的子女继承并办理不动产登记。按照房地一体原则，继承人继承取得房屋所有权和宅基地使用权，农村宅基地不能被单独继承。

（2）宅基地不可遗赠给本集体经济组织以外的人。

《北京市高级人民法院关于审理继承纠纷案件若干疑难问题的解答》中规定：“7. 农村宅基地上房屋能否适用遗赠？遗赠人生前将宅基地上房屋遗赠本集体经济组织以外的人，受遗赠人在遗赠人死后主张因遗赠取得宅基地上房屋所有权的，人民法院不予支持。”

2. 公房。

公房依其性质，一般不能继承。但当事人可以申请继承（变更）房屋的承租权，即向公房所有权所在的行政机关或单位申请办理公房承租人变更手续。

3. 共有财产。

如遗产涉及共有财产，应经过财产分割，将被继承人遗产从与他人的共有财产中分离出来。

4. 居住权。

《民法典》第371条规定，以遗嘱方式设立居住权的，参照适用居住权一章的有关规定。

梳理相关规定，律师需关注以下内容：

（1）居住权可通过订立居住权合同或遗嘱方式设立；根据《民法典》第368条的规定，居住权自登记时设立。因此对居住权人来说，需要在立遗嘱人去世之

[1] 李雪花、范洋诉范祖业、滕颖继承纠纷案，载《最高人民法院公报》2006年第7期。

后及时要求办理居住权登记。

（2）居住权不得转让、继承；设立居住权的住宅不得出租，但是当事人另有约定的除外。

相关条款：5358 遗嘱设立居住权

相关模板：16675 居住权设立合同

四、中观—合同形式

《民法典》第1134条至第1139条规定了有效的遗嘱形式，各形式的程序要点如下：

1. 自书遗嘱。

选择自书遗嘱方式不需要见证人。自书遗嘱是要式法律行为，需要遗嘱人亲自书写遗嘱内容并在自己书写的遗嘱上写明书写遗嘱的时间，同时，还需要遗嘱人的亲笔签名。

2. 代书遗嘱。

应当有两个以上见证人在场见证，由其中一人代书，并由遗嘱人、代书人和其他见证人签名，注明年、月、日。

3. 打印遗嘱。

应当有两个以上见证人在场见证。遗嘱人和见证人应当在每一页签名，注明年、月、日。

4. 公证遗嘱。

公证遗嘱以往具有最高效力，但《民法典》不再坚持公证遗嘱效力优先的原则，修改为以最后所立遗嘱效力优先。

5. 口头遗嘱。

遗嘱人在危急情况下可以立口头遗嘱，危急情况消除后，遗嘱人能够以书面或者录音录像形式立遗嘱的，所立的口头遗嘱无效。

五、微观—合同条款

1. 遗嘱内容大致如下。

- 遗嘱声明与说明
- 财产及其继承安排
- 补充说明
- 遗嘱执行
- 立遗嘱人签名

• 见证人确认及签名

相关模板：8818 代书遗嘱（通用详细版）

财产及其继承安排部分，建议采用分类逐一列明财产并逐一说明归属的方式。除了一般的财产归属条款外，还可以设定下列特别条款：

（1）设立居住权。

（2）父母可以在遗嘱中为子女指定监护人。

（3）捐献其人体细胞、人体组织、人体器官、遗体。

2. 其他注意事项。

（1）立遗嘱人可以明确所分财产是否为遗嘱继承人或受遗赠人的个人财产。

关于夫妻婚后继承或者受赠的房产，如立遗嘱人未说明且夫妻双方未作特别约定，则将作为夫妻共同财产。

（2）遗嘱中可以附有义务。

根据《民法典》第 1144 条的规定："遗嘱继承或者遗赠附有义务的，继承人或者受遗赠人应当履行义务。没有正当理由不履行义务的，经利害关系人或者有关组织请求，人民法院可以取消其接受附义务部分遗产的权利。"

8.5 其他婚姻家事类协议

一般情况下，本节提及的协议比较简单，内容不宜复杂。对于律师来说，了解这类协议的使用场景、法律要点和重要风险点，对照相应模板进行起草审查，即可较快的完成其起草审查工作。

8.5.1 同居关系中的协议

同居关系中或者同居关系解除时，男女双方可能对财产、非婚生子女抚养等作出约定。这种约定适用《民法典》合同编，同时也要考虑《民法典》婚姻家庭编的特殊规定。

一般同居协议主要是对财产作出约定。这类财产约定，与任何两个成年人之间对财产归属进行约定没有什么不同。但如果是为了结婚目的、对婚前婚后财产归属作约定的，则应参考前面所说的夫妻财产约定。

1.“宏观—合同类型”。

（1）如果同居协议中涉及无偿转让财产给另一方，则属于赠与，应该适用赠与合同的规定，赠与方享有任意撤销权。

受赠与一方应该注意这一点，应考虑尽快通过过户 / 交付转移财产所有权，或者进行公证以排除任意撤销权。

（2）违反公序良俗的约定可能无效。

例如，在已婚一方与第三方不正当的同居关系、男女关系下，已婚一方将夫妻共同财产向第三方赠与，这种赠与很可能被视为违反公序良俗。此时即使赠与的财产已经事实上转移、交付，配偶一方仍可主张赠与无效，要求返还该财产。

2.“微观—合同条款”。

关于子女抚养的条款可参照离婚协议中的类似约定；关于财产的约定可以参照“夫妻财产约定”。但一般来说，此类协议约定都会非常简单。

同居关系解除即分手协议中常常约定，任何一方不得以任何理由扰乱对方正常的工作与生活，否则需支付一定金额的赔偿。这种违约金约定未必完全有效（法院可能以损害人身自由或违约金过高等理由认定无效或调低），但还是可以保留。

相关模板：6866 同居财产约定　3481 解除同居关系 / 分手协议（有小孩）

8.5.2 收养 / 解除收养协议

出于保护未成年权益、打击非法收养等原因，收养和解除收养存在较多行政管控，可约定的空间较小，适用《民法典》合同编的空间也较小。律师处理此类协议时，主要注意法律对收养条件和程序的要求，合同本身并不复杂。

相关模板：6686 送养收养合同（生父母与养父母之间）

一、收养协议

1.“宏观—合同类型”。

实务中还存在寄养，可分为民政部门监护的儿童寄养和家庭间寄养。与收养不同，寄养是临时的，不会产生法律拟制的父母子女关系。

（1）民政部门监护的儿童寄养。

依据《家庭寄养管理办法》相关规定，将民政部门监护的儿童委托在符合条件的家庭中养育，需要儿童福利机构与寄养家庭主要照料人签订寄养协议，寄养需遵照行政性程序。

相关模板：6979 家庭寄养合同

（2）家庭间寄养。

系公民之间的委托抚养，不同于需经过法定程序、满足特定法律条件的收养和民政部门监护的儿童寄养。家庭间的临时性寄养只要不对未成年成长产生不利影响，法律一般不加干涉，无须经过法定程序。受托人与被寄养的子女间并不产生法律拟制的父母子女关系，[1] 一般也不会签订协议。

2.“宏观—合同主体”。

收养协议由收养人与送养人签订。

［1］杨立新、郭明瑞、王丽萍、翟甜甜、李燕：《〈中华人民共和国民法典·婚姻家庭编〉释义》，人民出版社 2020 年版，第 160 页。

（1）收养人。

收养人应满足《民法典》第 1098 条等相关法律规定，例如，需年满 30 周岁、无子女或者只有一名子女……不符合要求的收养人，民政部门不会予以登记。

（2）送养人。

根据《民法典》第 1094 条的规定，孤儿的监护人、儿童福利机构、有特殊困难无力抚养子女的生父母可以作为送养人。

（3）被收养人。

被收养人一般不是收养协议的主体。但是《民法典》第 1104 条规定，收养 8 周岁以上未成年人时，应当征得被收养人的同意。

未出生的胎儿不是适格的被收养人；如有收养意向，只能待出生后再按程序收养。

3.“宏观—合同程序”。

（1）登记。

收养协议在程序上最大的特点是：登记才生效。

《民法典》第 1105 条规定，收养应当向县级以上人民政府民政部门登记。收养关系自登记之日起成立。

因此，收养协议也自登记完成时生效。

《民法典》第 1105 条规定，县级以上人民政府民政部门应当依法进行收养评估。可见收养登记程序还有一定的审批性质。

（2）公证。

公证并非必须，根据当事人选择。如果仅有一方要求办理收养公证，也应当办理。

（3）涉外收养的特别程序。

外国人可以依法在国内收养子女，涉外收养需要订立书面收养协议，需完成以下程序性事项。

- 收养事宜应经所在国主管机关依照该国法律审查同意。
- 应提供所在国有权机构出具的相关证明材料。
- 证明材料要经所在国外交机关或外交机关授权的机构认证。
- 证明材料应经中国驻该国使领馆认证。
- 收养人与送养人订立书面协议。
- 亲自向省级人民政府民政部门登记。

• 要求办理公证的，应当到国务院司法行政部门认定的具有办理涉外公证资格的公证机构办理。

4. “中观—合同形式”。

只有涉外收养必须订立书面收养协议。非涉外收养并不一定要签订协议，直接由各方一起到民政部门办理收养登记程序即可。

5. “微观—合同条款”。

收养协议内容不多，主要包括主体信息、送养原因、送养人不得前来打扰、保密、一定日期内办理收养登记手续等。

相关模板：6686 收养送养合同

二、解除收养协议

根据《民法典》第 1114 条至第 1118 条等规定，收养关系解除有多种原因。这里仅讨论协议解除，针对的是解除收养协议。

相关模板：6690 解除收养关系协议

1. “宏观—合同主体”。

被收养人未成年的，收养人与送养人作为协议主体；养子女八周岁以上的，应当征得本人同意。

被收养人成年的，收养人与被收养人作为协议主体。

2. “宏观—合同程序”。

像收养登记一样，协议解除收养，也必须办理解除收养关系登记，登记后收养关系才解除，解除收养协议也才生效。

3. “微观—合同条款”。

内容较少，包括各方信息、收养事实陈述、解除原因、约定共同办理解除登记等。

如果达成一致，可以约定对养父母的经济补偿。

8.5.3 代孕协议

在我国现行法律和司法实务中，代孕协议或类似约定一般被认定为违法且无效。因此可以说，对于代孕协议的起草审查，首先是帮助当事人判断与分析“宏观—合同类型”方面的违法性和风险。至于“中观—合同形式、微观—合同条款”倒是次要的。

根据《合同起草审查指南：三观四步法》对违法合同的分析框架（“外部后果+内部后果”分析），可以分析总结如下：

1. 外部后果：代孕行为没有什么外部后果（不会引起行政机关处罚）。

《人类辅助生殖技术管理办法》（卫生部令第 14 号）第 3 条规定：“禁止以任何形式买卖配子、合子、胚胎。医疗机构和医务人员不得实施任何形式的代孕技术。”但目前针对代孕需求方、代孕妈妈并没有明确的直接处罚规定。

2. 内部后果：需关注费用返还及亲子关系认定。

（1）有可能要求返还所支付费用。

法律依据是《民法典》第 157 条（原《合同法》第 58 条）。在胡某某诉吴某某合同纠纷案民事判决书中，[1]法院认为：“案涉协议涉及代孕行为，违反了《生殖技术管理办法》的强制性规定，该协议应属无效。因协议无效，吴某某取得的 112,550 元应当返还给胡某某。”类似案例还有（2020）湘 1081 民初 90 号。

因此，对于代孕一方来说，并不能按约定拿到费用，已经拿到的，也可能要返还。

（2）亲子关系认定方面。

典型案例是“上海代孕龙凤胎监护案”，关于代孕子女的亲子关系，结合上海市第一中级人民法院的观点，提示当前处理与代孕相关事宜时的法律要点：

a. 在现有政策及法律下，娩出者（代孕母）为生母；代孕子女有血缘关系的委托父亲认领的，应认定其为生父；

b. 因委托父亲与代孕母不具有合法婚姻关系，故代孕子女为非婚生子女；

c. 可认定委托母亲与代孕非婚生子女系具有扶养关系的继父母子女关系；

d. 不宜认定成立收养关系：收养经登记方成立，而认定为事实收养等同于默认代孕行为。

另外，在实务中，代孕母亲常常出于本能不同意放弃对子女的权利，即使之前有协议约定。

由此可见，代孕协议对双方来说都没有什么保障，一旦发生纠纷会是个麻烦事。因此应当严重提示当事人此类行为的风险，如果确需采取，委托方必须选择可靠的代孕方，签署一份书面协议明确代孕关系也是有必要的。

---

[1] 湖北省中级人民法院（2018）鄂 01 民终 9799 号。

8.5.4 其他协议

1. 抚养权变更协议。

根据《民法典婚姻家庭编司法解释（一）》第 57 条的规定："父母双方协议变更子女抚养关系的，人民法院应予支持。"

男女双方登记离婚或协议离婚并确定了子女抚养权的，由于情况变化，后来可能希望变更原抚养安排。比如希望变更为由另一方直接抚养或者双方轮流直接抚养。

（1）"中观—合同形式"。

文本内容较为简单，目前没有法律规定该类文本需要书面形式，但为留存变更后的抚养安排，建议以书面形式确定变更内容。

（2）"微观—合同条款"。

主要条款包括被抚养人信息，变更后的抚养安排（抚养费、抚养费支付方式、探视权）等。

相关模板：7731 变更子女抚养权协议

2. 居住权设立合同。

《民法典》在物权编中新增了一项用益物权——居住权，设立居住权可以通过居住权设立合同，也可以通过遗嘱。

居住权与婚姻家庭或者说与亲属关系没有必然联系，但在实务中却常常有关联，居住权人常常是亲属或者与家庭关系密切的人（如保姆）。

居住权是一种物权，效力较强，可以与夫妻财产约定、赠与合同配合起来，以达到：保障己方生前也有权居住于该房产的目的。例如，可将房产赠与过户给对方，但是给己方设定一个居住权。

关于居住权设立合同的进一步分析，可参考：

相关知识点：居住权合同的三观分析—分析报告

相关模板：16775 居住权设立合同

3. 意定监护协议。

《老年人权益保障法》第 26 条、《民法典》第 33 条均有意定监护的规定。根据《民法典》第 33 条的规定，具有完全民事行为能力的成年人，可以与其近亲属、其他愿意担任监护人的个人或者组织事先协商，以书面形式确定自己的监护人，在自己丧失或者部分丧失民事行为能力时，由该监护人履行监护职责。

也就是说，意定监护是成年人提前为自己选好监护人。

相关模板：16964 意定监护协议

4. 监护权有关安排的协议。

《民法典》第 30 条规定：“依法具有监护资格的人之间可以协议确定监护人。协议确定监护人应当尊重被监护人的真实意愿。”

注意这些协议中涉及免除一方扶养、抚养、赡养义务的安排应该是无效的。

5. 有关赡养、扶养、抚养义务安排的协议。

这些协议在不违背公序良俗、没有免除法定的扶养 / 抚养 / 赡养义务下所作的安排应该是有效的。

相关模板：10406 赡养老人协议（多子女 / 详细版）

6. 分家析产类协议。

（1）“宏观—合同主体”。

注意对财产的处分，必须由财产的权利人作为协议主体签署，涉及共有财产，则应由全部共有人共同签署。

（2）“宏观—合同程序”。

财产约定归属之后，最好通过交付与不动产的登记等程序，及时使物权转移，减少被擅自处置的风险。

（3）“微观—合同条款”。

主要是约定清楚财产与权利的归属。

如果采取共有安排，最好同时约定什么情况下可以对共有财产进行分割及分割方式。

合同起草审查指南

劳 动 用 工 卷

01

第一单元

特殊用工模式类合同

1.1 企业用工模式综述

《劳动用工卷》同样是《合同起草审查指南：三观四步法》的“三观分析法”在“用工模式类合同”领域的具体应用。也就是说，我们会运用“三观分析法”对劳动用工相关的各类合同进行“宏观、中观、微观”三个层面的分析。

但是在对不同合同进行具体分析之前，我们有必要进行一个“企业用工模式”综述。这个“用工模式综述”实际上就是与用工模式相关的“宏观—合同类型”综述。也就是说，当一个企业与一个个人建立关系时，首先要解决一个问题：双方要建立什么关系？不同关系对应不同的合同类型。我们先把这些合同类型梳理一下。

1.1.1 用工模式相关的“宏观—合同类型”综述

弄清用工模式也就厘清了相应的合同类型，进而就能为当事人选择适合的合同类型，进行相应的起草审查。

一、我国用工模式发展的两大主线

1. 从“单一”到“多元”，即从原来的标准劳动用工为主，发展到现在标准劳动用工、非标准劳动用工、非劳动用工等多元化用工并存。

2. 从“直接”到“间接”，即从企业自行招工用工为主，发展到劳务派遣、业务外包等间接用工并存。

二、我国用工模式概览

目前中国法律环境下的用工模式，可以概括总结如下（见图 1-1）：

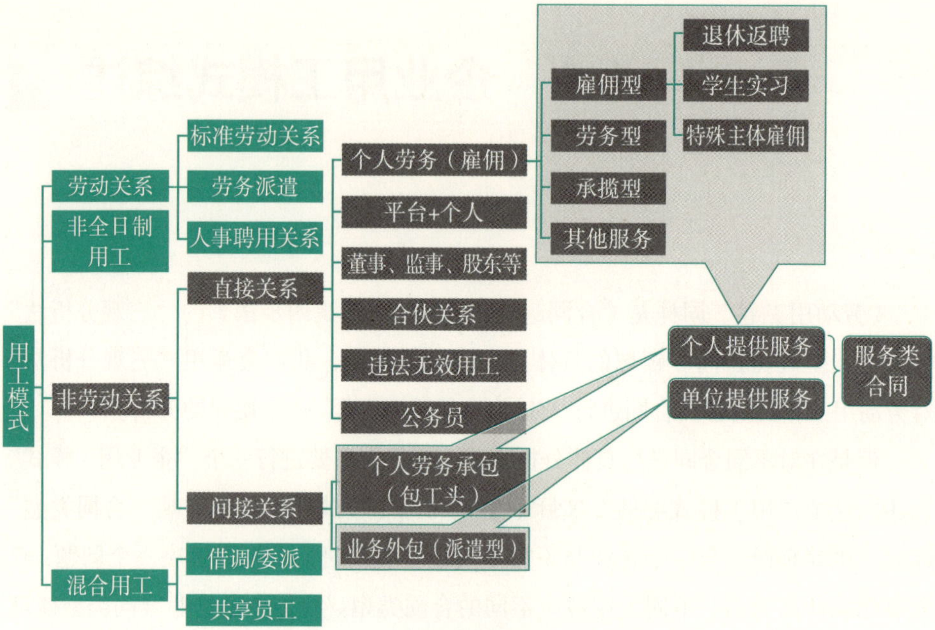

（灰色版块代表不构成劳动关系或不适用劳动法规）

图 1–1　用工模式概览

各类用工模式的主要特点、典型文本可见表 1–1。

表 1–1　各类用工模式简析

细分	具体类型	主要特点	典型文本
劳动关系			
标准劳动关系	全日制劳动用工	1. 一般是一人对应一个用人单位； 2. 存在管理与被管理的人身关系； 3. 适用《劳动合同法》，需要遵守所有的劳动标准； 4. 注意招用其他单位内退下岗人员，同样建立劳动关系	284 劳动合同
劳务派遣	派遣公司派遣劳动者至用工单位工作	1. 劳务派遣单位、用工单位、被派遣劳动者存在三角关系； 2. 用工单位直接管理劳务派遣工； 3. 适用《劳动合同法》	15792 劳务派遣协议书（四川省 2008 版）
人事聘用关系	事业单位与工作人员	根据《劳动合同法》第 96 条，人事聘用关系仍可适用《劳动合同法》，可作为一种有特殊性的劳动关系	4358 事业单位聘用合同

续表

<table>
<tr><th>细分</th><th>具体类型</th><th colspan="2">主要特点</th><th>典型文本</th></tr>
<tr><td colspan="5">非全日制用工</td></tr>
<tr><td>非全日制用工</td><td></td><td colspan="2">1. 适用《劳动合同法》关于非全日制用工的特别规定；
2. 一人可与多家单位建立劳动关系；
3. 工作时间、最低工资、工伤需要遵守劳动标准；其他如书面劳动合同、休假、解除与终止及经济补偿等不适用劳动标准</td><td>274 非全日制用工劳动合同</td></tr>
<tr><td colspan="5">非劳动关系</td></tr>
<tr><td rowspan="9">直接关系</td><td rowspan="4">个人劳务（雇佣）</td><td>雇佣型</td><td>个人以类似全日制劳动者的方式为单位服务，但由于主体不符，导致双方不能建立劳动关系，包括三种：
1. 退休返聘：个人为已经退休的人员；
2. 学生实习：个人为全日制学校在校学生；
3. 特殊主体雇佣：单位方不属于法律规定的用人单位，例如，筹备中公司、清算组</td><td></td></tr>
<tr><td>劳务型</td><td>个人向单位提供临时性的劳务</td><td></td></tr>
<tr><td>承揽型</td><td>个人与单位之间建立承揽关系</td><td>4605 个人承揽合同</td></tr>
<tr><td>其他服务</td><td>个人向单位提供中介、委托、设计等服务</td><td>11127 证券经纪人委托代理合同
3240 保险业务个人代理合同
2072 行纪合同</td></tr>
<tr><td>平台 + 个人</td><td colspan="2">1. 平台化模式、去劳动关系化，基于结果的合作模式；
2. 适用《民法典》合同编</td><td>16627 58 到家平台服务协议</td></tr>
<tr><td>董事、监事、股东等</td><td colspan="2">1. 个人担任企业董事、监事，或作为企业股东，为企业提供一定服务；
2. 适用《民法典》合同编、《公司法》等</td><td>4951 董事聘任合同
4951 监事聘任合同</td></tr>
<tr><td>合伙关系</td><td colspan="2">1. 个人作为合伙企业的合伙人，双方关系不是单位与员工的关系；
2. 如为合伙企业，则适用《合伙企业法》，但在不成立合伙企业的前提下，个人与单位也可能成立合伙关系</td><td>15038 会计师事务所（特殊普通合伙）合伙协议</td></tr>
<tr><td>违法无效用工</td><td colspan="2">违法用工，例如，无就业许可证的外国人就业、外国企业在华代表处直接用工、雇佣童工</td><td>无</td></tr>
<tr><td>公务员</td><td colspan="2">适用《公务员法》的国家工作人员，不适用劳动法规</td><td>14769 深圳市行政机关聘任制公务员聘任合同书</td></tr>
</table>

续表

细分	具体类型	主要特点	典型文本
间接关系	个人劳务承包（包工头）	以建设工地上的劳务承包为典型，承包方为个人。 特点是： 1. 个人承包业务（包工头）派人到用工单位工作； 2. 发包单位有承担工伤责任或雇主责任的风险； 3. 如操作不当，有被认定为事实劳动关系风险	266 劳务服务合同（包工头版）
	业务外包（派遣型）	业务承包单位安排员工到用工单位工作。 特点是： 1. 发包单位与承包单位员工无法律关系，承包单位与其员工一般是劳动关系； 2. 发包单位只能管事，不能直接管人； 3. 操作不当有“假外包、真派遣”风险	8830 外包服务合同
借调 / 委派	关联公司或有业务关联的单位之间员工借用	1. 借调 / 委派本身无劳动法律规定，但员工与单位之间仍可适用劳动法规； 2. 一般不改变原劳动关系的归属； 3. 若操作不当，劳动合同与劳动关系转移接续存在瑕疵，会导致劳动关系归属不清，继而引发相应的风险	5043 员工借调 / 借用协议
共享员工	劳动力闲置企业将员工借给有用工需求的企业	不改变劳动关系的归属，类似于借调用工	参照借调

注：

1. 灰色版块代表个人与接受服务的单位之间不构成劳动关系或不适用劳动法规；

2. 典型文本前面编号是该文本在“中国合同库”中的编号；

3. 事业单位的人事聘用关系（仍属于劳动关系）和公务员与一般企业的用工模式没什么关系，因此本课程不再进行进一步说明。

可以说，当一个企业需要他人提供服务时，可以选择或可能建立的用工模式不外乎上面这些。也就是说，当一个人为一个单位提供劳务或服务时，总能在上面的表格中找到对应的模式。

三、用工模式类合同与服务类合同的关系

用工模式类合同是指《合同起草审查指南：劳动用工卷》里面讲述的，在劳动关系、非全日制用工、非劳动关系及混合用工模式下签订的合同。服务类合同则是指《合同起草审查指南：常用合同卷》中提到的“服务类合同”，是包括承揽、委托、行纪等有名合同和医疗、培训等无名合同在内的一个合同大类；只要一方出

钱，另一方提供服务、劳务的，即可归于“服务类合同”。

这两大类合同之间有一些关系，有必要适当说明：

1. 劳动关系下的合同与“服务类合同”互相之间基本上没有参考性。

这里说的“劳动关系下的合同”包括劳动关系下的劳动合同、专项用工协议等，还包括非全日制劳动合同。

虽然可以认为劳动关系下也是个人为单位提供服务，但是在现代国家，基于对劳动者的保护，劳动关系下的权利义务已经与一般服务合同下权利义务大不相同。因此劳动关系下的合同就与服务类合同适用的法律法规大不相同，权利义务也大不相同。

从起草审查的角度，这两类合同之间基本上没有什么参考性，起草审查劳动关系下的合同时，必须审慎考虑劳动法规的特别要求。

2. 非劳动关系下的用工模式类合同可以同时参考“服务类合同”的起草审查要点。

（1）当个人向单位提供服务时：需要考虑是否会构成劳动关系，不构成劳动关系时的也要考虑雇主责任风险。

如果确实不构成劳动关系，在合同起草审查的其他方面，这类合同完全可以参照“服务类合同”的起草审查要点，同时明确双方的关系与责任。

（2）当个人通过所在单位或包工头为发包方单位提供服务时：有必要考虑发包方是否会与个人形成劳动关系，或发包方是否要对个人承担特殊责任。

如果不构成劳动关系，在合同起草审查的其他方面，也同样可以参照“服务类合同”的起草审查要点。

因此，起草审查不构成劳动关系的用工模式类合同时，一方面可参照本单元内容，另一方面可参照《合同起草审查指南：常用合同卷》中“服务类合同”的说明。

四、用工模式辨析与选择要点

对于前面表格中的用工模式，律师均应有所了解，能够为企业选择最有利、最合适的用工模式，进而选择相应合同文本。

在接下来的课程中，我们还会进一步比较、分析各类具体的用工模式。这里我们先从整体上说明一下在用工模式的辨析、选择中，律师要注意的几点：

1. 劳动关系下企业的负担与责任肯定比非劳动关系重很多。

标准劳动关系相比较非劳动关系，企业至少要承担下列成本和责任：

（1）必须签订劳动合同，否则会有双倍工资责任。

（2）必须在最低工资、社会保险、住房公积金、经济补偿金、加班费等一系列方面遵守劳动法规的强制性标准。

像北京这样的城市，哪怕是招聘一个拿最低工资的员工，企业所承担的最低成本包括“最低工资＋社会保险＋住房公积金”等，至少也在三千元以上。

（3）员工出现工伤时应承担工伤责任。

（4）解除终止劳动关系受到严格限制。如果是违法解除，员工可以选择要求继续履行劳动合同。

这就意味着，在能够采用非劳动关系用工的情况下，对于企业来说，更愿意采取非劳动关系。

2. 实务中企业用工以标准劳动关系为主，以其他用工模式为辅。

虽然企业希望能多采取非劳动关系模式，避免适用《劳动合同法》，但由于法规的限制、企业的现实用工需求，标准劳动关系还是企业的用工模式的主流。可以说，标准劳动关系是正常，其他用工模式是特殊。

从《劳动合同法》等立法本意来说，也并不希望企业刻意回避劳动关系从而降低对劳动者一方的保障。

3. 非劳动关系是风险高发区，律师应谨慎操作。

实务中很多企业、很多人对于劳动关系性质认识不清。有的人以为“只要双方约定不是劳动关系就可以回避劳动关系；不上社保就不是劳动关系”。而在司法实务中，如果“个人为单位提供劳务、关系不明”，就有可能被认定为是劳动关系。因此实务中不少“以为不是劳动关系”的人员，其实就是劳动关系。企业由于未规范管理，反而带来风险。

律师特别需要向企业了解，询问是否存在“单位聘请个人提供服务，又未按劳动关系管理的人员”，凡是存在这种情形的，都要重点处理。要么按劳动关系处理，要么按非劳动关系处理并签订相应书面文件。而且，非劳动关系下，单位同样有雇主责任风险。

相关课程：《合同起草审查指南：劳动用工卷》“非劳动关系（一）：个人劳务（雇用）类合同”“延伸讨论：《民法典》下的雇主责任与应对”

因此，对于非劳动关系的使用，律师必须特别注意：用工性质要确实符合非劳动关系；尽量有书面协议明确双方关系不属于劳动关系；注意防范雇主责任风险等。

相关条款：2721 确认与声明 非劳动关系

4. 用工模式的辨析中，标准劳动关系与个人劳务（雇佣）之间的区别是关键。

这两种用工模式的区分是理解看似复杂的用工模式的关键与重点，也是难点。对此，本书将在接下来的一节内容中详细说明。

5. “临时工”的说法不规范，应该进一步界定具体用工模式。

“临时工”这个说法并不符合现行劳动法规，在实务中可能对应标准劳动关系、非全日制用工、个人劳务（雇佣）等多种类型。律师必须根据实际情况，确定具体的对应用工模式进而选择适当合同类型。

1.2 非劳动关系（一）：个人劳务（雇佣）类合同

接下来，我们开始讨论“非劳动关系—直接关系”，这种模式的意思是说：个人直接为企业提供劳务、服务，但又并不建立劳动关系。

1.2.1 宏观—合同类型

一、“非劳动关系—直接关系”模式初步说明

1. “非劳动关系—直接关系”中包含的具体模式，前面的“用工模式概览”中已经说明，图 1-2 再把这一部分单独列出。

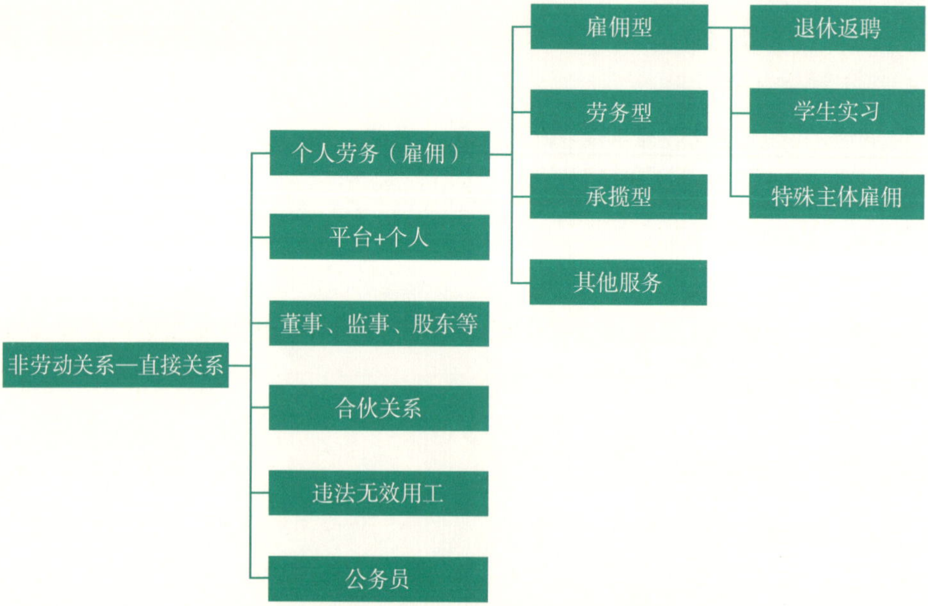

图 1-2 “非劳动关系—直接关系”模式概览

2. 容易判断的几类非劳动关系。

只要发现属于下面几类情形之下，就可以判定双方不建立劳动关系。

（1）雇佣类不构成劳动关系，是因为主体不符合。

雇佣关系下，雇员其实就是像员工一样上班，但因为至少有一方不符合劳动法的主体特性，因此不构成劳动关系，这容易判断。

这其中又有两类：

①劳动者一方主体不符：学生实习、退休返聘。

②用人单位一方主体不符：筹备中还未设立的公司雇佣、公司清算组雇佣。公司、民办非企业单位、基金会、会计师事务所、律师事务所、个体工商户、有营业执照的分支机构、国家机关、事业单位等现实中绝大多数的单位都是符合用人单位主体要求的。当前主流观点认为，村民委员会、居民委员会也是用人单位，因为《民法典》第 96 条规定农村集体经济组织法人、基层群众性自治组织法人为特别法人，类似《浙江省高级人民法院民事审判第一庭、浙江省劳动人事争议仲裁院关于审理劳动争议案件若干问题的解答（五）》（2019 年）中提道，“村民委员会、居民委员会等群众性自治组织可以作为用人单位，其与对外聘用人员发生的用工关系符合劳动关系特征的，按劳动关系处理。”

（2）董事、监事、股东、合伙人等不是管理与被管理关系。

董事、监事、股东、合伙人与单位之间不是管理与被管理关系，拿的报酬也不是工资或者不拿报酬。

但如果双方建立管理与被管理的关系，则同样可能建立劳动关系，即会在董事、监事、股东、合伙人身份之外，另外再增加一个劳动者的身份，建立一层劳动关系。此时双方也应当签订劳动合同。

（3）违法、无效用工违反劳动法规，不能完全按照劳动法规主张权利义务。

例如，雇佣童工、无就业许可证的外国人就业、外国企业在华代表处直接用工。

这种情况下，员工仍可以要求单位支付工资报酬包括加班费，《劳动争议司法解释（一）》第 41 条还规定应支付经济补偿金、用人单位原因导致劳动合同无效给员工造成的损失。但是，不能要求未签订劳动合同的双倍工资赔偿；既然违法，显然任何一方都随时可以（而且应该）随时终止用工，不能要求继续履行。

（4）公务员。

公务员也分多种，甚至有可能是劳动关系。但是基于本课程的目的，就不再具体分析。

3. 个人劳务（雇佣）与承揽。

严格来说，将承揽型放在“个人劳务（雇佣）”下面不太恰当，因为劳务关系与承揽关系的责任明显不同。但是考虑到承揽与劳务很难区分，从合同起草审查的角度，凡是劳务合同其实都应该命名为“承揽合同”才更有利（对接受劳务一方来说），所以，我们还是把承揽型也归在“个人劳务（雇佣）”这个大类之下，一并比较和讨论。

二、个人提供劳务，何时不构成劳动关系？

前面所说的雇佣型都是特殊情况，现在要讨论的是：个人是普通劳动者，单位也是合法的用人单位，个人为单位提供服务，却不建立劳动合同关系，而是建立了劳务型、承揽型、其他服务型非劳动关系——这是重点与难点。搞清楚了这个问题，才能相应选择合同类型。下面进行详细的分析。

1. 典型劳动关系与非劳动关系的比较。

典型的劳动关系的特征，现行的劳动法规中只有原劳动和社会保障部颁布的《关于确立劳动关系有关事项的通知》有描述，该通知第1条这样规定：

用人单位招用劳动者未订立书面劳动合同，但同时具备下列情形的，劳动关系成立：

（1）用人单位和劳动者符合法律、法规规定的主体资格；

（2）用人单位依法制定的各项劳动规章制度适用于劳动者，劳动者受用人单位的劳动管理，从事用人单位安排的有报酬的劳动；

（3）劳动者提供的劳动是用人单位业务的组成部分。

简单来说，劳动关系相对于非劳动关系的区别就是：劳动关系强调一种管理与被管理的特点。如果要界定为非劳动关系，则必须使双方的关系体现为一种平等合作的关系，而非管理与被管理的关系。也就是说，个人与单位之间不是不能形成外包、承揽之类的非劳动关系，但前提是，双方的权利义务必须符合非劳动关系的特征。

一般来说，双方的关系如果具备下列特征：“事务是短期完成的或一次性的；双方的关系是松散的；基本上单位一方只需要出钱，交代任务，具体工作由服务方自行去完成，自担经营风险”，那么这种关系，应该是一种平等主体之间的承揽、劳务或服务关系，而不是劳动关系。例如，单位交由某个人制作一个网站，网站做好任务就完成，这应该属于一种承揽合同或服务合同。

反之，如果双方关系具备下列特点之一，基本上就属于劳动关系：

（1）个人需要朝九晚五地出勤，或者出勤时间类似于全职员工（个人接受单位的管理，关系并不松散）；

（2）单位为个人缴纳社会保险（因为只有用人单位有义务为其员工缴纳社会保险）。

上述特征正是劳动关系下的典型表现。也就是说，单位如果与个人形成了管理与被管理的关系，基本上就属于劳动关系了。

资 料 地方法院对劳动关系与劳务关系认定的口径

《浙江省高级人民法院劳动争议案件疑难问题讨论纪要》

5. 如何区分劳动关系与劳务关系？

答：劳动关系是指，劳动者与用人单位之间存在的，以劳动给付为目的的劳动权利义务关系。劳务关系是指，劳动者为被服务方提供特定的劳动服务，被服务方依照约定支付报酬所产生的法律关系。两者的区别在于：

一是劳动关系除了当事人之间债的要素之外，还含有身份的、社会的要素，而劳务关系则是一种单纯的债的关系。

二是劳动关系的当事人之间的关系一般较为稳定，而劳务关系当事人之间的关系则往往具有“临时性、短期性、一次性”等特点。

三是劳动关系中，当事人之间存在管理与被管理、支配与被支配的社会关系，劳务关系的当事人之间则不存在上述关系，而是平等主体之间的合同关系。

《上海市高级人民法院关于审理劳动争议案件若干问题的解答》

二、劳动关系的认定

（八）用人单位与劳动者未签订书面劳动合同的，如何认定双方是否已形成劳动关系？答：用人单位与劳动者（不论是否具有本市户籍）虽未签订书面劳动合同，但具有下列情形时，可认为双方之间形成劳动关系：①用人单位向劳动者支付劳动报酬；②劳动者付出劳动是用人单位业务的组成部分或劳动者实际接受用人单位的管理、约束；③用人单位向劳动者发放“工作证”或“服务证”等身份证件、或填写“登记表”“报名表”，允许劳动者以用人单位员工名义工作或不为反对意见的。

不接受用人单位管理、约束、支配，以自己的技能、设施、知识承担经营风险，基本不用听从单位有关工作指令，与用人单位没有身份隶属关系的，不是用人单位的劳动者，人民法院可根据双方关系的实际状况来确定双方的法律关系。

2. 实务中常见的提供劳务但又不是劳动关系的情形。

下面这些情形中，个人为单位提供劳务、服务，但同时又可以不是劳动关系：

（1）与公司有业务关系的自由设计师、翻译人员、撰稿人、讲师，无须坐班，按工作量计酬。

（2）公司的兼职销售人员，无须坐班，完全按销售量提成。

（3）为公司发放传单、发放会员卡，无须坐班，完全按工作量计酬。

（4）为公司提供咨询、顾问等服务的人员（一般为兼职），无须坐班，基本自主安排工作时间的人员。

（5）保险、证券、电信、直销几个行业中的个人代理。

保险代理人、证券经纪人、电信业务代理人都存在个人为公司提供代理的情形，有的还有明确法律依据。例如，《保险法》第117条、信息产业部《关于规范代理电信业务行为等规定的通知》等。

（6）个人自行完成定制、加工，向单位提交实物成果的，应属于承揽关系而非劳动关系。

上面这些情形，在双方约定不属于劳动关系的情况下，可能属于承揽合同、委托代理合同或无名服务合同关系，不建立劳动合同关系。

（7）影视剧拍摄中聘用的导演、演员、工作人员等。

在影视剧拍摄过程中，剧组所聘用的这些工作人员，其实已经有些接近雇佣，但毕竟是临时性的，工作时间、双方关系也不同于劳动关系，司法实务中的不少判例均认定不构成劳动关系。

3. 个人为单位提供劳务，极有可能被认定为是劳动关系，应予以防范。

如果双方确实是劳动关系，则单位就应该依法签订劳动合同、缴纳社会保险，承担用人单位的法定义务。

如果双方无意建立劳动关系，则应该签订书面合同明确双方不属于劳动关系，且明确具有非劳动关系的特征，以避免被认定为是劳动关系。如果缺乏明确约定，同时又确实存在“个人为单位提供劳务、单位向个人支付报酬”的情形，则极有可能被司法机关认定为双方构成劳动关系。

实务中有这种例子。某大米生产企业聘有一批销售人员，口头约定无底薪、无须坐班，企业给他们发放企业盖章的授权书，他们代表企业到各种渠道推销大米，按照推销成功的销售金额的一定比例支付提成。实际上这些人员有的就是兼职做一做，企业与他们也没有签订正式协议。其中一名销售人员后来提起劳动仲裁和后续诉讼，拿着企业发给他的授权书要求确认存在劳动关系，并要求最低工资、经济补偿，进而要求补交社会保险、公积金等，最终还得到了司法机关的支持，导致企业损失很大。其实，如果双方事先签订委托合同或服务合同，是完全可以明确约定不构成劳动关系的。

相关条款：2721 确认与声明　非劳动关系

上述条款中，不仅明确不属于劳动关系，在第 1 点中还说明提供服务的方式确实不符合劳动关系的特征。

4. 非劳动关系下，需要考虑雇主责任风险。

请见后面关于雇主责任的分析。

相关课程：《合同起草审查指南：劳动用工卷》“延伸讨论：《民法典》下的雇主责任与应对”

三、劳务型、承揽型、其他服务型之间的选择与合同标题

前面我们判断是否可以按非劳动关系处理，接下来我们进一步分析，选择非劳动关系中的哪一种合同类型更合适？

如果不考虑个人提供服务的特殊性（其实主要就是雇主责任风险），这几类合同其实都是“服务类合同”，选择哪一类合同可参考《合同起草审查指南：常用合同卷》“服务类合同”的说明（例如，对委托方来说，承揽合同最有利）。

如果考虑到个人提供服务的雇主责任风险，那么对于单位一方来说，应该这样选择：

1. 如果基本符合委托代理、中介、行纪的特征，则选择委托代理、中介、行纪这样的有名合同类型为宜。例如，“证券经纪人委托合同”。

这些合同类型有相关法律规定，同时又没有关于雇主责任的规定，较为有利。

2. 在劳务（雇佣）与承揽之间，应尽量选择承揽，回避劳务（雇佣）。

个人提供的是劳务还是承揽，无论在学理上还是司法实务中，都极难区分。例如，甲方家中房屋需要装修，请乙方（个人）对房屋进行粉刷，按每平方米 20 元计价。这一类服务很难简单判断是承揽还是劳务，两者均有可能。学理上存在五项标准或七项标准的区分判断标准，但实际上，这些标准都不是绝对的，具体案例中也无法做到五项标准或七项标准都符合或都不符合，往往是从这个标准看像是劳务，从那个标准看又像是承揽。因此，即使确实很像“劳务”，如果硬要叫“承揽”合同，也未必不被法院支持。

从雇主责任风险的角度，单位（接受服务方）肯定应该尽量选择承揽合同，回避劳务（雇佣）合同，尤其是不应使用“雇佣合同”这种类型。

具体而言：

（1）对于提供实物成果型合同，显然应定性为“承揽合同”，因为这本来就是典型的承揽合同。

（2）如果是其他劳务型服务，则可以尽量定性为“承揽合同”，但仍应考虑被法院认为“名为承揽，实为劳务”的风险。

因此仍要考虑雇主责任风险与应对措施。

（3）无论是否劳务合同，都没有必要命名为“劳务合同”，这对单位没有好处。即使不叫承揽合同，也应该命名为“服务合同”更好。

因此，虽然本书中使用了“个人劳务（雇佣）、劳务型”这个分类，但这是为了与一般认识相符。但从合同类型选择和合同标题的角度，其实要尽量回避使用劳务、雇佣这个标题。

1.2.2 延伸讨论：“平台 + 个人”模式简析

近几年，随着移动互联网的发展，互联网和实体经济不断融合，“互联网 +”成为推动大众创业、万众创新的全新理念。随着平台经济的飞速发展，“平台 + 个人”的互联网平台用工模式也应运而生。互联网平台用工作为一种新型的用工模式，在诸多方面颠覆了传统用工形式，工作的自主性、劳动的提供方式、收入获得的方式等都与传统的劳动关系存在明显的区别。

与此同时，“平台 + 个人”的模式也带来了从业者权益保障等问题，尤其是发生纠纷或人身伤害之后，从业者的诉讼请求集中在劳动关系确认，以及相应的未签订书面劳动合同双倍工资差额、未休年假工资、解除劳动关系经济补偿或赔偿金给付、加班工资支付等事项上。那么平台和从业者之间是否属于劳动关系呢？

1. “平台 + 个人”缺少明确法律规定，部分地区有裁判政策文件。

例如下列地方裁判尺度文件可供参考。另外从司法实务来看，如果确实是不同于管理与被管理关系的“平台 + 个人”模式且有约定不建立劳动关系的，一般不被认定为劳动关系。

《江苏省劳动人事争议疑难问题研讨会纪要》（2017 年）

一、确认劳动关系问题

（一）涉及互联网平台的劳动关系确认问题。

在涉及互联网平台企业有关劳动关系确认问题中，仲裁机构应注意把握保护劳动者权益与促进劳动力市场灵活性的平衡关系，综合考量用人单位网络平台的运营形式、劳动者从业状况、网络平台对劳动者的管理程度、劳动者收入分配方式及劳动者是否独立承担经营风险等因素，依法区分劳动关系和劳务关系。

对于发挥联系中介作用的网络平台，劳动者通过网络平台与企业建立工作联系关系，企业通过网络平台提供服务信息，并通过网络平台收取管理费或信息费用的，双方不宜作为劳动关系处理。

如果劳动者未与互联网平台企业订立劳动合同，而是签订了承包合同、委托协议等，一般应从其约定来认定双方的法律关系。如果双方关系符合原劳动和社会保障部《关于确立劳动关系有关事项的通知》（劳社部发〔2005〕12 号）的要求，应认定双方存在劳动关系。

《广东省高级人民法院、广东省劳动人事争议仲裁委员会关于劳动人事争议仲裁与诉讼衔接若干意见》（粤高法发〔2018〕2 号）

二、网络平台经营者与相关从业人员之间的用工关系性质，原则上按约定处理。如双方属于自负盈亏的承包关系或已订立经营合同、投资合同等，建立了风险共担、利益共享的分配机制的，不应认定双方存在劳动关系。实际履行与约定不一致或双方未约定的，以实际履行情况认定。

2.“平台 + 个人”一般选择非劳动关系类型合同。

一般来说，平台无意与个人建立劳动关系，不会选择劳动关系类合同。如果是非劳动关系，可选择：

（1）中介服务合同。即平台为个人提供居间服务。如打车平台，是为乘客和司机提供居间服务，从中收取一定服务费。

（2）技术服务合同、信息服务合同。即平台为个人提供技术服务、信息服务，收取技术服务费或信息服务费（从客户支付的费用中提成）。

平台与个人一般不会选择委托关系，因为委托关系意味着个人成为平台的代理人，会给平台带来风险。

无论是哪一种关系，往往会强调：平台与个人不构成劳动关系、个人不是平台的代理人、个人自担风险、平台不对个人与客户之间的关系承担责任。

相关模板：16624 达达平台注册协议

相关条款参考：

滴滴：

本协议正文及其附件受《合同法》等民事法律约束。我司与所有提供网约车服务的司机仅存在挂靠合作关系，不存在任何直接或间接的劳动关系，不适用《劳动法》《劳动合同法》《社会保险法》《住房公积金管理条例》等法律法规。

58到家：

您认可，58到家与您不存在任何法律上及事实上的劳务关系或劳动关系，且58到家无须向您支付任何费用。

达达：

您与达达平台并非劳动、劳务、雇佣关系。您履行配送义务获取的配送收益由商户委托达达平台向您支付。任何时候，您自达达平台获取的补贴或奖励等（若有），不应当视为工资、薪金及劳务报酬或类似收入。用户自商户处获取的报酬，应当为商户开具发票。

UU平台：

跑男与UU跑腿平台仅存在一般的信息推送服务关系，并不存在劳动、劳务、雇佣关系。跑男完成订单内容后应获取的跑腿费由平台第三方发布订单的用户提供。跑男同意委托UU跑腿平台代为收取第三方用户支付的跑腿费，在扣除平台信息使用服务费后直接转入跑男在平台的指定账户。任何时候，跑男从UU跑腿平台获取的收益（若有），不应当视为工资、薪金及劳务报酬或类似收入。跑男应当自行或委托UU跑腿平台购买商业保险，并自行承担履行配送义务过程中的意外事故或责任事故的责任。

3.“平台+个人”一般是通过电子签约，一般是格式合同。

因此平台方应考虑对确立双方关系、免除平台方责任以及其他重要条款加粗加大提示，或由个人专门确认。

1.2.3 中观—合同形式

经过“宏观：交易结构分析”之后，如果企业确定与个人建立“个人劳务 / 承揽 / 委托 / 服务类”合同关系，那么在合同文本上要注意下面几点：

1. 建议签订书面合同，以明确双方关系。

虽然这并非法定要求，但是为了避免双方关系不清，避免被认定为事实劳动关系，对于单位与个人之间的非劳动关系，应尽量签订书面合同。

2. 合同文本无须复杂，但应明确双方关系及合同类型。

3. 对于特定行业的个人代理合同，可参照该行业的示范文本。

例如，中国证券业协会有“证券经纪人委托合同”的必备条款示范文本。

相关模板：10602 证券经纪人委托合同必备条款（证券业协会 2009 年版）

1.2.4 微观—合同条款

条款体系可参考：4605 个人承揽合同

个人劳务、承揽、委托代理或其他服务，其实都属于广义的服务类合同。服务类合同，当然应该注意对服务内容、服务质量、工作成果、服务报酬等进行明确约定，这里不再具体说明，仅从劳动用工的角度，针对个人提供这些服务时合同条款中的特殊注意事项进行说明。这些注意事项，都是从避免构成劳动关系、回避单位方责任的角度考虑的。具体包括：

1. 弱化双方的管理与被管理关系，强调个人自主安排工作时间。

2. 明确双方不构成劳动关系，不承担劳动法上的权利义务。

3. 对合同内容可能导致劳动关系的表述进行删改。

这包括：

（1）标题：应为承揽合同、服务合同，不应该是劳务合同、雇佣合同。

（2）适用法律：不能有“根据《劳动合同法》”等表述。

（3）具体术语：例如，工资、加班费、员工等，改成报酬、特殊报酬、服务费等。

（4）报酬结算：最好不要按类似于固定月工资的方式，可采取按天、按小时或按件结算。

相关条款：2721 确认与声明

4.“劳务关系”类表述建议调整为“承揽类”或“服务类”表述。

如前所述，劳务关系下单位仍有一定责任。因此像“劳务费用”这样的表述，不如改为“服务报酬”。

5. 考虑约定商事仲裁。

商事仲裁更有可能尊重契约自由而按普通民事合同纠纷进行处理。

1.3 延伸讨论:《民法典》下的雇主责任与应对

正如前文所说，如果不是劳动关系，用工模式类合同就要考虑雇主责任风险。如果不是因为存在雇主责任风险，那么非劳动关系下的用工模式类合同几乎就没有专门分析的必要，只需要参照“服务类合同”或者类似的合同类型起草审查即可。正是雇主责任的存在，使得用工模式类合同在“宏观、中观、微观”的各个层面都受到影响。因此，本节课专门就雇主责任及其应对措施进行说明。

注意，雇主责任的风险，几乎与所有非劳动关系下的用工模式类合同相关。可以说，只要是接受个人或包工头提供服务，就要考虑雇主责任风险及其应对措施。

一、雇主责任的含义

雇主责任不是一个专门的法律术语，需要专门定义说明一下。

第 1 种情形:

在非劳动关系的“直接关系—个人劳务(雇佣)”模式下，提供劳务方(个人)为发包方提供服务。这里面的两方分别称为提供劳务方、发包方。

现在，提供劳务方在服务过程中受伤，发包方如果要对提供劳务方承担责任，这个称为“对内雇主责任”。提供劳务方在服务过程中造成第三人受伤，发包方如果要对第三人承担责任，这个称为“对外雇主责任”。“对内雇主责任”和“对外雇主责任”合称“雇主责任”。

第 2 种情形:

在非劳动关系下的“间接关系”模式下，提供劳务方(个人)受承包方或包工头所雇，为发包方提供服务，这里面的三方分别称为提供劳务方、承包方(或包工头)、发包方。

现在，提供劳务方在服务过程中如果自己受伤，或造成第三人受伤，除承包方(或包工头)要承担责任之外，发包方也可能要承担责任，这种责任在性质上似不同于第 1 种情形下的雇主责任，但这里不再做区分，也一起讨论。

注意提供劳务方与发包方是不建立劳动关系的。如果建立劳动关系，则用人单位肯定对内要承担工伤责任，对外要对员工的行为承担责任（依据《民法典》第 1191 条）。这没什么争议，但不是这里要讨论的雇主责任。[1]

二、《民法典》生效后的法规变化

原《人身损害赔偿司法解释》第 9 条、第 11 条，是与雇主责任直接相关的法规，原文如下：

第 9 条——与“对外雇主责任”相关，第 2 款定义“雇佣活动”：

雇员在从事雇佣活动中致人损害的，雇主应当承担赔偿责任；雇员因故意或者重大过失致人损害的，应当与雇主承担连带赔偿责任。雇主承担连带赔偿责任的，可以向雇员追偿。

前款所称“从事雇佣活动”，是指从事雇主授权或者指示范围内的生产经营活动或者其他劳务活动。雇员的行为超出授权范围，但其表现形式是履行职务或者与履行职务有内在联系的，应当认定为“从事雇佣活动”。

第 11 条——第 1 款与“直接关系—个人劳务（雇佣）”的“对内雇主责任”相关，第 2 款与“间接关系”下的“对内雇主责任”相关：

雇员在从事雇佣活动中遭受人身损害，雇主应当承担赔偿责任。雇佣关系以外的第三人造成雇员人身损害的，赔偿权利人可以请求第三人承担赔偿责任，也可以请求雇主承担赔偿责任。雇主承担赔偿责任后，可以向第三人追偿。

雇员在从事雇佣活动中因安全生产事故遭受人身损害，发包人、分包人知道或者应当知道接受发包或者分包业务的雇主没有相应资质或者安全生产条件的，应当与雇主承担连带赔偿责任。

属于《工伤保险条例》调整的劳动关系和工伤保险范围的，不适用本条规定。

上述法条中，对内雇主责任、对外雇主责任的规定都有，“雇佣活动”包括“其他劳务活动”，使得只要是个人提供服务都有可能承担雇主责任。无论这是否合理，法规本身还是比较清楚的。《民法典》之前的司法实务中很多涉及雇主责任的判例都要引用上述法条。

但《民法典》生效之后，上述法规已经被删除，现在与雇主责任相关的主要法条是：

---

[1] 本小节中对内雇主责任、对外雇主责任的说法参考自石先广律师的文章、书籍。

《民法典》第 1191 条——第 1 款与“直接关系”下的对外雇主责任有关：

用人单位的工作人员因执行工作任务造成他人损害的，由用人单位承担侵权责任。用人单位承担侵权责任后，可以向有故意或者重大过失的工作人员追偿。

劳务派遣期间，被派遣的工作人员因执行工作任务造成他人损害的，由接受劳务派遣的用工单位承担侵权责任；劳务派遣单位有过错的，承担相应的责任。

《民法典》第 1192 条——这是针对个人之间形成劳务关系的对外雇主责任（第 1 款）和对内雇主责任（第 2 款），个人向单位提供劳务并不能直接适用：

个人之间形成劳务关系，提供劳务一方因劳务造成他人损害的，由接受劳务一方承担侵权责任。接受劳务一方承担侵权责任后，可以向有故意或者重大过失的提供劳务一方追偿。提供劳务一方因劳务受到损害的，根据双方各自的过错承担相应的责任。

提供劳务期间，因第三人的行为造成提供劳务一方损害的，提供劳务一方有权请求第三人承担侵权责任，也有权请求接受劳务一方给予补偿。接受劳务一方补偿后，可以向第三人追偿。

《民法典》第 1193 条——与“直接关系”或“间接关系”下的雇主责任有关，但是指承揽关系下：

承揽人在完成工作过程中造成第三人损害或者自己损害的，定作人不承担侵权责任。但是，定作人对定作、指示或者选任有过错的，应当承担相应的责任。

《民法典》第 1165 条第 1 款——原则性规定：

行为人因过错侵害他人民事权益造成损害的，应当承担侵权责任。

《工伤保险行政案件司法解释》第 3 条——与“间接关系”下的对内雇责任有关：

社会保险行政部门认定下列单位为承担工伤保险责任单位的，人民法院应予支持：……（四）用工单位违反法律、法规规定将承包业务转包给不具备用工主体资格的组织或者自然人，该组织或者自然人聘用的职工从事承包业务时因工伤亡的，用工单位为承担工伤保险责任的单位……前款第（四）、（五）项明确的承担工伤保险责任的单位承担赔偿责任或者社会保险经办机构从工伤保险基金支付工伤保险待遇后，有权向相关组织、单位和个人追偿。

《民法典》第1191条、第1192条其实来自之前的《侵权责任法》（2010年生效）。可以简单的分为三个阶段：原《人身损害赔偿司法解释》的阶段→原《人身损害赔偿司法解释》+《侵权责任法》的阶段→ 2021 年后新《人身损害赔偿司法解释》

修订（第 9 条、第 11 条删除）+《民法典》的阶段。我们现在主要讨论 2021 年后的这个最新阶段。

三、“直接关系—个人劳务（雇佣）”模式下的雇主责任

接下来，我们对“直接用工—个人劳务（雇佣）”模式下的不同类型分别说明。（注意基于本课程的目的，前面也有所说明，我们这里均指的是单位与个人之间，不包括个人与个人之间的劳务关系）

1. 雇佣型。

（1）对内雇主责任。此时缺乏明确法律规定！

但是，雇佣型关系下，提供劳务方就是发包方的雇员（虽然不是劳动关系），发包方就是雇主，于情于理，没有理由雇主不需要对雇员因为工作受伤而负责。也许法院可以依据《民法典》第 1165 条的原则性规定——“行为人因过错侵害他人民事权益造成损害的，应当承担侵权责任”——要求单位承担责任（只要雇员出了事，多多少少可以认为是单位也有管理上、劳动条件提供上的不当），甚至法院可能参照劳动关系下的工伤待遇要求发包方承担责任。

（2）对外雇主责任。这种情况下的对外雇主责任是明确、肯定的。

依据《民法典》第 1191 条的规定，发包方要对“工作人员因执行工作任务造成他人损害”承担责任，而雇佣型关系下的雇员肯定是“用人单位的工作人员”无疑。

2. 承揽型关系。

依据《民法典》第 1193 条的规定，仅在定作人（发包方）有定作、指示或者选任有过错时承担责任；这种责任的性质不同于雇主责任，但这里不再具体区分。

这里的“定作、指示或者选任过错”有一定解释空间，不排除在法院看来，只要定作人找一个个人提供有危险性的服务（没有危险的话怎么现在造成了损害后果呢？），就属于有选任过失。再说定作人的安排也可能构成“指示”。

另外在实务中，很多案例的争议焦点在于“这是承揽还是劳务？是否名为承揽实为劳务？”。

无论如何，在承揽关系下，以过错来判定责任，风险最轻。

3. 劳务型和其他服务型关系。

（1）对内雇主责任。此时缺乏明确法律规定！

也许法院可以参照承揽关系下的《民法典》第 1193 条要求发包方承担责任？或者同样的依据《民法典》第 1165 条这样的原则性规定来要求发包方承担责任？尚不得而知。

（2）对外雇主责任。此时缺乏明确法律规定！

这种情况下的提供劳务方是否属于《民法典》第1191条规定的“用人单位的工作人员”，看不出来；虽然从字面意思上，此时这种临时的劳务提供方不太像是“用人单位的工作人员”，但如果法院要求发包方承担责任，只能依据该法条。

注意在《民法典》生效之前，对于以体力型劳务为主的劳务关系，提供劳务人员在工作中受伤，接受劳务的单位一方肯定是要承担对内和对外的雇主责任的。这一方面的纠纷、判例极多，很难想象在《民法典》生效之后，劳务关系下的雇主责任会突然就消失。

四、“间接关系”模式下发包方的责任

“间接关系—业务外包”模式下，提供劳务方是承包方单位的员工，承包方单位对其负责，发包方不承担什么责任。除非构成劳务派遣，则发包方单位就成了用工单位，根据《民法典》第1191条第2款的规定，应对劳务派遣人员承担“对外雇主责任”，并根据劳务派遣协议承担工伤方面责任。

“间接关系—个人劳务承包”模式下，发包方单位要承担的责任比较复杂，现行法规不太清晰。具体说明如下：

1. 对内雇主责任。

包工头对提供劳务方肯定是要承担责任的，法律依据就是《民法典》第1192条。问题是发包方单位是否要承担责任。

（1）如果发包方与提供劳务方构成事实劳动关系，发包方自然要承担用人单位的责任，包括工伤责任。

（2）如果发包方与提供劳务方不构成事实劳动关系，分三种情况来看：

第一种情况：如果发包方与提供劳务方不构成事实劳动关系，但构成违法转包、分包。

则发包方应承担工伤保险责任或者说用工主体责任。发包方承担工伤保险责任之后，可以向包工头追偿。这一责任对发包方来说是比较严重的。法规依据即《工伤保险行政案件司法解释》第3条第4项，司法实务也支持了这一做法。

第二种情况：如果发包方与提供劳务方不构成事实劳动关系，而且将这个项目交由包工头来承包并不违法，例如，食堂、厨房由个人承包。

此时要求发包方承担责任的法律依据不是很明确。但虽然如此，为了体现对弱势群体（提供劳务方）的保护，不排除法院仍适用《工伤保险行政案件司法解释》第3条第4项、《劳动合同法》第94条、原劳动和社会保障部《关于确立劳动关系有关事项的通知》第4条等规定，甚至参照《民法典》第1193条下定作人的选任、指示过失责任，要求发包方承担用工主体责任、连带赔偿责任或相应的过错责任。

第三种情况：发包方与提供劳务方虽不构成劳动关系，但因为发包方接受提供劳务方的服务，而且事实上可能多少仍有一点管理，仍然可以理解为发包方与提供劳务方之间建立了劳务关系。

这就与前面说的“直接关系—个人劳务（雇佣）”模式类似了，此时仍缺乏直接的法律规定。

2. 对外雇主责任，也就是提供劳务方造成第三人损害时发包方的责任。

此时缺乏明确法律规定！

根据《民法典》第1192条的规定，“个人之间形成劳务关系，提供劳务一方因劳务造成他人损害的，由接受劳务一方承担侵权责任”，包工头肯定要对第三人承担责任，但未对发包方是否承担责任作出说明。也许法院可以认定提供劳务方也属于发包方的“工作人员”进而依据《民法典》第1191条要求其也承担连带责任，或者参照《民法典》第1193条，要求发包方承担定作人的选任、指示过失责任。

不难看出，包工头模式下，发包方在“对内雇主责任”方面的风险较严重，“对外雇主责任”较轻或者说不太明显。

补充：上面所说的多种情形下的“缺乏明确法律规定”，从争议处理的角度，包括“是不是要承担责任？是不是过错责任？”这几方面都规定不清。

五、雇主责任风险小结

必须说明的是，《民法典》关于雇主责任的规定不够清晰、全面，目前又缺少新的判例。《民法典》生效前关于雇主责任的判例常常要依据原《人身损害赔偿司法解释》第9条、第11条，而这两条重要规定已经被删除。——这就导致目前关于雇主责任的分析存在一定不确定之处，还有待更多司法判例来进一步厘清雇主责任风险。[1]

无论如何，律师必须意识到：

1. 当一个单位接受个人及包工头的服务时，很可能存在雇主责任风险。

2. 越是存在人身伤害风险的体力型服务，雇主责任风险越大。

设计、咨询顾问这样的服务，出现风险的可能性就很小。

---

[1] 可进一步参见石先广：《懵圈：人损司法解释删除第9条、第11条，单位非劳动关系下的雇主责任该咋办？》，载微信公众号“实说劳动法”，2021年1月6日；侯卫清、王韶婧：《提供劳务者受害责任纠纷案件的审理思路和裁判要点》，载微信公众号“上海一中法院”，2021年2月22日。

3. 承揽关系下，定作人的责任限于定作、选任和指示过错责任，责任相对较轻，法规也较明确。

4. 发包方将业务违法转包、分包给包工头，发包方要对包工头所雇人员承担工伤责任。这一点是明确的。

六、雇主责任的应对措施

如果律师认为存在雇主责任风险，则可以根据不同情况适当采取下列一项或多项措施：

1. 提示风险，不作处理。

对于短期劳务，或者对于发生人身损害可能性不大的服务（如雇人做设计），如果没有更好的办法，可能就不作处理，但律师应该向当事人提示该风险。

注意此类合同中，常常有“免责”条款，即约定单位一方对提供劳务一方在服务过程中的任何人身、财产损害不承担任何责任。如果依法本应承担雇主责任或侵权责任，这类免责约定其实是无效的，但在合同审查实务中，从单位的角度，也未必要删除，只是律师应提示当事人该条款存在无效风险。

2. 改变用工模式，也就是改变合同类型。

例如，不直接与该个人发生关系，而是找一家公司提供这种服务。如有必要甚至可以主动帮助个人设立一个主体（公司、合伙企业、个体工商户等），我单位与该主体发生关系，而不是直接与个人发生关系。

如果直接与个人或包工头发生关系，应尽量选择“承揽”。如前所述，承揽关系下单位方有过错才承担责任。

与个人直接发生关系时，也可以考虑改为标准劳动关系或非全日制用工关系，并缴纳工伤保险。这虽然成本高一些，但却是规范的、稳妥的做法。

3. 购买雇主责任保险。

此时单位是被保险人，如承担雇主责任，单位可获得保险公司理赔，可起到转移和降低单位风险的目的。但是，很多保险公司并不提供此类险种，保险费用、保额、保险范围也未必符合需求。

4. “人身伤害保险 + 特殊约定”。

假设：A 单位雇佣某退休职工 B，后 B 工作中负伤，A 单位依法应赔偿 50 万元。但之前，A 单位出资为 B 购买了人身伤害保险，被保险人为 B，双方无特殊约定，保险可理赔 30 万元。请问 B 可以向 A 单位索赔差额 20 万元，还是可继续索赔 50 万元？

答案是：B 可以继续索赔 50 万元。理由是保险公司依据保险合同对 B 的赔付与 A 单位无关。A 单位只是给 B 提供了一个特别的福利待遇（出资购买保险），但对 A 单位依法应承担的责任并无影响。

因此，如果存在雇主责任风险，单位又为员工购买了人身伤害保险的，应该考虑在用工类协议增加专门约定，或者在单位出资购买保险时专门由员工确认。

相关条款：3256 商业保险赔付

5. 特定安全事项的提示。

在合同条款中，在服务过程中，应提示事故风险与安全措施。这样在事故发生时，发包方可以此主张提供劳务方自己有过错，从而减轻发包方责任。

6. 非劳动关系时，约定商事仲裁更为有利。

商事仲裁机构更有可能尊重双方的约定，包括对非劳动关系的约定、责任分担的约定以及关于保险的特殊约定。

上述措施主要是针对非劳动关系的。但是如果双方建立劳动关系，却因为主观或客观原因不能缴纳工伤保险，则同样应考虑上述措施，首选由单位购买雇主责任险，不能购买的可以选择“人身伤害保险 + 特殊约定”，或者改成业务外包。

1.4 非劳动关系（二）：退休返聘合同

当一个企业直接雇佣一个个人时，或者说个人持续性的以雇员的形式为企业提供劳务时，只有特殊的、有法律依据的情况下才能形成雇佣关系而不是劳动关系。否则企业就很容易规避劳动关系了。

雇佣退休返聘人员就是一种特殊情形。本节课来讨论退休返聘合同。

1.4.1 宏观—合同主体

所谓退休返聘人员，都是达到了法定退休年龄的，但分为是否领取基本养老保险待遇两类。与他们签订的雇佣合同是什么性质有所不同，分别说明如下。

一、雇佣领取基本养老保险待遇的人员不属于劳动关系

对此，《劳动争议司法解释（一）》第 32 条规定，用人单位与其招用的已经依法享受养老保险待遇或者领取退休金的人员发生用工争议而提起诉讼的，人民法院应当按劳务关系处理。因此，如果用人单位招用的劳动者属于依法领取养老保险待遇的，属于劳务关系，肯定不是劳动关系。这种情况被认定劳务关系的主要原因在于劳动者不具备建立劳动关系的主体资格。

二、雇佣不能领取基本养老保险待遇的人员是否构成劳动关系存在争议

对于此类特殊群体的用工法律关系，目前国家人力资源和社会保障部与最高人民法院的观点不一致，各地仲裁、法院的口径不一致，目前主要有三种观点：

第一种观点认为仍属于劳动关系，理由是按照《劳动争议司法解释（一）》第 32 条的规定，只有用人单位招用的劳动者依法领取养老保险待遇的，才属于劳务关系，对于达到法定退休年龄但不能依法领取基本养老保险待遇的，仍属于劳动关系。比如山东省高级人民法院就曾判过一个典型案例“76 岁高龄仍可建立劳动关系”，不过后来山东省高级人民法院也有达到法定退休年龄视为劳务关系的裁判案例。

第二种观点认为属于劳务关系，理由是《劳动合同法实施条例》第21条规定，劳动者达到法定退休年龄的，劳动合同终止。因此，法定退休年龄也是劳动者丧失建立劳动关系主体资格的情形之一，如广东、北京、浙江等地的文件中有这样的规定。

《广东省高级人民法院、广东省劳动人事争议仲裁委员会关于审理劳动人事争议案件若干问题的座谈会纪要》（2012年）

11.用人单位招用已达到法定退休年龄但尚未享受基本养老保险待遇或领取退休金的劳动者，双方形成的用工关系按劳务关系处理。

《北京市高级人民法院、北京市劳动争议仲裁委员会关于劳动争议案件法律适用问题研讨会会议纪要（二）》（2014年）

12.依法享受养老保险待遇的人员、领取退休金的人员、达到法定退休年龄的人员，与原用人单位或新用人单位之间建立用工关系的，如何处理？

依法享受养老保险待遇的人员、领取退休金的人员、达到法定退休年龄的人员，其与原用人单位或者新用人单位之间的用工关系按劳务关系处理。上述人员可依据《最高人民法院关于审理人身损害赔偿案件适用法律若干问题的解释》第十一条，《最高人民法院关于审理劳动争议案件适用法律若干问题的解释（三）》第七条规定主张权利。

《浙江省高级人民法院民事审判第一庭、浙江省劳动人事争议仲裁院关于审理劳动争议案件若干问题的解答（二）》（2014年）

十四、超过法定退休年龄的劳动者在工作中受事故伤害或者患职业病，其向聘用单位主张工伤保险待遇的，应否支持？

答：劳动者超过法定退休年龄，仍接受单位聘用的，其与聘用单位之间构成劳务关系，劳动者因工伤亡或者患职业病而向聘用单位主张工伤保险待遇的，不予支持。但劳动者尚未享受基本养老保险待遇或者领取退休金，且聘用单位已为其缴纳工伤保险费的，其工伤保险待遇应予支持。

第三种观点认为属于特殊的劳动关系，即介于劳动关系与劳务关系之间的一种折中情形，用人单位招用此类人员有一些事项需要遵守劳动法的规定，有一些事项则不需要遵守劳动法的规定。如江苏省的文件有这样的规定。

《江苏省劳动人事争议疑难问题研讨会纪要》（2017年）

（二）达到或超过法定退休年龄，但不符合享受基本养老保险待遇劳动者的用工关系问题。

用人单位与其招用的已经依法享受基本养老保险待遇或领取退休金的人员发生的用工争议，按劳务关系处理。

用人单位与其招用的已达到或超过法定退休年龄但未享受基本养老保险待遇或领取退休金的人员发生用工争议，双方之间用工情形符合劳动关系特征的，应按劳动关系特殊情形处理。劳动者请求享受《劳动法》《劳动合同法》规定的劳动报酬、劳动保护、劳动条件、工作时间、休息休假、职业危害防护、福利待遇的应予支持。但劳动者请求签订无固定期限劳动合同、支付二倍工资、经济补偿、赔偿金及社会保险待遇的不予支持（其中社会保险待遇争议不包括本意见第十二条规定的情形）。双方另有约定的除外。

综上，对于招用退休返聘人员的法律定性，可以大致归纳为表 1–2：

表 1–2　招用退休返聘人员的法律关系定性

招用对象	法律定性	典型代表
达到法定退休年龄且能依法领取基本养老保险待遇	劳务关系	对于达到法定退休年龄且能依法领取基本养老保险待遇的，是劳务关系，这一点全国没有争论，是统一的
达到法定退休年龄但不能依法领取基本养老保险待遇	劳务关系	浙江、北京、广东等地
	劳动关系	山东等地
	特殊劳动关系	江苏等地

基于司法实践中对此问题的裁判口径比较乱，用人单位在招用此类群体时要注意当地的裁判口径，不能“一刀切”的认为“退休返聘”的就一定是劳务关系，要根据地方规定来定性，然后再根据地方规定安排退休返聘合同的相关内容。

1.4.2　中观—合同形式

1. 雇佣依法领取基本养老保险待遇的退休人员时，可以不用签订书面合同。

这是因为不会有劳动关系风险，法律规定清晰。

但是如果较高额的报酬需要明确，对工作成果、服务内容、知识产权等有特殊要求，则有必要签订书面合同，把重要事项约定清楚。

2. 雇佣达到法定退休年龄但未领取基本养老保险待遇的人员时，最好签订书面合同。

合同可名为“退休返聘合同”，明确雇佣期限、不构成劳动关系等。

这样，在有争议的情况下，能作为不属于劳动关系的证据；即使在被认定为劳动关系的情况下，该合同也能当作书面劳动合同，从而避免双倍工资责任。

3. 一般来说，此类合同较简单，无须过多内容。

1.4.3 微观—合同条款

条款体系参考：268 退休返聘合同

退休返聘合同也是一种特殊的服务合同。对于一般服务合同需要注意的事项，这里不再赘述，仅针对与用工相关的条款进行说明：

1. 确认退休人员身份。

签订此类协议的对象最好是已经依法领取养老保险待遇的人员，但不少省市规定达到法定退休年龄但不能依法领取基本养老保险待遇的人员也属于建立劳务关系的对象，可以签订退休返聘合同。即便有些地方规定达到法定退休年龄但不能依法领取基本养老保险待遇的人员仍属劳动关系的，也可以签订退休返聘合同，只不过发生纠纷有可能被认定劳动关系而已。

为确定员工退休身份，可要求员工一方提供身份证复印作为附件，并在复印件上签名确认“该身份证件属实”或“该复印件与原件一致”。

2. 确认关系定性。

由于双方之间的关系定位为劳务关系，因此双方之间的权利义务关系不再由劳动法律调整，而是受普通的民事法律调整（被认定劳动关系的除外），地方有特殊规定除外。

因此合同标题、合同内容中应回避劳动法律。例如，标题不应该叫“劳动合同”应名为“退休返聘合同”，引言中应写“依据《民法典》合同编”，合同条款中可作类似确认：

乙方确认已经达到法定退休年龄。

双方确认不建立劳动关系，不得依据《劳动法》《劳动合同法》等向对方主张劳动关系下的任何权利义务。

3. 薪酬、待遇方面。

如果工作时间较长，可能构成标准劳动关系下的“加班”，为避免员工索赔“加班费”（即使不属于劳动关系，也不排除法院适当支持超时劳动报酬），可以约定

“约定的劳动报酬标准中已经包括超时劳动补偿”，或者在劳动报酬标准中划出一部分“超时劳动补偿”。

4. 雇主责任风险应对。

对于招用的退休返聘人员，在工作中有可能会受到人身伤害，由于双方之间是劳务关系，那么这种人身伤害不属于工伤，而是应按照人身损害赔偿的规定处理（对于地方规定达到法定退休年龄但不能依法领取基本养老保险待遇的人员是特殊劳动关系或劳动关系的，仍可按工伤赔偿标准执行）。因此，律师和法律人员在审核退休返聘合同时，应考虑雇主责任风险问题。

相关课程：《合同起草审查指南：劳动用工卷》“延伸讨论：《民法典》下的雇主责任与应对”

5. 可以约定返聘人员不享受带薪年休假、病假、婚假等有薪假期。

6. 解除与终止处理。

在劳务关系下，返聘协议的解除不再受到劳动法律的限制，也不存在经济补偿金问题。一般建议用人单位在退休返聘合同中约定用人单位的随意解除权，并约定协议的解除任何一方无须向对方支付经济补偿金或赔偿金等条款比较好。

7. 争议解决。

由于双方之间是劳务关系，双方发生纠纷的，应按照劳务（雇佣）纠纷处理，按照普通民事案件直接向法院提起诉讼。合同中可以作出对单位有利的管辖约定，也可考虑约定商事仲裁。

8. 知识产权归属。

如果员工的工作涉及知识产权，应明确规定除人身权以外的知识产权完全归单位一方所有。

1.5 非劳动关系（三）：学生实习协议

一般而言，学生不能算正式的劳动者，但落实到具体情境中，也有不同类型，需要具体分析。本节课就来讨论学生实习的各种类型与对应的合同文本。

1.5.1 宏观—合同类型

一、学生实习的类型及对应法律关系

学生实习可分为勤工助学、职业学校学生实习、就业实习、职业实习四类。

1. 勤工助学。

根据教育部《高等学校学生勤工助学管理办法》（教财〔2018〕12 号）第 4 条规定，本办法所称勤工助学活动是指学生在学校的组织下利用课余时间，通过劳动取得合法报酬，用于改善学习和生活条件的实践活动。第 6 条规定，“勤工助学活动由学校统一组织和管理。学生私自在校外兼职的行为，不在本办法规定之列”。对于勤工助学的法律关系，劳动部《关于贯彻执行〈中华人民共和国劳动法〉若干问题的意见》（劳部发［1995］309 号）第 12 条规定，“在校生利用业余时间勤工助学，不视为就业，未建立劳动关系，可以不签订劳动合同”。可见，勤工助学的实习，不属于劳动关系，而属于劳务关系。

2. 职业学校学生实习。

根据教育部等五部门《关于印发〈职业学校学生实习管理规定〉的通知》第 2 条规定，职业学校学生实习是指实施全日制学历教育的中等职业学校和高等职业学校学生按照专业培养目标要求和人才培养方案安排，由职业学校安排或者经职业学校批准自行到企（事）业等单位进行专业技能培养的实践性教育教学活动，包括认识实习、跟岗实习和顶岗实习等形式。

可见，职业学校学生到单位实习不是劳动关系，因为这是学生专业培养和教学计划的一部分，且不以获取劳动报酬为目的，和勤工助学一样也不符合劳动关系中劳动者以获取报酬为目的的特征。

3. 就业实习。

就业实习一般指的是基本完成学校的学习任务且达到相关要求，但并未获得学校发放的毕业证书的学生，以就业为目的为用工单位提供劳动。

对于这类实习，之前一般也认为不属于劳动关系，主要认为是基于他们的学生身份。但其实《劳动法》和《劳动合同法》并没有明确将学生排除在劳动关系之外。其实这类“准毕业生”与用人单位其他职工一样，以与用人单位建立稳定的劳动关系并以获得劳动报酬为目的。根据目前我国劳动关系的认定标准，他们完全符合我国劳动法规定的年龄条件，具有与用人单位建立劳动关系的可能性。如果他们以就业为目的与用人单位签订了劳动合同，接受用人单位的管理，提供劳动，获取劳动报酬，可以认定双方建立了劳动关系。

对此，很多地方有突破性的规定，如北京、内蒙古等地；不少地方也有判定为劳动关系的案例，如江苏、厦门、重庆等地。

4. 职业实习。

即实习人员与用人单位建立劳动关系，根据法律法规的要求在单位通过实践进行一定的专业训练，如《专利代理条例》第11条第2款规定：“初次从事专利代理工作的人员，实习满一年后，专利代理机构方可发给《专利代理人工作证》。”类似的行业还有律师、医师等。这种实习的目的在于从工作中增强从事这些专业工作的熟练度，以便将来能够较为独立地从事这种职业。

这种职业实习人员一般已经不是在校学生，与用人单位的法律关系属于劳动关系，应当签订劳动合同。

就业实习的地方口径与典型判例

• 北京市高级人民法院、北京市劳动争议仲裁委员会《关于劳动争议案件法律适用问题研讨会会议纪要（二）》

23. 在校学生在用人单位进行实习，是否应认定劳动关系？

在校学生在用人单位进行实习，应当根据具体事实进行判断，对完成学校的社会实习安排或自行从事社会实践活动的实习，不认定劳动关系。但用人单位与在校学生之间名为实习，实为劳动关系的除外。

• 内蒙古自治区高级人民法院、内蒙古自治区劳动人事争议仲裁委员会《关于劳动人事争议案件适用法律若干问题的指导意见》（内高法［2015］193号）

6. 在校学生在用人单位进行实习，是否应认定劳动关系？

在校学生在用人单位进行实习，应当根据具体事实进行判断，对完成学校的社会实习安排或自行从事社会实践活动的实习，不认定劳动关系。但用人单位与在校学生之间名为实习，实为劳动关系的除外。

• 郭懿诉江苏益丰大药房连锁有限公司劳动争议案[1]

裁判摘要：即将毕业的大专院校在校学生以就业为目的与用人单位签订劳动合同，且接受用人单位管理，按合同约定付出劳动；用人单位在明知求职者系在校学生的情况下，仍与之订立劳动合同并向其发放劳动报酬的，该劳动合同合法有效，应当认定双方之间形成劳动合同关系。

• 厦门市中级人民法院（2014）厦民认字第 48 号

丁丹已年满 16 周岁，已具备向社会求职和就业的条件，厦门典润资产管理有限公司也对丁丹的基本情况进行了审查，在此基础上丁丹到厦门典润资产管理有限公司就职实习交易员。并且，现行劳动法律法规并没有将在校大学生排除于劳动法意义上的劳动者之外。故双方之间的争议应属于劳动法调整的范畴。

二、各类实习法律要点归纳

见表 1–3。

表 1–3　不同实习类型要点汇总

	勤工助学	职业学校学生实习	就业实习	职业实习
典型表现	利用学习期间的业余时间通过学校或自行安排实习	教学计划的一部分	学习任务结束后毕业前到单位进行实习	特殊行业要求正式执业前的实习
法律关系	非劳动关系	非劳动关系	可能认定劳动关系	劳动关系
劳动标准	不执行	有特殊规定	如认定劳动关系要执行劳动标准	执行劳动法相关法规
报酬要求	不低于当地的最低工资标准	顶岗实习报酬原则上不低于试用期工资标准的 80%	由双方或三方约定，若认定为劳动关系，不能低于最低工资标准	不能低于最低工资标准

[1] 中华人民共和国最高人民法院公报 2010 年第 6 期。

续表

	勤工助学	职业学校学生实习	就业实习	职业实习
加班限制	可以参照劳动法规执行	不得安排学生加班和夜班	若认定劳动关系，按劳动法规执行	执行劳动法规
人身伤害责任	按照学校、实习单位、实习人员的过错程度各自承担责任	有实习责任保险的，由保险赔付。不属于保险赔付范围或者超出的部分，由单位、职业学校及学生按过错比例承担责任	若认定为劳动关系，按工伤规定执行，实行无过错原则；若不被认定劳动关系，各自按过错大小承担责任	按工伤的规定执行，无过错原则
合同类型	实习协议	实习协议	实习协议或劳动合同	劳动合同
协议主体	两方（单位、学生）或三方（单位、学生、学校）	三方（单位、学生、学校）	两方（单位、学生）或三方（单位、学生、学校）	两方（单位、劳动者）

三、实习协议、就业协议、劳动合同三者关系

1. 就业协议属于民事协议，不属于劳动合同。

现实中学生正式毕业前会与用人单位、学校签署就业三方协议，用人单位与学生两方也有可能签订就业协议，约定学生在毕业后入职。

这种约定也可能出现在委托培训类模式中。

相关模板：9190 大学毕业生就业三方协议　9883 四川省普通高等学校毕业生就业协议书（四川省 2010 版）

这种就业协议可能会约定“如果不去用人单位工作或用人单位不接受毕业生要承担违约金”，这是有效的民事合同，违约金约定也有效，但不属于劳动合同。任何一方不履行这个协议的，只能要求一般违约责任（如约定的违约金），但不能要求履行劳动关系。

上述分析不仅适用于学生，也适用于普通劳动者；用人单位与普通劳动者也可能约定“半年后入职”，这都只是普通民事协议，并非劳动合同。

2. 实习协议、就业协议、劳动合同的关系可见图 1–3。

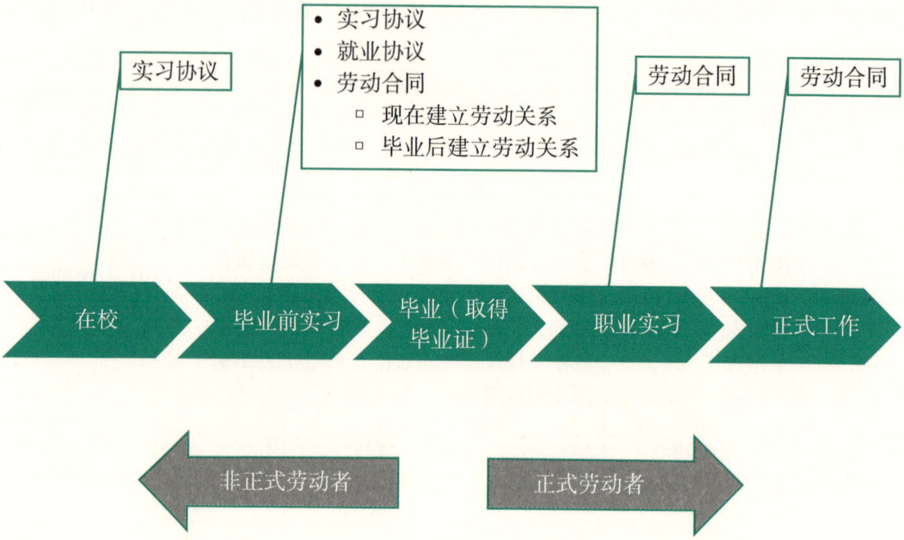

图 1–3　实习协议、就业协议、劳动合同关系

这里比较重要的是毕业前实习也就是就业实习环节，单位大致可以这样处理：

（1）用人单位有必要签订书面实习协议，且明确不是劳动关系。

（2）如果用人单位与学生有意在毕业前建立劳动关系、缴纳社会保险，也可以签订劳动合同。

（3）如果用人单位想与学生提前“锁定”就业，可以签订三方就业协议、两方就业协议。

（4）用人单位也可以提前与学生签订劳动合同，但劳动合同期限要自学生正式毕业之后起算。

签订了劳动合同，但在劳动合同期限开始前解除该合同、拒绝入职的，不属于劳动法上的违法解除，员工也不能要求恢复劳动关系，因为双方还没有建立劳动关系。这不仅适用于学生，也适用普通劳动者。

（5）学生毕业后或者拿到毕业证以后，用人单位应及时或提前签订劳动合同，否则会建立事实劳动关系，产生双倍工资责任等。

1.5.2　中观—合同形式

1. 如果可能建立劳动关系，或者存在争议，则应当签订书面合同，明确界定双方关系。

这样，就算被认定为是劳动关系，也能避免未签订书面劳动合同的双倍工资。

2. 如果不可能建立劳动关系，那么：

（1）在确定不建立劳动关系的前提下，实习协议可以比较简单，无须过多内容。

（2）对于勤工助学，短期的可以不用签协议，较长期的、支付报酬的可以与学生签订一份简单的书面协议。

（3）不签订协议，直接提交一份“实习声明”或类似文件也是可以的。

3. 总体来说，与学生签署的实习协议文本可以适当简单一些。

1.5.3 微观—合同条款

相关条款：270 实习协议　15652 职业学校毕业顶岗实习协议

对于不属于劳动关系或不被认定劳动关系的实习协议，与退休返聘合同有些类似，在内容上要注意以下几点：

1. 确认学生身份。

可以适当审核，可由学生提供学生证复印件作为附件，并由学生在复印件上签名确认“该复印件与原件一致”。

2. 确认关系定性。

由于双方之间的关系定位为非劳动关系，因此双方之间的权利义务关系不受劳动法律调整，而是受普通的民事法律调整（被认定劳动关系的除外），地方有特殊规定除外。

因此合同标题、合同内容中应回避劳动法律。例如，标题不应该叫“劳动合同”应名为“实习协议”，引言中应写“依据《民法典》”。

3. 薪酬、待遇方面。

如果工作时间较长，可能构成标准劳动关系下的加班，为避免员工索赔加班费（即使不属于劳动关系，也不排除法院适当支持加班报酬），可以约定“约定的工资标准中已经包括加班补偿”，或者在工资标准中划出一部分“加班补偿”。

4. 雇主责任风险应对。

相关课程：《合同起草查指南：劳动用工卷》“延伸讨论：雇主责任风险与

应对措施”

5. 争议解决。

由于双方之间是劳务关系，双方发生纠纷的，应按照劳务（雇佣）纠纷处理，按照普通民事案件直接向法院提起诉讼。合同中可以作出对单位有利的管辖约定，可以考虑约定商事仲裁。

1.6 非劳动关系（四）：业务外包（派遣型）合同

“非劳动关系—间接关系”模式的意思是说：企业需要个人提供服务，但不是直接与个人发生关系，而是多了一个中间承包方。也就是由承包方承包企业的业务，再由承包方自己雇人完成该业务。这个承包方如果是企业、单位，那么就是本节课要讨论的“业务外包”；这个承包方如果是个人，那么就是下节课要讨论的“个人劳务承包”。

“业务外包”并非专门术语。宽泛地说，服务方为一个企业（委托方）提供任何服务，都可以说是业务外包，因此业务外包常常就是“服务类合同”。例如，律师事务所代理一个单位的诉讼，也可以说是律师事务所承包了这个诉讼业务。但本书所说的“业务外包（派遣型）”，特指服务方将自己的员工派驻到委托方提供服务这种模式。

业务外包（派遣型）模式下，需要适当考虑劳动用工风险——这正是《合同起草审查指南：劳动用工卷》中需要分析的内容。至于业务外包作为一般“服务类合同”或相应类型合同（如“技术开发合同”）的起草审查要点，则请参考《合同起草审查指南：常用合同卷》中的相应知识。

（接下来本书中所说的业务外包，就是指派遣型的业务外包）

1.6.1 宏观—合同类型

一、业务外包与劳务派遣辨析

1. 业务外包与劳务派遣在理论上的区别。

典型的劳务派遣与业务外包的区别是很明显的：

（1）法律关系不同。

劳务派遣是三角关系，即“实际用工单位与劳务派遣机构之间的劳务派遣合

同关系 + 劳务派遣机构与派遣员工之间的劳动合同关系 + 实际用工单位与派遣员工之间的实际用工关系”。业务外包是直线关系，即发包方与承包方之间是承揽、委托、服务等民事合同关系，承包方与其“从事外包工作的劳动者”（以下简称外包工）之间是劳动法律关系，而发包方与外包工之间不存在劳动、劳务或其他用工关系。

业务外包下，发包方一般不对外包工直接管理。（见图 1–4）

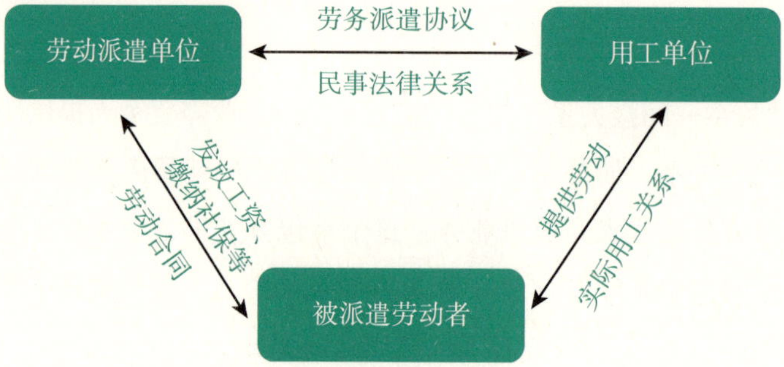

劳务派遣法律关系

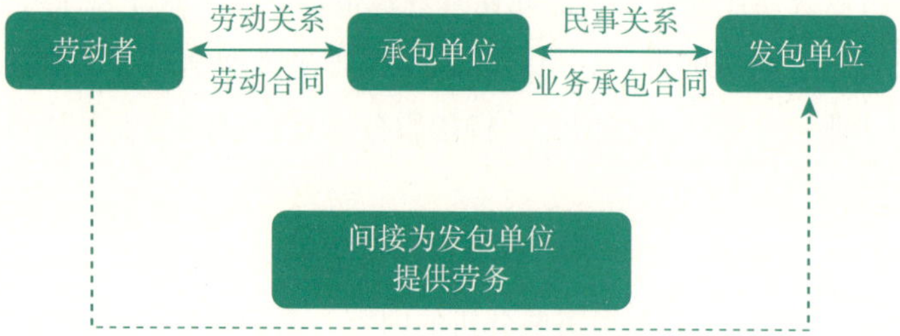

图 1–4 “业务外包”法律关系

（2）对员工的责任不同。

劳务派遣中，根据《劳动合同法》第 92 条的规定，用工单位与劳务派遣单位会涉及对员工承担连带责任。业务外包适用《合同编》，发包单位与承包单位之间按双方合同承担权利义务，发包单位与外包工之间没有法律关系，因此一般也不承担责任。

原《人身损害赔偿司法解释》第 11 条第 2 款规定：雇员在从事雇佣活动中因安全生产事故遭受人身损害，发包人、分包人知道或者应当知道接受发包或者分包业务的雇主没有相应资质或者安全生产条件的，应当与雇主承担连带赔偿责任。《民法典》生效后该规定已经删除，特定情形下法院是否仍可能认为发包单位有过错而应承担连带责任，目前还缺少判例。

2. 实务中存在“名为业务外包，实为劳务派遣”的情形。

因为劳务派遣仍存在岗位、使用比例、资质许可的限制，在实务中，有些劳务派遣就会以“外包服务合同”的名义来实施。另外，业务外包模式下，发包单位对员工的责任几乎没有，所以有的发包单位会要求以业务外包模式来处理。

3. “业务外包”模式的使用指引。

大体而言，律师可以按照此思路来处理：

（1）如果确实是“业务外包”，则应该按“业务外包”处理，不应选择“劳务派遣”。

发包单位确实不对员工进行直接管理；承包单位在自己的场地自行安排外包工工作。这种应该属于典型的业务外包，不是劳务派遣。

（2）对于可作为“业务外包”也可按“劳务派遣”处理的：

对发包单位来说，应优先选择“业务外包”，这样对外包工的责任轻很多。

对于承包单位来说，如果没有劳务派遣资质，就只能选择“业务外包”。如果有劳务派遣资质，则需要综合考虑税务成本以及对员工的责任成本两个方面，然后评估是否可以接受“业务外包”。就税务成本而言，如果是劳务派遣，用工单位向劳务派遣单位支付的工资成本、社会保险成本等，劳务派遣单位无须缴纳增值税，而业务外包模式下，发包单位向承包单位支付的所有费用（其中包括外包工工资成本）都需要承包单位开具“服务费用发票”并承担增值税等成本。就对员工的责任而言，业务外包的话，承包单位需要承担员工的所有责任，劳务派遣的话，很多责任是用工单位承担的。因此，承包单位应综合考虑这两方面因素，判断是否选择“业务外包”，并将这两方面成本因素包含在服务费用标准中。

（3）对于有“名为业务外包，实为劳务派遣”风险：

这种情形下，一般是“承包单位派人到发包单位提供劳动，接受发包单位管理”。

如果缺乏劳务派遣资质许可，则应建议承包单位停止该做法，因为如果被认定“实为劳务派遣”，行政处罚后果较重。

如果具备劳务派遣资质，则需要由当事人权衡风险来确定。对于发包方而言，需要选择较有实力的承包单位，适当监管，确保工资、加班费、社会保险等足额发放、足额缴纳，员工离职手续规范。这种情况下，即使被认定为“实为劳务派遣”，其实对双方来说，风险也不大。

（4）选择“业务外包”模式时，合同内容要与该模式相符。

要避免出现类似于用工直接管理或劳务派遣用工管理的条款，尤其是不要出现外包员工应遵守发包方的规章制度、接受日常用工管理、发包方可以对外包员工进行违纪处罚等条款，否则，一旦发生纠纷，就可能因此被认定为“假外包、真派遣”。如下面两则案例的判决结果和理由：

河北省高级人民法院（2018）冀民申7382号

本院经审查认为，劳务派遣与劳务承包相比，具有按派遣人数结算费用，劳务派遣员工按用工单位确定的工作组织形式和工作时间安排进行劳动等特征。从本案申请人与被申请人数年来签订的一系列《单项劳务承包合同》看，2014年前的合同约定了员工数量及员工工时单价，并约定由申请人统一调度指挥，申请人分派劳务用工理货生产任务等，符合劳务派遣的特征。2014年后的合同虽然约定由被申请人对其配备的工作人员进行编队、编组管理，但从被申请人原审提交的申请人所属单位出具的2014~2016年考核表可以看出，申请人于2014年后仍对被申请人具体劳务用工人员实际进行奖罚管理，原判决认为实为劳务派遣法律关系并无不当。

北京市第三中级人民法院（2014）三中民终字第10429号

关于本案保洁公司与物美公司之间系劳务外包还是劳务派遣法律关系的认定问题。根据保洁公司与物美公司签订的《物美店铺保洁2011采合同》和《物美店铺保洁2012采合同》，保洁公司安排员工至物美公司提供劳动，员工人数、岗位均为长期、固定，虽然上述合同约定采用包工、包料（如垃圾袋、清洁剂等）、包设备的承包方式，但在合同中约定如保洁公司作业人员未按时、按质完成工作时，物美公司有权对保洁公司员工进行警告、停用；物美公司向保洁公司支付的费用中亦包括保洁人员费用（薪金、福利、保险）等。上述合同内容均现了物美公司对保洁公司所派人员具有用工单位的管理权，符合劳务派遣法律关系特征，一审法院认定物美公司与保洁公司建立了劳务派遣法律关系并无不当。保洁公司未为韩×缴纳工伤保险，应依法支付孙珍、韩小庆、韩政波相应工伤待遇赔偿。物美公司作为实际用工单位，亦应对此承担连带给付责任。物美公司提出其与保洁公司之间系业务外包法律关系并非劳务派遣法律关系，其未对韩×构成损害，不应当承担连带责任的上诉请求，缺乏事实和法律依据，本院不予支持。

二、业务外包合同本身的合同类型

“业务外包”只是一种模式，具体使用的合同类型则有多种，可能是承揽合同、委托合同、委托开发合同或外包服务合同。

对于发包单位而言，选择“承揽合同”更有利；但多数情况下，这种“业务外包”不太像承揽，只能归于一种无名的服务合同。具体合同名称可称为“外包服务合同”或“业务外包合同”。

实务中，这种合同也可能名为“××承包合同”，但究其实并非承包经营，仍是一种服务合同，只是名称上的不规范叫法而已。

1.6.2 中观—合同形式

1. 实务中此类业务的权利义务较复杂，实务中一般采用书面合同形式。

2. 具体服务内容、服务要求、费用标准等细节，可以放到合同附件中。

3. 如果是经常从事此类业务外包的单位，会制作自己的合同模板。

为了加强通用性，会采取“通用合同 + 专用附件”的形式。

具体费用标准、具体服务内容服务流程可以归入附件中。不同的业务外包项目的合同文本基本一致，但附件具体内容不同。

4. 实务中常见类似“阴阳合同”的做法。

对于“名为业务外包，实为劳务派遣”的情形，实务中当事人常常会采取类似“阴阳合同”的做法，也就是说，双方签订的业务外包合同从形式到内容都像普通的服务合同或承揽合同，不像劳务派遣合同，但是双方另外补充签订的附件或补充协议中的大量约定则像是“劳务派遣”，其中发包单位对外包工会有实际管理。并且双方约定以补充附件为准。

这种情形当然是不规范的做法，仅做说明。

5. 考虑由外包工签署一份声明提交给发包单位，明确与发包单位不建立用工关系，不向发包单位主张权利。

相关模板：4612 外包员工声明

1.6.3 微观—合同条款

业务外包类合同，应该注意对服务内容、服务质量、工作成果、服务报酬等进行明确约定，但这些一般合同起草审查通用的要点，这里不再具体说明，仅从本书主题出发，提示律师应注意以下几点：

1. 合同中尽量体现“业务外包”的特点，体现与“劳务派遣”的区别。

这包括：

（1）结算方式。

因外包合同标的是“事”，外包费用结算标准一般应按照事先确定的单价根据外包单位完成的工作量结算。简言之，业务外包下，发包方买的是“服务”，而劳务派遣下，用工单位买的是“劳动力”。劳务派遣的结算方式按照派遣员工的人数、工作时间、单价来确定，如遇加班，还需考虑加计加班工资等因素，也即与总劳动时间直接挂钩。因此，在外包合同中应尽量避免按“人头”结算服务费的表述。

（2）避免出现类似于用工直接管理或劳务派遣用工管理的条款，尤其是不要出现外包员工应遵守发包单位的规章制度，接受用工的日常管理，以及发包单位可以对外包员工进行违纪处罚等条款。

（3）明确双方不构成劳务派遣。

2. 责任追偿。

业务外包模式下，发包单位无须承担对员工的责任。但承包单位的员工与承包单位发生纠纷，最后导致发包单位承担责任的，应在外包合同中约定，发包单位可以向承包单位追偿。

3. 提前解除的约定。

由于此类合同一般是继续性合同，需要考虑合同提前解除的条件、违约责任等。

4. 服务内容与服务标准。

外包合同应明确服务的范围与考核标准等事项。因外包用工不能直接对承包方的员工进行直接的管理，尤其是不能依据本单位的规章制度对外包方员工进行管理，所以，外包合同中关于服务内容、服务标准的约定是比较重要的，这是发包单位对外包业务进行监管的依据。所以，在外包合同中应约定详细的外包工作的考核验收标准，也可以将服务内容与服务标准作为合同附件。

1.7 非劳动关系（五）：个人劳务承包合同

本节内容，我们重点讨论一下“包工头”模式下的特殊风险与合同应对。

1.7.1 宏观—合同类型

一、个人劳务承包并非法律禁止，但发包方存在风险

1. 个人劳务承包的含义。

“业务外包”模式中的承包单位，如果是个人，那就变成了“个人劳务承包”，也就是俗称的“包工头”，在建设施工领域最为常见。

注意这里不是个人自己完成承包业务。如果是这种，就应该属于前面所讨论的“个人劳务（雇佣）”，不属于本节内容。

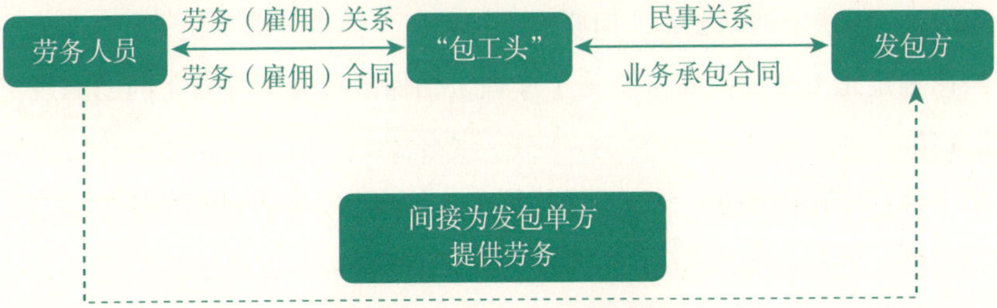

图 1–5 “包工头”法律关系

如图 1–5 所示，个人劳务承包下有发包方、“包工头”、劳务人员三方。

2. 法律并未一般性禁止“包工头”的业务外包。

首先，现行法律并未一般性的禁止“包工头”承包，而且实务中在建筑施工领域仍大量存在“包工头”的现象。就像个人可以到农贸市场上去卖自家种的粮食一样，任何人都是一个合法的经营个体，任何人也都可以合法地“出售”自己的劳务。进一步推理，任何人当然也可以带领几个人“出售”劳务。法律并没有禁止，也难以禁止。

其次，很多服务是有资质要求的，“包工头”无法取得资质，则不能从事这些特定服务。

例如，劳务派遣、保安、建筑施工（指总包或工程承包）等很多行业都有法定的资质要求，即从事此类业务必须事先获得审批许可。此类资质许可只会颁发给符合条件的企业，“包工头”作为个人无法取得资质，也就无法从事该项业务外包。

当然，在现实中仍然不少简单的劳务服务（如保洁、装卸、简单装修等），并没有法定的资质要求，这些就是包工头的业务领域与生存空间。本书中之所以叫作个人“劳务”承包，也正是因为这个“包工头”模式基本只用于较低端的、体力型的劳务分包。

总体来说，“包工头”用工模式是经济发展水平较低的体现，随着经济水平的提高，“包工头”用工模式应该会越来越少。

3. 个人劳务承包关系下，发包方对劳务人员承担的责任，有几种可能性。

第一种：认定事实劳动关系，承担劳动法的权利义务，包括工伤责任。

对发包方来说，这是最“严重”的后果。

法院作出这一认定，肯定就是认为发包方事实上就是在对劳务人员进行工作时间和工作内容上的管理，因此事实上双方就是劳动关系。这其实就是课程前面已经多次分析过的劳动关系与非劳动关系的辨析问题。

第二种：不认定劳动关系，但要求承担用工主体责任即工伤责任。

法律规定是《最高人民法院关于审理工伤保险行政案件若干问题的规定》第3条第4项。

第三种：不认定劳动关系，不承担用工主体责任，但承担过错侵权责任。

第四种：不认定劳动关系，也不承担其他责任。

这个问题实际上就是雇主责任的分析，请见前面“延伸讨论：《民法典》下的雇主责任与应对”。可以看出，总体来讲，个人劳务承包关系下，发包方还是很可能要承担责任的。

案　例　　不是劳动关系，也要承担工伤责任？

甲公司（施工单位）与某宾馆订立《装饰工程施工合同》，由甲公司承包某宾馆装修项目。之后甲公司与张某约定由其组织人员进行电气工程的施工，甲公司支付张某相应劳务费。张某又找来李某等人施工。施工过程中李某被锯伤。

李某要求甲公司支付工伤待遇，甲公司则认为与李某之间并无劳动关系，因此无须承担责任，双方发生争议。

经过长时间的仲裁与诉讼之后，法院认定甲公司与李某之间并无劳动关系，但要求甲公司向李某支付工伤待遇。[1]

案 例　　厨房承包，是否阻断劳动关系？

某宾馆（有限责任公司）与所属餐厅厨房的大厨签订承包合同，约定宾馆每月向大厨支付10万元承包费用，由大厨负责承包厨房。大厨自行负责聘用、管理厨房工作人员，并负责向厨房工作人员发放工资，组织厨房团队为宾馆餐厅提供优质的饭菜和服务。合同中约定宾馆与大厨及大厨所管理的厨房团队成员不构成劳动关系。

后来因加班工资与经济补偿金等争议，厨房工作人员提起劳动仲裁，要求确认与宾馆之间构成劳动关系，要求宾馆承担用人单位的责任。

经过仲裁与诉讼，最终法院认定宾馆与厨房工作人员构成劳动关系。但实务中，类似情形认定构成劳动关系和不构成劳动关系的判例都有。[2]

二、对“包工头”用工模式的处理建议

综合来看，面对“包工头”用工模式，律师可以为发包方提供如下法律意见：

1. 尽量不要使用“包工头”模式，尽量由公司而非个人承包。

如有必要，律师甚至应主动帮助设立一家劳务公司。即使承包方是个体工商户，因为也属于《劳动合同法》规定的用人单位，也能大大降低发包方风险。

这就是交易结构设计中的“是否设立新主体”。可参考《合同起草审查指南：三观四步法》“宏观—交易结构篇”的“交易结构设计（四）：是否设立新主体？”

2. 如果是金额较大、较大型的劳务发包，必须采取“包工头”模式的，必须

[1]《最高人民法院关于审理工伤保险行政案件若干问题的规定》第3条规定：社会保险行政部门认定下列单位为承担工伤保险责任单位的，人民法院应予支持：……（四）用工单位违反法律、法规规定将承包业务转包给不具备用工主体资格的组织或者自然人，该组织或者自然人聘用的职工从事承包业务时因工伤亡的，用工单位为承担工伤保险责任的单位……

[2] 认为不构成劳动关系案例：马春海与上海添丽餐饮有限公司劳动合同纠纷一审民事判决书，（2015）奉民三（民）初字第625号；认为构成劳动关系案例：连云港大圣山庄酒店管理有限责任公司与李乔门劳动争议二审民事判决书，（2016）苏07民终1204号。

提示发包方的雇主责任风险。

如果是技术、咨询、设计这类脑力服务，因为出现人身损害的风险不大，发包方的风险也就不大。

3. 如果不得已采取“包工头”模式，那么在发包方与“包工头”之间的合同，可尽量采取承揽合同类型。

大体而言，发包方与“包工头”之间选择承揽合同会比选择“劳务合同”更有利一些，因为司法实务中一般认为“劳务关系”就应该承担雇主责任或类似责任，而承揽合同下发包方的责任则有抗辩空间。

4. 需要对“包工头”进行适当管控。

这主要是担心“包工头”卷款而逃，导致发包方因承担连带责任而不得不向劳务人员发放报酬（其实已经支付给“包工头”了）。为此在实务中，发包方除了要选择可靠的人员承包之外，还会要适当监控包工头向劳务人员发工资的情况，适当扣留部分保证金。

1.7.2 中观—合同形式

如果经过前面的利弊权衡，仍准备使用“包工头”模式，则作为发包方，在合同文本上应注意：

1. 应采取书面合同形式，明确权利义务关系。

因为这类模式存在风险，就更有必要明确双方的关系。

2. 实务中常见类似“合同 + 附件”的做法。

合同中应尽量体现不对劳务人员进行管理，由“包工头”自行管理。如果确有管理需求，建议通过附件方式另外约定，在主合同中无须体现。

相关模板：4596 外包服务合同附人员配置方案

3. 建议配套“外包人员声明”，明确劳务人员与发包方之间无法律关系，不应向发包方主张权利义务。

相关模板：4612 外包员工声明书

1.7.3 微观—合同条款

个人劳务承包合同与单位作为承包方的“业务外包合同”其实在条款上是类

似的。这里主要针对个人劳务承包的特殊风险，专门说明如下：

1. 明确法律关系性质。

包括明确这些内容：发包方与包工头是民事法律关系，不是劳动关系、劳务派遣关系；劳务人员与包工头之间是民事雇佣关系，劳务人员与发包方不存在劳动关系、劳务派遣关系或任何关系。

如前所述，有必要由劳务人员再专门签署声明确认与发包方之间不存在劳动关系、劳务关系、劳务派遣或类似关系，发包方也不对劳务人员进行管理。

2. 明确由“包工头”进行管理。

协议中应明确约定发包人的各项规章制度不适用于“包工头”招用人员，“包工头”应全权负责对其招用人员的管理、工作进度安排，并应按约定的标准、质量、进度完成承包的工作，发包人有权对“包工头”及其招用人员的工作进行监督和检查。一般而言，承包人雇佣的个人与发包企业之间，并无身份上的从属和依附关系，也不受发包人规章制度的制约，发包人不参与对这些人员的管理，也不直接向这些人员支付劳动报酬的话，一般不会被认定劳动关系。对此，《最高人民法院关于印发〈全国民事审判工作会议纪要〉的通知》（法办〔2011〕442号）中规定：“发包人将工程发包给承包人，承包人又转包或者分包给实际施工人，实际施工人招用的劳动者请求确认与发包人之间存在劳动关系的，不予支持。”但是，承包人招用的个人若能举证证明发包的企业对个人实施了符合劳动关系成立要件的管理，有被认定为建立劳动关系的风险。所以，应在协议中强调发包方不参与“包工头”招用人的管理。

3. 明确“包工头”自行承担劳务人员的人工成本。

协议中应明确“包工头”负责劳务人员的报酬，劳务人员不得向发包人主张任何形式的工资、加班费、奖金、补贴、津贴等。

4. 考虑雇主责任风险及其应对。

明确发包方不对劳务人员承担责任；如承担了责任，可向“包工头”进行追偿。

相关课程：《合同起草审查指南：劳动用工卷》“延伸讨论：《民法典》下的雇主责任与应对”

5. 约定提前解除合同条件。

6. 需要由劳务人员专门确认与发包方无劳动关系。

1.8 非全日制劳动合同

非全日制用工虽然也受《劳动合同法》约束，也可以算是广义的劳动关系的一种，但权利义务已经与全日制劳动关系大不相同，包括“企业可以随时解除合同，无须支付补偿，不一定要签订书面劳动合同”等，不过企业仍需要承担工伤责任。

可见非全日制用工是一种与劳务、雇佣这样的非劳动关系类似的灵活用工模式，因此在本课程中没有归于“劳动关系”，而是作为特殊用工模式的一种，放在本单元的最后予以说明。

1.8.1 宏观—合同类型

宏观层面，主要需要对非全日制用工模式与相关的几类模式进行辨析。

一、非全日制用工模式与标准劳动关系

《劳动合同法》第 68 条规定，非全日制用工，是指以小时计酬为主，劳动者在同一用人单位一般平均每日工作时间不超过 4 小时，每周工作时间累计不超过 24 小时的用工形式。可见，非全日制用工界定的主要指标是劳动者在某一个单位的工作时间，即劳动者在某一个单位平均每日工作时间不超过 4 小时，累计每周工作时间不超过 24 小时的，就属于非全日制用工。

非全日制用工模式的工作时间只有标准劳动关系（正常每周 40 小时）一半左右，至少要接近这个工作时间的岗位，才能使用非全日制用工。

实务中，非全日制用工主要在一些临时性、辅助性的工作岗位上使用。有些行业如餐饮、保洁、商超等也比较适合选择非全日制。

二、非全日制用工模式与兼职

兼职仅仅是说明“一个人同时为两个以上单位服务”，非全日制用工模式则说明“一个人为这个单位服务时是工作时间较短的工作模式”，这是不同的角度。

一个人为另一个单位兼职服务时，这个人与兼职单位建立的关系很可能是“非全日制用工模式”，也可能是“个人劳务（雇佣）”关系中的承揽、委托、中介等服务类合同关系，甚至还有可能同时与两个单位都建立劳动关系。

三、非全日制用工与个人劳务、承揽

非全日制用工也受《劳动合同法》调整，也可以算是广义的劳动合同关系的一种，只是工作时间比较短。这意味着非全日制劳动者与单位之间也是一种管理与被管理的关系，劳动者“出售”的是劳动力或者说是工作时间，具体工作内容由单位安排。这在本质上是不同于个人劳务、承揽的，后者“出售”的是“劳务”或“劳动成果”，双方并非管理与被管理关系。虽然如此，这两者之间的界限并不是那么分明。

所以，对于单位来说，非全日制用工的情况下故意选择签订个人劳务或承揽合同，会更有利一些，而在个人劳务与承揽关系之间，承揽又对单位更加有利。非全日制用工是承担工伤责任，个人劳务会承担雇主责任（但可能因为个人原因而减轻单位责任），而个人承揽则不存在雇主责任。

如选择个人劳务、承揽，除了明确双方关系不属于劳动关系、不是管理与被管理关系之外，还应在权利义务上体现为“并非固定工作时间”，如果是固定工作时间且类似非全日制用工的工作时间，那就实质上属于非全日制用工了。

四、非全日制用工模式与退休返聘、学生实习

如果是退休职工或全日制学校在校学生，无论是类似全职的工作还是类似非全日制的工作时间，都不建立非全日制用工关系，不适用《劳动合同法》。因为一般认为，退休职工与在校学生不是《劳动合同法》约束的劳动者。

1.8.2 中观—合同形式

1. 并非必须签订书面合同，但最好有书面合同或其他书面形式确认双方关系。

用人单位采用非全日制用工模式的，法律并未强制签订书面劳动合同，对此《劳动合同法》第 69 条第 1 款规定，非全日制用工双方当事人可以订立口头协议。这与全日制用工的法律要求是不同的。虽然非全日制用工可以不签订书面劳动合同，但为明确双方的权利义务，避免纠纷，建议企业与非全日制的劳动者签订书面非全日制劳动合同比较好。因为签订合同与否会影响举证责任的分配，如《江苏省高级人民法院、江苏省劳动人事争议仲裁委员会关于审理劳动人事争议案件的指导意见（二）》（苏高法审委［2011］14 号）第 9 条规定：“用人单位与劳动者未订立书面劳动合同，用人单位主张双方为非全日制用工关系的，应由用人单位对其主张负举证责任。用人单位与劳动者已订立了书面非全日制劳动合同，劳动者主张双方为全日制用工关系的，应由劳动者对其主张负举证责任，但与争议事项有关的证据属于用人单位掌握管理，用人单位不提供的除外。

因此，用人单位与非全日制用工最好有书面协议，或至少应该由非全日制劳动者本人书面确认工作时间，确定工作时间符合非全日制用工的法定时间要求。

2. 非全日制劳动合同内容较简单，无须复杂。

实务中，一页纸足矣，肯定没必要超过两页纸。这种用工模式流动性比较大，法律上双方均可以随时终止。这意味着，双方出现任何争议，往往通过离职来解决，劳动合同中作过多约定是没有必要的。例如，合同中无论有没有调整岗位的约定，双方之间任何一方不接受调岗的，肯定就会离职，因此调岗的约定实际上发挥不了什么作用。

1.8.3 微观—合同条款

相关条款：274 非全日制用工劳动合同

非全日制劳动合同一般比较简单，内容不多。需要注意的要点也只有以下几点：

1. 工作时间。

非全日制用工与全日制用工最直接、最重要的区分是工作时间，非全日制用工平均每天不能超过 4 小时，累计每周不能超过 24 小时。用人单位务必注意工作时间的掌控，并在合同中明确约定每天的上班时间，并注意不能超标，否则，可能会被认定为全日制用工。

就算实际上工作时间可能略超过上述时间，也最好在协议中体现为不超过上述时间，双方在口头上沟通好即可。

如果实际工作时间大大超过上述工作时间，接近全日制用工（每周 40 小时），则应该采取全日制用工也就是标准劳动关系模式。就算约定一个较低的工作时间，也可能因为“员工有证据表明实际工作时间较长”而认定事实上是标准劳动关系。

2. 试用期。

根据《劳动合同法》第 70 条的规定，非全日制用工不能约定试用期。

3. 报酬底线。

全日制用工的薪酬底线是劳动者付出正常劳动的，用人单位不能低于当地的最低标准支付工资。非全日制用工同样存在报酬底线限制，《劳动合同法》第 72 条规定，非全日制用工小时计酬标准不得低于用人单位所在地人民政府规定的最低小时工资标准。

4. 报酬结算周期。

在全日制劳动关系中，劳动报酬一般按月支付给劳动者。而非全日制由于实行以小时计酬，因此，非全日制的劳动报酬结算也与全日制不同。《劳动合同法》第 72 条第 2 款规定：非全日制用工劳动报酬结算周期最长不得超过 15 日。

但在实务中，很多企业出于财务方便，对非全日制用工和其他员工一样按月发工资。虽然这样不完全合法，但风险不大，也不会仅仅因此否定非全日制用工关系。为防范风险，律师应在合同中设计一个条款明确系员工（乙方）要求按月领取比较好，如："为领取方便，乙方要求甲方按月支付工资。"

5. 社会保险。

根据原劳动和社会保障部《关于非全日制用工若干问题的意见》的规定，从事非全日制工作的劳动者应当参加基本养老保险，原则上参照个体工商户的参保办法执行。从事非全日制工作的劳动者可以以个人身份参加基本医疗保险，并按照待遇水平与缴费水平相挂钩的原则，享受相应的基本医疗保险待遇。参加基本医疗保险的具体办法由各地劳动保障部门研究制定。用人单位应当按照国家有关规定为建立劳动关系的非全日制劳动者缴纳工伤保险费。从事非全日制工作的劳动者发生工伤，依法享受工伤保险待遇；被鉴定为伤残 5~10 级的，经劳动者与用人单位协商一致，可以一次性结算伤残待遇及有关费用。由此可见，对于非全日制劳动者的社会保险，用人单位只需要缴纳工伤保险，其他保险由劳动者自己缴纳。

但目前全国除少数地方（如上海）允许用人单位为非全日制的员工单独缴纳工伤保险外，绝大多数地区不允许单独缴纳工伤保险。

非全日制劳动合同中可以不用对社会保险作专门约定，单位也可以不缴。但对于不缴纳工伤保险的风险，单位应适当考虑。

02

第二单元

劳动关系下的合同

引言：劳动关系下的合同类文件综述

前面的课程中，我们了解了企业有哪些用工模式，并对非标准劳动关系下的用工模式合同进行了“三观分析”。而从本单元开始，我们所分析的合同、文本都是在标准劳动关系下所使用的。

劳动关系下，用人单位与劳动者可能会签订下列协议类文件。（见图 2–1）

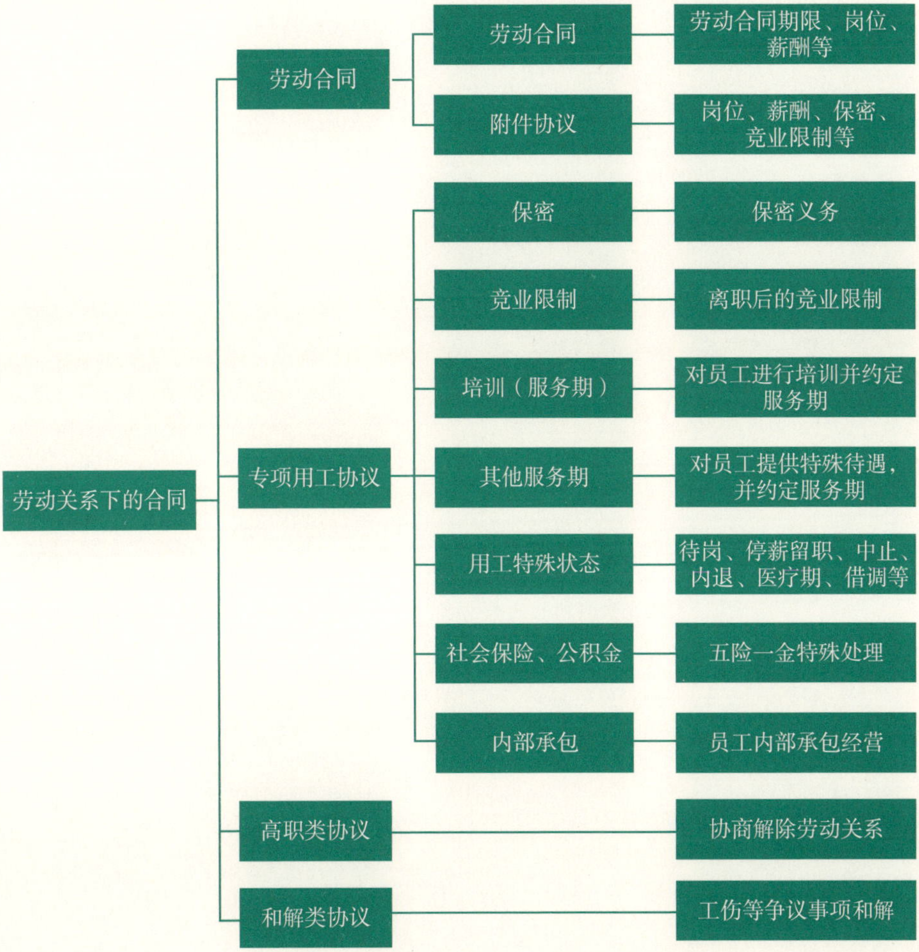

图 2–1 劳动关系下的合同类文件

换言之，作为劳动法律师，对于上述协议的作用、使用场景都应有所了解。本书中将对其中的重点文本进行讲解。未涉及的文本一般也不复杂，律师仅需要对其内容、使用场景有所了解，在有需要时使用上述文本即可。

如有兴趣了解更多，可进入“中国合同库”（网页、律师助手均可），查询“中国合同分类法”25 劳动用工这一大类下面的各类合同及具体文本。网址：https：//www.fatianshi.cn/classification。

下面我们开始对劳动合同进行“三观分析”。

2.1 劳动合同

2.1.1 宏观—合同类型

前面用工模式综述中，我们其实已经详细比较了标准劳动关系与其他用工模式的区别及选择，这其实就是标准劳动关系所使用的劳动合同与其他合同类型的辨析。因此这里就不再重复说明。

对企业而言，如果能选择非劳动关系，当然更灵活、成本更低；但在一方是用人单位、一方是劳动者，形成管理与被管理关系时，就会形成事实上的劳动关系，是不能回避的。如果双方事实上是劳动关系，则即使签订其他合同、明确不是劳动关系，还是会被认定为劳动关系的。

2.1.2 宏观—合同主体

1. 必须是符合法律规定的用人单位和劳动者两方。否则就不应签署劳动合同。

2. 特殊岗位人员的劳动合同问题。

（1）董事、监事、股东、合伙人等不是劳动关系，但可以同时是劳动关系。

前面用工模式的分析中也已经提到，董事（包括董事长）、监事、股东、合伙人与单位之间不是管理与被管理关系，拿的报酬也不是工资或者不拿报酬。但如果双方建立“管理与被管理 + 全职工作”的关系，则同样可能建立劳动关系，即会在董事、监事、股东、合伙人身份之外，另外再增加一个劳动者的身份，建立一层劳动关系。此时双方也应当签订劳动合同。

（2）企业总经理也要考虑劳动合同的签订。

严格而言，就算是企业总经理，包括担任法定代表人的总经理，也应该与企业签订劳动合同，否则也有双倍工资的风险。考虑到总经理的特殊性，不少地方出台裁判文件，明确总经理不得主张未签订劳动合同的双倍工资。如果企业确实有此担心，则还是应当与总经理签订劳动合同，并另外妥善保管。

（3）人事岗位员工（HR）或者保管劳动合同人员的特殊性。

HR当然也是单位的员工，也成立劳动关系，也要签订劳动合同，这没有问题。但如果本身就是负责签订劳动合同、保管所签订的劳动合同的人员，考虑到可能存在该人员故意不签订或拿走自己的劳动合同的风险，单位可以考虑：在制度、通知、邮件等文件中能够证明该岗位负责劳动合同签订与保管事宜；除签订劳动合同外，还应该由该员工专门提供一个声明，声明本人职责包括签订劳动合同与保管劳动合同，不得向单位主张未签订劳动合同的赔偿。当然，该声明又需要另外保管。虽然这有些麻烦，然而却是实务中完全可能出现的风险。（司法实务中，如果单位能够证明HR负有签订、保管劳动合同的职责，司法机构倾向不支持HR索赔未签订劳动合同的双倍工资）

对于保管单位公章的人员，也应该有一个类似声明，除了承诺妥善保管、使用公章之外，还应该专门声明“涉及本人利益的任何合同、法律文件，均需经法定代表人本人亲笔签名后方可生效”。

3. 领取营业执照的分支机构可以作为合同主体。

对于未依法领取营业执照或登记证书的分支机构，则不要作为合同主体，应相应调整，将有营业执照的主体或分支机构列为主体。

4. 劳动合同主体应与发放工资主体、缴纳社保单位、用工管理单位保持一致。

如果与发放工资、缴纳社保的主体不一致，应建议调整，或者由员工一方确认与代发工资、代缴社保一方不建立劳动关系，以免产生争议。

直接用工模式下，如果与实际用工管理单位不一致，则属于不规范的模式，应适当调整，由实际用工管理单位作为劳动合同主体，或者调整用工模式。

如果是临时、借调性质的，最好与员工书面确认，明确劳动关系归属，避免产生争议。

相关模板：5043 员工借调协议（附员工同意声明）

5. 内退待岗人员的特殊性。

实务中，单位招用的人员，可能属于这种情形：与其他企业仍保留劳动关系，可能是内部退养（内退）、下岗待岗、停薪留职、放长假等，其他企业还在给这个员工缴纳社会保险，有的还发放一些基本工资或生活费。这里的内退，不是正式退休手续，也没有达到退休年龄，只是企业内部安排提前下岗。我们把这类员工统称为内退待岗人员，这类人员的劳动关系和劳动合同具有一定特殊性。

（1）用人单位招用特殊人员，仍构成劳动关系，不是劳务关系。

对此，《劳动争议司法解释（一）》第32条第2款规定："企业停薪留职人员、未达到法定退休年龄的内退人员、下岗待岗人员以及企业经营性停产放长假人员，因与新的用人单位发生用工争议而提起诉讼的，人民法院应当按劳动关系处理。"

因此，用人单位招用这些特殊人员，仍然应当签订劳动合同，否则会有双倍工资责任，劳动合同也必须依据《劳动合同法》解除和终止。

（2）内退待岗人员劳动合同的特殊处理。

因为仍然属于劳动合同，因此从文本整体形式、条款体系、具体条款等仍可以参考一般劳动合同，仅仅需要注意下列特殊性：

①合同标题与定性方面。

在实务中，因为法律认识不清，双方仍可能签订"劳务合同"甚至还约定不构成劳动关系、可以随时提前终止等。这种情况下不影响双方仍构成劳动关系，双方签订的"劳务合同"也会被认定为劳动合同，一般也不会导致未签订劳动合同的双倍工资责任，但其中与《劳动合同法》等劳动法规相冲突的约定（如提前解除终止的约定）是无效的。

有时候，单位一方是"故意"这样做，意图使员工一方不按劳动法来主张权利。这种做法也许有一定实际作用，只是严格从法律角度来说是不规范的。

②注意地方的特殊规定。

有些地方对用人单位招用此类特殊群体有特别规定的，用人单位需要注意地方的特殊规定，并注意劳动合同约定与地方特殊规定之间的衔接。如江苏规定招用这些人员的，双方的劳动合同可以约定不执行无固定期限劳动合同、经济补偿金的规定，也就是说双方可以约定无须签订无固定期限劳动合同、无须支付正常的经济补偿金。如果双方没有在劳动合同中对无固定期限劳动合同、经济补偿金做特殊约定，那就意味着这些特殊人员也要适用这些《劳动合同法》关于无固定期限劳动合同、经济补偿金的规定。

《江苏省劳动合同条例》（2013年）第十四条 企业停产放长假人员、未达到法定退休年龄的离岗休养人员以及其他协商保留劳动关系的不在岗人员，同时与新的用人单位建立劳动关系从事全日制劳动的，应当将其与原用人单位保留劳动关系的情况告知新的用人单位。双方应当订立书面劳动合同，但可以对订立无固定期限劳动合同、支付经济补偿作出例外约定。

③社会保险问题。

此类特殊人员由于原单位仍为其缴纳社会保险，如果在一个统筹地区，新单位就无法缴纳社会保险。但万一发生工伤，还是需要按工伤处理，新单位还需要为其承担工伤待遇（因为原单位缴纳的工伤保险无法报销）。

因此也需要参考雇主责任风险及应对措施处理。

相关课程：《合同起草审查指南：劳动用工卷》“延伸讨论：《民法典》下的雇主责任与应对”

2.1.3 中观—合同形式

一、劳动关系下必须签订书面劳动合同，否则会有双倍工资责任

也就是说，只要建立劳动关系，就必须签订一份书面的、正式的劳动合同，不签书面合同或者签署的不是“劳动合同”这样的文件，都会有法律风险。录用通知书、入职须知、微信上关于岗位薪资等书面沟通，这些都很难当作“书面劳动合同”。

这意味着，如果律师拿不准是否为劳动关系，或者有被认定为是劳动关系的风险，就应该至少签订一份书面协议（名称可叫作合同书、承揽合同、服务合同），至少约定期限、报酬、服务内容，哪怕是简单一些。这样在被认定为是劳动关系的情况下，也能被当作劳动合同而规避双倍工资责任。按照《合同起草审查指南：三观四步法》的知识，此时可以采取“单方持有的合同形式”，只由单位来保留这份合同原件。

不采用书面形式，会产生严重的赔偿责任——这应该是所有合同类文件中唯一有如此法律责任的规定。

二、劳动合同模板可以很简单，也可以很详细

因为劳动法规有很多强制性标准，企业自由约定的空间不大，很多条款可采用典型通用的条款。一方面可约定空间不大，另一方面法律要求必须签书面合同，因此对很多小企业来说，完全可以选择签订一份一页纸左右的简单劳动合同。

虽然《劳动合同法》第17条规定了劳动合同“应当”具备的九项条款，但在实务中，只要有劳动合同主体、期限、薪酬、岗位等主要约定，而且文件名为“劳动合同”，即足以被认定为是劳动合同了。

相关模板：288 劳动合同（简单版）

但多数企业或者较大型企业的劳动合同内容都会更多更细一些，这样显得更规范一些。很多地方政府出台的劳动合同示范文本也比较详细。

相关模板：284 劳动合同（详细版） 16265 劳动合同（人社部 2019 版）

三、企业可采取“通用劳动合同模板 + 不同岗位附件”的形式

企业不同岗位有其特殊性，但又不希望搞很多劳动合同版本，就可以使用“一份劳动合同模板 + 不同岗位附件”的模式。律师也可以主动将顾问单位的劳动合同设计成这种样式。

此时，需要签署劳动合同与附件这两个文件（一起签署或分开签署均可）。如果员工变更了岗位，那么劳动合同并不需要重新签，重新签署一份岗位附件取代之前的岗位附件即可。

四、劳动合同备案不影响合同效力

部分地区的人力资源和社会保障局要求劳动合同备案，这种备案对劳动合同效力没有影响，合同仍然自双方签署即生效。有的地方甚至会要求用人单位按照指定的版本签订劳动合同，这种要求也是没有法律依据的。这种情况下有的单位会与员工另外签署一份劳动合同或补充协议，并约定以另外签署的协议为准，来满足单位的需求，这种做法也是有效的。

五、劳动合同的常见配套文本

下列文件可能会与劳动合同一并签署，或者作为劳动合同附件（关于岗位与薪酬的补充约定一般作为附件）。（见图 2–1）

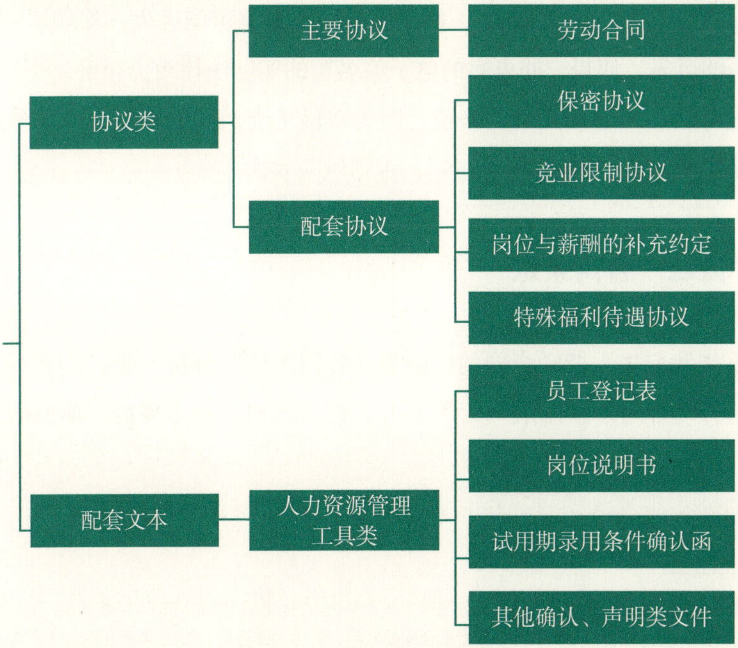

图 2–1　劳动合同相关文本

说明：

1. 关于岗位、薪酬的补充协议，一般会与主劳动合同一并签署。保密协议、竞业限制协议可能一并签署，也可能分开签署。一并签署或是分开签署对效力没有影响。

2. 保密协议、竞业限制协议、岗位与薪酬的补充约定、特殊福利待遇协议一般都是针对高管或部分重要员工的，普通员工往往没有必要签署此类协议，仅签署一般劳动合同即可。

3. 员工入职信息登记表、试用期录用条件确认书一般只在新员工入职时才签署。

六、电子劳动合同的使用

根据《电子签名法》第14条的规定，“可靠的电子签名”与手写签名或者盖章具有同等的法律效力。”因此“可靠的电子签名”签订的电子劳动合同可以作为有效书面合同[1]。在当前，“可靠的电子签名”主要是指通过具有资质的电子签约平台签署的电子合同，或是签署过程使用了具备资质的第三方存证服务商配套增信服务。这些服务都是要收费的。

但同时要理解，并不是说“只要不是可靠的电子签名”就不具有法律效力，就不是真实意思表示、不能成立合同。“非可靠的电子签名”仍然可能作为当事人的真实意思表示，但是当事人有可能否认，可能主张“不是本人发出、是本人发出但并非意思表示、被人篡改”，电子签名的数据也可能丢失；因为存在这种不确定性、不够可靠，使得“非可靠的电子签名”的实际法律效力存疑。[2]

无论如何，对于用人单位来说，因为双倍工资风险的存在，如果采用电子签名，应该要采用“可靠的电子签名”，否则风险太大。

2.1.4　微观—合同条款

接下来我们进入劳动合同的“微观—合同条款”分析。我们先看一下一个比较详细的劳动合同条款体系（见图2–2），然后再对一些重要的、典型的条款进行分析。

---

[1] 认可电子劳动合同效力的判决，可参见江苏省常州市中级人民法院（2019）苏04民终4243号判决书。

[2] 电子邮件确认的劳动合同也被视为书面劳动合同的判例，见《法律适用》2010年第9期的“沈铭诉艾岑国际贸易有限公司劳动合同纠纷案”。

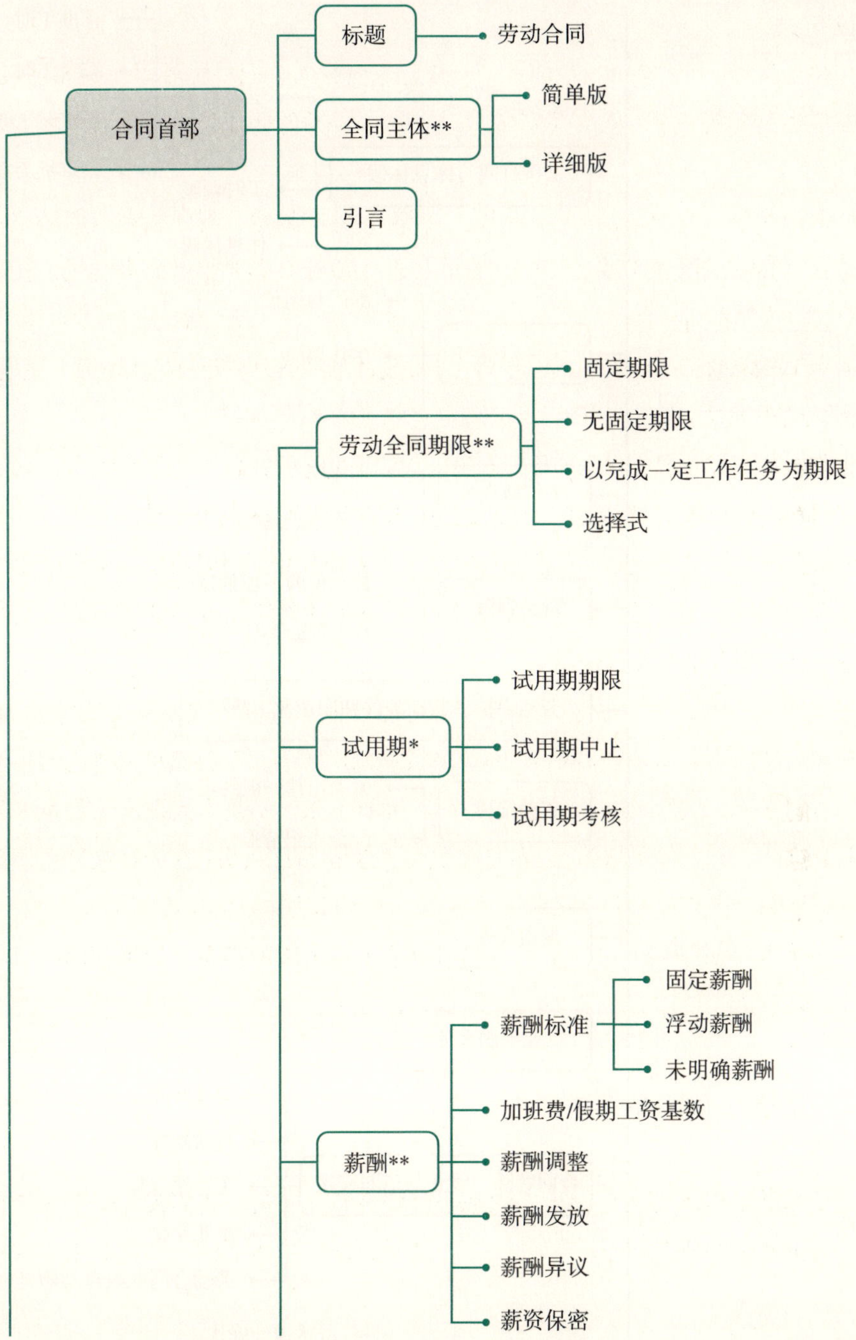
合同首部
标题
劳动合同
全同主体**
简单版
详细版
引言
劳动全同期限**
固定期限
无固定期限
以完成一定工作任务为期限
选择式
试用期*
试用期期限
试用期中止
试用期考核
薪酬**
薪酬标准
固定薪酬
浮动薪酬
未明确薪酬
加班费/假期工资基数
薪酬调整
薪酬发放
薪酬异议
薪资保密

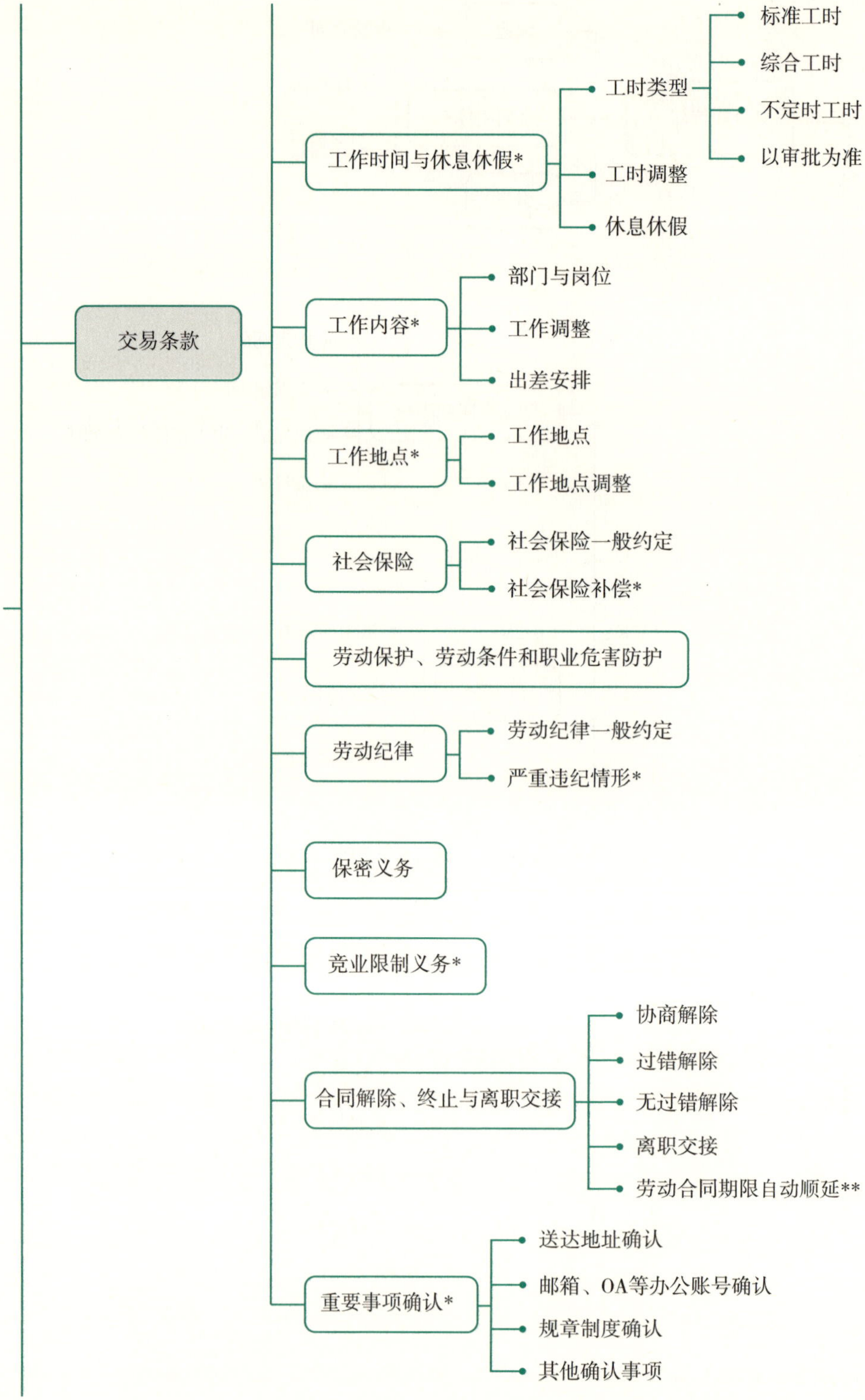
交易条款
工作时间与休息休假*
工时类型
标准工时
综合工时
不定时工时
以审批为准
工时调整
休息休假
工作内容*
部门与岗位
工作调整
出差安排
工作地点*
工作地点
工作地点调整
社会保险
社会保险一般约定
社会保险补偿*
劳动保护、劳动条件和职业危害防护
劳动纪律
劳动纪律一般约定
严重违纪情形*
保密义务
竞业限制义务*
合同解除、终止与离职交接
协商解除
过错解除
无过错解除
离职交接
劳动合同期限自动顺延**
重要事项确认*
送达地址确认
邮箱、OA等办公账号确认
规章制度确认
其他确认事项

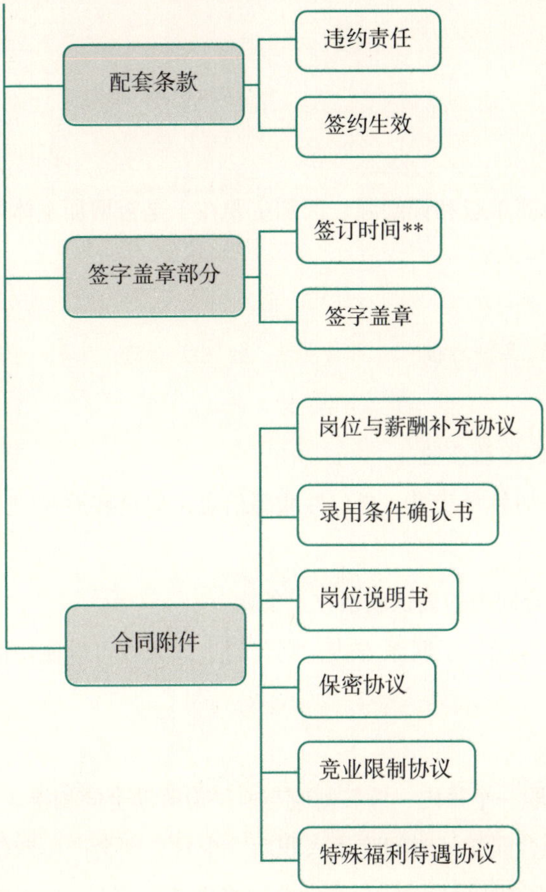

图 2-2　劳动合同条款体系

条款体系说明：

1. 详细、规范的劳动合同会有上述大部分条款，简单的劳动合同则基本上有上述 ** 标记的条款即可。

2. 如果采取“通用劳动合同模板 + 专用岗位附件”形式，则可将薪酬、工作时间、工作内容、工作地点等不同岗位有所区别的专用条款放到附件中，各个岗位都通用的其他条款则仍放在劳动合同中（但在劳动合同中可以简要引用，如“薪酬：见附件约定”）。

3. 劳动合同的条款结构有“版块化”的特点。

一般民商事合同条款结构有部分“流程化”的内容，也就是根据“设计—制作—交货—验收—售后”这样的交易流程来排列条款，而劳动合同中不存在这样的流程，就是并列的薪资、社会保险、劳动纪律这样的多个版块组成。

2.1.5 微观—合同条款

一、合同主体

1. 合同主体条款可大致分为简单版和详细版。区别主要在于是否增加主体信息以外的联系方式信息。

（1）简单版

相关条款：2673 首部简单 劳动合同

（2）详细版

相关条款：2674 首部详细 劳动合同

部分劳动合同中甚至还会添加教育背景、户口性质等信息，但这些放在“入职登记表”中更合适。

2. 联系方式信息应同时配合合同中的确认联系方式条款。

3. 如果已经通过入职登记表等确认了联系方式，则合同主体条款可以使用简单版。

二、签订时间

1. 劳动合同签订时间应在入职一个月内，续签则应与前一份劳动合同相接。

对于新入职员工，如果劳动合同签订时间晚于入职后一个月，则会产生双倍工资责任；对于续签合同，如果续签时间与前一份劳动合同终止日未续上，也可能产生双倍工资责任。这主要看各地裁判尺度。部分地区允许在一个月内续上，部分地区必须不间断的续签，否则中断期间就会产生双倍工资责任。

2. 因为签订时间直接影响赔偿责任，因此应直接在合同尾部确认签订时间，不应由双方填写。

合同尾部应统一签订时间，不应由双方各自填写。如果是正式签署的版本，则应该直接打印上签订时间，且确保签订时间符合法律规定。

尤其是实际签订时间已经有所滞后时，更应该考虑通过直接确定签订时间来避免责任。

3. 条款模式。

（1）统一签署时间

签订时间：　　　年　　月　　日

（2）分开签署时间（不推荐使用）

甲方（盖章）：

签订时间：　　　年　　月　　日

乙方（签字）：

签订时间：　　　年　　月　　日

三、劳动合同期限

1. 三类期限的对比。

（1）劳动合同期限分固定期限劳动合同、以完成一定工作任务为期限的劳动合同、无固定期限劳动合同三种。

（2）固定期限与以完成一定工作任务为期限的劳动合同对比见表 2–1：

表 2–1　固定期限与以完成一定工作任务为期限的劳动合同对比

	固定期限	以完成一定工作任务为期限
合同特点	有明确的起止日期	有明确的起点，终点存在弹性
试用期	3 个月以上期限可约定试用期	不可以约定试用期
次数束缚	连续签 2 次，员工有权提出签订无固定期限劳动合同	签订次数与无固定期劳动合同成立条件无关
终止补偿	有可能支付经济补偿金	应当支付经济补偿金
灵活度	终止日固定，弹性差	终止点不固定，弹性好

关于经济补偿的区别，需要特别强调法律规定：

《劳动合同法》第 46 条：有下列情形之一的，用人单位应当向劳动者支付经济补偿：

……（五）除用人单位维持或者提高劳动合同约定条件续订劳动合同，劳动者不同意续订的情形外，依照本法第四十四条第一项规定终止固定期限劳动合同的……

由以上规定可见，固定期限劳动合同期满终止之所以说经济补偿金可能支付，要看合同到期是哪方不愿意续订劳动合同的，若是员工不愿意续订劳动合同的，还要看用人单位提供的续订条件是维持了还是降低了。

以完成一定工作任务为期限的劳动合同期满终止的，即便提供的续订条件高于原合同，劳动者不愿意续订的，用人单位也需要支付经济补偿金。相关依据如下：

《劳动合同法实施条例》第 22 条：以完成一定工作任务为期限的劳动合同因任务完成而终止的，用人单位应当依照劳动合同法第四十七条的规定向劳动者支付经济补偿。

可见，不同于固定期限劳动合同终止，以完成一定工作任务为期限的劳动合同终止的，法律没有设置任何除外情形，用词是“应当”支付。

需要指出的是，虽然以完成一定工作任务为期限的劳动合同不能约定试用期，且任务完成而终止劳动合同的，无一例外的要支付经济补偿金，但它也存在不受签订次数的束缚，且弹性较好，仍有其自身特殊的可用价值。

再次，如选择填写“以完成一定工作任务为期限的劳动合同”，应对工作任务完成的认定标准进行明确。如针对项目型岗位，可以以客户验收合格签字之日为工作任务完成的标志；对可量化的工作任务，应约定计量的具体标准等。若劳动合同对此约定不明确，终止时会出现风险，会增加被认定为违法解除的风险。

2. 三类期限的选择。

（1）如果依法应该签订无固定期限劳动合同且员工坚持，则应该签订无固定期限劳动合同，以避免法律责任。

如果依法应该签订无固定期限劳动合同，但双方实际签署了固定期限劳动合同或以完成一定工作任务为期限的劳动合同，从各地司法裁判尺度来看，并不会有什么法律责任。

（2）如果是任务型、项目型的工作，不太好确定终止准确时间的，可选择以完成一定任务为期限的劳动合同。

（3）一般情况下，可选择固定期限劳动合同。

相关条款：2675 期限三选一

3. 固定期限合同注意事项。

（1）应明确起止日期，避免期限不明。如果约定不明，有可能被认定是无固定期限劳动合同，对此，厦门的裁判口径就是这样规定的：

厦门市中级人民法院 厦门市劳动争议仲裁委员会关于贯彻实施《中华人民共和国劳动合同法》《中华人民共和国劳动争议调解仲裁法》的指导意见（2009 年）第 22 条：

劳动合同中没有约定合同期限的，视为用人单位与劳动者已订立无固定期限的劳动合同。

（2）涉及整年的填写一定注意细节，如 1 年期合同，有的单位会填写成“2020 年 4 月 20 日——2021 年 4 月 20 日”，这样日到日的填写其实是 1 年零 1 天的合同，会导致终止合同要支付 1.5 个月工资的经济补偿金，白白增加无谓的成本。

（3）固定期限合同在实务一般会选择 1 年至 3 年或 5 年，续签时会更长一些。具体根据企业实际情况。

4. 劳动合同期限自动顺延条款。

劳动合同未及时续签也会产生双倍工资责任，而且因为员工众多、到期时间不一甚至员工故意拖延等原因导致劳动合同未及时续签。为防范此风险，可考虑在劳动合同中增加“劳动合同自动顺延条款”，以防范劳动合同未及时续签产生的双倍工资赔偿风险。

相关条款：2690 劳动合同自动顺延

本合同期限届满时，任何一方未书面通知对方终止劳动合同的，本合同自动顺延，自动顺延的期间与本合同约定期限相同；双方若另行续订劳动合同的，以双方另行续订的劳动合同为准。

注意由于在实务中未及时续签的双倍工资纠纷越来越常见，该条款非常重要，劳动合同中应该采用。

同时应提示企业，该条款仅为备用，不及时续签仍有一定风险，企业仍需要正常办理续签手续。

不过，需要另外特别提醒的是，为了避免劳动合同衔接不上的 2 倍工资风险而采用“劳动合同自动顺延条款”的，会产生另外一个问题，即劳动合同自动顺延条款导致劳动合同期满后顺延的，在各地都视为双方续订了一次劳动合同，会导致《劳动合同法》第 14 条规定的连续订立 2 次固定期限劳动合同的条件成就，从而导致第二次劳动合同期限届满时劳动者有权单方面提出签订无固定期限劳动合同。

四、试用期

1. 试用期期限要与劳动合同种类及期限挂钩，不能随意约定。

请见表 2–2。

表 2–2 试用期与劳动合同类别及期限的对应关系

劳动合同类别及期限	试用期的期限
不满 3 个月的固定期限劳动合同	不得约定试用期
以完成一定工作任务为期限的劳动合同	
3 个月以上不满 1 年的劳动合同	不得超过 1 个月
1 年以上不满 3 年的劳动合同	不得超过 2 个月
3 年以上的劳动合同	不得超过 6 个月
无固定期限劳动合同	

2. 违法约定试用期的责任。

如果约定的试用期期限超过上述对应关系，且超期的试用期已经履行的话，有支付2倍工资的风险。对此，《劳动合同法》第83条规定："用人单位违反本法规定与劳动者约定试用期的，由劳动行政部门责令改正；违法约定的试用期已经履行的，由用人单位以劳动者试用期满月工资为标准，按已经履行的超过法定试用期的期间向劳动者支付赔偿金。"

另外在违法约定的试用期内以"试用期不符合录用条件"为由解除劳动合同时，会构成违法解除，从而导致违法解除劳动合同的责任。

3. 试用期期限设计要避免错误解读法律，避免好心办坏事。

实践中不少企业喜欢将劳动合同期限设计为1年零1天、3年零1天等，问他们这样设计的原因，他们会说，将劳动合同设计为1年零1天，就属于"一年以上"的劳动合同，可以将试用期定为2个月，如果将劳动合同设计为1年整，则不属于"一年以上"，试用期只能为1个月。将劳动合同期限多设计1天，就可以给企业多争取1个月的试用期。实践中不仅企业管理人员有这样的错误认识，不少地方的劳动行政部门也有这样的理解。其实，这样的理解是错误的，虽然《劳动法》《劳动合同法》对"以上""不满"没有解释是否含本数，但我国《民法典》，及原来的《民法通则》第155条、《民法总则》第205条有相关规定，具体如下：

《民法典》第1259条：民法所称的"以上"、"以下"、"以内"、"届满"，包括本数；所称的"不满"、"超过"、"以外"，不包括本数。

4. 注意试用期的工资要求。

实践中有些企业不太注意试用期工资的限制，如有的企业与劳动者在劳动合同中约定：试用期工资为15,000元，试用期满后月工资为20,000元。其实这种约定是违法的，被判违法之后，企业也觉得很亏，并抱怨道：试用期工资都给到15,000元了，怎么还违法了。因为，法律规定劳动者在试用期的工资受到双重底线限制，即首先不得低于最低工资，这个企业一般不会有问题；其次是试用期工资还不能低于本单位同岗位的最低档工资的80%或劳动合同约定工资（试用期届满后的工资）的80%。

5. 增设试用期中止条款。

法律规定的试用期是有期限限制的，劳动者入职后生病的话，也是有医疗期的，而医疗期最低也有3个月。如果公司与员工签订1年期劳动合同约定2个月试用期，若员工入职后 1 周生病，请病假 2 个月，待该员工病假结束试用期也已届满了。因此，试用期内员工休病假的，公司能否顺延试用期也是个棘手问题。律师在为企业审核试用期条款时应考虑的多一点，建议增设试用期中止条款，即在劳动合同中约定试用期内员工休病假的，试用期中止，待员工病愈复工后再继续履行试用期尚未履行完的部分，即单位在这种情况下等于顺延试用期。

相关条款：5183 试用期中止

6. 重新入职员工约定试用期的争议。

关于试用期条款需要提醒的是，员工离职后又入职的，还可以约定试用期吗？对此有两种观点：一种观点认为，不能约定试用期。理由是《劳动合同法》第 19 条规定了“同一用人单位与同一劳动者只能约定一次试用期。”另一种观点认为，可以约定试用期。理由是有些劳动者在与本单位解除或者终止劳动合同并间隔若干时间后再次被单位招用，有可能职位和岗位发生了变化，劳动者的技能等也有可能发生变化，在这种情况下，若一概不能规定试用期，似乎显得有些不合理，故对这条规定应当从其立法原意入手理解。对此，原劳动部“关于《中华人民共和国劳动法》若干条文的说明”（1994 年 9 月 5 日）第 21 条规定，本条中规定的“试用期”适用于初次就业或再次就业时改变劳动岗位或工种的劳动者。

因此，对于员工离职后一段时间又入职的，在约定试用期问题上建议企业谨慎为之，并查找当地的裁判口径，否则，会带来很大的风险。如当地裁判部门倾向于不能约定试用期的，企业仍约定试用期，会带来如下几个法律后果：

（1）约定的试用期不成立，等于超期试用，要按试用期满后的工资为标准赔偿已经履行的不成立的试用期的期限。

（2）试用期不成立，用人单位利用试用期内不符合录用条件解除就是违法解除，要面临恢复劳动关系或赔偿违法解除的双倍经济补偿金的后果。

7. 单独约定试用期、签订单独的试用期劳动合同的做法违法。

根据《劳动合同法》第 19 条规定，试用期包含在劳动合同期限内，仅约定试用期的，试用期不成立，该期限为劳动合同期限。

8. 适当增加试用期考核约定。

作用主要是：这样即使没有其他录用条件的确认，甲方也可以通过试用期考核来判定乙方是否符合录用条件。

相关条款：5188 试用期考核

五、工作时间

1.“工作时间”约定空间不大。

工作时间涉及劳动基准，在国家法律法规对工作时间已经有了详细规定的情况下，劳动合同对“工作时间”的约定空间不是很大。

不过“工作时间”是《劳动合同法》规定的一个必备条款，所以劳动合同文本中都有“工作时间”条款。

2. 工时制可使用弹性条款。

大部分企业在填写“工作时间”条款时，一般会选择填写一个工时类别，如标准工时、综合工时、不定时工时。但是，企业在劳动合同中选择了一个“工时”类别后，如果后续要变更“工时”的，就可能产生纠纷，甚至有可能产生集体事件，如2016年《中国经营报》就报道过一则案例，“沃尔玛在全国推广的综合工时制，以替代目前标准工时制，遭到员工集体停工抵制。”因此，为了降低“工作时间”调整的风险，建议企业在劳动合同填写“工作时间”条款时注意以下几点：

（1）“工时时间”条款可以不明确工时和工作时间，可以设计成弹性条款，即类似这样的表述：

相关条款：5190 工时以审批为准

（2）如果在劳动合同中选择填写“工时类别”的，也要增加一段类似如下的弹性的表述：

相关条款：5191 工时变化

3. 特殊工作时间应明确约定。

这里的特殊工作时间不是指特殊工时制，是指该岗位仍是标准工时制，该岗位的工作时间不是正常的“朝九晚五”。我们需要认识到，司法实务是以“周一到周五上班、每天白天工作8小时”为正常的。如果员工的工作时间“不正常”，就有必要特别约定。如果就是正常的工作时间，则可以不用在劳动合同中约定，在员工手册等处适当说明即可。

对于工作时间比较特殊，需要注意特别约定，如下面的两种情况：

（1）工作时间不正常。

例如，每天工作6小时，每周工作6天。

这类情形，应书面确认工作时间，以避免员工主张“每天工作8小时、每周工作6天”从而要求加班费。

又如，如果员工每天从下午14点工作至晚上10点，也最好书面确认，否则员工可能主张“每天从早上工作到晚上10点”。

相关条款：5192 工作时间确认

（2）固定加班，固定支付一笔加班费的。

例如，每天要工作9小时。此时可约定：

相关条款：5193 工作时间与加班报酬

此时在工资条中，把该笔加班报酬单独列出。

六、工作地点

1. 法律要点。

“工作地点”也是劳动合同的必备条款之一，对用人单位来说，关于“工作地点”的约定不能约定过于详细，如详细到某市某区某路某门牌号肯定是不可取的。因此，“工作地点”宜宽泛约定，但宽泛到哪个程度也是一个技术问题。（见表2–3）

表2–3　工作地点约定范围简析

约定范围	可行性
某区（县）	可行，但仍然有点具体，不建议这样约定
某市	可行，一般企业建议这样约定，特殊行业不建议这样约定
某省	可行，一般企业这样约定意义不大，特殊行业可以
全国	可行，一般企业这样约定意义不大，特殊行业可以
全球	一般不可行，这样约定意义不大，除非极个别行业或外国人
宇宙	除非是宇航员，这样约定意义不大，不建议这样约定

现列举一些地方关于工作地点约定宽泛的口径：

《长三角区域“三省一市”劳动人事争议疑难问题审理意见研讨会纪要》（2019年12月30日）

八、用人单位在劳动合同中约定“全国范围”“长三角区域”等宽泛工作地点的，该约定效力的认定。

用人单位与劳动者在劳动合同中宽泛约定工作地点，但未对用人单位工作地点、经营模式、劳动者工作岗位特性等特别提示的，属于对工作地点约定不明。

对于从事全国范围的销售、长途运输、野外作业等工作地点无法固定的特殊工作，劳动合同将劳动者工作地点约定为“全国范围”“长三角区域”等宽泛工作地点的，可以认定有效。

劳动合同对工作地点没有约定、约定不明确或者劳动合同约定与实际履行地不一致的，应当以实际履行地为认定工作地点的主要依据。

《北京市高级人民法院、北京市劳动人事争议仲裁委员会关于审理劳动争议案件法律适用问题的解答》(2017)

6.用人单位与劳动者在劳动合同中宽泛地约定工作地点是“全国”“北京”等，用人单位在履行劳动合同过程中调整劳动者的工作地点，劳动者不同意，用人单位依据规章制度作出解除劳动合同决定是否支持?

用人单位与劳动者在劳动合同中宽泛地约定工作地点是“全国”“北京”等，如无对用人单位经营模式、劳动者工作岗位特性等特别提示，属于对工作地点约定不明。劳动者在签订劳动合同后，已经在实际履行地点工作的，视为双方确定具体的工作地点。用人单位不得仅以工作地点约定为“全国”“北京”为由，无正当理由变更劳动者的工作地点。

用人单位与劳动者在劳动合同中明确约定用人单位可以单方变更工作地点的，仍应对工作地点的变更进行合理性审查。具体审查时，除考虑对劳动者的生活影响外，还应考虑用人单位是否采取了合理的弥补措施(如提供交通补助、班车)等。

2.条款建议。

综合以上分析，建议用人单位就工作地点的约定遵循如下原则：

(1)“工作地点”的填写尽量宽泛，填写的地方至少应包括单位的主要经营地；

(2)“工作地点”填写应当考虑到公司的实际经营情况，如果企业特点和岗位特点确实具有特殊性，可以约定为“全国”或“公司业务经营所在地”等更加宽泛的条款。

(3)在约定地点的同时，也要注意增加一段类似下面的弹性表述：“公司有权根据工作需要或者劳动者的能力等情况要求调整员工的工作地点或安排出差”，这样可以在一定程度或合理范围拓展用人单位工作地点调整的灵活性。

七、工作内容

如工作地点，“工作内容”也是劳动合同的必备条款，用人单位填写时也应遵守宽泛的填写原则比较好。当然了，过于宽泛的约定，如企业就两类岗位，“管理岗位”和“工勤岗位”，这样的约定也有可能被认定为约定不明。因此，如何拿捏其中的“度”也是个问题。建议企业在劳动合同中填写“工作内容”时注意以下几点：

1. 工作内容约定不能过于具体。很多企业往往在劳动合同中直接约定“具体的岗位”的名称，这样会为今后的人员调整埋下隐患。

2. 工作内容约定应有一定幅度的宽泛。比如针对工程师工作约定“工程师”就可以了，不需要具体约定“项目工程师”“现场服务工程师”；再如销售经理工作，约定“销售工作”或者“销售经理”即可，不需要约定“华南区销售经理”“渠道销售经理”等具体的限定。

3. 增加弹性表述条款。

可采用类似这样的表述：

“公司可以根据生产和工作需要及员工的身体状况、工作能力和表现升、降员工的职务，调整员工的工作内容或岗位，员工应服从公司的安排。”

八、薪酬

1. 薪酬即劳动报酬条款的约定方式。

劳动报酬怎么填写，主要取决于劳资双方的谈判议价能力，实务中可以采用的约定方式大致如下：

（1）最低工资约定法

（2）全额工资约定法

（3）基本工资法

（4）基本工资加绩效工资法

（5）按企业的薪资制度执行

……

2. 薪酬约定的原则。

无论怎么约定，劳动报酬两个原则要注意：

（1）劳动报酬约定的数额“低”但实际发放“高”是没问题的，劳动报酬以实际发放的为准；

（2）劳动报酬约定的数额“高”但实际发放“低”是有问题的，会带来拖欠劳动报酬的风险。

3. 薪酬条款的结构。

劳动合同中与薪酬有关的条款可以拆分为：“工资标准 + 工资发放时间 + 加班费和假期工资计算基数约定 + 工资异议 + 薪资保密”这几个部分，“工资标准”是必须的，其他则根据需要约定。

需要注意：

（1）在当地政策口径允许下约定“加班费和假期工资的计算基数”（有些假期工资国家有明确规定的除外），如奖金、津贴、补贴等项目是否作为加班费的计算基数，对此江苏、新疆、广东等地是允许约定的，但有些地方如北京、上海、山东等地是不允许约定的。因此，如地方允许企业约定加班费的计算基数的，为避免纠纷和节约加班费支出，务必要约定加班的计算基数，如江苏、天津等地，如果未作约定，发生纠纷将按照员工前 12 个月的平均工资作为加班费的计算基数，对企业来说，就有些吃亏了。

（2）对于工资发放日期的约定尽量弹性。如约定每月 10 日左右发放比较好。

（3）建议增设“工资异议”条款。

如类似表述：

员工对薪资有异议应在 5 天之内向公司人事部门书面提出，逾期不提出视为员工确认公司已经足额支付了劳动报酬。

类似这样条款，虽不能确保 100% 有效，但写进劳动合同中对企业来说有利无害。

（4）薪资保密条款。

实践中，很多企业都有薪资保密的规定。薪酬保密是企业的一项管理手段，是指用人单位与每个员工单独约定薪酬，并规定不得打探他人的薪酬。发放薪水的时候也会采用一定措施不使其公开。企业采用薪酬保密制度的目的是有利于其根据每个员工的能力、工作态度及工作岗位灵活决定薪金水平，员工之间也不会因薪水的差异而产生矛盾，从而减少员工与企业、员工与员工之间的矛盾。有些公司规定，员工之间互相打听工资或泄露公司的工资制度、体系将被解除劳动合同。类似这样的规定能否获得司法裁判部门的认可，对此不能一概而论，要视具体情况而定：

首先，如果是管理薪资的人员，将公司的薪资信息泄露出去，无论是泄露给公司以外的人，还是公司内部人员，按严重违纪处理具有合理性，毕竟薪资信息可能构成企业的商业秘密。

其次，如果是普通员工将自己的工资信息告知他人，或打探其他员工的薪资信息是否能按严重违纪解除劳动合同，在裁判实践中争论比较大，建议操作时谨慎为之。

不过，作为合同条款设计，如果企业认为有必要，可在劳动报酬条款中增设“薪资保密条款”。

九、其他条款

除以上几个重要内容外，劳动合同还有其他一些条款需要在劳动合同填写时注意：

1. 送达地址确认。

企业与员工发生矛盾时，常发生企业无法送达处罚通知、解除劳动合同通知等对企业来说至关重要的法律文件，往往使企业陷入被动。对此，企业应该在入职环节想到日后纠纷送达的难题，在劳动合同中应当设计完善的送达地址确认条款。

相关条款：5194 送达地址确认

另外，为防止员工抗辩当时填写地址事后发生了变动，企业在设计条款时还应增加如下一段：

相关条款：5195 地址变动告知义务

如果有以上完备的条款让员工确认，一旦事后发生纠纷，必将使公司处于有利的主动地位。

2. 邮箱、OA 账号等电子办公工具的确认。

除传统的送达地址、手机号码等确认外，现代社会无纸化办公是常态，如员工通过 OA 系统申请假期、通过电子邮件递交辞职信，但一旦发生纠纷，可能会出现否认是自己的电子邮件，以及员工抗辩公司所配邮箱、OA 账号的密码都没有修改过，别人完全有可能冒用等，这样就会增加企业的风险。

3. 职业危害因素告知。

按照《职业病防治法》第 33 条的规定：“用人单位与劳动者订立劳动合同（含聘用合同，下同）时，应当将工作过程中可能产生的职业病危害及其后果、职业病防护措施和待遇等如实告知劳动者，并在劳动合同中写明，不得隐瞒或者欺骗。”同时该条还规定，用人单位违反前款规定的，劳动者有权拒绝从事存在职业病危害的作业，用人单位不得因此解除与劳动者所订立的劳动合同。可见，该项义务是法定的，企业如何证明履行了告知义务，在劳动合同中增设职业危害告知条款或专门设计一份“职业危害因素告知书”作为劳动合同附件让劳动者签字确认是最保险的做法。

相关条款：2687 单位告知

该条款比较简单，如果确实存在明显职业危害因素，建议使用下列模板。

相关模板：16637 职业危害因素告知书

4. 保密与竞业限制条款。

对于涉及知识产权的企业或岗位，企业会专门与员工签订《保密协议》《竞业限制协议》，有的企业会在劳动合同中设计“保密条款”“竞业限制条款”。鉴于这部分内容比较多，后面专门介绍。

实务中，也有的企业会在劳动合同中直接加上竞业限制条款，这种情况下一般应该选择“竞业限制义务需经企业通知方为生效”，否则的话可能导致“企业并未要求也并不需要员工竞业限制，而员工以履行竞业限制义务为由要求企业支付补偿”。

相关条款：2720 竞业限制

5. 劳动纪律。

虽然一般用人单位会制定相应的规章制度，但劳动合同中设计一些涉及规章制度的条款也是有必要的，其主要作用是在劳动合同中再强化约定劳动者遵守劳动纪律。如果没有规章制度或者制度有瑕疵，则劳动合同中的劳动纪律条款也能备用。

相关条款：2726 劳动纪律

6. 劳动合同解除、终止、补偿金类条款。

很多企业的劳动合同文中都有劳动合同解除、终止情形及补偿金的条款，这些条款放在劳动合同中没有任何意义，因为这些都是《劳动合同法》第 36 条至第 46 条的法律规定，既然是法定的，就没有必要再重复抄写在劳动合同中。

7. 管辖。

劳动合同以及劳动关系下的竞业限制协议、培训服务期协议等约定由用人单位所在地劳动仲裁与法院进行管辖——这种约定的法律效力存在争议。但考虑到对单位也没有什么坏处，因此仍然可以考虑使用。

相关条款：5196 劳动争议管辖

不过，如果劳动合同履行地（员工上班地点）与用人单位所在地一致，这种约定也就没什么意义了。

资 料 劳动关系下的合同条款可以约定什么？

一般认为，劳动法属于社会法领域，强调对劳动者的“倾斜保护”，不同于强调“自愿公平、平等协商、契约自由”的私法。在《劳动合同法》《劳动合同法实施条例》等一系列劳动法规的约束下，劳动合同已经大大不同于一般的适用《民法典》合同编的民商事合同。劳动关系下用人单位与劳动者之间的很多权利义务已经由法律强行设定，或不得低于法定标准，劳动合同中并没有太多自由约定的空间。

下表中列举了用人单位与劳动者之间常见约定的效力。这些约定无论是写在劳动合同中还是其他专门协议中，都受到同样的约束。当然，如果不是劳动关系，就不用参考这个表了。

用人单位与劳动者各类约定效力简析表

约定事项	一般无效	一般有效
关系类型	事实上是劳动关系，约定不按劳动关系、不适用劳动法规	约定属于劳动关系； 事实上不完全符合劳动关系特征时，约定不属于劳动关系
薪酬	单位有权任意调整； 低于最低工资标准	不低于最低工资标准下，明确浮动薪酬的发放标准
岗位	单位有权任意调整	具体、合理的调岗调薪约定很可能被认定有效
工作地点	单位有权任意调整	一定范围内的、合理的工作地点调整约定很可能被认定有效
加班费	放弃加班费； 加班费低于法定标准	部分地区允许约定加班费计算基数
社会保险、公积金	不缴纳社会保险、公积金	向员工支付不缴社会保险、公积金的补偿，且明确数额，要求补缴时退还——“补缴则退还”的约定有效
休息休假	事先放弃法定的休息、休假； 约定低于法定休息、休假的标准	事后放弃索赔或放弃假期待遇
解除终止条件	《劳动合同法》规定以外的解除终止条件	《劳动合同法》规定的解除终止条件的进一步合理细化； 上海等地区允许不断签订固定期限劳动合同的，企业可以到期单方终止

续表

约定事项	一般无效	一般有效
违约金	竞业限制、培训服务期协议之外约定违约金； 保密协议中的违约金约定存在争议	由单位向劳动者承担违约金是有效的，但一般单位没有理由这样做
服务期	除特殊情况下与劳动者约定服务期，要求员工提前离职时承担赔偿责任或违约金	培训服务期协议中的服务期、特殊待遇服务期协议中的服务期约定，对员工具有一定约束力
竞业限制	离职后的竞业限制无补偿； 竞业限制补偿如过低，可能无效	在职期间的竞业限制义务； 离职后2年内的竞业限制，且单位支付补偿
争议和解	工伤赔偿额过分低于法定标准等类似情形可能被认定为显失公平	关于工资报酬、劳动关系解除及其补偿、赔偿金等协议解决
担保	劳动者或第三人为劳动关系下员工的责任提供担保，应属无效（但无效的情况下仍可能要承担无效的赔偿责任责任）	第三人为单位责任提供担保； 第三人事后同意为劳动者的赔偿责任、金钱方面义务承担责任

2.2 劳务派遣协议

本节课，我们讨论劳务派遣这种模式和相应的合同。劳务派遣模式由劳务派遣单位、用工单位、劳务派遣员工三方关系组成，是指由劳务派遣机构与被派遣劳动者订立劳动合同，把劳动者派向其他实际用工单位的一种用人方式。三者关系可参见图 2–3。

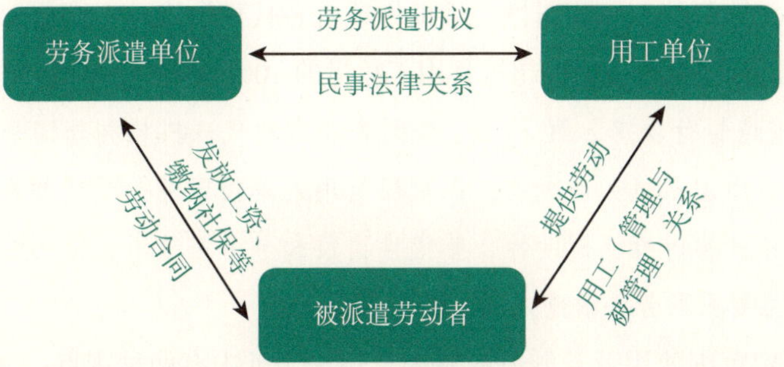

图 2–3　劳务派遣法律关系

接下来，我们来分析劳务派遣协议，最后适当提示劳务派遣下的劳动合同与普通劳动合同的不同。

2.2.1　宏观—合同主体

劳务派遣的“主体”方面存在两个特殊性：劳务派遣单位从事劳务派遣业务需要资质许可；被派遣劳动者的岗位、数量有一定限制。

1. 从事劳务派遣业务需要行政许可，否则将导致没收违法所得、罚款等。

《劳动合同法》第 57 条规定，经营劳务派遣业务，应当向劳动行政部门依法申请行政许可；第 92 条规定，未经许可擅自经营劳务派遣业务的，由劳动行政部门责令停止违法行为，没收违法所得，并处违法所得一倍以上五倍以下的罚款，没有违法所得的可以处 5 万以下的罚款。可见，法律后果还是比较严重的，属于《合同起草审查指南：三观四步法》所认为的“外部后果较重”。同时，这种情况下的劳务派遣协议可能无效。

因此，如果没有劳务派遣资质许可：

（1）对于“劳务派遣单位”来说，建议不要从事此业务，包括不要签署劳务派遣合同，否则风险较大。

即使是“名为业务外包，实为劳务派遣”的业务，对承包方来说，也可能按“未经许可从事劳务派遣”处理，风险较大，不宜进行。

（2）对于“用工单位”来说，与无劳务派遣资质许可的单位签订劳务派遣协议、进行劳务派遣存在风险（如被认定为事实劳动关系），而且这类企业本身资质条件不够、履约存在风险，因此“用工单位”也应慎重，还是选择具有劳务派遣资质的单位合作为宜。

2. 劳务派遣只能在“临时性、辅助性或者替代性”岗位上实施，且用工单位使用的被派遣劳动者数量不得超过其用工总量的10%。

《劳务派遣暂行规定》第25条：外国企业常驻代表机构和外国金融机构驻华代表机构等使用被派遣劳动者的，以及船员用人单位以劳务派遣形式使用国际远洋海员的，不受临时性、辅助性、替代性岗位和劳务派遣用工比例的限制——这些特殊机构主要采取劳务派遣方式。

超出法定范围使用劳务派遣的后果，司法实务中有两种观点：一种认为劳务派遣协议无效，被派遣劳动者与用工单位形成事实劳动关系；另一种观点是不影响劳务派遣协议和劳动合同的法律效力。

注意即使是前者，也不是对签过劳动合同这一事实的否认，在此情况下并不存在未签订劳动合同的二倍工资。因此很难说这种超范围使用劳务派遣有多大的法律责任。

不过如果超过上述范围，建议采用“业务外包”的模式，具体见业务外包模式的分析。

相关课程：《合同起草审查指南：劳动用工卷》“非劳动关系（四）：业务外包（派遣型）合同”

2.2.2 中观—合同形式

1. 劳务派遣协议一般都采取正式书面合同形式。

这是《劳动合同法》第59条的规定，也是实务中的一般做法。

2. 实务中劳务派遣单位一般都有劳务派遣协议、劳动合同等劳务派遣相关业务的模板文本。

不过劳务派遣单位也很难说是强势，一般仍会允许用工单位对文本进行一定的修改。

3. 劳务派遣协议常常采取“通用合同 + 专用附件”的形式。

可以将具体服务内容与收费标准、派遣员工具体信息作为合同附件由双方确认。

也就是说，如果是“劳务派遣人员可能增加、减少”的模式，那么劳务派遣协议实际上就会是“合同 + 订单”模式，劳务派遣协议约定一般条件，通过附件或劳务派遣履行中的“订单”式文件来确定具体劳务派遣人员的数量、信息。

2.2.3 微观—合同条款

一、劳务派遣协议条款修订的背景知识

实务中，具体修订劳务派遣协议条款、参与双方沟通谈判时，律师应该认识到：

1. 一般来说，劳务派遣模式就是“劳务派遣单位负责办理手续，用工单位承担所有成本”，劳务派遣单位没有理由“提供了服务还亏本”，因此总体上“凡是应当向员工支付的工资、经济补偿、成本”最终都是由用工单位来承担。所以，虽然用工单位可以适当争取，但很难要求劳务派遣单位做“亏本买卖”。反之，站在劳务派遣单位的立场，劳务派遣协议的其他条款哪怕可以改、可以删，涉及由用工单位承担费用、成本的条款是不能退步的，否则这单生意就得亏本了。

总体来说，实务中的劳务派遣协议谈判、修订空间不大。

2. 一般而言，劳务派遣单位与用工单位依法应对员工承担连带责任，劳务派遣协议主要是对劳务派遣单位与用工单位的内部责任分担、追偿进行约定。

对于劳务派遣的期限、派遣员工具体信息、劳务派遣服务费用标准等，在劳务派遣协议中应予明确，这毋庸置疑，双方也不会有什么争议。这里主要对存在一定争议又重要的其他条款进行说明，这些条款往往也是实务中双方沟通谈判的重点。

二、退回情形、退回方式

用工单位采用劳务派遣的重要目的之一就是建立弹性的用工机制。弹性用工机制的核心应该是退回相对自由。关于退回的法律规定如下：

《劳动合同法》第 65 条第 2 款

被派遣劳动者有本法第三十九条和第四十条第一项、第二项规定情形的，用工单位可以将劳动者退回劳务派遣单位，劳务派遣单位依照本法有关规定，可以与劳动者解除劳动合同。

《劳务派遣暂行规定》第 12 条

有下列情形之一的，用工单位可以将被派遣劳动者退回劳务派遣单位：

（一）用工单位有劳动合同法第四十条第三项、第四十一条规定情形的；

（二）用工单位被依法宣告破产、吊销营业执照、责令关闭、撤销、决定提前解散或者劳务派遣协议期限届满不再继续经营的；

（三）劳务派遣协议期满终止的。

被派遣劳动者退回后在无工作期间，劳务派遣单位应当按照不低于所在地人民政府规定的最低工资标准，向其按月支付报酬。

《劳务派遣暂行规定》第 13 条

被派遣劳动者有劳动合同法第四十二条规定情形的，在劳务派遣期限届满前，用工单位不得依据本规定第十二条第一项规定将被派遣劳动者退回劳务派遣单位；派遣期限届满的，应当延续至相应情形消失时方可退回。

由以上规定可见，退回的情形就是直接用工中的解除、终止劳动合同的情形，如果被派遣劳动者处于医疗期、“三期”等《劳动合同法》第 42 条规定情形的，退回还受到相应的限制，所受的相应限制，也是直接用工解除、终止受限制的情形。

上述法律规定的是法定的退回条件。在此之外另外约定退回条件是否有效呢？法律未明确规定，存在争议。有些地方是允许约定退回的，如上海，允许劳务派遣单位、用工单位、被派遣劳动者三方约定退回的情形。《上海市人力资源和社会保障局、上海市高级人民法院关于劳务派遣适用法律若干问题的会议纪要》（2015）“六、关于劳务派遣退回情形的问题……《派遣规定》第十二条对退回情形作了部分列举式规定，属于提示性条款，实践中，还存在法律规定的退回情形、派遣单位主动撤回劳动者、协商一致退回等情况。因此，依据以下情形之一的，也可退回劳动者：……（六）三方事前约定或者事后达成合意的；”虽然其他地方没有上海类似的口径，但从实务角度来说，建议用工单位与劳务派遣单位在劳务派遣协议中约定宽松的退回的情形，且同时由劳动者确认，以增加用工单位劳务派遣用工的弹性。即便因“约定退回”发生纠纷被认定为无效，其法律后果并不严重。

注意在此情形下，“退回且未重新上岗期间”，劳务派遣单位仍需向待岗员工支付最低工资，劳务派遣协议中一般会约定仍由用工单位承担。

三、工伤待遇

《劳务派遣暂行条例规定》第 10 条规定：劳务派遣单位承担工伤保险责任，但可以与用工单位约定补偿办法。

劳务派遣单位出具的劳务派遣协议文本必须明确“工伤保险待遇中由用人单位承担的部分实际上应由用工单位承担”，一般双方也能接受这一点。如果未做说明，则相当于劳务派遣协议存在缺陷，会给劳务派遣单位带来较严重风险。

相关条款：5197 工伤待遇

四、符合签订无固定期限劳动合同时的处理

劳务派遣是否也应依法签订无固定期限劳动合同，这一问题存在争议，各地裁判尺度不一。

如果当地司法机关认为“劳务派遣如果符合签订无固定期限劳动合同的条件，也必须与被派遣员工签订无固定期限劳动合同”，那么，劳务派遣单位与用工单位就必须有所应对。方案有（在必须签订无固定期限劳动合同的情形下）：

1. 用工单位无须继续接受派遣，但是必须承担员工在无岗位安排时直至重新派遣上岗前的各项成本、费用。派遣服务费用是否需要承担，由双方协商确定。

2. 用工单位无须继续接受派遣，且无须承担员工在无岗位安排时直至重新派遣上岗期间的各项成本、费用。

3. 用工单位必须继续接受派遣，继续承担用工单位的责任，相当于派遣变为无固定期限。

如果当地司法机关认为“劳务派遣无须签订无固定期限劳动合同”，则可不需要此条款。

五、违法退回、违法解除的处理

派遣员工有过错，用工单位将其退回，劳务派遣单位依法相应解除劳动合同。此时虽然系由劳务派遣单位作出决定，但依据的是用工单位提供的退回事由与证据材料。因此劳务派遣单位有必要约定：如果最终司法机关认定用工单位构成违法退回和劳务派遣单位因此构成违法解除劳动合同，用工单位应承担相关的责任（继续履行、补发工资或者承担违法解除的赔偿金等）。

相关条款：5198 违法退回、解除处理

2.2.4 延伸讨论：劳务派遣下的劳动合同

一、劳动合同期限

根据《劳动合同法》第 58 条的规定，劳务派遣单位与被派遣劳动者的劳动合同不能少于 2 年期限，且不得签订以完成一定任务为期限的劳动合同，也不得签订非全日制的劳动合同。

例如，与被派遣劳动者签订的劳动合同期限是 1 年时，劳务派遣单位到期终止可能构成违法终止劳动合同。这一点也间接影响了劳务派遣协议约定的派遣期限，如果短于这个期限，用工单位到期终止退回，劳务派遣单位需要考虑后续安排。

二、试用期

劳务派遣下的劳动合同仍可约定试用期，但应注意：

1.《劳务派遣暂行规定》第 6 条规定："劳务派遣单位可以依法与被派遣劳动者约定试用期。劳务派遣单位与同一被派遣劳动者只能约定一次试用期。"因此，劳务派遣单位没有变，用工单位变了，也就是重新派遣，并不能再约定试用期，只能考虑约定退回条件。

2. 因为劳务派遣单位不实际用工，而是用工单位在用工，所以在劳动合同中应明确试用期录用条件及试用期考核以用工单位的为准。

三、规章制度适用的特别约定

劳务派遣的劳动合同中应明确约定被派遣劳动者在被派遣期间，应接受用工单位的管理，遵守用工单位的企业规章制度；在被退回期间应遵守劳务派遣单位的规章制度，接受劳务派遣单位的管理。

四、被退回后的及时报到与接受改派遣的约定

劳务派遣劳动合同中还需要明确被派遣劳动者如果被用工单位退回的，应及时向劳务派遣单位报到，否则，视为旷工等约定，以便于被派遣劳动者被退回之后的管理。另外，还应进一步明确约定，被派遣劳动者被退回后，还有义务接受用工单位的改派遣。

五、特殊的退回条件最好经过被派遣劳动者的专门确认同意

约定退回条件的效力本身存在争议，经过被派遣劳动者专门确认同意会增加其有效性。

有的时候，用工单位还可能专门与被派遣劳动者签订一份“用工协议”，就试用期录用条件、调岗调薪、退回条件等作出书面约定。

2.3 培训服务期协议

《劳动合同法》第22条规定：用人单位为劳动者提供专项培训费用，对其进行专业技术培训的，可以与该劳动者订立协议，约定服务期。本节课就主要讨论这一类培训服务期协议，顺便延伸讨论一下特殊福利待遇协议。

2.3.1 宏观—合同类型

实务中，用人单位可能存在这种需求：希望员工在单位至少工作一定期限（服务期），如员工提前离职则要让员工适当承担责任以约束员工。然而根据《劳动合同法》第25条、第36条等规定，单位是难以约束员工辞职的。在现行法律之下，只有“培训服务期协议”和“特殊待遇服务期协议”能在一定程度上达到单位目的，另外可能还有一些非常规做法。下面分别说明一下。

1. 培训服务期协议：必须要有“专业技术培训”，违约金与培训费用挂钩。

根据《劳动合同法》第22条第1款规定，用人单位出资为劳动者提供专业技术培训的才可以与劳动者约定服务期。因此，并非所有的培训都可以约定服务期。实践中，用人单位为劳动者出资培训主要有两种情况：一种是用人单位应尽的法定义务，如入职、上岗、转岗、晋升、转业等常规职业培训；另一种是用人单位提供专项培训费用对劳动者进行的专业技术培训，是法定的常规培训之外的“有偿培训”。只有后一种才能约定培训服务期。

如果发现用人单位并非“专业技术培训”，又签订“培训服务期协议”，则应向用人单位提示“名实不符”的风险，即可能无效。如果对是否属于专业技术培训存在一定争议，要考虑在合同条款、培训内容中尽量往专业技术培训上靠。

如果没有实际培训，或者并非专业技术培训，又希望对员工约定服务期，可考虑使用“特殊待遇服务期协议”。

根据《劳动合同法》第22条第2款规定，违约金的数额不得超过用人单位提供的培训费用。用人单位要求劳动者支付的违约金不得超过服务期尚未履行部分所应分摊的培训费用。

2. 特殊待遇服务期协议：必须提供正常工资之外的特殊待遇，只能要求员工退还该特殊待遇。

这种特殊待遇在实务中的常见情形包括：

（1）入职时的签约奖金、搬家费等。

（2）正常工资之外的特殊奖金。

在张家军与北京糯米网科技发展有限公司劳动争议二审民事判决书[1]中，员工与公司签订了《奖金协议》，约定公司向员工发放特殊奖金，金额为税前120,000元，同时要求员工自2014年1月1日起工作满一年；若员工提前离职，则需将上述奖金全额退还公司。之后公司向员工支付了奖金，税后为91,005元。2014年4月员工从公司辞职。公司后通过诉讼程序要求员工按照奖金协议的约定返还奖金91,005元，并获得了法院支持。

（3）单位或股东向员工提供的车子、房子等。

与培训服务期协议类似，这类协议最多也只能要求员工退还单位支付的全部特殊待遇，不能再要求员工额外承担赔偿责任或违约金。

而且这些待遇必须是实际支付的财物，其他待遇也难以要求员工赔偿。例如，北京的用人单位与想办理北京户口的员工约定服务期，就难以要求员工赔偿，因为户口的价值难以衡量，而且不好说是单位提供的，目前法院最多可能支持单位办理户口的一些实际损失、支出，对员工起不到多大约束作用。

因此，如果单位向员工提供特殊待遇，则可以考虑签署“特殊待遇服务期协议”。

相关模板：4574 附服务期的奖金 / 补贴协议

3. 特殊借款协议。

这类协议的原理其实与特殊待遇服务期协议相通。即用人单位与劳动者约定：单位向劳动者提供借款，如果劳动者履行完服务期，则无须归还借款，否则即应归还借款。

相关模板：4661 借款协议

4. 延期支付的安排。

单位与员工约定，员工干满一定期限之后，向员工支付额外奖励或者股权（期

[1] 北京市第一中级人民法院（2015）一中民终字第06178号。

权），这类做法是有效的。也就是说“员工违反服务期就不给”的约定有效，“员工违反服务期就要赔”的约定则受到很多限制。

5. 竞业限制约定。

竞业限制约定不能直接限制员工离职，但是会使得“就算离职也不能去相关行业工作”，于是间接限制了员工离职。

2.3.2 宏观—合同主体

1. 仅限于适用《劳动合同法》的用人单位与员工之间。

2. 用人单位对于拟入职但还没有入职的员工进行培训，约定员工必须于约定时间入职，否则应赔偿用人单位损失——这种约定不违法，应属有效，虽然实质上不是这里分析的劳动关系下的培训服务期协议。

3. 不适用《劳动合同法》的其他单位、个人之间关于培训、合作期限的协议，不适用于本协议。

2.3.3 中观—合同形式

1. 律师常常为顾问单位提供常用劳动用工类协议模板，包括本协议。

2. 本协议常常配有附件，在附件中列明具体的培训项目、培训费用明细。

3. 根据需要可能配有担保合同或担保条款，由劳动者亲属或其他人提供担保。

但是此类担保因属于劳动关系中的“人事担保”，有可能被认定无效，应向客户提示该风险。

2.3.4 微观—合同条款

一、应体现为专业技术培训

实践中，用人单位为劳动者出资培训主要有两种情况：一种是培训是用人单位应尽的法定义务，如在岗、转岗、晋升、转业等常规职业培训；另一种是用人单位提供专项培训费用对劳动者进行的专业技术培训，是法定的常规培训之外的“有偿培训”。只有后者才可以签订培训服务期协议约定有效的违约金。

因此应注意在下列方面体现与“专业技术培训”相符：

1. 培训标题、培训课程主题、培训内容，不能仅是“企业文化、岗前培训、上岗培训、转岗培训”等主题。

2. 向员工发放的培训资料内容应适当体现专业技术。

当然，不排除部分内容是“企业文化”，但至少应有相当部分培训内容与专业技术相关。

二、培训费用与违约金

1. 培训费用建议在合同中约定总额，同时在附件中由员工专门确认培训费用明细。

2.《劳动合同法》第22条规定，劳动者违反服务期约定的，应当按照约定向用人单位支付违约金。违约金的数额不得超过用人单位提供的培训费用。用人单位要求劳动者支付的违约金不得超过服务期尚未履行部分所应分摊的培训费用。由此可见，违约金的数额是法定的，而且也是非常容易计算，即违约金 =（培训费总额 ÷ 约定的服务年限）× 未履行的服务年限。协议中可以细化到按月份计算。

这就意味着，违反服务期的违约金对劳动者没有惩罚性，只有补偿性。

3. 实务中大量争议是员工不认可培训费用金额及违约金额，因此有必要在合同尾部专门由员工确认。

三、服务期

关于服务期的期限如何确定，法律没有相应的规定，需要用人单位与员工协商确定。一般而言，用人单位在与员工约定服务期时，会将服务期期限的长短与单位出资金额多少挂钩，结合培训的类型等因素，合理确定服务期期限。

约定好服务期的期限后，还需要明确服务期的起算，否则，易引发纠纷。关于服务期的起算，法律也没有相应的规定，需要用人单位与员工协商确定。双方可以协商从服务期协议签订之日或培训结束之日或劳动合同期限届满之日开始计算服务期。在实践中，常见的服务期起算设计一般是从员工培训结束之日开始。

四、违约情形

服务期与劳动合同期限不同，它对劳动者有约束力，劳动者违反服务期的，应当承担违约责任，即应向用人单位支付违约金。用人单位要想追究劳动者的违约金责任，在设计、制作服务期协议时明确具体的违约情形是十分重要的。一般而言劳动者在服务期内主动辞职属于违约情形，但实践中有的劳动者也比较聪明，为了想在接受培训后辞职又想节约违约金支出，坚决不提出辞职，便故意违反用人单位的规章制度、不工作、无所事事等，目的是想让用人单位主动提出辞退他。

因此，用人单位在设计、制作服务期协议时应约定完备的违约情形，不仅员工主动提出辞职属于违约，而且还必须约定由于员工的原因导致企业解除劳动合同的也视为员工违约。对此，《劳动合同法实施条例》第26条规定：

用人单位与劳动者约定了服务期，劳动者依照劳动合同法第三十八条的规定解除劳动合同的，不属于违反服务期的约定，用人单位不得要求劳动者支付违约金。有下列情形之一，用人单位与劳动者解除约定服务期的劳动合同的，劳动者应当按照劳动合同的约定向用人单位支付违约金：

（一）劳动者严重违反用人单位的规章制度的；

（二）劳动者严重失职，营私舞弊，给用人单位造成重大损害的；

（三）劳动者同时与其他用人单位建立劳动关系，对完成本单位的工作任务造成严重影响，或者经用人单位提出，拒不改正的；

（四）劳动者以欺诈、胁迫的手段或者乘人之危，使用人单位在违背真实意思的情况下订立或者变更劳动合同的；

（五）劳动者被依法追究刑事责任的。

但是除《劳动合同法》第39条情形外，如果劳动者培训之后报病假超过医疗期以及故意不能胜任工作呢？如用人单位利用《劳动合同法》第40条第1项、第2项规定情形解除劳动合同的，是否属于劳动者违约呢？这些法律没有规定，建议在协议中约定属于违约情形比较好。

五、服务期与劳动合同期限的衔接

关于服务期与劳动合同期限，先来做两个对比：

第一，服务期的利益完全归属于用人单位，劳动者不能任意解约；劳动合同期限的利益主要归属于劳动者，用人单位解除合同须有法定原因。

第二，劳动者提前解除服务期约定要承担违约责任；而在劳动合同期限内，劳动者按法定程序提前解除劳动合同不需要承担责任。

由此可见，服务期与劳动合同期是两个完全不同的概念。在实践中，用人单位往往是在劳动合同履行过程中为员工出资进行培训，然后约定一个服务期。因此服务期与劳动合同期限往往存在交叉的情形。因此，用人单位在设计制作服务期协议时，需要注意这一问题，将服务期与劳动合同期限衔接好，否则，容易产生纠纷。

为解决服务期和劳动合同期限的冲突，《劳动合同法实施条例》第17条规定，劳动合同期满，但是用人单位与劳动者依照劳动合同法第二十二条的规定约定的服务期尚未到期的，劳动合同应当续延至服务期满；双方另有约定的，从其约定。可见对于服务期和劳动合同期限的冲突解决，主要遵循以下几个原则：

首先，服务期短于劳动合同期限的，服务期被劳动合同期限吸收。

其次，服务期长于劳动合同期限的，劳动合同期限自动顺延至服务期满，服务期的约定可视为对劳动合同期限的协商变更。劳动合同期满，双方对劳动合同的其他条款不能协商一致的，按原合同确定的条件继续履行。

最后，双方对服务期限另有约定的，按照当事人意思自治原则，从其约定。

对于以上三点原则，前两点比较好理解，也不会产生异议，可以说是常态化的问题。但是第三点则是需要用人单位在设计制作服务期协议时应重点考虑的问题。因为，在实践中，服务期长于劳动合同期限的，也存在用人单位欲提前终结劳动关系的情况。例如，胡先生系某公司职员，双方签订的劳动合同期限至2020年12月31日。2019年1月，公司派胡先生去欧洲培训3个月，为此支付了6万元的培训费用。出国培训前双方签订了服务期协议书，约定胡先生培训结束后要为公司服务3年，若违反约定提前辞职需要支付违约金。培训结束后胡先生回到公司继续工作。假如2020年12月31日合同到期了，公司不愿意与胡先生续订劳动合同了，通知胡先生不再续订劳动合同，胡先生想续订，便提出异议，他认为劳动合同虽然到期了，但是服务期要到2022年4月才到期，故劳动合同应自动顺延至2022年4月。那么，用人单位能否在2020年12月31日劳动合同到期时终止劳动关系呢？答案是有风险，裁判实践中就有认定为违法终止劳动合同的判例。因为这个时候，按照《劳动合同法实施条例》第17条的规定，劳动合同应当续延至服务期2022年4月：

深圳市宝安区人民法院（2012）深宝法观劳初字第199号

十二、双方解除劳动关系的时间、原因、违法解除二倍赔偿金的认定：2012年6月28日，原告以双方劳动合同到期为由终止双方的劳动合同。本院认为，根据《中华人民共和国劳动合同法》第二十二条规定用人单位为劳动者提供专项培训费用，对其进行专业技术培训的，可以与该劳动者订立协议，约定服务期。根据国务院《中华人民共和国劳动合同法实施条例》第十七条规定：劳动合同期满，但是用人单位与劳动者依照劳动合同法第二十二条的规定约定的服务期尚未到期的，劳动合同应当续延至服务期满。本案原、被告之间劳动合同期限虽约定至2012年5月31日届满。但被告系特种设备管理员，其提供的《作业人员证》聘用情况一栏中显示聘用起止日期为2011年6月1日至2013年6月1日止，由于

《作业人员证》约定的服务期为2011年6月1日至2013年6月1日，故根据相关法律规定，原、被告之间的劳动合同应至服务期满即2013年6月1日止，而原告于2012年6月28日以劳动合同到期终止为由，与被告解除劳动合同，构成违法解除劳动合同的情形，根据《中华人民共和国劳动合同法》第八十七条之规定，原告依法应支付给被告违法解除劳动合同的二倍赔偿金41,880元（5235元 ×4×2倍）。

如何避免这种尴尬局面——出资培训约定了服务期反而不能正常到期终止劳动合同？这就需要在设计、制作服务期协议时重点考虑《劳动合同法实施条例》第17条的最后一句话“双方另有约定的，从其约定”，用人单位完全可以在设计服务期协议时增加一个主动性的条款，即在劳动合同期满后，用人单位有权放弃对剩余服务期的要求。这样劳动合同到期而服务期未到期的，用人单位就可以终止劳动合同了。

2.4 竞业限制协议

这节课我们来讨论竞业限制义务和相应的竞业限制协议。

这里的竞业限制，根据《劳动合同法》第23条、第24条，是指用人单位与劳动者之间约定，劳动者不得到生产同类产品或经营同类业务且有竞争关系的其他用人单位任职，也不得自己生产与原单位有竞争关系的同类产品或经营同类业务。

2.4.1 宏观—合同类型

1. 竞业限制与保密的区别与联系。

对用人单位而言，保密协议与竞业限制协议的目的很大程度上是一致的，都是为了防止商业机密泄露，保护本单位的核心竞争力。也正因如此，保密义务与竞业限制义务都是针对掌握本单位商业机密的员工，事实上，保密义务与竞业限制义务经常约定在同一份协议中。

保密义务与竞业限制义务的不同在于：

（1）保密义务是法定的，同时也可以约定，竞业限制义务主要是约定的。

（2）离职后的竞业限制必须要支付补偿，而保密义务不必须。

（3）保密义务对员工的限制较轻；竞业限制义务对员工的限制较重。

由此带来单位的举证责任也不同。单位要证明员工是否违反保密义务比较困难，而要证明员工违反竞业限制义务相对容易一些。

（4）期限不同。保密义务可以是长期的，而竞业限制义务不得超过离职后两年。

（5）违约金的效果有区别。保密协议中的违约金条款效力主流观点认为无效，而就竞业限制义务肯定是可以约定违约金的。

一般而言，对于一般的可能接触到保密信息的员工，应签署保密协议；对于掌握公司核心机密，有必要限制其离职后与本单位竞争的人员，则有必要额外签署竞业限制补偿协议。保密义务与竞业限制义务可以考虑约定在同一份协议中。

2. 在职期间的竞业限制。

高管以外员工的竞业限制义务来自约定而非法定，法律上并未禁止一个人在A单位打工的同时又为同行业的B单位工作。虽然员工不得侵犯商业秘密，但为两边工作不一定就侵犯商业秘密。为了防止这种情形，用人单位可以做的是：

（1）在规章制度中禁止这种行为，明确列为严重违纪之一种，用人单位可以解除劳动合同，并不支付任何经济补偿金，同时可要求员工赔偿损失。

实际上，用人单位甚至可以规定，凡有兼职行为均为严重违纪，无论是否是从事竞争性业务。

不过规章制度中规定的处罚条款或违约金条款是无效的，违约金只能来源于双方的约定而非规章制度。

实务判例可参考昆山锆仕特模具有限公司与王某劳动争议一案[1]。江苏省劳动人事争议仲裁委员会关于印发江苏省劳动人事争议疑难问题研讨会纪要的通知（苏劳人仲委〔2017〕1号）中第（四）条规定：

用人单位与劳动者签订竞业限制协议，但劳动者在职期间与他人经营同类业务，用人单位要求劳动者支付违约金的请求能否支持？对于违约金数额应当如何把握？

劳动者在职期间遵守竞业限制是劳动者法定义务，劳动者在职期间违反竞业限制规定与他人经营同类业务的，用人单位追究劳动者的违约责任应予支持。双方对违约金有约定的，劳动者应当按照约定向用人单位支付违约金；双方对违约金没有约定的，违约金数额可参照竞业限制约定的标准，并结合劳动者侵权行为的持续时间、造成的后果和实际损失的情况进行综合判定。

因此，对于一般的员工，在规章制度中将兼职行为列为严重违纪即可。如果确实担心员工私下与公司竞争、抢夺公司的商业机会，那么可以专门与员工约定在职期间的竞业限制义务。这个约定可以与普通的竞业限制协议（约定离职后的竞业限制义务为主）整合在一起。

（2）在双方签署的协议（劳动合同或其他协议类文件）中明确约定在职期间的竞业限制义务，同时可以约定违反在职期间竞业限制义务的违约金。

有人认为，《劳动合同法》第23条里面只允许约定劳动者离职后违反竞业限制义务的违约金，并未提到在职期间违反竞业限制义务的违约金。这一点确实存在争议，也很难通过法条得出答案。我们倾向于认为约定在职期间的竞业限制违

[1] 江苏省昆山市人民法院（2019）苏0583民初5997号。

约金是有效的，理由是：《劳动合同法》第23条的条文只说“劳动者违反竞业限制约定的，应当按照约定向用人单位支付违约金”，未明确界定是在职或是离职期间。但从常理上讲，在职期间违反竞业限制义务比离职后的违约更严重，对单位的危害更大，用人单位也在向劳动者支付劳动报酬，没有理由认定在职期间的违约金条款无效。

与之相关的一个问题是：在职期间正常向劳动者支付劳动报酬即可，无须额外支付竞业限制补偿。

3. 竞业限制与《公司法》上董事、高管的竞业禁止。

这两者不是一回事，法律依据、主体都不一样。

根据《公司法》第148条的规定，董事、高级管理人员不得有下列行为：……（五）未经股东会或者股东大会同意，利用职务便利为自己或者他人谋取属于公司的商业机会，自营或者为他人经营与所任职公司同类的业务……董事、高级管理人员违反前款规定所得的收入应当归公司所有。同时依据《公司法》第216条的规定，高级管理人员，是指公司的经理、副经理、财务负责人，上市公司董事会秘书和公司章程规定的其他人员。

《公司法》上董事、高管的竞业禁止是一种法定义务，无须约定。当然公司和董事进一步约定、强调也是有效的。

相关模板：11508 股东保密及竞业禁止协议　11536 董事竞业禁止协议

而劳动法上竞业限制并非一种法定义务。在用人单位与劳动者没有事先约定（而且必须满足一些条件）的情况下，劳动者没有义务遵守竞业限制。这与保密义务不同，保密义务是法定的。

2.4.2 宏观—合同主体

《劳动合同法》第24条规定，竞业限制限于用人单位的高级管理人员、高级技术人员和其他负有保密义务的人员，即限于知悉用人单位商业秘密和核心技术的人员，并不适用于每个劳动者。

不过在实务中，员工多少掌握一些商业秘密。如果不是，单位也不会与这名员工都签订竞业限制协议，毕竟竞业限制协议是要支付额外补偿的。因此在竞业限制协议的审查中，员工一方是否在《劳动合同法》第24条规定的范围之内，一般无须律师过多考虑。

但在实务中，存在这种情形：有的单位在员工入职时，一律签订竞业限制协议，以免离职时再谈竞业限制不能达成一致。这种情况下，律师一方面可以建议单位适当筛选，排除确实没必要签订竞业限制协议的人员；另一方面，在竞业限制协议模板中，应设置竞业限制义务的生效或取消条件。

如果要求履行竞业限制义务的可能性较高，可以约定：单位有权在离职时或离职前通知取消竞业限制义务，解除竞业限制相关约定。

如果不要求履行竞业限制义务的可能性较高，可以约定：单位在离职时另行书面通知员工履行竞业限制义务时，员工应按协议履行竞业限制义务。如单位无书面通知，则双方无须履行竞业限制相关义务。

实务中出现这种情形，单位跟很多员工签订竞业限制协议或有竞业限制条款，但其实无意要求员工履行，可能连竞业限制补偿金都没有约定。但是员工在离职一两年后向单位索赔竞业限制补偿金，理由是自己履行了竞业限制义务。此时单位一般会败诉，未约定竞业限制补偿金标准的，法院会根据《劳动争议司法解释（一）》第 36 条规定，要求用人单位按照员工离职前 12 个月平均工资的 30%（且不低于最低工资标准）按月支付经济补偿。

2.4.3 中观—合同形式

1. 竞业限制协议应该采取正式书面形式。

在用人单位与劳动者签订的协议中，竞业限制较为重要。劳动合同更多是模式化内容，出于法律规定，不能不签；保密协议重要性低一些，法律本身就规定了保密义务；其他协议也没有竞业限制协议重要。

2. 竞业限制协议可以与保密协议整合为一份协议，也可以分开签署。

3. 竞业限制协议的部分内容可能放到附件中。

定义与解释较多时，可放入附件。

实务中有些用人单位列举很多劳动者不能去的竞争单位，这类竞争单位名单作为一个单独的文件，可作为合同附件。这样这个竞争单位名单可以不断更新版本。

4. 竞业限制协议可能要配套通知履行竞业限制义务、通知取消 / 终止竞业限制义务的文本。

相关模板：4592 履行竞业限制义务通知　4304 取消 / 终止竞业限制义务通知

2.4.4 微观—合同条款

一、竞业限制的内容

在设计制作竞业限制协议时，首先应明确界定竞业限制的内容。从完备的角度来说，竞业限制的内容一般包括以下四个方面的内容：

1. 在职期间不得自营或合营。尽管竞业限制协议是约束员工离职后的行为，但是从完备的角度讲，用人单位在与员工签订竞业限制协议时最好明确员工在职期间也不得自己经营或与他人合作经营与本单位相竞争的业务。

2. 在职期间不得受聘顾问、指导等。竞业限制的内容第二项要与员工明确，在职期间不仅不得自己经营或与他人合作经营与本单位相竞争的业务，而且也不能受聘于与本单位有竞争关系的单位担任顾问、指导等职务。

3. 离职后不得自营或合营等。如前面所言，竞业限制主要的内容是限制员工离职后不得从事与原单位相竞争的业务。因此，竞业限制协议必须明确约定，劳动者离职后不得自己经营或与他人合作经营与本单位相竞争的业务。

4. 离职后不得兼职与就职等。从完备的角度讲，竞业限制不仅要求劳动者离职后不得自己经营或与他人合作经营与本单位相竞争的业务，而且也不能在离职后受聘于与本单位有竞争关系的单位担任顾问、指导等职务。

实务中违反竞业限制的行为往往是间接的、隐秘的，因此协议中往往有必要进一步明确下列行为属于违反竞业限制义务：

（1）从主体的角度：员工近亲属为竞争单位提供服务、取得报酬而无合理理由的；

（2）从表现形式的角度：只要员工在竞争单位缴纳社保、领取报酬、报销费用，即属于违约。

二、竞业限制的范围

竞业限制的范围包括两方面内容：一是企业的竞争性行业或者竞争性业务范围（如电子行业、半导体行业、医药行业等）；二是企业的业务区域范围。虽说世界经济贸易一体化的时代已经到来，但是企业的竞争还是存在一定的区域限制。所以这两方面范围应当是明确的有限制的，不能超出合理的范围任意扩大，竞业限制的范围，应当以能够与用人单位形成实际竞争关系的地域为限。《劳动合同法》第 24 条第 1 款规定，竞业限制的范围、地域、期限由用人单位与劳动者约定，竞业限制的约定不得违反法律、法规的规定。

三、竞业限制期限

竞业限制期限可由双方根据商业秘密的价值、竞争优势的持续时间、员工知悉秘密的程度来加以协商确定，但最长不能超过2年。《劳动合同法》第24条第2款规定，在解除或者终止劳动合同后，限制前款规定的人员到与本单位生产或者经营同类产品、业务的有竞争关系的其他用人单位，或者自己开业生产或者经营与本单位有竞争关系的同类产品、业务的期限不得超过2年。这属于法律的强制性规定，如果用人单位与劳动者约定的竞业限制期限超过法定的2年限制，那么超过部分将无法产生约束力。

四、竞业限制经济补偿

竞业限制就是通过对劳动者自由择业权的限制，来调整对劳动者和用人单位利益模式，显然已经损害了劳动者在正常情况下的利益获取，同时因劳动者未进行竞争性行为，企业可能现实地或潜在地从中获取相应的商业利益。从公平和对等的角度出发，用人单位应当给予劳动者合理补偿，以适当弥补劳动者的损失。《劳动合同法》第23条第2款规定，对负有保密义务的劳动者，用人单位可以在劳动合同或者保密协议中与劳动者约定竞业限制条款，并约定在解除或者终止劳动合同后，在竞业限制期限内按月给予劳动者经济补偿。由此可见，劳动者在离职后承担竞业限制义务的同时，享有获得竞业限制经济补偿金的权利，用人单位则具有支付劳动者竞业限制经济补偿金的义务。关于竞业限制经济补偿金有以下几点需要引起用人单位的注意：

1. 竞业限制经济补偿金的数额。《劳动合同法》只是规定用人单位要求劳动者承担竞业限制义务的，应当支付竞业限制经济补偿金，但是具体的竞业限制经济补偿金的数额如何确定，则没有规定。从《劳动合同法》的立法精神来看，竞业限制经济补偿金的数额可以由双方协商确定。但是，需要指出的是，地方法规政策对竞业限制经济补偿金有指导性规定的，用人单位在与劳动者约定竞业限制经济补偿金时不能低于地方规定的标准。如《宁波市企业技术秘密保护条例》规定，企业应当向被限制人支付补偿费，年补偿不得低于该员工离职前一年的报酬总额的1/2。《珠海市企业技术秘密保护条例》规定，企业与员工约定竞业限制的，在竞业限制期间应当按照竞业限制协议中的约定向该员工支付补偿费；没有约定的，年补偿费不得低于该员工离职前一年从该企业获得的年报酬总额的1/2。《江苏省劳动合同条例》规定，竞业限制期间的年经济补偿额不得低于该劳动者离开用人单位前12个月从该用人单位获得的报酬总额的1/3。由此可见，各地口径差别很大，用人单位在设计制作竞业限制协议时，应注意地方法规政策口径。如果地方没有相应指导口径的，则可以由双方自由约定数额，但应注意合理性，一般认为按照劳动者此前正常工资的20%~50%支付比较合理。

2. 竞业限制经济补偿金的支付时间。按照《劳动合同法》的规定，竞业限制经济补偿金应在劳动者离职后按月支付。但实践中，不少企业图省事却安排在劳动者在职期间支付。这种做法一旦产生纠纷，会面临很大的风险。一般认为用人单位在劳动者在职期间支付的费用属于保密津贴或工资性质的，不能代替离职后的竞业限制经济补偿金。当然，有个别省市的裁审口径也支持在职期间支付竞业限制经济补偿金的，如《江苏省高级人民法院、江苏省劳动人事争议仲裁委员会关于审理劳动人事争议案件的指导意见（二）》（苏高法审委〔2011〕14号）第11条，用人单位与负有保密义务的劳动者约定了竞业限制条款，并在劳动关系存续期间先行给付了合同约定且不低于法定标准的经济补偿，劳动合同解除或终止后，劳动者请求确认该竞业限制条款无效的，不予支持。

经过以上分析可见，用人单位在设计制作竞业限制协议时，应明确竞业限制经济补偿的数额、计算方式、支付方式等内容。

五、单位的单方解除权

竞业限制是保护商业秘密的手段，但是用人单位利用这一手段保护商业秘密需要支付相应的成本，即在竞业限制期间用人单位应支付相应经济补偿金。如果用人单位在签订了竞业限制协议之后在劳动者离职时，用人单位的商业秘密已无大的商业价值或者用人单位不想通过竞业限制保护商业秘密，都会涉及用人单位如何解除竞业限制协议问题。因此，用人单位在制作设计竞业限制协议时还要为自己留好“后路”，即明确约定用人单位可以在劳动者离职时及之前有单方面提前解除竞业限制协议的权利。需要提醒的是，如果是在竞业限制启动之后，用人单位单方解除的，需要额外支付劳动者3个月竞业限制经济补偿金，对此《劳动争议司法解释（一）》第39条规定：“在竞业限制期限内，用人单位请求解除竞业限制协议的，人民法院应予支持。在解除竞业限制协议时，劳动者请求用人单位额外支付劳动者三个月的竞业限制经济补偿的，人民法院应予支持。”

如果约定用人单位有权提前一个月解除且无须额外支付竞业限制补偿金，这种约定是否有效？效力存疑，但对于单位来说，采用这种约定也没有多大风险。

六、违约责任

企业和劳动者一旦构成竞业限制违约，都将会产生否定性的法律后果，但是承担的方式是有区别的。用人单位违约，不支付竞业限制经济补偿金超过3个月的，劳动者可以请求解除竞业限制协议。而劳动者违约，则可以约定劳动者在违约时承担违约金、赔偿损失等责任。对此，《劳动合同法》第23条第2款规定，劳动者违反竞业限制约定的，应当按照约定向用人单位支付违约金。从这一规定可以看出，法律只是规定用人单位可以与劳动者约定违约金，但是，违约金的数额法律没有相应的指导性规定。这就意味着有关竞业限制的违约金完全由双方协商约定，但协商约定时要注意合理性，即违约金的数额要与商业秘密的重要性程度、竞业限制经济补偿金的数额以及劳动者的个人承担能力等因素相结合。用人单位在设计竞业限制协议时一定不要忘记违约责任的约定，因为一旦劳动者违约，即便企业没有损失，也可以依据违约责任要求劳动者支付违约金，如果劳动者违约给企业造成的损失超过违约金的话，企业还可以要求支付赔偿金。反之，如果事先不约定违反竞业限制的责任，劳动者违约没有给单位造成损失的话，企业无法主张赔偿，即便造成损害，也要证明损失的存在才可以要求赔偿。

七、签订时机

需要提醒的是，设计好了竞业限制协议后，还要注意签约时机。竞业限制协议可以在员工入职时签订，可以在员工在职期间签订，也可以在员工离职时签订。但是，从方便操作的角度讲，最好还是选择员工入职时签订，不要选择员工离职时签订。因为，员工离职时，用人单位很难控制员工，如果员工此时不愿意与用人单位签订竞业限制协议的话，用人单位一点办法也没有，会给企业发展带来不必要的风险。因此，竞业限制协议签订的最佳时机是员工入职时签订。

八、为避免员工否认，签署上应专门确认

竞业限制协议一旦要发挥作用，就是双方有了争议。员工一方往往会主张这个协议是格式合同，自己并不知道其内容等。因此事先可以有所预防。

包括：协议的每一页都由员工签字，而不是仅在最后的签字盖章部分签字；由员工专门确认已经详细阅读并同意协议内容，包括其中的违约金条款。

相关条款：5189 确认签约

本协议系由双方协商签订，非格式条款；本人（乙方）已经详细阅读本协议

全部内容，包括其中的违约金条款，本人同意履行本协议。

乙方（签字）:

日期：　　　　年　　月　　日

上述条款可放在乙方签字处上方，加粗提示。

2.5 保密协议

保密协议、脱密期协议、竞业限制协议都与保密义务相关。本节课我们主要讨论保密协议，并延伸讨论脱密期协议。

2.5.1 宏观—交易结构

1.“宏观—合同类型”方面：

前面已经说过竞业限制与保密的区别，且实务中常常会配合使用，签署“保密与竞业限制协议”。

2.“宏观—合同主体”方面：

（1）这里的保密协议仅指用人单位与劳动者之间的保密协议。如果是其他主体之间的保密约定，权利义务和法律规定会有不同，不能参照本节内容。

（2）商业秘密的保密主体一般仅限于涉密岗位的劳动者，不过用人单位选择全员签订保密协议也是有利无害的。

2.5.2 中观—合同形式

1. 保密协议可以采用协议形式，也可以由劳动者单方面书面确认保密义务。

2. 一般来说，只有比较重要的岗位才会签订书面保密协议。

注意，即使没有签订书面保密协议，员工同样有保密义务，只要单位能证明确为商业秘密。

但保密协议本身就是保密措施的一部分。而且，考虑员工的心理，书面的、正式的保密协议更有心理震慑作用。

3. 保密协议与竞业限制协议常常整合在一份协议中，可名为“保密与竞业限制协议”。

4. 单位可以同时配备保密制度，作为合同附件。

对保密信息的保护是多方面综合措施的体现，并非仅靠保密协议，或者说，保密协议只是单位整体保密措施的一个小方面。

这些措施包括：

（1）保密制度；

（2）保密宣传；

（3）具体保密措施，例如控制接触到保密信息的人员范围、上锁、电脑加密等。

保密制度可以根据情况更新。

2.5.3 微观—合同条款

一、保密内容

保密的内容应是企业的商业秘密。关于商业秘密的定义，我国的《反不正当竞争法》（2019 年修订版）第 9 条第 4 款规定，本法所称的商业秘密，是指不为公众所知悉、具有商业价值并经权利人采取相应保密措施的技术信息、经营信息等商业信息。根据法律规定，商业秘密必须符合以下三个要件：

1. 不为公众所知悉，具有秘密性。

按照《最高人民法院关于审理不正当竞争民事案件应用法律若干问题的解释》第 9 条的规定，“不为公众所知悉”主要体现在两个方面：一是该有关信息不为其所属领域相关人员普遍知悉，一般常识或行业惯例不能成为商业秘密；二是该信息不容易获得，如果该信息仅涉及产品的尺寸、结构、材料、部件的简单组合等内容，进入市场后相关公众通过观察产品即可直接获得，那么该信息不能成为商业秘密。如果该信息已经在公开出版物或者其他媒体上公开披露，或者已通过公开的报告会、展览等方式公开，那么该信息也不能成为商业秘密。

2. 具有商业价值。

按照《最高人民法院关于审理不正当竞争民事案件应用法律若干问题的解释》第 10 条的规定，商业秘密必须具有商业价值，有关信息具有现实的或者潜在的商业价值，能为权利人带来竞争优势的，应当认定为《反不正当竞争法》第 10 条第 3 款规定的“能为权利人带来经济利益、具有实用性”。因此，一些抽象的概念、原理、原则以及一些漫无边际无法实现的创意，如不能转化为可操作的具体实施方案，是不能获得法律保护的。

3. 经权利人采取保密措施。

判断某项信息是否属于商业秘密，一般看权利人对其商业秘密是否有保密的意愿和适当保密措施。如果权利人并未对自己的信息采取保密措施，就不符合商业秘密的要求，从而得不到法律的保护。按照《最高人民法院关于审理不正当竞争民事案件应用法律若干问题的解释》第 11 条规定，权利人为防止信息泄漏所采取的与其商业价值等具体情况相适应的合理保护措施，应当认定为《反不正当竞争法》第 10 条第 3 款规定的“保密措施”。人民法院应当根据所涉信息载体的特性、权利人保密的意愿、保密措施的可识别程度、他人通过正当方式获得的难易程度等因素，认定权利人是否采取了保密措施。

二、保密费

由于保密义务是法定的，所以即便用人单位与劳动者签订保密协议，劳动者履行保密义务的，用人单位也无须支付保密费。当然，如果用人单位与劳动者在协议中约定了保密费的，则应该按照合同约定支付保密费，这在法律上可以视为一种额外待遇。

三、保密协议的期限

保密义务本身有法律规定，并没有期限限制，除非用人单位的信息丧失商业秘密的特性。因此，在设计制作保密协议时，不应设定保密义务的期限。很多企业通常约定保密期限为任职期间及离职后 2 年至 3 年，这样的约定会给员工造成误解即离职后过了 2 年至 3 年后即可公开或使用商业秘密了，这样的约定是不可取的。

四、违反保密义务的责任

综合看《劳动合同法》第 22 条、第 23 条、第 25 条的规定，不好明确判断：针对员工的保密义务是否可以约定违约金？主流观点认为不能，但也有少数判例酌情支持；当然赔偿全部损失的约定是有效的，只是损失往往难以主张。[1]

不过，从威慑角度来说，约定违约金条款也是可行的，虽然难有法律效力，但有一定心理约束力。退一步，也可以约定员工违约时应赔偿包括直接损失、间接损失、调查取证费用、律师费用等在内的全部损失。

同时，用人单位应将违反保密义务约定为严重违纪情形。例如，“乙方违反本

---

[1] 前者可搜索“保密协议 违约金”的很多判例文章，后者如：中睿宏智汽车技术（深圳）有限公司、闵冲劳动合同纠纷二审民事判决书，深圳市中级人民法院（2020）粤 03 民终 5301 号。

协议约定的，甲方有权按照严重违纪处理。”

2.5.4 延伸讨论：脱密期协议

1. 脱密期有关法律规定。

“脱密期”最早来源于《保守国家秘密法》第 38 条：“涉密人员离岗离职实行脱密期管理。涉密人员在脱密期内，应当按照规定履行保密义务，不得违反规定就业，不得以任何方式泄露国家秘密。”但该法显然不适用企业的商业秘密。

在商业秘密方面，我国的《劳动法》《劳动合同法》没有脱密期方面的规定，但原劳动部《关于企业职工流动若干问题的通知》（劳部发〔1996〕355 号）第 2 条规定：“用人单位与掌握商业秘密的职工在劳动合同中约定保守商业秘密有关事项时，可以约定在劳动合同终止前或该职工提出解除劳动合同后的一定时间内（不超过六个月），调整其工作岗位，变更劳动合同中相关内容”。这便是商业保密保护领域脱密期的最早出处。后来，上海、江苏、北京等地的地方性法规中也出现了脱密期的规定。

如《江苏省劳动合同条例》第 27 条规定，对负有保密义务的劳动者，用人单位可以与其在劳动合同或者保密协议中，就劳动者要求解除劳动合同的提前通知期以及提前通知期内的岗位调整、劳动报酬作出约定。提前通知期不得超过 6 个月。

2. 脱密期约定效力问题。

如果像《江苏省劳动合同条例》那样对脱密期有规定，那么作出相应约定当然是有效的。如果当地法规中没有脱密期的规定，用人单位与劳动者签订脱密期协议或约定脱密期条款是否有效，就颇具争议，有两种截然不同的观点：

一种是无效论，理由是《劳动法》与《劳动合同法》的规定为保护劳动者辞职权的强制性规定，劳动者提前 30 天通知用人单位即履行了法定义务，无论劳动者是否签署保密承诺书，是否处于脱密期以及是否按照约定履行相应的保密义务等，均不能成为妨碍双方劳动关系解除的事由，不影响双方劳动关系的解除，即劳动合同的解除不以脱密期履行完毕为前提，“脱密期”规定因违反《劳动合同法》关于劳动者辞职的规定而无效。

另一种是有效论，理由是《劳动合同法》规定劳动者提前 30 日以书面形式通知用人单位，可以解除劳动合同，但劳动合同法没有明确规定用人单位不得设定脱密期。用人单位与劳动者在履行劳动合同期间，签订《脱密期协议书》，系双方经过协商并在平等自愿的基础上达成的共识，该约定是双方真实意思表示，双方理应遵守、按约履行。

3.脱密期协议审核注意事项。

因此，律师、法务人员在审核脱密期协议（包括其他协议中的脱密期条款）时，要提醒用人单位该协议效力的不确定性。就该协议本身需要注意的问题，主要有以下几点：

（1）适用对象。适用脱密期的劳动者，应当是知晓或掌握用人单位商业秘密的劳动者。

（2）提前通知期。无论是原劳动部的规定，还是地方性规定，脱密期中的提前通知期最长不能超过6个月。因此，脱密期协议中应具体约定劳动者提前通知的通知期。

（3）脱密措施。在脱密期内，用人单位可以将知悉商业秘密的劳动者调整到其他不涉密的工作岗位，变更劳动合同中相关内容。为了避免争议，需要事先在脱密期协议中约定脱密期岗位调整与工资标准事宜。

（4）违反脱密期的法律责任。

脱密期协议作为合同的一种，按合同理论若一方违约不遵守脱密期约定的，另一方可以追究违约方的违约责任。但是，《劳动合同法》对于劳动者需要支付违约金的情形只有两种：一是劳动者违反服务期约定；二是劳动者违反竞业限制约定。因此，劳动者违反脱密期规定，用人单位并不能直接适用违约金约定，即使约定了违约金条款也是无效的。用人单位只能向劳动者主张其违约导致的损害赔偿权利，只不过损害赔偿不容易举证。就目前法律规定来说，脱密期由于不能约定违约金，其效用会大打折扣。因此，即便地方允许使用脱密期，双方签订了脱密期协议，员工不遵守的话，企业最多也是不为其办理离职手续，待脱密期届满后，再办理离职手续。不过这种“不办理离职手续”主要是企业手续上的限制，实际上也没有办法限制员工按照《劳动合同法》主动与单位解除劳动关系。

相关模板：16613 脱密期协议

附 录

相关模板、相关条款、相关知识点的使用说明

说明：

（1）上述结构更多适用于投融资领域。

如果已经形成了基本的内容框架，也不一定要完全参照上述结构，更重要的是要明确文件的效力。

（2）由于意向书相对简单、模块化，有时整个文本会以表格的形式体现。

· 相关模板：

12322 投资意向书（通用版 / 无法律约束力 / 表格式）

3373 项目合作意向书

8382 上市公司并购交易备忘录

三、小结

从上述要点可见，对意向书类文件的审查与一般合同的审查大不相同。只要确定是意向书类文件，有经验的律师应该能非常迅速的起草与审查，所使用的时间应远少于一般合同审查，关键是在文件中明确就效力问题作出约定。

相关条款：

4485 意向书无法律效力

由各方签署的本意向书仅作为有关本项目的潜在合作方的当前意图的描述，不应被视为任何合同或具有法律约束力的协议。本意向书的全部内容以及对本意向书的任何解释、注解均不具有任何法律约束力。各方另外签署正式合同的，以另外签署的合同为准。

4484 意向书通用条款

排他期

各方同意，自本意向书签订之日起______天内（排他期），投资方有权全面且排他地接触公司及其管理层以进行尽职调查及完成并签署最终交易文件。

在排他期内，未经投资方事先书面同意，公司、现有股东或其任何关联方、董

《合同起草审查指南》系列书籍中提供了一些配套的合同及文书模板、合同条款模板。如上图，这些模板前面均列有数字编号。另外还有一些相关知识点。读者可通过如下方式进一步查阅使用：

◎相关模板的使用

（假设模板编号为 284）

方式一：关注法天使公众号“law-angel”，点击“搜合同”，在搜索框中输入模板编号，您就可以搜到该模板，并点击查阅。

您也可以直接扫码关注，以随时搜索模板。

方式二：打开该文本对应网址：

模板编号（如上图中的 284）对应该文本的网址为：www.fatianshi.cn/D284（注意必须加上 D！），电脑或手机浏览器中输入该网址即可打开、浏览、下载该模板。

方式三：打开法天使网站 www.fatianshi.cn，搜索模板编号 284，或者搜索模板标题。

方式四：在“律师助手”（WORD 或 WPS 端），点击“中国合同库”菜单，搜索 284，或搜索模板标题。

◎相关条款的使用

（假设条款编号为 2567）

在“律师助手”（WORD 或 WPS 端），点击“条款库”菜单，搜索 2567，或搜索条款标题，即可查阅搜索结果并将条款插入到当前文档中。

◎特别提示

1. 通过上述方式，您即可找到该文本，但下载该文本可能需要付费或购买律师助手会员。

2. 由于中国合同库中的文本不断更新、优化，不排除个别情况下，本书中所列模板、条款已经修订、更名或者下架删除。如被删除，请查找使用类似的模板或条款。

3. 本书中引用的所有合同模板、条款模板，均需由读者根据具体情况修订使用，本书不对读者使用书中合同模板、条款模板所导致的任何问题承担责任。

◎相关知识点的使用

1.《合同起草审查指南》中的相关知识点，可在配套课程《标准合同课》中查询（课程需要付费开通）。

2. 配套课程《标准合同课》可在“法天使”APP 中开通学习：

APP：苹果应用商店或华为、小米等应用商店搜索“法天使”并下载

APP 提供音频、视频、图文资料、习题、讨论等功能，本教材中的相关模板、相关条款及相关知识点可在 APP 中查阅。

3. 不排除相关知识点可能随着法规、研究的变化，标题、内容有修改甚至下架。

《合同起草审查指南》规范术语表

《合同起草审查指南》中定义了一系列与合同起草审查有关的术语，掌握和使用这些术语，有助于规范的表述合同起草审查的知识。

《合同起草审查指南》规范术语表

术语	含义说明
整体相关术语	
三观四步法、三观分析法、四步工作流程	“三观四步法”是“三观分析法”与“四步工作流程”的总称； “三观分析法”是利用“三观”知识体系来分析任何一类合同的方法； “四步工作流程”是实际起草审查任何一份合同的工作流程，包括沟通需求、三观分析、复核、提交四个步骤，其中又以“第二步：三观分析”为最关键、最主要步骤
“三观”	即“宏观—交易结构、中观—合同形式、微观—合同条款 / 合同语言”的总称
宏观—交易结构	可简称“宏观”或“交易结构”，重点解决交易是否能做以及采取什么交易结构的问题
中观—合同形式	可简称“中观”或“合同形式”，是指从律师起草与审查合同的角度，对实务中存在一些特殊性的合同类文本的归纳整理，并非《民法典》合同编第 469 条规定的书面形式、口头形式和其他形式； 《合同起草审查指南》中归纳的合同形式包括意向书、预约合同、阴阳合同、“合同 + 订单”、集团合同等
微观—合同条款	可简称“中观”，是指对具体合同条款进行修改、调整，也包括对合同语言的修改和调整

续表

术语	含义说明
中国合同分类法	“法天使—中国合同库”推出的合同分类方法，是对合同及法律文书、条款、合同相关知识进行分类、整理、查找的一套体系，以对合同类文本的整理分类为主
“宏观—交易结构”相关术语	
合同类型	指广义的“合同类型”，类似于对“交易模式”的归纳，包括承揽合同、租赁合同等有名合同类型，也包括服务合同、承包经营合同等无名合同类型
物权类合同	以创设、移转物权为目的或者说是以“物权”为标的的合同
合同主体	合同关系的主体，合同当事人；但是基于合同起草审查的需要，考虑“合同主体”时，也需要考虑“合同相关主体”，即不作为合同当事人，但对合同成立、履行有重要影响的主体，例如优先权人
合同相关主体	虽然不作为合同主体，但与合同签订和履行相关的主体合同相关主体，包括共有人、优先权人、关联单位等主体
合同标的	并非严格的“合同标的”或“标的物”概念，实质上更类似于“交易对象”
合同程序	这不是指交易流程、交易环节，而是指合同主体签署之外的，对合同成立、生效或履行有重要影响的程序
交易结构设计	是指从宏观层面考虑合同，通过设计不同的交易结构思路及模式，以最大化的维护客户利益； 交易结构设计是合同宏观层面方面的可选、进阶动作
优先权、优先权人	是指从法律上赋予某些特殊债权或其他权利的一种特殊效力，以保障该项权利能够较优先实现，如优先购买权； 优先权人是指享有优先权的主体
批准、登记、备案	批准包括具体交易类批准、资质类批准和其他批准，是指国家机关对交易、行为的批准程序； 登记包括物权类权利登记、知识产权类权利登记、工商登记及其他主体登记； 备案是指合同或行为需向国家机关履行的备案程序
主体内部程序	包括公司内部程序、合伙企业内部程序、集体经济组织内部程序等，是指合同主体内部与合同签订相关的决议、同意程序
一般合同公证	是指公证机关依照法定程序确认既存合同在形式与内容上的真实、合法
公证债权文书	是指对经公证的以给付为内容并载明债务人愿意接受强制执行的债权文书，债务人不履行或者履行不适当的，债权人可以依法向有管辖权的人民法院申请执行
报批义务	是指应当办理申请批准等手续的义务
参照型、选择型、配套型	几类合同类型之间的关系； 参照型是指 A 类合同可能参照 B 类合同的法律规定； 选择型是指可以考虑选择 A 类合同，也可以选择 B 类合同； 配套型是指两类以上合同关系配套组合

续表

术语	含义说明
“中观—合同形式”方面	
意向书或意向书类文件	是指当事人无意使其像合同一样具备法律效力，是没有正式法律效力或主要内容不具有法律效力的磋商性文件
预约合同	又称预约，是指当事人之间约定将来订立一定合同的合同
格式条款、格式合同	格式条款是当事人为了重复使用而预先拟定，并在订立合同时未与对方协商的条款；格式合同一般是主要内容都是格式条款的合同文本
阴阳合同	是指各方对同一事项存在内容不一致的多份合同 / 文件，且部分意思表示不真实，并非一般的协议变更或补充
履行中文件、和解类文件	履行中文件是指合同当事人在合同实际履行一段时间之后，或者在合同解除终止时签署的合同文件；和解类文件是各方达成和解而签署的文件。和解类文件是履行中文件的一种典型
“合同 + 订单”	是一种特殊文本模式，包括主交易合同和订单两个部分，常见于采购、服务、承揽等合同中； 实务中这类合同也常常被叫作“框架合同”
单方文件、单方持有的合同、空白合同	单方文件是指仅由合同关系中的某一方（或部分当事人）签署的文件； 单方持有的合同是指合同虽然是双方或多方签署，但只由一方持有； 空白合同是指合同中某些内容是空白的，可以在上面适当填空的合同
合同模板	是指当事人需要经常使用、多次重复使用的文本
简单合同、复杂合同与成套合同	简单合同与复杂合同没有绝对的界限； 保管单、借据、采购单、简单的借款合同等可归为简单的合同，一般仅含有主要条款；复杂合同则更加复杂，常常包含附件，有时还会是多个文本构成的成套合同
附件	主交易合同之外的附件、配套合同，包括承诺函这样的单方文件，也包括担保合同、保密协议这样的配套合同
集团合同	某些大型企业集团，因主体众多，需要以其中一个主体出面签订合同，但权利义务及于其他关联主体
法律要求书面形式的合同	法律、行政法规要求应采用书面形式的合同；如未采用书面合同形式可能导致合同不成立、无法产生预期效力、行政处罚或赔偿，或后续手续无法办理
线上协议和线上沟通	线上协议包括正式电子签约和互联网协议两类；线上沟通包括在线传递普通合同、在线作出构成合同的意思表示，以及不构成合同内容的普通沟通
电子合同	采用《电子签名法》规定的电子签名而成立的合同； 注意电子合同不一定是采用了“可靠的电子签名”，“可靠的电子签名”依法与手写签名或者盖章具有同等的法律效力

续表

术语	含义说明
“微观—合同条款 / 合同语言”相关术语	
“三点一线法”	是指《标准合同课》原创的、用于理解合同条款整体结构与类型的方法
“金字塔式写作”	是一项具有层次性、结构化的思考、沟通技术，既指表达 / 写作的方法，也是思考与解决问题的逻辑方法
“正说 / 反说 + 概括 / 列举”	是指一种逻辑思考或合同语言表达的方法。其中： 正说是指正面界定含义，正面措施（是什么，包括什么）；反说是指反面排除（不是什么，不包括什么）。 概括是指概括本质、内涵、主旨等；列举是指列举范围内可能的情形，尤其是重点情形
“三三制结构”	是合同中的典型句式，第一个“三”是“条件成分 + 基本句 + 补充成分”三个成分，第二个“三”是“主体 + 性质 + 行为”三个版块
基本句、条件句、补充成分	基本句的主要内容就是描述：谁有权 / 有义务做什么，即“主体 + 性质 + 行为”三个版块； 条件句指“在什么情况下”，可能是时间、期限条件（例如“× × 后三日内”），也可能是其他性质的前提条件（如“未经甲方同意”）。条件成分一般放在基本句前面，但有时也放在基本句的后面； 补充成分是指在合同表达习惯时，常常在句式的后面增加、补充的分句，而并非语法意义上的“补语”。其内容一般是对基本句中某一成分的补充或完善说明

缩略语表

《合同起草审查指南》中使用的一些法规、司法解释的缩略语。例如《中华人民共和国民法典》“第三编 合同”在本课程中被称为《合同编》。

《民法典》	《中华人民共和国民法典》
《合同编》	《中华人民共和国民法典》“第三编 合同”
《物权编》	《中华人民共和国民法典》“第二编 物权”
《婚姻家庭编》	《中华人民共和国民法典》“第五编 婚姻家庭”
《公司法》	《中华人民共和国公司法》
公司法司法解释（一）（二）（三）（四）（五）	“最高人民法院关于适用《中华人民共和国公司法》若干问题的规定”系列司法解释，共五个。《公司法司法解释（一）》，指《最高人民法院关于适用〈中华人民共和国公司法〉若干问题的规定（一）》，《公司法司法解释（二）》，指《最高人民法院关于适用〈中华人民共和国公司法〉若干问题的规定（二）》，依此类推

续表

《外商投资法司法解释》	《最高人民法院关于适用〈中华人民共和国外商投资法〉若干问题的解释》（法释〔2019〕20号）
《外商投资纠纷规定（一）》	《最高人民法院关于审理外商投资企业纠纷案件若干问题的规定（一）》（2020年修正）
《行政协议案件规定》	《最高人民法院关于审理行政协议案件若干问题的规定》（法释〔2019〕17号）
《民事案件案由规定》	《最高人民法院关于印发修改后的〈民事案件案由规定〉的通知》（法〔2020〕347号）–2020年修订
《合同法司法解释（一）》	《最高人民法院关于适用〈中华人民共和国合同法〉若干问题的解释（一）》（法释〔1999〕19号）– 已失效
《合同法司法解释（二）》	《最高人民法院关于适用〈中华人民共和国合同法〉若干问题的解释（二）》（法释〔2009〕5号）– 已失效
《仲裁法司法解释》	《最高人民法院关于适用〈中华人民共和国仲裁法〉若干问题的解释》
《商品房买卖合同司法解释》	《最高人民法院关于审理商品房买卖合同纠纷案件适用法律若干问题的解释》（法释〔2020〕17号）–2020年修订
《民诉证据司法解释》	《最高人民法院关于民事诉讼证据的若干规定》（法释〔2019〕19号）
《独立保函司法解释》	《最高人民法院关于审理独立保函纠纷案件若干问题的规定》（法释〔2020〕18号）–2020年修订
《担保法司法解释》	《最高人民法院关于适用〈中华人民共和国担保法〉若干问题的解释》（法释〔2000〕44号）– 已失效
《买卖合同司法解释》	《最高人民法院关于审理买卖合同纠纷案件适用法律问题的解释》（法释〔2020〕17号）–2020年修订
《民间借贷司法解释》	《最高人民法院关于审理民间借贷案件适用法律若干问题的规定》（法释〔2020〕17号）–2020年修订
《城镇房屋租赁合同司法解释》	《最高人民法院关于审理城镇房屋租赁合同纠纷案件具体应用法律若干问题的解释》（法释〔2020〕17号）–2020年修订
《工伤保险行政案件司法解释》	《最高人民法院关于审理工伤保险行政案件若干问题的规定》（法释〔2014〕9号）
《建设工程施工合同司法解释》	《最高人民法院关于审理建设工程施工合同纠纷案件适用法律问题的解释》（法释〔2004〕14号）– 已失效

续表

《建设工程施工合同司法解释（二）》	《最高人民法院关于审理建设工程施工合同纠纷案件适用法律问题的解释（二）》（法释〔2018〕20号）– 已失效
《建设工程施工合同司法解释（一）（2021年施行）》	《最高人民法院关于审理建设工程施工合同纠纷案件适用法律问题的解释（一）》（法释〔2020〕25号）–2020年发布
《人身损害赔偿司法解释》	《最高人民法院关于审理人身损害赔偿案件适用法律若干问题的解释》（法释〔2020〕17号）–2020年修订
《民诉法司法解释》	《最高人民法院关于适用〈中华人民共和国民事诉讼法〉的解释》（法释〔2020〕20号）–2020年修订
《商标民事纠纷司法解释》	《最高人民法院关于审理商标民事纠纷案件适用法律若干问题的解释》（法释〔2020〕19号）–2020年修订
《公证债权文书执行规定》	《最高人民法院关于公证债权文书执行若干问题的规定》（法释〔2018〕18号）
《劳动争议案件司法解释（四）》	《最高人民法院关于审理劳动争议案件适用法律若干问题的解释（四）》（法释〔2013〕4号）– 已失效
《劳动争议案件司法解释（三）》	《最高人民法院关于审理劳动争议案件适用法律若干问题的解释（三）》（法释〔2010〕12号）– 已失效
《劳动争议案件司法解释（二）》	《最高人民法院关于审理劳动争议案件适用法律若干问题的解释（二）》（法释〔2006〕6号）– 已失效
《劳动争议司法解释（一）》	《最高人民法院关于审理劳动争议案件适用法律问题的解释》（法释〔2020〕26号）–2021年1月1日起施行
《涉外民事关系法律适用法司法解释（一）》	《最高人民法院关于适用〈中华人民共和国涉外民事关系法律适用法〉若干问题的解释（一）》（法释〔2020〕18号）–2020年修订
《交通事故损害赔偿司法解释》	《最高人民法院关于审理道路交通事故损害赔偿案件适用法律若干问题的解释》（法释〔2020〕17号）–2020年修订
《关于确立劳动关系有关事项的通知》	《劳动和社会保障部关于确立劳动关系有关事项的通知》（劳社部发〔2005〕12号）
《关于执行〈工伤保险条例〉若干问题的意见》	《人力资源和社会保障部关于执行〈工伤保险条例〉若干问题的意见》（人社部发〔2013〕34号）
《民商事合同纠纷指导意见》	《最高人民法院印发〈关于当前形势下审理民商事合同纠纷案件若干问题的指导意见〉的通知》（法发〔2009〕40号）
《九民纪要》	《全国法院民商事审判工作会议纪要》（2019年11月8日发布）
《民法典时间效力司法解释》	《最高人民法院关于适用〈中华人民共和国民法典〉时间效力的若干规定》（2021年1月1日起施行）

续表

《民法典物权编司法解释（一）》	《最高人民法院关于适用〈中华人民共和国民法典〉物权编的解释（一）》（2021年1月1日起施行）
《民法典担保制度司法解释》	《最高人民法院关于适用〈中华人民共和国民法典〉有关担保制度的解释》（2021年1月1日起施行）
《民法典婚姻家庭编司法解释（一）》	《最高人民法院关于适用〈中华人民共和国民法典〉婚姻家庭编的解释（一）》（2021年1月1日起施行）
《民法典继承编司法解释（一）》	《最高人民法院关于适用〈中华人民共和国民法典〉继承编的解释（一）》（2021年1月1日起施行）
《商标纠纷司法解释》	《最高人民法院关于审理商标民事纠纷案件适用法律若干问题的解释》（法释〔2002〕32号）
《技术合同司法解释》	《最高人民法院关于审理技术合同纠纷案件适用法律若干问题的解释》（法释〔2004〕20号）
《民法典会议纪要》	《全国法院贯彻实施民法典工作会议纪要》（2021年4月6日发布）

律师合同水平考试介绍

“律师合同水平考试”以“中国合同标准”即《合同起草审查指南》为考试教材，面向律师、法务及法律工作者，旨在考核与提升律师、法务、法律工作者的合同起草审查水平，进而提升中国社会合同水平。

律师、法务及法律工作者均可报名参加“律师合同水平考试”，主办方不审核考试资格，但必须凭身份证实名参加考试。

就专业程度而言，“律师合同水平考试”至少要求具有法律本科以上的法律专业知识，才有希望通过该考试。

“律师合同水平考试”每年上半年、下半年各举行一次，在全国多个城市开考，采取线下纸质考试方式，由专业监考机构监考。

参加“律师合同水平考试”并取得合格成绩的，将由主考方“律师合同水平考试——优秀”证书。证书可通过二维码在官网验证。未取得合格成绩的，不能取得证书。

律师、法务、法律工作者可通过“法天使—中国合同库”官网（www.fatianshi.cn）进一步了解“中国合同标准”和“律师合同水平考试”的具体信息、考试报名信息等。

声　明

免责声明：

本书以及法天使网站（fatianshi.cn）中提供的合同模板、条款模板及相关信息仅供读者参考，读者在实际使用时，应根据自身的具体情况修订使用。

本书内容以及列举的各类案例/实例/示例仅供读者参考，不作为正式法律意见，有关案例、做法及相关法律法规有可能过时或有争议。

欢迎指正：

《合同起草审查指南》及“中国合同标准”，是为一般合同起草审查提供一整套标准化的指引和知识体系。本书作者深知这一任务的艰巨，虽然已经竭尽努力，仍难免书中会有错漏之处，有些观点仍有待商榷，部分内容仍需补充。

“中国合同标准”项目全体同仁将不断吸收专业人士的反馈意见，跟进法律法规、法律实务的变化，不断提高对合同起草审查的认识，从而持续更新、优化本书及《合同起草审查指南》版本。

真诚邀请法学院校、律师事务所、企业法务团队参与到中国合同标准的制订、优化、推广工作中来；恳请各位法律专业人士对本书及“中国合同标准”提出任何批评意见、建议。

任何批评意见、建议、意向可发送至 he@fatianshi.cn，“中国合同标准”团队将认真查阅所有意见。